중학전략

역사 ①

BOOK 1

이 책의 구성과 활용

이 책은 3권으로 이루어져 있는데 본책인 BOOK1, 2의 구성은 아래와 같아.

주 도입

본격적인 본문 학습에 앞서, 재미있는 만화를 살펴보면서 이번 주에 공부할 내용을 확인할 수 있습니다.

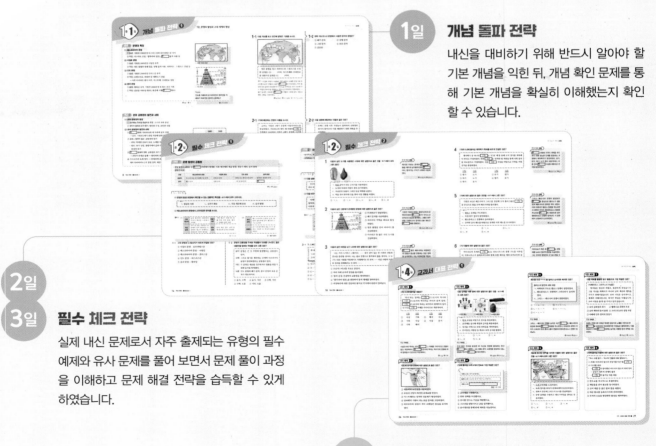

1일 **개념 돌파 전략**

내신을 대비하기 위해 반드시 알아야 할 기본 개념을 익힌 뒤, 개념 확인 문제를 통해 기본 개념을 확실히 이해했는지 확인할 수 있습니다.

2일
3일 **필수 체크 전략**

실제 내신 문제로서 자주 출제되는 유형의 필수 예제와 유사 문제를 풀어 보면서 문제 풀이 과정을 이해하고 문제 해결 전략을 습득할 수 있게 하였습니다.

4일 **교과서 대표 전략**

교과서의 핵심 개념을 다루는 주제를 대표 예제로 엄선하여 수록하였으며, 많은 문제를 풀어 보면서 문제에 대한 적응력을 높일 수 있도록 하였습니다.

역사전략

고득점을 예약하는 내신 대비서

중학전략

영어 ①

시험에 잘 나오는

| 개념BOOK |

천재교육

자르는 선

17 1 (1) ㉠ (2) ㉡, ㉢ 2 ㄴ, ㄹ, ㅁ

3 (가)와 (다)는 희유제, (나)와 (다)는 소수의 민주정으로 해당한다. 청은 소수의 민주정으로 다수의 한족을 다스려야 했는데, 다수를 차지하는 한족은 자신들의 문화에 민족성보다 우월하다는 생각을 가지고 있었다. 이에 청은 한족의 중화사상과 청 왕조에 대한 비판을 철저하게 탄압하는 강경책을 사용하였다.

18 1 (1) ○ (2) × (3) ○ (4) ○ 2 ㄱ, ㄴ, ㄷ 3 (가) 애니체리 (나) 밀레트

19 1 (1) 우르두어 (2) 무굴 회화 (3) 타지마할 (4) 시크교 2 ㄱ, ㄴ, ㄷ, ㄹ

3 타지마할, 무굴 제국의 황제 샤자한이 왕비를 추모하며 새운 묘당인 타지마할은 무굴 제국에서 인도·이슬람 양식이 발전하였음을 보여 준다. 이슬람 양식의 둥근 지붕과 아치, 인도 양식의 연꽃 문양 등이 적절히 조화를 이룬 건축물이다.

20 1 (1) ○ (2) × (3) ○ (4) × 2 ㄹ, ㅁ

3 신항로 개척으로 유럽에서는 경제의 중심지가 변화하였다. 아메리카의 금·은이 대량으로 유입되어 물가가 치솟는 가격 혁명이 일어났고, 종교와 관련없이 상업이 주로 제국을 담당할 수 있었던 이유도 이 때문이었다. 또한 아메리카의 농작물이 유럽에 전해졌다.

21 1 (1) (2) ㉡ (3) ㉢ (4) ㉢ 2 ㄴ, ㄷ, ㄹ

3 (가)는 왕권신수설, (나)는 중상주의이다. 절대 왕정의 경제적 기반이었던 중상주의는 국가가 경제적 활동에 적극적으로 개입하여 외국 상품에 관세를 부과하여 수입을 줄이고 국내 상공업을 보호·육성하는 경제 정책이다.

모양의 아라베스크 무늬가 장식으로 사용되었다.

13 **1** (1) 주종 (2) 장원 (3) 영주 (4) 농노 **2** ㄱ, ㄴ, ㄷ **3** 농노, 농노는 영주에게 노동과 세금을 바쳤으며, 영주에게 예속되어 이주의 자유가 없었다. 하지만 노예와 달리 결혼을 하고 재산을 소유할 수 없었다.

14 **1** (1) ㄹ (2) ㄴ (3) ㄱ (4) ㄷ **2** ㄷ, ㄹ **3** 십자군 전쟁, 십자군 전쟁의 실패로 교회와 교황의 권위는 하락하였고 전쟁에 참여한 영주와 기사의 세력도 약화되면서 상대적으로 왕권이 강화되었다. 전쟁 과정에서 비잔티움 문화와 이슬람 문화가 유럽에 전해져 서유럽 문화의 발전을 자극하였다.

15 **1** (1) 칼뱅 (2) 루터 (3) 칼뱅파 (4) 루터파 **2** ㄱ, ㄴ, ㄷ **3** 「95개조 반박문」, 중세 말 성직자의 타락과 교회의 부패에 대한 비판이 거세지던 시기, 교황 레오 10세가 성베드로 성당 증축을 위해 면벌부를 판매하자 독일의 루터는 「95개조 반박문」을 발표하고 이를 비판하였다. 루터는 반박문을 통해 오직만이 인간을 구원할 수 있으며 신앙의 근거는 『성서』뿐이라고 주장하였다.

16 **1** (1) 몽골인 (2) 색목인 (3) 한인 (4) 남인 **2** ㄱ, ㄴ, ㅁ **3** 색목인, 서아시아와 중앙아시아 출신의 색목인은 몽골과 함께 지배층을 형성하였다. 원은

였다. 그러나 이러한 개혁은 귀족들의 반발로 실패하였다.

8 **1** (1) × (2) × (3) ○ (4) ○ **2** ㄱ, ㄴ, ㄷ **3** 상좌부 불교, 자료는 마우리아 왕조의 아소카왕의 비문이다. 마우리아 왕조의 아소카왕은 적극적인 불교 장려 정책을 펼쳐 상좌부 불교가 발전하였다. 상좌부 불교는 개인의 해탈을 중시하였으며 주로 동남아시아 지역으로 전파되었다.

9 **1** (1) ○ (2) ○ (3) ○ **2** ㄴ, ㅁ **3** 수 양제는 강남과 화북 지방을 연결하는 대운하를 완성하였다. 대운하의 완성으로 강남의 물자가 화북 지역으로 원활하게 이동이 가능해졌으며, 중앙 집권화가 강화되었다.

10 **1** (1) × (2) × (3) ○ (4) ○ **2** ㄱ, ㄷ, ㄹ, ㅁ **3** 동아시아 문화권, (가)는 한자, (나)는 불교, (다)는 유교, (라)는 율령이다.

11 **1** (1) ㄷ (2) ㄱ (3) ㄹ (4) ㄴ **2** ㄱ, ㄷ **3** 우마이야 왕조는 아랍인 우대 정책을 펼쳐 이슬람교로 개종해도 아랍인이 아니면 세금을 더 많이 내야 막았다. 이에 비아랍인의 불만이 커졌다.

12 **1** (1) 모스크 (2) 『쿠란』 (3) 아라베스크 (4) 아랍어 **2** ㄱ, ㄴ, ㄷ **3** 아라베스크 무늬, 이슬람교에서는 우상 숭배가 금지되어 있었기 때문에 원은

개념 BOOK 하나면
역사 공부 끝!

go! go!

1 1 (1) ㉠, ㉢ (2) ㉡, ㉣ 2 ㄱ, ㄷ, ㄹ
3 신석기 시대, 제사장인 군장의 유골은 신석기 시대의 가죽을 만드는 옷으로 시신을 감아 신석기인 군장의 권위를 과시하였다. 신석기 시대에는 농경과 목축을 시작하였다. 또한 정착 생활을 하였고, 움집이나 구릉에 거주하였다. 신석기 시대에는 가죽 옷이나 음식을 조리하기 위해 토기를 만들어 사용하였다. 지역물의 특징 동물을 숭배하는 원시 신앙 형태가 등장하기도 하였다.

2 1 (1) ㉢ (2) ㉡ (3) ㉠ (4) ㉣ 2 ㄱ, ㄴ 3 (가) 이집트 문명 (나) 중국 문명
미아 문명 (다) 인도 문명

3 1 (1) 함무라비 (2) 쐐기 (3) 북수 2 ㄱ, ㄴ, ㄹ
(보기) 주의적 (4) 신문
3 함무라비 법전, 함무라비 법전은 기원전 1800년경 메소포타미아 지역을 통일한 바빌로니아 왕국의 함무라비왕이 만들었으며 쐐기 문자로 새겨져 있다. 함무라비 법전의 조항을 살펴보면, 함무라비 법전의 조항을 살펴보면, '눈에는 눈, 이에는 이'의 원칙에 따른 보복주의적 성격을 띠고 있으며, 신분에 따라 형벌을 차별적으로 적용하였음을 알 수 있다. 이를 통해 바빌로니아가 엄격한 신분 사회였음을 알 수 있다.

4 1 (1) × (2) × (3) ○ (4) ○ 2 ㄱ, ㄴ, ㄷ 3 아케메네스 왕조 페르시아, 의 토지 소유를 제한하고 그들이 불법으로 점유한 국유지를 몰수하여 농민에게 분배하는 내용의 개혁을 실시하였다. 페르시아는 과정복민의 협조를 받기 위

해 정복한 지역에 세금을 가두는 대신 그들의 종교와 종교를 존중하는 관용(포용) 정책을 실시하였다.

5 1 (1) ㉣ (2) ㉠ (3) ㉢ (4) ㉡ 2 ㄱ, ㄴ, ㄹ 3 (가)는 유가, (나)는 법가, (다)는 도가이다. 춘추 전국 시대에는 많은 제후국들이 부국강병을 이루기 위해 활동이나 신분에 관계없이 능력 있는 인재를 두루 등용하였다. 이로 인하여 유가, 법가, 묵가, 도가 등 제자백가가 등장하여 다양한 정치사상을 제시하였다.

6 1 (1) ㉢ (2) ㉠ (3) ㉣ 2 ㄴ, ㄹ 3 아테네는 페리클레스의 지도 아래 민주 정치의 전성기를 맞았다. 페리클레스 시기 아테네는 민회가 입법권을 행사하였으며, 국가의 중요 정책을 시민이 직접 정치에 참여하였다. 시민이 직접 정치에 참여하는 직접 민주 정치였다. 그러나 이 시기의 민주 정치는 여성, 외국인, 노예인 체외된 성인 남성을 의미하였다.

7 1 (1) 포에니 전쟁 (2) 귀족 (3) 자영농 (4) 그라쿠스 형제 2 ㄴ, ㄷ, ㄹ 3 자영농의 몰락을 막기 위하여 유력자의 토지 소유를 제한하고 그들이 불법으로 점유한 국유지를 몰수하여 농민에게 분배하는 내용의 개혁을 실시하

핵심 개념 체크

1 절대 왕정의 기반과 그에 대한 설명을 바르게 연결하시오.

(1) 관료제 •　　• ㉠ 구왕의 명령을 효율적으로 시행

(2) 상비군 •　　• ㉡ 구왕이 언제나 동원할 수 있는 군대

(3) 중상주의 •　　• ㉢ 왕권은 신이 내려준 신성한 것이라는 주장

(4) 왕권신수설 •　　• ㉣ 절대 왕정을 재정적으로 지원하기 위한 경제 정책

2 절대 왕정에 대한 설명으로 옳은 것을 보기 에서 모두 고르시오.

보기
ㄱ. 자유로운 무역 활동을 강조하였다.
ㄴ. 왕권신수설을 바탕으로 왕권을 정당화하였다.
ㄷ. 중상주의 정책으로 국내 상공업을 보호하였다.
ㄹ. 관료제와 상비군을 이용하여 왕권을 강화하였다.
ㅁ. 16세기 이후 유럽에서 등장한 지방 분권적 통치 체제이다.

서술형
3 필수 자료 (가) 정치 이론과 (나) 경제 정책이 무엇인지 쓰고, (나) 경제 정책의 특징을 서술하시오.

---

1 선사 시대의 생활 모습

○ 개념 노트
- 자료는 구석기 시대와 신석기 시대의 유물이다.
- 선사 시대의 생활 모습을 확인하는 문제가 출제될 수 있다. 구석기 시대와 신석기 시대의 생활 모습을 비교하여 정리해 두고, 시대별로 대표적인 유물을 사진과 함께 익혀 둔다.

개념 필수 자료

(가)

▲ 주먹도끼

▲ 라스코 동굴 벽화(프랑스)

▲ 빌렌도르프의 비너스

(나)

▲ 여러 가지 간석기

▲ 스웨덴 토기

▲ 빗살무늬 토기

구석기 시대에는 주먹도끼와 같은 뗀석기를 사용하였으며, 주로 동굴이나 바위 그늘 등에서 생활하였다. 동굴 벽화에 그려진 동물 그림은 사냥의 성공과 풍요를 기원하는 의미이다.

신석기 시대에는 간석기를 사용하였으며, 농경과 목축이 시작되고 정착 생활을 하였다. 국식의 저장과 음식의 조리 등을 위하여 토기를 만들어 사용하였다.

자료 해석
구석기 시대와 신석기 시대의 생활 모습은 다음과 같이 정리할 수 있다.

구석기 시대	신석기 시대
• 돌을 깨뜨려 만든 ❶ 사용	• 돌을 갈아 만든 간석기 사용
• 사냥·채집 활동	• ❷ 의 시작
• 이동 생활(동굴, 막집 등)	• 정착 생활(움집)
• 시체 매장, 동굴 벽화 등	• 애니미즘, 토테미즘

답 ❶ 뗀석기 ❷ 농경과 목축

21 절대 왕정

○ 개념 노트
- 자료는 서술형 절대 왕정의 구조와 그에 대한 설명이다.
- 절대 왕정의 기반이 되는 왕권신수설과 중상주의의 특징을 묻는 문제가 출제될 수 있다. 절대 왕정의 구조를 익히고, 왕권신수설과 중상주의의 특징을 꼼꼼하게 정리해 둔다.

개념 필수 자료

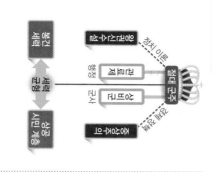

(가) 모든 권력은 신에게서 나온다. …… 따라서 군주는 신의 대행자로서 행동하고 지상에서는 그의 부관이다. …… 그 다음에 사람들은 세상사에서 질서도 정의도 있을 것이 아니라 마치 군주가 정의 그 자체인 것처럼 그에게 복종해야 한다.

　　― 보쉬에, 「성서의 말씀에서 이끌어 낸 정치술」

(나) 모든 무역에서 국내 제조공업에 도움이 되는 상품을 수입할 때는 세금을 면제해 준다. 끝고, （국외에서） 제조되어 들어오는 상품에는 세금을 부과하며, 국내 공업 제품의 품에는 세금을 붙여주는, 일이 중요합니다.

　　― 콜베르가 루이 14세에게 보낸 서한

지료 해석

》 16세기 유럽에서는 지방 분권적인 봉건제가 무너지고 중앙 집권적 통치가 강화되면서 절대 왕정이 나타났다. 절대 왕정의 군주는 왕권신수설을 이용하여 왕의 권력은 절대 권한을 정당화하고, 왕의 명령을 국가 신하하는 관료제와 언제든 동원할 수 있는 상비군을 기반으로 하여 절대 왕권을 강화하였다. 절대 왕권을 유지하는 데 필요한 막대한 재정은 상공 시민 계층이 지원하는 대신, 군주는 이들의 상공업 활동을 보호하기 위해 중상주의 경제 정책을 폈다.

》 16세기 유럽에서는 중앙 집권 통치를 바탕으로 절대 왕정이 등장하였다. 절대 군주는 왕권을 신으로부터 받았다는 ❶ ▢▢▢▢▢을 내세우고, 상비군과 관료제를 이용하여 왕권을 강화하였다. 또한, 절대 왕정을 재정적으로 유지하기 위해 ❷ ▢▢▢▢ 을 실시하여 국내의 상공업을 보호하였다.

답 | ❶ 왕권신수설 ❷ 중상주의

핵심 개념 체크

1 각 시대와 그 시대의 특징을 바르게 연결하시오.

(1) 구석기 시대 •　　• ㉠ 빌석기
　　　　　　　　　• ㉡ 간석기
(2) 신석기 시대 •　　• ㉢ 이동 생활
　　　　　　　　　• ㉣ 정착 생활

2 필수 자료 중 (가) 시기의 생활 모습으로 옳은 것을 보기 에서 모두 고르시오.

보기
ㄱ. 이동 생활을 하였다.
ㄴ. 농사를 짓고 가축을 기르기 시작하였다.
ㄷ. 돌을 깨뜨려 만든 뗀석기를 사용하였다.
ㄹ. 주로 동굴이나 바위 그늘, 막집에서 생활하였다.
ㅁ. 곡식의 조리와 음식의 저장을 위해 토기를 만들어 사용하였다.

3 서술형 다음 유물이 나타난 시대를 쓰고, 그 시대의 생활 모습을 서술하시오.

2 4대 문명

○ 개념 노트

- 지도는 4대 문명의 발생지를 표시한 지도이다.
- 문명 발생지의 공통점 또는 4대 문명이 문는 문제가 출제될 수 있다. 문명
- 의 공통 요소들을 이해 두고, 4대 문명의 위치와 각 문명의 특징을 잘 구분할 수
  있도록 정리해 둔다.

개념 필수 자료

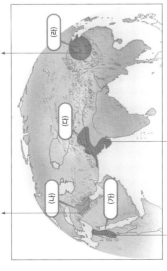

메소포타미아 문명은 티그리스강과 유프
라테스강의 유역을 중심으로 발달하였다.

이집트 문명은 나일강 유역을
중심으로 발달하였다.

인도 문명은 인더스강 유역을
중심으로 발달하였다.

중국 문명은 황허강 유역을
중심으로 발달하였다.

자료 해석

4대 문명의 특징은 다음과 같이 정리할 수 있다.

메소포타미아 문명	❶ □□ 문명	인도 문명	❷ □□ 문명
• 개방적 지형 • 현세적 세계관 • 쐐기 문자 • 태음력, 60진법, 점 성술	• 폐쇄적 지형 • 내세적 세계관(미 라, 피라미드, 「사 자의 서」 • 상형 문자 • 태양력, 기하학·측 량술 발달, 10진법	• 모헨조다로, 하라 파 건설 • 그림 문자 • 카스트제, 브라만 교 성립	• 하·상·주 건국 • 상 왕조: 청동기, 갑골문 • 주 왕조: 봉건제

답 ❶이집트 ❷중국

1 다음 설명이 맞으면 ○표, 틀리면 X표 하시오.

(1) 신항로 개척으로 삼각 무역이 발달하였다. ( )

(2) 콜럼버스는 최초로 세계 일주에 성공하였다. ( )

(3) 포르투갈의 에스파냐가 신항로 개척을 주도하였다. ( )

(4) 신항로 개척으로 무역의 중심지가 대서양에서 지중해로 이동하였다. ( )

2 필수 자료의 (가)~(다)에 대한 설명으로 옳은 것을 보기 에서 모두 고르시오.

보기

ㄱ. (가)는 바스쿠 다 가마가 개척한 항로이다.

ㄴ. (가)는 영국의 지원을 받아 개척한 항로이다.

ㄷ. (나)는 콜럼버스가 개척한 항로이다.

ㄹ. (나)는 희망봉을 거쳐 인도로 가는 항로이다.

ㅁ. (다)는 최초로 세계 일주에 성공한 항로이다.

3 서술형 ⊙에 들어갈 내용을 서술하시오.

신항로 개척으로 아메리카 대륙에서는 고대 문명이 파괴되고 원주민들이 가혹한 노동과 전염병에 시달렸다. 이로 인해 아메리카 원주민의 인구가 급격히 줄어들자, 유럽인은 작물, 중기 등을 싣고 아프리카로 가 흑인 노예와 교환하였고 흑인 노예를 아메리카의 농장에 팔았다. 이로써 유럽, 아프리카, 아메리카를 잇는 삼각 무역이 성립되었다. 한편, 신항로 개척으로 유럽에서는 [⊙]

20 신항로 개척

개념 노트

- 지도는 신항로 개척을 표시한 지도이다.
- 지도에 표시된 각 항로의 특징을 묻는 문제가 출제될 수 있다. 신항로 개척 과정뿐만 아니라 개척의 배경, 결과까지 다양한 문제가 출제될 수 있으니 꼼꼼하게 이해해 둔다.

개념 필수 자료

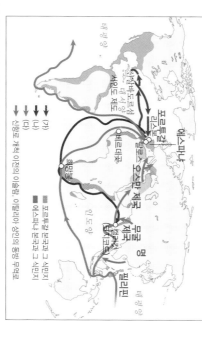

» 동방과의 직접 교역에 대한 욕구가 커지고, 기술의 발전으로 먼 거리까지 항해가 가능해지자 유럽은 신항로 개척에 적극적으로 나섰다. 특히 동방 무역의 중심인 지중해를 멀리서 우회한 에스파냐, 포르투갈이 신항로 개척에 앞장섰다. 콜럼버스는 대서양을 가로 질러 항해를 거쳐 인도로 가는 항로를 개척하여 오늘날의 서인도 제도에 도착하였고, 마젤란은 유럽에서 출발하여 대서양을 거쳐 태평양에 이르는 세계 일주 항로를 개척하였으며, 마젤란 함대는 필리핀 제도를 거쳐 에스파냐로 돌아오면서 최초로 세계 일주에 성공하였다.

자료 해석

십자군 전쟁 이후 동방 무역이 활발해지면서 동방과의 직접 교역에 대한 욕구가 커진 동시에 항해에 기술이 발달하면서 신항로가 개척되었다. 지중해 무역에서 소외되어 있던 **❶** 와 포르투갈이 신항로 개척에 앞장섰다. 콜럼버스, 바스쿠 다 가마 등이 새로운 항로를 개척하였으며, **❷** 이 함대는 필리핀을 거쳐 에스파냐로 이와 최초로 세계 일주에 성공하였다.

답 | ❶ 에스파냐 ❷ 마젤란

핵심 개념 체크

1 다음 문명과 그 발생지를 바르게 연결하시오.

(1) 인도 문명 •　　　• ㉠ 나일강 유역

(2) 중국 문명 •　　　• ㉡ 황허강 유역

(3) 이집트 문명 •　　　• ㉢ 인더스강 유역

(4) 메소포타미아 문명 •　　　• ㉣ 티그리스강·유프라테스강 유역

2 필수 자료 중 (나) 문명에 대한 설명으로 옳은 것을 보기 에서 모두 고르시오.

보기

ㄱ. 쐐기 문자를 사용하였다.

ㄴ. 개방적 지형으로 이민족의 침입이 잦았다.

ㄷ. 엄격한 신분 제도인 카스트제를 만들었다.

ㄹ. 영혼 불멸과 내세를 믿어 미라를 만들었다.

ㅁ. 왕족이나 공신을 제후로 임명하는 봉건제를 시행하였다.

3 다음 (가)~(라)에 해당하는 문명을 쓰시오.

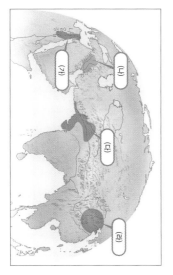

1 무굴 제국의 문화에 대한 설명이다. 빈칸에 들어갈 알맞은 말을 쓰시오.

(1) 힌디어와 페르시아어가 혼합된 (　　　)이/가 사용되었다.

(2) 페르시아어의 세밀화와 인도의 회화 기법이 융합된 (　　　)이/가 발달하였다.

(3) 사자한 황제가 왕비를 추모하여 세운 (　　　)은/는 인도·이슬람 건축 양식의 특징을 잘 나타낸다.

(4) 힌두교와 이슬람교를 절충한 (　　　)은/는 인간의 평등을 주장하며 펀자브 지역을 중심으로 세력을 확대하였다.

2 다음 설명에 해당하는 것을 보기 에서 모두 고르시오.

인도에 이슬람 세력이 진출하면서 무굴 제국에서는 힌두 문화와 이슬람 문화가 융합된 인도·이슬람 문화가 발전하였다.

─ 보기 ├─

ㄱ. 무굴 회화가 발전하였다.　　ㄴ. 타지마할이 건축되었다.

ㄷ. 종교에서 시크교가 발전하였다.　　ㄹ. 언어로 우르두어가 사용되었다.

ㅁ. 인도 고유의 굽타 양식이 발달하였다.

3 다음 유적의 명칭을 쓰고, 이를 통해 알 수 있는 무굴 제국 문화의 특징을 서술하시오.

서술형

---

3 함무라비 법전

◉개념 노트

• 자료는 함무라비 법전의 주요 내용이다.

• 함무라비 법전의 내용을 보고 그 특징을 묻는 문제가 출제될 수 있다. 함무라비 법전의 주요 법 조항 내용을 살펴보고, 법 조항을 통해 알 수 있는 특징을 정리해 둔다.

개념 필수 자료

195조 이들이 아버지를 때리면 두 손을 자른다.

196조 남이 눈을 상하게 한 자는 그의 눈도 상하게 한다.

198조 귀족이 평민의 눈을 상하게 하거나 뼈를 부러뜨리면 은화 1미나(약 80g)를 지불해야 한다.

205조 노예가 귀족의 뺨을 때렸으면 그의 귀를 자르게 한다.

▲ 함무라비 법전비

≫ 바빌로니아 왕국의 함무라비왕은 함무라비 법전을 만들어 통치 체제를 정비하였다. 자료는 함무라비 법전에 새겨진 주요 내용이다. 법 조항을 통해 당시 바빌로니아 왕국의 생활 모습을 유추해 볼 수 있다. 귀족, 평민, 노예라는 표현을 통해 당시 신분이 존재하고 있었음을 알 수 있고, 화폐가 통용되었다는 사실에서 상공업이 발달했음도 유추할 수 있다.

자료 해석

기원전 1800년경 바빌로니아 왕국의 함무라비왕은 메소포타미아를 통일하고 ❶ ＿＿＿＿ 을 만들어 통치 체제를 정비하였다. 법 조항의 내용을 통해 바빌로니아 사회의 특징을 살펴볼 수 있다. '눈에는 눈, 이에는 이'의 원칙에 따른 복수주의적 성격을 띠고 있으며, ❷ ＿＿＿＿ 에 따라 형벌이 차별적으로 적용되고 있음을 알 수 있다. 한편, 노예라는 신분이 존재하고 있어 ❸ ＿＿＿＿ 이 존재했음을, 화폐가 사용된 것으로 보아 상공업이 발달하였음도 유추할 수 있다.

답 ❶ 함무라비 법전 ❷ 신분

19 무굴 제국의 문화

개념 노트

• 자료는 무굴 제국의 건축물인 타지마할이다.
• 무굴 제국의 인도·이슬람 양식의 특징과 그 사례를 묻는 문제가 출제될 수 있다.

개념필수 자료

인도·이슬람 문화의 특징 및 구체적인 사례를 정리하고, 이러한 문화가 발달한 계기를 확인해 둔다.

(이미지 라벨: 뾰족 첨석 / 돔 / 아치 / 연꽃 문양)

» 타지마할은 무굴 제국의 제5대 황제 샤자한이 왕비 뭄타즈 마할을 추모하며 세운 건축물이다. 이슬람 양식의 둥근 지붕과 아치 등의 양식과 연꽃 문양 등의 힌두 조형미가 반영된 건축물로, 당시 무굴 제국에서 힌두 문화와 이슬람 문화가 반영되었음을 알 수 있다.

자료 해석

타지마할은 황제 샤자한이 왕비 뭄타즈 마할을 추모하며 세운 건축물이다. 이는 ❶□□□ 양식의 둥근 지붕과 아치 등 ❷□□ 양식의 연꽃 문양 등을 적절하게 조합하여 지은 것으로, 당시 무굴 제국에서 인도·이슬람 문화가 발전하였음을 잘 보여 주는 건축물이다.

답 | ❶ 이슬람 ❷ 인도

핵심 개념 체크

1 빈칸에 알맞은 내용을 쓰시오.

바빌로니아의 함무라비왕은 메소포타미아를 통일하고 [(1)] 법전을 만들어 통치 체제를 정비하였다. 법전 비석에는 법률의 내용이 [(2)] 문자로 새겨져 있다. 법전의 조항을 살펴보면, '눈에는 눈, 이에는 이'라는 원칙에 따르는 [(3)] 성격을 보여 준다. 한편, 법 적용은 [(4)] 에 따라 차별적으로 이루어지는 모습도 나타난다.

2 필수 자료의 밑줄친에 대한 설명이나 특징으로 옳은 것을 보기 에서 모두 고르시오.

보기
ㄱ. 함무라비왕이 만들었다.
ㄴ. 쐐기 문자로 기록되었다.
ㄷ. 히타이트에서 사용되었다.
ㄹ. 복수주의적 성격이 나타난다.
ㅁ. 신분과 관계없이 평등하게 법이 적용된다.

3 다음 내용이 직접 반영된 법령을 쓰고, 그 특징을 서술하시오.

자료

195조 이들이 아버지를 때리면 두 손을 자른다.
196조 남의 눈을 상하게 한 자는 그의 눈도 상하게 한다.
198조 귀족이 평민의 눈을 상하게 하거나 뼈를 부러뜨리면 은화 1미나(약 80g)를 지불해야 한다.
205조 노예가 귀족의 뺨을 때렸으면 그의 귀를 자르게 한다.

1 다음은 오스만 제국에 대한 내용이다. 맞으면 ○표, 틀리면 X표 하시오.

(1) 술탄이 친위 부대인 예니체리를 양성하였다. ( )

(2) 티무르가 무굴 제국의 부흥을 내걸고 건국하였다. ( )

(3) 광대한 영토를 다스리기 위해 관용 정책을 실시하였다. ( )

(4) 아시아, 유럽, 아프리카 세 대륙에 걸친 대제국을 건설하였다. ( )

2 밑줄 친 자료의 (가)에 대한 설명으로 옳은 것을 <보기>에서 모두 고르시오.

<보기>
ㄱ. 오스만 제국의 영토 확장에 기여하였다.

ㄴ. '제모운 군대'라는 의미로, 술탄의 친위 부대이다.

ㄷ. 이들 중 능력이 뛰어난 인재는 고위 관료로 등용되기도 하였다.

ㄹ. 이슬람 세력이 무굴 제국을 건국하는 과정에서 큰 역할을 하였다.

ㅁ. 오스만 제국 정복지의 크리스트교 소년들을 이슬람교로 개종시킨 후 군대로 양성하였다.

3 다음 (가), (나)에 들어갈 내용을 쓰시오.

> 오스만 제국은 술탄의 친위 부대인 [(가)]을/를 양성하는 등 군사력을 강화하여 영토 확장에 주력하였다. 또 광대한 영토에 대한 효율적으로 다스리기 위해 다양한 이민족들에게 관용적인 정책을 실시하였다. [(나)] 제도를 시행하여 이슬람교도가 아니어도 세금만 내면 신앙을 인정해 주고 자치 공동체를 허용하였다.

답 **①** 관용 **②** 구제적

빈출도 ❶❷❸

4 페르시아의 통치 방식

○ **개념 노트**

• 자료는 키루스의 원통형 인장에 새겨진 내용이다.

• 키루스의 원통형 인장 내용을 제시한 후 아케메네스 왕조 페르시아의 통치 방식의 특징을 묻는 문제가 출제될 수 있다. 아케메네스 왕조 페르시아의 관용 정책이 미친 영향을 잘 정리해 둔다.

개념 필수 자료

▲ 키루스의 원통형 인장

나는 키루스(키루스 2세)이다. …… 나 키루스는 아후라 마즈다의 뜻에 따라 말하니 내가 살아 있는 한 너희의 전통과 종교를 존중할 것이다. 나는 결코 전쟁으로 통치하지 않을 것이다. 그 누구도 다른 사람을 억압해 서도 자별해서도 안 되며, 이유 없이 다른 사람의 재산을 빼앗아도 안 되며, 다른 사람의 자유와 권리를 침해해서도 안 되며, 빚 때문에 남자도 여자도 노예로 삼는 일을 금한다.

– 키루스 2세의 원통 비문

>> 기원전 539년에 만들어진 키루스의 원통형 인장에는 키루스 2세가 바빌로니아를 정복한 후 피정복민의 전통과 종교를 존중한다는 선언이 세기 문자로 적혀 있다. 아케메네스 왕조 페르시아는 피지배 민족에게 세금을 징수하는 대신 그들의 종교와 관습을 인정하는 관용 정책을 시행하였다. 이러한 정책으로 여러 나라와 민족의 다양한 문화를 수용하면서 국제적이고 개방적인 문화가 발달하였다.

자료 해석

아케메네스 왕조 페르시아는 피지배 민족에게 세금을 걷는 대신에 그들의 종교와 문화 등을 존중하는 **①** 정책을 펼쳤다. 이러한 정책으로 인해 아케메네스 왕조 페르시아에는 약 200년 동안 통일 왕조를 유지하며 번영하였고, 여러 민족의 문화가 융합되어 **②** 문화가 발전하였다.

답 **①** 관용 **②** 국제적

18 오스만 제국

빈출도 ❶ ❷ ❸

개념 노트

- 자료는 오스만 제국의 영역을 표시한 지도와 예니체리에 대한 설명이다.
- 오스만 제국의 술레이만 1세의 업적, 오스만 제국의 통치 방식에 대한 문제가 출제될 수 있다. 오스만 제국의 확장 과정과 이민족 통치 방식에 대한 내용을 꼼꼼하게 정리해 둔다.

개념 필수 자료

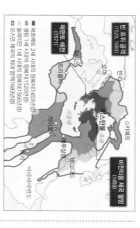

- 메흐메트 2세 시대(정복지가1453년경)
- 셀림 1세 정복지(1520년경)
- 술레이만 1세 정복지(1566년경)
- 오스만 제국의 최대 영역(1683년경)

(가) 술탄의 친위 부대

오스만 제국은 발칸반도의 크리스트교도 청소년을 징발해 개종시킨 후, 군대나 관료로 충당하였다.

이들은 구성된 예니체리는 오스만 제국의 팽창에 기여하였다.

오스만 제국

오스만 제국은 술레이만 1세 때 서아시아, 동유럽, 북아프리카인 세 대륙에 걸친 넓은 영토를 차지하고 동서 교역을 장악하게 되었다. 특히 수도 이스탄불(콘스탄티노폴리스)은 아시아와 유럽에 걸친 도시로, 동서 문화의 교차로 역할을 했으며, 동서 무역의 중심지로 번영하였다. 또한 광대한 영토를 효율적으로 다스리기 위해 다양한 이민족에게 관용 정책을 실시하였다. 이에 비무슬림에게도 그들의 종교와 관습을 어느 정도 인정하고 밀레트라는 공동체를 허용하였다.

자료 해석

오스만 제국 ❶ _____ 때 세 대륙에 걸친 영토를 차지하며 전성기를 누렸다. 이와 유럽에 걸쳐 있는 수도 이스탄불은 동서 무역의 중심지로 번영하였다. 한편, 오스만 제국은 '새로운 군대'라는 의미를 가진 술탄의 친위 부대인 ❷ _____ 등을 앞세워 제국의 영토 확장에 활용하였고, 예니체리 중 뛰어난 인재들은 고위 관료로 등용되기도 하였다.

답 | ❶ 술레이만 1세 ❷ 예니체리

핵심 개념 체크

1 아케메네스 왕조 페르시아에 대한 내용이다. 맞으면 ○표, 틀리면 X표 하시오.

(1) 정복지에 대한 강압적인 통치로 멸망하였다. ( )
(2) 키루스 2세는 메소포타미아 지역을 최초로 통일하였다. ( )
(3) 다리우스 1세는 수용하여 국제적이고 개방적인 문화가 발전하였다. ( )
(4) 피정복 민족에게 세금을 징수하는 대신 그들의 종교와 관습을 인정하였다. ( )

2 필수 자료와 관련 있는 제국에 대한 설명으로 옳은 것을 보기 에서 모두 고르시오.

[보기]
ㄱ. 다리우스 1세 때 전성기를 맞이하였다.
ㄴ. 피정복민에 대한 관용 정책을 시행하였다.
ㄷ. '왕의 눈', '왕의 귀'라는 감찰관을 파견하였다.
ㄹ. 그리스와의 전쟁에서 승리하여 영토를 확장하였다.

( )

3 다음 내용과 관련 있는 제국의 이름을 쓰고, 그 제국의 통치 방식의 특징을 서술하시오.

[서술형]

나는 키루스(카루스 2세)이다. …… 나 키루스는 이후라 마즈다의 뜻에 따라 언제나 내가 살아 있는 한 너희의 전통과 종교를 나는 경건한 통치하지 않을 것이다. 그 누구도 다른 사람을 억압해서도 안 되며, 이유 없이 다른 사람의 재산을 빼앗아도 안 되며, 다른 사람을 노예로 삼는 일을 금한다. 다른 사람을 집에게서도 안 되며, 빚 때문에 남자도 여자도 노예로 삼는 일을 금한다.

ㅡ 키루스 2세의 원통 비문 ㅡ

핵심 개념 체크

1 청의 지배 정책에 해당하는 것을 바르게 연결하시오.

(1) 강압책 •

(2) 회유책 •

• ㉠ 변발 강요
• ㉡ 유교 문화 존중
• ㉢ 만주족에 대한 비판 금지
• ㉣ 관직에 만주족과 한족 함께 등용

2 다음 (가)에 들어갈 내용으로 옳은 것을 「보기」에서 모두 고르시오.

청은 거대한 영역과 다양한 민족을 다스려야 했다. 특히, 다수를 차지하는 한족은 자신들이 만주족보다 우월하다고 생각하였다. 청은 소수의 만주족으로 다수의 한족을 다스려야 했기에, 강경책을 사용하였다. 그러나 한편으로는 한족을 통치에 협조하게 만들기 위하여 (가) 하는 등 회유책을 실시하기도 하였다.

┌ 보기 ┐
ㄱ. 변발과 호복을 착용
ㄴ. 만·한 병용책을 실시
ㄷ. 한족의 중화사상을 적극적으로 수용
ㄹ. 유학 교육을 장려하고 과거제를 실시
ㅁ. 학자들을 동원해 「사고전서」 등 편찬 사업을 추진

서술형
3 필수 자료의 (가)~(라)를 강경책과 회유책으로 구분하고, 청이 강경책을 사용하였던 이유를 서술하시오.

---

5 제자백가

○ 개념 노트
- 자료는 춘추 전국 시대 제자백가의 주요 학파를 정리한 것이다.
- 춘추 전국 시대에 제자백가가 발달하게 된 배경, 각 학파의 주요 주장과 특징을 묻는 문제가 출제될 수 있다. 각 학파의 주요 인물과 특징을 잘 정리해 둔다.

개념 필수 자료

(가) '인'과 '예'를 통해 도덕 정치를 회복해야 합니다.

(나) 엄격한 법을 통해 사회를 바로잡아야 합니다.

(다) 모두들 차별 없이 사랑해야 합니다.

(라) 모든 인위적인 것을 버리고 자연의 순리대로 살아야 합니다.

▶ 춘추 전국 시대에는 각국의 부국강병을 이루기 위해 유능한 인재가 필요하였다. 이에 따라 활동, 신분, 국적에 관계없이 능력 있는 사람이 등용되어 다양한 사상이 발달할 수 있었다. 이때 활약한 다양한 사상가와 학파를 제자백가라고 한다.

자료 해석

춘추 전국 시대에는 제후국들이 부국강병을 위해 혈통이나 신분에 관계없이 능력 있는 인재를 등용하였다. 이에 따라 제자백가가 등장하여 다양한 정치사상을 제시하였다. '인'과 '예'를 바탕으로 하는 도덕 정치를 강조한 ❶ ____, '도'와 무위자연을 강조한 도가, 엄격한 법의 적용을 강조한 ❷ ____, 차별 없는 사랑과 평등을 강조한 묵가 등이 대표적이다.

답 ❶ 유가 ❷ 법가

17 청의 지배 정책

개념 노트

- 자료는 청의 중국 지배와 관련한 강경책과 회유책을 나타낸 것이다.
- 청의 중국 지배 정책과 관련하여 강경책과 회유책을 구분하는 문제가 출제될 수 있다. 청의 지배 정책을 강경책과 회유책으로 나누어 정리해 둔다.

개념 필수 자료

(가) 만주족과 한족
고위 관직에 만주족과 한족을 함께 등용하였다.

(나) 청 왕조를 비방하는 사상이나 글을 엄히 통제하였다.

(다) 만주족의 풍습인 변발과 호복을 강요하였다.

(라) 학자들을 동원해 『사고전서』 등 대규모 서적 편찬 사업을 추진하고, 유교 문화를 존중하였다.

》 청은 거대한 영역과 다양한 민족을 다스리기 위해 만주족의 옛 영역 영토는 직접 지배하고, 그 밖의 영역은 토착 지배자를 이용하여 간접 지배하였다. 특히, 소수의 만주족이 다수의 한족을 지배하기 위해서 강경책(강압책)과 회유책을 함께 사용하였다. 청은 한족의 중화사상에 깊이 반발하는 사상에 대한 비판을 막는 강경책을 실시하였고, 다른 한편으로 한족 지식인들을 동원하는 등의 회유책을 쓰기도 하였다.

자료 해석

청은 거대한 영역과 다양한 민족을 다스리기 위해 만주족의 옛 영역과 다양한 민족을 다스리기 위해 만주족의 옛 영역 및 영역 영토는 직접 지배하고, 특히 소수의 만주족이 다수의 한족을 지배하기 위해 강경책(강압책)과 회유책을 함께 사용하였다. 특히, 청은 중국을 다스리기 위해 토착 지배자를 이용하여 간접 지배하였다.

❶ 을 함께 사용하였다.

❷ 을 실시하면서도, 한족을 통치에 참조하도록 만들기 위해

답 ❶ 강경책(강압책) ❷ 회유책

핵심 개념 체크

1 다음 제시어와 학파의 주장을 바르게 연결하시오.

(1) 유가 • ・ ㉠ 무위자연

(2) 도가 • ・ ㉡ 차별 없는 사랑

(3) 법가 • ・ ㉢ 엄격한 법의 적용

(4) 묵가 • ・ ㉣ 인과 예를 바탕으로 한 도덕 정치

2 밑줄 친 이 학파에 대한 설명으로 옳은 것을 보기 에서 모두 고르시오.

춘추 전국 시대에 제후국들이 부국강병을 위하여 다양한 인재들을 등용하면서 제자백가가 등장하였다. 그중 이 학파는 인과 예를 기반으로 하는 도덕 정치를 강조하였다.

┤ 보기 ├
ㄱ. 현실 통치 이념이 되었다.
ㄴ. 진시황제의 탄압을 받았다.
ㄷ. 자연의 순리에 따르는 삶을 강조하였다.
ㄹ. 대표적인 사상가로는 공자와 맹자가 있다.
ㅁ. 상과 벌로 나라를 다스릴 것을 주장하였다.

3 (서술형) 필수 자료의 (가)~(라)에 들어갈 학파를 각각 쓰고, 춘추 전국 시대에 제자백가가 가 발달할 수 있었던 배경을 서술하시오.

1 필수 자료의 (가)~(라)에 해당하는 계층을 쓰시오.

(1) (가): ( )
(2) (나): ( )
(3) (다): ( )
(4) (라): ( )

2 다음은 원의 사회 구성을 나타낸 것이다. 표의 (가)~(라)에 대한 내용으로 옳은 것을 보기 에서 모두 고르시오.

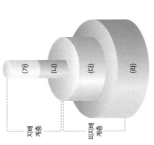

지배 계층
피지배 계층

보기
ㄱ. (가)는 공몽인으로 중요 관직을 독점하였다.
ㄴ. (나)는 색목인으로 주로 재정 업무를 담당하였다.
ㄷ. (다)는 원에 마지막까지 저항했던 민족으로 가장 크게 차별받았다.
ㄹ. (라)는 원 제국의 고위 관직에 주로 등용되었다.
ㅁ. 원은 (가)~(라) 민족을 차별적으로 대우하였다.

3 필수 자료의 (나) 계층의 명칭을 쓰고, 그 특징을 서술하시오. (서술형)

---

6 아테네 민주 정치

○ 개념 노트
• 자료는 도편 추방제와 페리클레스의 연설문이다.
• 아테네 민주 정치의 발전 과정을 묻는 문제나 아테네 민주 정치의 특징을 묻는 문제가 출제될 수 있다. 아테네 민주 정치의 발전 과정, 아테네 민주 정치의 특징을 현대의 민주 정치와의 차이를 중심으로 정리해 둔다.

개념 필수 자료

도편 추방제
독재자가 될 가능성이 있는 사람의 이름을 도기 조각에 쓴 다음 일정 기준 도기 이상 득표한 사람은 10년 동안 아테네에서 추방하였다.

▲ 도편

(가) [   ] 이 연설문
권력이 소수의 수중에 있지 않고 전 시민에게 있기 때문에 우리의 정치 제도를 민주 정치라고 부릅니다. …… 만인은 법 앞에 평등합니다. …… 공직에 임명할 때 그것은 그가 어느 특정한 계층에 속해 있기 때문이 아니라, 그가 가지고 있는 실질적인 능력 때문입니다. …… 우리는 민회에서 정책을 결정하거나 적절한 토론에 부칩니다.
– 투키디데스, 「역사」

도편 추방제는 참주(독재자)의 출현을 방지하기 위해 시행한 제도이다.

자료 해석

아테네에서는 상공업의 발달로 평민의 지위가 높아지면서 평민의 정치 참여 요구가 확대되었다. 이에 솔론은 재산 정도에 따라 정치 참여를 허용하였고, 이후 클레이스테네스는 정치 참여 지역에서 재산 기준을 폐지하였다. 페리클레스 시기에 ❶ [   ]가 일반, 행정, 사법의 주요 권한을 장악하는 직접 민주 정치가 더욱 발전하였다. 그러나 아테네의 민주 정치는 여성, 노예, 외국인을 제외한 성인 남자 시민이 직접 국가의 중요한 문제를 결정하는 방식이었다. 한편, 아테네에서는 참주(독재자)의 출현을 막기 위해 ❷ [   ]를 실시하기도 하였다.

답 ❶ 민회 ❷ 도편 추방제

16 몽골 제국

◆ 개념 노트

• 자료는 원의 사회 구성을 나타낸 것이다.
• 원의 중국 지배의 특징을 묻는 문제가 출제될 수 있다. 몽골 제일주의 연직의 특징, 원대 주민의 구성과 역할을 표로 보며 정리해 둔다.

개념 필수 자료

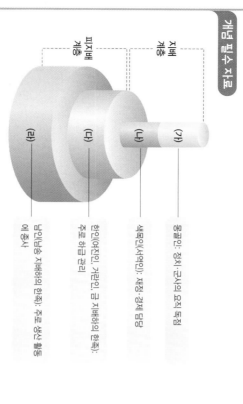

지배 계층
피지배 계층

(가) 몽골인: 정치·군사의 요직 독점
(나) 색목인(서역인): 재정·경제 담당
(다) 한인(여진인, 거란인, 금 지배하의 한족): 주요 하급 관리
(라) 남인(남송 지배하의 한족): 주로 생산 활동, 예속

자료 해석

》 원은 몽골 제일주의를 내세워 민족에 따라 대우를 달리하는 방식으로 중국을 지배하였다. 이에 따라 몽골인을 가장 우대하였고, 소수의 몽골인이 중요 관직을 독점하였다. 몽골인이 부족한 경우에는 색목인을 등용하였고, 주로 재정과 경제 분야의 업무를 맡겼다. 한편 한인과 남인은 일부 관직에만 진출할 수 있었다. 그러나 대부분 세금을 부담하는 피지배층을 구성하였다. 끝까지 원에 저항하였던 남송의 한족은 가장 크게 차별받았다. 이러한 원의 민족 차별 정책으로 몽골인은 고유한 전통을 유지할 수 있었지만 민족 간의 갈등은 심화되었다.

중국을 차지한 원은 ❶ 를 내세워 여러 민족을 차별하였다. 중앙과 지방의 고위 관직은 몽골인이 독점하였으며, 재정과 경제 분야의 실무는 ❷ 이 담당하였다. 반면, 한인과 남인은 정치적 진출과 사회적 지위 등에서 차별을 받았다.

답 ❶ 몽골 제일주의 ❷ 색목인

핵심 개념 체크

1 다음 인물들이 시행한 정책을 바르게 연결하시오.

(1) 솔론 • • ㉠ 추첨에 의한 권리 선발
(2) 쿠빌라이 • • ㉡ 공무에 대한 수당 지급
(3) 클레이스테네스 • • ㉢ 재산에 따라 참정권 부여
• • ㉣ 정치 참여에서 재산 자격 폐지

2 필수 자료의 (가)에 해당하는 인물과 관련 있는 내용으로 옳은 것을 「보기」에서 모두 고르시오.

보기
ㄱ. 재산에 따라 참정권이 부여되었다.
ㄴ. 공직자와 배심원을 추첨으로 뽑았다.
ㄷ. 여성, 노예, 외국인의 정치 참여를 허용하였다.
ㄹ. 민회가 입법, 사법, 행정의 주요 권한을 장악하였다.
ㅁ. 독재자의 출현을 막기 위해 도편 추방제를 시행하였다.

3 다음 내용을 바탕으로 이때네 정치 체제의 특징을 서술하시오.

서술형
권력이 소수의 수중에 있지 않고 전 시민에게 있기 때문에 우리의 정치 제도를 민주 정치라고 부릅니다. …… 만인은 법 앞에 평등합니다. …… 공직에 임용할 때 그것은 특정 계층에 속해 있기 때문이 아니라, 그가 가지고 있는 실질적인 능력 때문입니다. …… 우리는 민회에서 정책을 결정하거나 적절한 토론에 부칩니다.

1 알맞은 내용에 ○표를 하시오.

(1) (루터 , 칼뱅)은/는 예정설을 주장하였다.

(2) (루터 , 칼뱅)은/는 교황의 면벌부 판매에 반대하여 「95개조 반박문」을 발표하였다.

(3) (루터파 , 칼뱅파)는 베스트팔렌 조약으로 공인되었다.

(4) (루터파 , 칼뱅파)는 아우크스부르크 화의에서 공인되었다.

2 다음 (가), (나) 주장에 대한 설명으로 옳은 것을 | 보기 |에서 모두 고르시오.

(가) 인간의 구원은 신에 의해 예정되어 있다.

(나) 인간의 구원은 오직 믿음과 신의 은총에 의해서만 이루어지며 신앙의 근거는 『성서』이다.

| 보기 |

ㄱ. (가)는 칼뱅의 주장이다.

ㄴ. (가)를 주장한 인물은 교황 비오 10세의 면벌부 판매에 반대하였다.

ㄷ. (나)는 루터의 주장이다.

ㄹ. (나)를 주장한 종파는 아우크스부르크 화의에서 공인되었다.

ㅁ. (가), (나)의 주장은 가톨릭 교회의 지지를 받았다.

서술형

3 필수 자료 (가)의 명령을 쓰고, 루티가 (가)를 발표하게 된 배경을 서술하시오.

_____

_____

_____

---

7 로마 공화정

○ 개념 노트

• 자료는 포에니 전쟁 이후 로마 자영농이 몰락하는 상황을 비판하는 그라쿠스의 연설문이다.

• 그라쿠스 형제가 개혁을 실시한 배경을 묻는 문제가 출제될 수 있다. 그라쿠스 형제의 개혁 배경과 그 결과를 정리해 둔다.

개념 필수 자료

▲ 그라쿠스 형제

티베리우스 그라쿠스의 연설문

병사들은 열심히 싸웠고, 용감하게 죽었습니다. 그들 자신을 위해서가 아니라 남의 재산과 행복을 지키기 위해서였습니다. 로마 시민은 승리자이고, 세계의 지배자입니다. 하지만 믿은 승리하니까, 로마 시민은 흙 한 줌, ⊙ 현실을 여쭀습니다. 로마 시민은 흙 한 줌 가지고 있지 않지 않습니다.

— 플루타르코스, 『플루타르코스 영웅전 전집 —

» 로마는 기원전 3세기 중엽에 이탈리아반도를 통일하고, 카르타고와의 세 차례에 걸친 포에니 전쟁에서 승리하면서 기원전 2세기 중엽 지중해 일대를 장악하였다. 정복 전쟁이 승리로 로마는 번성하였고 일부 유력자들을 노예를 이용한 대농장(라티푼디움)을 경영하였으나, 자영농은 자신의 토지를 잃고 몰락하였다. 그라쿠스 형제는 이러한 문제를 해결하고자 하였다. 이와 같은 배경 속에서 그라쿠스의 연설문이 나왔다.

자료 해석

로마는 정복 전쟁에 승리하며 번영을 누렸다. 이 과정에서 귀족은 거대한 공유지를 보유하고 노예를 이용한 대농장인 ❶_____을 경영하며 막대한 부를 축적하였다. 반면에 자영농은 전쟁에 동원되고 식민지의 값싼 곡물이 로마로 들어오면서 몰락하였다. 이 문제를 해결하기 위해 ❷_____ 형제는 농지법과 곡물법을 제정하여 개혁을 시도하였으나 귀족의 반발로 공화정은 쇠퇴하였다.

답 | ❶ 라티푼디움 ❷ 그라쿠스

15 종교 개혁

⊙ 개념 노트

- 자료는 루터의 「95개조 반박문」과 신교의 전파 과정을 표시한 지도이다.
- 종교 개혁으로 탄생한 루터파와 칼뱅파의 특징을 묻는 문제가 출제될 수 있다. 종교 개혁의 발생 배경, 루터파의 칼뱅파의 주요 주장, 종교 개혁의 결과 등을 함께 정리해 둔다.

개념 필수 자료

제6조 교황은 신의 용서를 선언하거나 중명하는 것
이외에 어떠한 죄도 용서할 수 없다.

제20조 교황이 모든 벌을 면제한다고 선언하더라도
그것은 진정한 의미에서의 벌이 아니라, 단지
교황 자신이 내린 벌을 면제하는 것뿐이다.

제27조 그들은 돈궤 속에 금화가 딸랑 소리를 내
며 떨어지자마자 죽은 자의 영혼이 연옥에서
벗어난다고 한다.

제36조 진심으로 회개하는 크리스트교도는 면벌부
가 없어도 완전히 죄에서 벗어날 수 있다.

(가)

16세기 유럽의 종교 분포

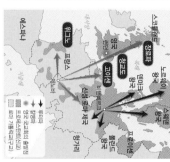

> 루터는 「95개조 반박문」을 통해 신의 은총만이 인간을 구원할 수 있으며, 건실한 회개한 크리스트교도는 면벌부가 없어도 죄에서 해방된다고 주장하여 농민들의 지지를 받았다. 루터의 주장은 인쇄술의 발달에 힘입어 독일 전역에 빨리 퍼졌으며, 이후 쯔빙글리와 칼뱅에 의해 스위스로부터 프랑스와 화인에서 루터파와 공인되었다. 스위스에서는 칼뱅이 인간의 구원은 신에 의해 이미 예정되어 있다는 예정설을 주장하여 종교 개혁을 추진하였다. 칼뱅은 경제 이윤 추구를 정당화하여 상공업자들의 지지를 받아내었고, 이후 위그노, 고이센, 청교도 등으로 불리며 널리 확산되었다. 그러나 로마 가톨릭교회는 루터파와 칼뱅파가 공인되고 종교 선택의 자유가 인정됨에도 불구하고 크리스트교 세계의 분열로 여겨 종교 개혁에 반대하였다.

자료 해석

교황 레오 10세가 성 베드로 성당 증축을 위해 면벌부를 판매하자, 독일의 ____은 「95개조 반박문」을 발표하였다. 그는 오직 신앙과 은총에 의해서만 구원이 가능하고 신앙의 근거는 「성서」라고 주장하였다. 한편, 스위스에서는 칼뱅이 인간의 구원은 신에 의해 미리 정해져 있다는 ❷ ____을 주장하며 종교 개혁을 추진하였다.

답 ❶ 루터 ❷ 예정설

---

1 다음 괄호 안의 단어 중 옳은 것에 ○표 하시오.

루터는 (1) (포에니 전쟁, 펠로폰네소스 전쟁)을 비롯한 정부 전쟁에 승리하면서 크게 번영하였으나, 전쟁 이후 로마인의 (2) (귀족, 평민)은 대농장 경영으로 막대한 부를 축적하였다. 반면, (3) (귀족, 자영농)은 전쟁에 동원되고 싼값의 곡물이 로마에 대량 유입되면서 몰락하였다. 이에 (4) (그라쿠스 형제, 카이사르)는 자영농의 몰락을 막기 위해 개혁을 실시하였으나, 귀족의 반대로 실패하였다.

2 밑줄 자료의 ⊙에 대한 설명으로 옳은 것을 〈보기〉에서 모두 고르시오.

── 보기 ──
ㄱ. 식민지의 확대로 로마의 내부 결속이 중었다.
ㄴ. 전쟁에 동원된 평민들 체제로 보상받지 못했다.
ㄷ. 식민지의 값싼 곡물들 들어와 지영농이 몰락하였다.
ㄹ. 귀족은 노예 노동을 기반으로 하는 라티푼디움을 경영하였다.
ㅁ. 그라쿠스 형제의 개혁이 성공하여 귀족과 평민 간의 갈등이 중었다.

3 (가)에 들어갈 내용을 서술하시오.

── 서술형 ──
로마는 포에니 전쟁 등 정복 전쟁에서 승리하며 번영을 누렸다. 귀족은 라티푼디움을 경영하며 막대한 부를 축적하였지만, 지영농은 전쟁에 대한 대가도 받지 못하고 식민지의 값싼 곡물이 들어오면서 심해졌다. 이로 인해 빈부 격차가 심해지고 귀족과 평민 간의 갈등이 심해졌다. 호민관으로 선출된 그라쿠스 형제는 ____(가)____.

1 십자군 전쟁에 참여한 계층과 그 참여 동기를 바르게 연결하시오.

(1) 교황 •   • ㉠ 신분의 자유 획득

(2) 기사 •   • ㉡ 새로운 영지의 획득

(3) 농민 •   • ㉢ 동방과의 직접 교역으로 이익 확대

(4) 상인 •   • ㉣ 크리스트교 세계의 통합과 주도권 확대

2 필수 자료의 전쟁에 대한 설명으로 옳은 것을 보기 에서 모두 고르시오.

보기
ㄱ. 영주와 기사 계급이 성장하였다.
ㄴ. 교회와 교황의 권위가 강화되는 결과를 낳았다.
ㄷ. 유럽의 상업과 교역이 활발해지는 계기가 되었다.
ㄹ. 셀주크 튀르크의 크리스트교 박해가 원인이 되었다.
ㅁ. 전쟁 기간 내내 성지 회복이라는 본래 목적에 충실하였다.

3 다음에서 설명하는 전쟁을 쓰고, 이 전쟁이 유럽 사회에 미친 영향을 서술하시오.

> 셀주크 튀르크가 크리스트교의 예루살렘 순례를 방해하고 비잔티움 제국을 위협하자 교황이 성지를 되찾자고 주장하였다. 여기에 유럽인의 해외 팽창 욕구 등이 결합하여 여러 차례 전쟁이 일어났다.

---

8 불교의 전파

○ 개념 노트

• 지도는 불교의 전파 과정을 표시한 것이다.

• 불교의 전파 과정에 대한 지도를 제시하고, 각 불교의 특징을 구분하는 문제가 출제될 수 있다. 지도의 전파 경로를 보고 상좌부 불교와 대승 불교를 구분할 수 있도록 연습하고, 각 불교의 주요 특징을 정리해 둔다.

개념 필수 자료

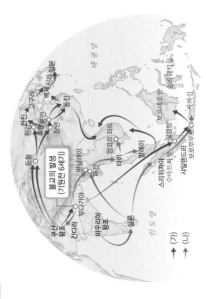

» 개인의 해탈을 강조한 상좌부 불교는 마우리아 왕조에서 아소카왕의 후원으로 발전하였으며, 주로 동남아시아로 전파되었다. 대중의 구제를 강조한 대승 불교는 쿠샨 왕조의 카니슈카왕 시기에 발전하였으며, 중앙아시아를 거쳐 중국에 전파된 후 우리나라와 일본에까지 전해졌다.

자료 해석

마우리아 왕조 시기에 발전한 ❶[   ] 불교는 엄격한 수행을 통한 개인의 해탈을 중시하였다. 쿠샨 왕조 시기에 발전한 대승 불교는 개인의 해탈보다 대중의 구제를 강조하였다. 한편, 쿠산 왕조에서는 알렉산드로스의 원정 이후 그리스 미술이 간다라 지방에 ❷[   ] 미술은

이 전해져 그리스 신상을 본떠 불상을 제작하기 시작하였다. 이러한 대승 불교와 함께 중국, 우리나라에 전파되었다.

답 | ❶ 상좌부 ❷ 간다라

14 십자군 전쟁

빈출도 ❶ ❷ ❸

◯ 개념 노트

- 자료는 십자군 전쟁의 전개 과정을 표시한 지도이다.
- 십자군 전쟁의 발생 배경, 전개 과정상의 특징, 전쟁의 유럽에 미친 영향을 묻는 문제가 출제될 수 있다. 전쟁의 배경, 성격의 변화, 전쟁으로 인한 변화 내용을 꼼꼼하게 정리해 둔다.

개념 필수 자료

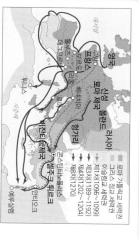

> 십자군 전쟁은 11세기 말부터 13세기 후반까지 여러 차례 이루어졌다. 흑해 예루살렘을 되찾기도 했으나 곧 상실했다. 이 땅에 불행한 전쟁 가난한 지는 그 땅에서 부유한 자가 될 것이다.

— 교황 우르바누스 2세의 연설

자료 해석

11세기 후반 셀주크 튀르크가 예루살렘을 점령하고 비잔티움 제국을 공격하자, 교황은 성지 회복을 호소하였다. 이에 기사, 상인, 농민이 호응하며 여러 차례에 걸친 [❶] 전쟁이 시작되었다. 전쟁은 시간이 지나면서 성지 회복보다 [❷]의 권위는 떨어지고 통치 약화되어 세력도 약해졌지만, 상대적으로 국왕의 권력은 강해졌다.

답 | ❶ 십자군 ❷ 교황

핵심 개념 체크

1 다음 설명이 맞으면 ◯표, 틀리면 ✕표 하시오.

(1) 상공업 발달로 대중의 구제를 강조하였다. ( )

(2) 대승 불교는 ❶ 개인의 해탈을 강조하였다. ( )

(3) 간다라 미술은 대승 불교와 함께 ( )

(4) 미술은 ❶ 이슬람이 쿠샨 ( )

2 다음 자료의 (가)와 (나)에 대한 설명으로 옳은 것은, 보기 에서 모두 고르시오.

보기

ㄱ. (가)는 동아시아로 주로 전파되었다.

ㄴ. (가)는 쿠샨 왕조 시기에 발전하였다.

ㄷ. (나)는 동남아시아로 주로 전파되었다.

ㄹ. (나)의 발전도 간다라 불상이 제작되었다.

ㅁ. (가), (나)를 통해 힌두교의 전파 양상을 알 수 있다.

3

다음 글과 관련 있는 왕조 시기에 발달한 불교의 이름을 쓰고, 그 특징을 서술하시오.

> 갠지스가 전투가 끝난 뒤 나의 미음속에는 많은 걱정과 부끄러움이 밀려온다. 정복에 대한 후회도 생겼다. 지배를 정복한다는 것은 사람을 죽이고 학살하고 노예로 만든다는 뜻이다. 나는 이제 이런 일에 고뇌를 느낀다.

— 아소카왕의 돌기둥 비문

9 수의 대운하

○ 개념 노트
• 지도로 수의 대운하를 표시한 것이다.
• 수의 대운하 건설이 수의 정치와 경제에 미친 영향을 묻는 문제가 출제될 수 있다.

수의 대운하를 표시한 지도를 익혀 두고, 대운하가 수의 정치·경제에 미친 영향을 잘 정리해 둔다.

개념 필수 자료

>> 수 양제 때 완성된 대운하는 수도 대흥과 남쪽의 항저우, 북쪽의 베이징을 연결하였다. 대운하의 건설로 강남 지역의 물자가 화북 지역으로 활발하게 운송되었다. 대운하는 수의 중앙 집권화에 큰 영향을 미쳤지만, 대규모 토목 공사로 백성 반란의 원인이 되기도 하였다.

자료 해석

남북조를 통일한 수 문제는 시험으로 관리를 선발하는 ❶ 를 실시하고 중앙 집권 체제를 강화하였다. 그의 뒤를 이은 양제는 ❷ 를 완성하여 강남 지방의 풍족한 물자가 화북 지방에 활발하게 이동할 수 있도록 하였다.

답 ❶ 과거제 ❷ 대운하

---

1 빈칸에 알맞은 내용을 쓰시오.

9세기를 전후하여 중세 서유럽에는 주군과 봉신 간에 토지를 매개로 한 쌍무적 계약 관계인 (1)( ) 관계가 성립되었다. 봉건 사회에서 기사가 주군으로부터 받은 토지는 (2)( ) 형태로 운영되었다. 기사는 자신의 장원 내에서 장원을 지배하는 (3)( )이/가 되었고, 장원 내에 속한 농민들은 대부분 (4)( )였다.

2 다음에 대한 설명으로 옳은 것을 보기 에서 모두 고르시오.

보기
ㄱ. 서유럽 봉건 사회의 주종 관계이다.
ㄴ. 주군과 봉신은 쌍무적 계약으로 맺어져 있다.
ㄷ. 봉신은 자신의 장원에 대해 주군의 간섭을 받는다.
ㄹ. 주군과 봉신 간에 토지를 매개로 성립하는 관계이다.
ㅁ. 이로 인해 장원을 바탕으로 한 강력한 중앙 집권적 사회가 성립되었다.

[서술형]

3 다음 밑줄 친 이들의 명칭을 쓰고, 그 특징을 서술하시오.

이들은 장원의 영주에게 예속되어 지배를 받는 존재로, 장원의 농민 대부분을 차지하였다.

13 중세 봉건 사회의 성립

◎ 개념 노트

- 자료는 서유럽 봉건 사회와 장원의 구조를 나타낸 것이다.
- 서유럽 봉건 사회와 장원의 특징을 묻는 문제가 출제될 수 있다. 쌍무적 계약 관
- 계로 성립된 주종 관계와 장원 내 농노의 특징 등을 잘 정리해 둔다.

개념 필수 자료

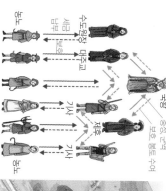

▲ 서유럽 봉건 사회의 구조

▲ 장원의 구조

>> 9세기를 전후하여 서유럽은 노르만족 등 외적의 잦은 침입과 이민족의 침입으로 혼란을 겪었다. 이에 지방 유력자들이 자신의 생명과 재산을 보호하기 위해 무장하여 기사가 계급으로 성장하였다. 기사들은 자신보다 세력이 강한 기사에게 군사적 봉사를 약속하고 충성을 맹세한 후 봉토를 받는 쌍무적 계약의 주종 관계를 맺었다. 이때 봉신이 주군에게 받은 봉토는 장원으로 운영되었다.

자료 해석

중세 서유럽에서는 지방 분권적인 봉건 사회가 형성되었다. 봉건 사회에서의 주군과 봉신은 ❶ ◻◻◻ 계약을 바탕으로 하는 주종 관계로, 한쪽이 의무를 이행하지 않으면 계약은 깨질 수 있었다. 기사가 주군에게 받은 토지는 ❷ ◻◻ 의 형태로 운영되었고, 기사들은 장원을 지배하는 영주가 되었다.

답 ❶ 쌍무적 ❷ 장원

---

1 다음 설명이 맞으면 O표, 틀리면 X표 하시오.

(1) 수 문제는 남북조를 통일하였다. ( )

(2) 수 문제는 시험으로 관리를 선발하는 과거제를 실시하였다. ( )

(3) 수 양제 때 강남과 화북을 잇는 대운하가 완성되었다. ( )

2 필수 자료와 관련 있는 왕조에 대한 설명으로 옳은 것을 보기 에서 모두 고르시오.

보기
ㄱ. 황건적의 난으로 멸망하였다.
ㄴ. 화북과 강남을 있는 대운하를 건설하였다.
ㄷ. 인가, 동면 등 대규모 설을 사원을 만들었다.
ㄹ. 중정으로 관리를 선발하는 구품중정제를 실시하였다.
ㅁ. 대규모 토목 공사와 잦은 고구려 원정으로 국력이 약화되었다.

3 다음의 대운하 건설이 수의 정치·경제에 끼친 영향을 서술하시오.

1 빈칸에 들어갈 알맞은 말을 쓰시오.

(1) 이슬람의 건축물인 ( )의 외부는 돔과 뾰족한 탑으로 장식되었다.

(2) 이슬람교의 경전인 ( )은/는 종교 의식뿐만 아니라 일상생활의 규범으로 작용하였다.

(3) 이슬람교는 우상 숭배를 금지하였기 때문에 기하학적 모양의 ( ) 무늬로 장식을 그렸다.

(4) 이슬람 경전은 원칙적으로 번역이 금지되었기 때문에 이슬람교가 전파된 지역에서는 ( )이/가 공용어로 사용되었다.

2 필수 자료와 관련된 문화권에 대한 설명으로 옳은 것을 |보기|에서 모두 고르시오.

[보기]

ㄱ. 이슬람교와 아랍어를 바탕으로 성립되었다.

ㄴ. 이슬람 사원 내부는 아라베스크 무늬로 장식되었다.

ㄷ. 메카 순례 및 상업 활동을 위해 지리학이 발달하였다.

ㄹ. 경전인 『쿠란』이 다양한 언어로 번역되어 전파되었다.

ㅁ. 이슬람의 경전인 『쿠란』은 메누 법전을 일상생활의 규범으로 삼았다.

3 [서술형] 다음 무늬의 이름을 쓰고, 이슬람 문화권에서 이러한 무늬가 발달하게 된 배경을 서술하시오.

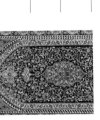

---

10 동아시아 문화권

빈출도 ❶ ❷ ❸

○ 개념 노트

- 자료는 동아시아 문화권의 공통 요소를 정리한 것이다.
- 동아시아 문화권의 형성 배경과 공통 요소를 찾는 문제가 출제될 수 있다. 동아시아 문화권의 형성 배경을 이해하고, 공통 요소를 확인해 둔다.

개념 필수 자료

(가)

▲ 한자, 지하철 표지판 ▲ 중국, 도로 표 표지판 ▲ 일본, 지하철 표지판

>> 한자는 일찍부터 동아시아 지역의 공용 문자로 사용되어 다양한 문화 교류를 촉진하였다.

(나)

▲ 룽먼 석굴의 불상(중국) ▲ 석굴암 본존 불상(한국) ▲ 보로부두르 타불(일본)

>> 불교는 동아시아 사람의 권위를 높이고 학문과 예술이 발달하는 데 크게 기여하였다.

(다)

▲ 공묘 대성전(중국) ▲ 문묘 대성전(한국)

>> 유교는 정치 이념이자 사회 규범으로 자리 잡아 동아시아 각국이 사회 질서의 형성과 유지하는 데 기여하였다.

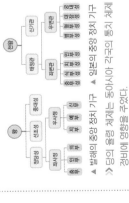

(라)

▲ 발해의 중앙 정치 기구 ▲ 일본의 중앙 통치 체제

>> 당의 율령 체제는 동아시아 각국의 통치 체제 정비에 영향을 주었다.

자료 해석

당의 문화가 주변 국가의 제도, 법률, 사상 등에 영향을 주어 동아시아 국가들이 공통의 문화 요소를 공유하는 ❶ 문화권이 형성되었다. 이로 인해 동아시아 각국에 ❶ 의 영향으로 공자의 사당이 건립되었고, 불교가 전해져 불상이 제작되었다. ❷ 서는 한자가 사용되었고, 당의 율령 체제를 기반으로 통치 체제가 정비되었다.

답 ❶ 동아시아 ❷ 유교

12 이슬람 문화

개념 노트
• 자료로 이슬람 문화의 주요 내용을 정리한 것이다.
• 이슬람 문화의 특징을 이해하고 있는지 묻는 문제가 출제될 수 있다. 이슬람 문화권의 특징을 구체적인 사례와 함께 익혀 둔다.

개념 필수 자료

이슬람교도의 의무(5행)
① 알라 이외의 신은 없고, 무함마드는 신의 사도라고 신앙 고백한다.
② 매일 다섯 번 예배를 드린다.
③ 라마단 기간에는 한 달간 해가 떠 있는 동안 음식을 먹지 않는다.
④ 일생에 한 번 메카로 성지 순례한다.
⑤ 자기 재산의 일부를 종교세로 납부해 가난한 사람을 돕는다.

모스크의 돔과 초승달
돔은 평화를 상징하고, 초승달은 무한한 힘과 신의 계시를 받을 때의 초승달 모양을 의미한다.

아라베스크
우상 숭배를 금지하였기 때문에 모스크 내부는 아라베스크 무늬로 장식되었다.

자료 해석
이슬람 사회는 이슬람의 교리를 바탕으로 하는 문화가 발전하였다. 이슬람 경전인 「쿠란」은 번역이 금지되었기 때문에 이슬람교가 전파된 지역에서는 ① ⬚ 가 공용어로 사용되었다. 또한, 우상 숭배가 금지되었기 때문에 모스크 내부는 무늬로 장식되었다.

답 | ① 아랍어 ② 아라베스크

핵심 개념 체크

1 동아시아 문화권에 대한 내용이다. 다음 설명이 맞으면 ○표, 틀리면 ×표 하시오.
(1) 인도 문화와 이슬람 문화가 융합하였다. ( )
(2) 공통 요소로는 한자, 율령, 도교, 불교가 있다. ( )
(3) 당의 문화가 동아시아 각국에 전해지며 성립되었다. ( )
(4) 중국, 한국, 일본, 베트남 등이 이 문화권에 포함된다. ( )

2 밑줄 친 ⑤에 해당하는 내용으로 옳은 것을 보기 에서 모두 고르시오.

당이 주변국들과 교류하면서 많은 외래적으로 하는 사람들이 증가하였다. 당의 제도와 문화가 동아시아 각국에 전파되어 ⑤ 동아시아 국가들은 공통 이 문화 요소를 갖게 되었다.

보기
ㄱ. 불상을 제작하였다.
ㄴ. 도교를 각국의 통치 이념으로 삼았다.
ㄷ. 한자가 동아시아 각국의 문자로 사용되었다.
ㄹ. 동아시아 각국에서 공자의 사상을 경험하였다.
ㅁ. 당의 율령 체제를 기반으로 통치 체제를 정비하였다.

3 필수 자료가 설명하는 문화권의 이름을 쓰고, (가)~(라)에 들어갈 공통 요소를 각각 쓰시오.

핵심 개념 체크

1 다음 이슬람 제국과 관련 있는 사실을 바르게 연결하시오.

(1) 아바스 왕조 · · ㉠ 헤지라

(2) 무함마드 시대 · · ㉡ 칼리프 선출

(3) 우마이야 왕조 · · ㉢ 탈라스 전투

(4) 정통 칼리프 시대 · · ㉣ 아랍인 우대 정책

2 교과서 필수 자료의 (가) 왕조에 대한 설명으로 옳은 것을 I 보기 I 에서 모두 고르시오.

I 보기 I
ㄱ. 이슬람이 수니파와 시아파로 분열하였다.
ㄴ. 무함마드의 후계자로 칼리프를 선출하였다.
ㄷ. 아랍인 우대 정책을 펼쳐 비아랍인의 불만이 커졌다.
ㄹ. 당과의 탈라스 전투에서 승리하여 동서 교역로를 장악하였다.
ㅁ. 무함마드가 메카 귀족들의 탄압을 피해 메디나로 피신하였다.

[서술형]
3 다음은 우마이야 왕조에 대한 설명이다. 밑줄 친 '정책'의 내용을 서술하시오.

우마이야 왕조 시기에는 북아프리카, 그리고 이베리아반도까지 영토가 확장되었다. 그러나 우마이야 왕조가 실시한 정책으로 인해 정치 비아랍인들의 불만이 커져 갔고, 8세기 중반 내부 분열과 정복지 주민의 지지를 얻지 못해 우마이야 왕조가 무너지고 아바스 왕조가 들어섰다.

---

⑪ 이슬람 제국

○ 개념 노트

· 자료는 이슬람 제국의 발전 과정을 나타낸 도표와 지도이다.
· 이슬람 제국의 발전 과정을 도표와 지도를 이용하여 묻는 문제가 출제될 수 있다.

도표와 지도를 보며 이슬람 왕조의 변천 과정을 익히고, 각 왕조 시기에 일어난 사건을 꼼꼼하게 정리해 둔다.

개념 필수 자료

무함마드 시대(622~632)
헤지라 → 메카 정복 → 아라비아반도 통일

정통 칼리프 시대(632~661)
칼리프 선출, 정복 활동으로 대한 권응

(가) 왕조(661~750)
칼리프 세습, 이랍인 중심(우대) 정책

아바스 왕조 (750~1258)	**후우마이야 왕조** (756~1031)
	파티마 왕조 (909~1171)

» 무함마드 시대에 전투(732년)
정통 칼리프 시대의 정복지(632~661년)
우마이야 왕조의 정복지(661~750년)

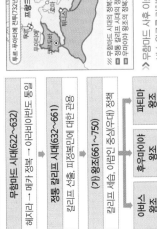

무함마드 시대 이후 이슬람은 정통 칼리프 시대, 우마이야 왕조, 아바스 왕조를 거치며 제국으로 발전하였었다. 이 과정에서 이슬람 제국의 영역 또한 중앙이시아, 아라비아반도, 북아프리카, 이베리아반도까지 크게 확대되었다. 이슬람교에서는 알라 앞의 모든 인간은 평등하다고 주장하였기 때문에, 이어 받은 교리를 바탕으로 이슬람 세력이 빠르게 확대해 나갈 수 있었다. 아바스 왕조 때는 당과의 탈라스 전투에서 승리하면서 중앙아시아의 동서 교역로를 장악하면서 동서 교류의 중심지로 번영하였다.

자료 해석

이슬람 제국의 발전 과정은 다음과 같다.

무함마드 시대	정통 칼리프 시대	❶ □□□ 왕조	아바스 왕조
· 이슬람교 성립 · 622년 헤지라 · 아라비아반도 통일	· 칼리프 선출 · 정복 활동으로 대 제국 건설	· 수도: 다마스쿠스 · 영토 팽창 · 이슬람교 수니파와 시아파로 분열 · 아랍인 중심 정책, 정복지 주민에 대한 차별 정책	· 수도: 바그다드 · 아랍인 특권 폐지, 비아랍인에 대한 차별 철폐 · 당과의 ❷ □□□ 전투 승리로 동서 교역로 장악

부록 　시험에 잘 나오는 개념BOOK

학교 시험에 자주 나오는 출제 포인트를 제시하고 필수 자료와 해석을 넣어 철저히 분석하였으며, 바탕 예제를 수록하여 기본 개념과 다양한 유형의 문제를 접해 볼 수 있도록 하였습니다.

주 마무리 코너

누구나 합격 전략

내신 유형에 맞춘 기본 연습 문제를 풀어 보면서 학습에 대한 자신감을 가질 수 있습니다.

창의·융합·코딩 전략

융복합 사고력과 창의력을 키우는 문제를 풀어 보면서 다양한 문제에 대한 적응력을 높일 수 있습니다.

권 마무리 코너

전편 마무리 전략

중요한 주제를 엄선하여 단원을 마무리하고 최종 정리할 수 있도록 하였습니다.

신유형·신경향·서술형 전략

새롭게 등장한 유형 문제, 시대 흐름을 반영한 경향성 문제를 다루었으며, 서술형 문제를 풀어 보면서 철저하게 내신을 대비할 수 있도록 하였습니다.

적중 예상 전략

학습한 내용을 최종 평가해 보는 코너로 2회에 걸쳐 제공하여, 스스로 자기 실력을 가늠해 볼 수 있도록 하였습니다.

정답과 해설

각 문제에 대한 기본 개념과 자료 분석, 쌍둥이 문제 등 자세한 풀이를 담았습니다. 특히 적중 예상 전략 해설에는 다시 한번 문제를 수록하고 출제 의도, 선택지 분석, 개념이나 용어 등을 제시하여 빈틈없이 해당 주제를 숙지할 수 있도록 구성하였습니다.

이 책의 **차례**

문명의 발생과 고대 세계의 형성 ~ 이슬람 문화의 형성과 확산

1주 1일 개념 돌파 전략 ❶

개념 1 문명의 특징

(1) 메소포타미아 문명
① 발생: 기원전 3500년경 티그리스강과 유프라테스강 사이
② 특징: 지구라트 건설,『함무라비 법전』, ❶ ⬜ 문자 사용 등

(2) 이집트 문명
① 발생: 기원전 3000년경 나일강 유역
② 특징: 영혼 불멸과 내세 믿음, 상형 문자 사용, 피라미드·스핑크스 건설 등

(3) 인도 문명
① 발생: 기원전 2500년경 인더스강 유역
② 특징: 모헨조다로, 하라파 등 계획도시 건설
→ 이후 아리아인 대거 이주, 카스트제·브라만교 성립

(4) 중국 문명
① 발생: 황허강 유역, 기원전 2000년경 하 왕조 건국 기록
② 특징: 갑골문 사용(상 왕조), 봉건제 시행(❷ ⬜ 왕조)

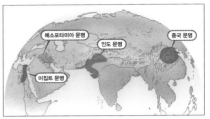
▲ 세계 각지의 문명

▲ 카스트제

Quiz
인도를 지배하게 된 아리아인이 원주민을 지배하기 위해 만든 엄격한 신분제는?

❶ 쐐기 ❷ 주

답 | 카스트제

개념 2 로마 공화정의 발전과 쇠퇴

(1) 로마 공화정의 등장
① 초반에는 원로원 중심으로 운영: 소수의 귀족 중심
② 평민의 참정권 요구 증가: 평민회 구성, 호민관 선출

(2) 로마 공화정의 발전과 쇠퇴
① ❶ ⬜ 전쟁: 카르타고와 세 차례에 걸쳐 전쟁
→ 승리, 기원전 2세기 중엽 지중해 일대 장악
② 포에니 전쟁의 결과: 공화정의 위기
- 귀족: 막대한 공유지 보유, 노예를 이용한 대농장 경영으로 많은 부 축적
- 평민: 토지 상실, 점령지에서 값싼 곡물 유입 → 평민(자영농) 몰락 → 공화정의 위기
③ ❷ ⬜ 형제의 개혁: 공화정의 위기 극복 위해 토지 재분배 등의 개혁 시도
→ 귀족의 반대로 실패 → 평민파와 귀족파의 갈등 증가
④ 카이사르의 독재 정치 → 반대파에 의해 카이사르 암살 → 카이사르의 후계자 옥타비아누스가 정권 장악, 제정 시작

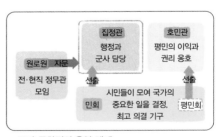
▲ 로마 공화정의 운영 체제

Quiz
로마 평민의 이익과 권리를 옹호하기 위해 뽑은 관리로, 원로원의 결정에 거부권을 행사할 수 있었던 관직은?

❶ 포에니 ❷ 그라쿠스

답 | 호민관

1-1 다음 지도를 보고 빈칸에 알맞은 기호를 쓰시오.

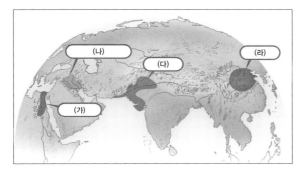

> 영혼 불멸을 믿고 피라미드와 스핑크스를 조성한 문명은 (㉠   )이며, 카스트제와 브라만교를 성립시킨 문명은 (㉡   )이다.

풀이 | 이집트 문명의 사람들은 영혼 불멸과 내세를 믿었기에 파라오를 미라로 만들어 무덤인 ❶□□□ 에 안치하였다. 한편 중앙아시아 일대의 아리아인은 인더스강 유역으로 대거 이주해 인도 문명의 원주민을 정복하고 갠지스강 유역까지 진출하였다. 그들은 엄격한 신분제인 ❷□□□ 를 만들어 신분에 맞는 직업과 행동 규범을 규정하였다.

❶ 피라미드 ❷ 카스트제 **답 |** ㉠ (가), ㉡ (다)

1-2 왼쪽 지도의 (나) 문명에서 사용한 문자의 명칭은?

① 쐐기 문자   ② 상형 문자
③ 그림 문자   ④ 표음 문자
⑤ 갑골문

2-1 (가)에 해당하는 전쟁의 이름을 쓰시오.

> 로마는 기원전 3세기 중엽에 이탈리아반도를 통일하였고, 카르타고와 벌인 세 차례의 [(가)] 전쟁에서 승리하여 기원전 2세기 중엽에 지중해 일대를 장악하였다. 정복 전쟁에서 승리한 로마는 번성하였고, 귀족은 막대한 공유지 보유와 노예를 이용한 대농장 경영으로 많은 부를 축적하였다. 반면 자영농은 토지를 잃고 몰락하였다.

풀이 | 기원전 3세기 로마는 이탈리아반도를 통일한 이후 지중해의 패권을 장악하기 위해 북아프리카의 ❶□□□ 와 세 차례의 포에니 전쟁을 치렀다. '포에니'는 라틴어로 페니키아인을 가리키는데, 카르타고가 페니키아의 식민지였기 때문이다. 포에니 전쟁의 결과 로마는 막대한 토지를 얻었으나 참전의 보상을 제대로 받지 못한 ❷□□□ 의 몰락은 가속화되었다.

❶ 카르타고 ❷ 자영농 **답 |** 포에니

2-2 다음 설명에 해당하는 인물로 옳은 것은?

> • 포에니 전쟁 이후 자영농이 몰락하여 공화정의 위기가 찾아오자 이를 해결하기 위한 개혁을 추진하였다.
> • 농지법, 곡물법 등 개혁 운동을 전개하였지만 귀족의 반대로 실패하였다.

① 솔론   ② 카이사르
③ 옥타비아누스   ④ 그라쿠스 형제
⑤ 클레이스테네스

개념 3 마우리아 왕조와 쿠샨 왕조

(1) 마우리아 왕조

　① 전성기: 아소카왕 때 불경 정리, 산치 대탑 건립 등 불교 장려

　② **❶ ▢▢▢ 불교**

　　• 개인의 해탈 강조

　　• 스리랑카와 동남아시아 등지에 전파

(2) 쿠샨 왕조

　① 전성기: 카니슈카왕 때 불경 정리, 탑과 절 건립 등 불교 장려

　② **❷ ▢▢ 불교**

　　• 선행을 통한 만인의 구제 강조

　　• 사막길(비단길)을 통해 동북아시아에 전파

▲ 불교의 발생과 전파

Quiz

마우리아 왕조의 전성기를 이룬 왕으로, 불경의 내용을 적은 돌기둥을 전국에 세우고 산치 대탑을 건립한 인물은?

❶ 상좌부 ❷ 대승　　　　　　　　　답 | 아소카왕

개념 4 당의 통치 제도

(1) 당의 통치 제도: 율령 체제

　• 형법과 행정법 중심으로 국가를 운영해 나가는 통치 방식

　• **❶ ▢▢** 의 제도를 계승하여 당이 완성함

　• 3성 6부제, 과거제, 균전제, 조용조, 부병제 등

(2) 통치 제도의 변화

토지 제도	균전제		장원제
조세 제도	조용조	안사의 난 →	❷ ▢▢▢
군사 제도	부병제		모병제

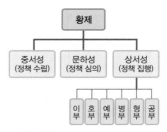

▲ 3성 6부제

Quiz

형법과 행정법을 중심으로 국가를 운영해 나가는 통치 방식으로 당대에 완성되었던 체제의 명칭은?

❶ 수 ❷ 양세법　　　　　　　　　답 | 율령 체제

개념 5 이슬람 제국의 발전

(1) 정통 칼리프 시대: 합의에 의해 칼리프를 선출하던 시대, 칼리프를 중심으로 활발한 정복 활동(사산 왕조 페르시아 등 정복)

(2) ❶ ▢▢▢ 왕조

　• 우마이야 가문이 칼리프 지위 세습

　• 아랍인 중심 정책: 비아랍인의 불만 증가 → 내부 분열 → 아바스 왕조에게 멸망당함

(3) 아바스 왕조

　• 비아랍인 차별 정책 철폐: 비아랍인에게도 중요 관직 허용, 세금 제도 차별 폐지 등

　• **❷ ▢▢** 전투에서 당에 승리 → 사막길(비단길)을 통한 동서 교역 주도

▲ 이슬람 세계의 팽창

Quiz

무함마드가 죽은 후 그를 계승하는 사람으로서 이슬람 세계를 이끄는 종교적 지배자를 뜻하는 것은?

❶ 우마이야 ❷ 탈라스　　　　　　　답 | 칼리프

3-1 지도의 표시된 왕조의 명칭과 이 왕조의 전성기를 이끈 왕을 쓰시오.

풀이 | 인도 남부를 제외한 대부분을 영역으로 하고 있다는 점, 파탈리푸트라 지명을 통해 마우리아 왕조임을 알 수 있다. 마우리아 왕조의 전성기를 이끈 아소카왕은 잔인한 정복 전쟁을 벌인 일을 참회하며 ❶   를 믿고 장려하였다.

❶불교   **답** | 마우리아 왕조, 아소카왕

4-1 (가), (나)에 들어갈 제도의 명칭을 쓰시오.

풀이 | 당은 농민에게 ❶   을 지급하고 그 대가로 조·용·조와 군역을 부과하여 국가의 재정과 군사력을 확보하고 유지하였다. 이후 균전제가 붕괴하면서 조·용·조는 양세법으로, 부병제는 ❷   로 바뀌었다.

❶균전 ❷모병제   **답** | (가)-부병제, (나)-조용조

5-1 (가)에 들어갈 왕조의 이름을 쓰시오.

4대 칼리프 알리가 암살된 후 [(가)] 가문이 칼리프 지위를 세습하고 다마스쿠스를 수도로 [(가)] 왕조를 새롭게 열었다(661). 이 시기에는 북아프리카, 그리고 이베리아반도까지 영토가 확장되었다. 그러나 아랍인 중심 정책을 펼쳐 비아랍인의 불만이 커졌다.

풀이 | 우마이야 가문이 ❶   지위를 세습하며 우마이야 왕조가 시작되었다. 우마이야 왕조는 아랍인 중심 정책을 펼쳐, 비아랍인을 차별하였다. 이에 불만을 가진 비아랍인과 아바스 가문이 우마이야 왕조를 무너뜨리고 ❷   왕조를 개창하였다.

❶칼리프 ❷아바스   **답** | 우마이야

3-2 다음 설명에 해당하는 종교는?

- 선행을 통한 만인의 구제가 윤회에서 벗어나는 길이라고 강조하여 호응을 얻었다.
- 쿠샨 왕조 때에 발전하였으며, 동북아시아로 전파되었다.

① 힌두교   ② 이슬람교
③ 대승 불교   ④ 크리스트교
⑤ 상좌부 불교

4-2 다음과 같은 행정 조직을 갖추었던 중국의 왕조는?

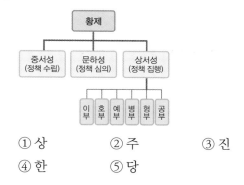

① 상   ② 주   ③ 진
④ 한   ⑤ 당

5-2 다음 설명에 해당하는 왕조는?

- 아랍인이 아니어도 중요 관직을 허용하고, 세금 제도에서도 차별을 폐지하였다.
- 탈라스 전투에서 당에 승리한 후 사막길(비단길)을 통한 동서 교역을 주도하였다.

① 우마이야 왕조   ② 아바스 왕조
③ 파티마 왕조   ④ 굽타 왕조
⑤ 쿠샨 왕조

1 (가) 문명에 대한 설명으로 옳은 것은?

(가) 문명의 상징적인 건축물인 피라미드야!

(가) 의 왕인 파라오의 무덤으로 알려져 있지.

① 쐐기 문자를 고안하였다.
② 영혼 불멸과 내세를 믿었다.
③ 인더스강 유역에서 발생하였다.
④ 내세보다는 현세를 중시하였다.
⑤ 엄격한 신분제인 카스트제를 만들었다.

2 다음 설명에 해당하는 중국의 왕조는?

- 법가 사상을 바탕으로 국력을 키워 전국을 통일하여 춘추 전국 시대의 막을 내렸다.
- 군현제를 시행하였고 각지에서 다양하게 사용되던 문자, 화폐, 도량형을 통일하였다.

① 상   ② 주   ③ 진
④ 한   ⑤ 수

3 (가)에 들어갈 검색어로 적절한 것은?

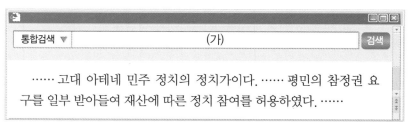

통합검색 ▼   (가)   검색

…… 고대 아테네 민주 정치의 정치가이다. …… 평민의 참정권 요구를 일부 받아들여 재산에 따른 정치 참여를 허용하였다. ……

① 솔론   ② 호메로스   ③ 페리클레스
④ 알렉산드로스   ⑤ 클레이스테네스

굽타 왕조 시기 확립된 인도 고전 문화의 대표적인 사례는?

➡ **①** ⬜⬜ 어 문학이 발전하였고, 간다라 양식과 인도 고유의 예술적 특색이 결합된 **②** ⬜⬜ 양식이 등장하였다. 아잔타 석굴, 엘로라 석굴 등에서 그 특징을 확인할 수 있다.

답 | ❶ 산스크리트 ❷ 굽타

4 제시된 스무고개 퀴즈의 정답은?

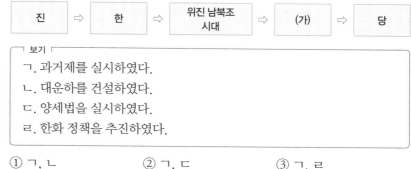

> 첫째 고개: 4세기경 북인도에서 등장한 왕조예요.
>
> 둘째 고개: 이 왕조 시기에 힌두교가 성립하였어요.
>
> 셋째 고개: 이 왕조 시기 문학·언어·미술 등 다양한 분야에서 인도 고유의 색채가 강해졌어요.

① 쿠샨 왕조　　② 굽타 왕조　　③ 아바스 왕조
④ 마우리아 왕조　　⑤ 우마이야 왕조

남북조를 통일한 수가 추진했던 개혁의 내용은?

➡ 3성 6부제를 도입하여 중앙 집권 체제를 강화하였고, 시험으로 관리를 선발하는 **①** ⬜⬜ 를 실시해 능력에 따라 인재를 등용하였다. 남북을 잇는 **②** ⬜⬜ 를 건설해 강남 지방의 풍부한 물자를 화북 지역으로 원활히 이동할 수 있도록 하였다.

답 | ❶ 과거제 ❷ 대운하

5 제시된 도표의 (가)에 들어갈 왕조에 대한 설명으로 옳은 것을 ㅣ보기ㅣ에서 고른 것은?

| 진 | ⇨ | 한 | ⇨ | 위진 남북조 시대 | ⇨ | (가) | ⇨ | 당 |

보기
ㄱ. 과거제를 실시하였다.
ㄴ. 대운하를 건설하였다.
ㄷ. 양세법을 실시하였다.
ㄹ. 한화 정책을 추진하였다.

① ㄱ, ㄴ　　② ㄱ, ㄷ　　③ ㄱ, ㄹ
④ ㄴ, ㄷ　　⑤ ㄷ, ㄹ

이슬람교를 창시한 사람과, 이슬람교의 주요 교리는?

➡ 이슬람교는 메카의 상인 출신인 **①** ⬜⬜ 가 창시하였다. 우상 숭배를 금지하고 유일신인 '알라'만을 믿었으며, 알라 앞에서 모든 사람이 **②** ⬜⬜ 하다고 주장하였다.

답 | ❶ 무함마드 ❷ 평등

6 다음 퀴즈의 정답인 (가) 종교로 옳은 것은?

메카의 상인 출신 무함마드가 만든 종교야. 유일신 알라를 숭배하고 신 앞에 모든 인간이 평등하다는 교리를 내세웠어. 이 때문에 귀족들의 박해를 받기도 했지. 이 종교는 무엇일까?

정답은!!

(가)

① 불교　　② 힌두교　　③ 이슬람교
④ 크리스트교　　⑤ 조로아스터교

전략 1 문명 발생의 공통점

- 문명 발생의 공통점: 큰 ❶[   ] 주변에서 발생함, 사유 재산제와 계급 발생, 청동기 제작, 문자 발명
- 문명 간 비교

구분	메소포타미아 문명	이집트 문명	인도 문명	중국 문명
발생지	티그리스강, 유프라테스강 유역	나일강 유역	인더스강, 갠지스강 유역	황허강, 창장강 유역
문자	쐐기 문자	상형 문자	그림 문자(인장)	❷[ ]

❶ 강 ❷ 갑골문

필수 예제 1

(1) 문명의 발생 과정에서 확인할 수 있는 공통적인 특징을 | 보기 |에서 모두 고르시오.

> 보기
> ㄱ. 평등한 사회   ㄴ. 신석기 제작   ㄷ. 사유 재산제 등장   ㄹ. 문자 발명

(2) 메소포타미아 문명에서 고안되었던 문자를 쓰시오.

풀이|

(1)

사유 재산제	농업 생산력이 향상되며 각자가 재산을 소유하기 시작함	청동기 제작	지배 계급이 청동기를 통해 주변 지역 정복, 제사를 지내며 권력 강화
계급 발생	일부 힘 있는 사람들이 공동체의 잉여 생산물을 독점하며 계급이 발생하고, 불평등한 사회가 형성됨	문자 발명	통치, 세금 징수, 교역 등에 필요한 문자를 발명함

답 | ㄷ, ㄹ

(2)

쐐기 문자	메소포타미아 문명의 문자, 말랑한 점토판에 끝이 뾰족한 도구로 눌러씀
갑골문	중국 상 왕조에서 점을 친 후 결과를 기록한 것, 한자의 원형이 되었음

답 | 쐐기 문자

1-1 고대 문명과 그 발상지가 바르게 연결된 것은?

① 이집트 문명 - 유프라테스강
② 메소포타미아 문명 – 나일강
③ 메소포타미아 문명 – 갠지스강
④ 인도 문명 – 티그리스강
⑤ 중국 문명 – 황허강

1-2 문명의 공통점을 주제로 학생들이 대화를 나누었다. 옳은 내용만을 말하는 학생을 모두 고른 것은?

> 윤지: 문명은 큰 강 주변에 발생했다는 공통점이 있어.
> 수혁: 그리고 철기를 제작하는 단계에 이르러서야 문명이 발생하였다는 공통점이 있지.
> 지민: 각 문명은 세금을 징수하거나 법률을 만들기 위해 문자를 발명했어.
> 도훈: 인도 문명의 쐐기 문자, 중국 문명의 표음 문자가 대표적이야.

① 윤지, 수혁   ② 윤지, 지민   ③ 수혁, 지민
④ 수혁, 도훈   ⑤ 지민, 도훈

전략 2 아시리아와 페르시아의 발전

- 아시리아: 최초로 서아시아 지역 통일, 피지배 민족을 강압적으로 통치하여 멸망함
- 아케메네스 왕조 ❶ [　　　] : 피정복민의 전통과 종교를 존중하는 ❷ [　　　] 정책 펼침, 다리우스 1세 때 전성기 이룸

❶ 페르시아 ❷ 관용

필수 예제 2

(1) 다음 설명에 해당하는 나라를 쓰시오.

　　우수한 기마 전술과 철제 무기, 전차를 앞세워 기원전 7세기 무렵 메소포타미아 지역의 대부분을 통일하였다. 그러나 피지배 민족을 강압적으로 통치하여 결국 각지에서 일어난 반란으로 멸망하였다.

(2) 다음 빈칸에 들어갈 알맞은 말을 쓰시오.

　　아케메네스 왕조 페르시아는 훌륭한 도로를 건설하였다. 가장 유명한 것이 [　　　]인데 그 길이가 2,400km에 달하였고, 수사에서 소아시아 지역의 사르디스까지 뻗어있었다. [　　　]은/는 여러 지역에 대한 제국의 통제를 용이하게 하기 위해 건설되었지만 상업 활동의 발전에도 기여하였다.

풀이 | (1)

아시리아	철제 무기와 기마병 등을 앞세워 서아시아의 상당 부분을 통일함. 도로를 정비하고 정복지에 총독을 파견하였음
강압적 통치	피정복민을 강제 이주시키고 무거운 세금을 부과하며 종교나 문화를 인정하지 않음

답 | 아시리아

(2)

아케메네스 왕조 페르시아	기원전 6세기 무렵 서아시아 지역을 재통일함, 피지배 민족에게 관용 정책을 펼침
'왕의 길'	수사에서 사르디스까지 연결된 길, 이 도로를 통해 왕의 명령이 지방까지 빠르게 전달됨, 상업 도로로도 쓰임

답 | '왕의 길'

2-1 ㉠, ㉡에 들어갈 내용으로 옳은 것은?

◎ 고대 서아시아 지역의 통일 왕조
1) 아시리아: [　　㉠　　]
2) 아케메네스 왕조 페르시아: [　　㉡　　]

① ㉠ – '왕의 귀'라는 관리를 두었다.
② ㉠ – 다른 민족의 문화, 종교를 포용하였다.
③ ㉡ – 서아시아 지역을 최초로 통일하였다.
④ ㉡ – 약 200년간 통일 왕조를 유지하였다.
⑤ ㉡ – 피지배 민족을 강압적으로 통치하였다.

2-2 다음 스무고개의 정답은?

첫째 고개: 나는 아케메네스 왕조 페르시아의 전성기를 이루었어요.

둘째 고개: 나는 '왕의 길'을 건설했어요.

첫째 고개: 나는 '왕의 귀'라고 불리는 관리를 보내 총독을 감시했어요.

① 다리우스 1세　　② 키루스 2세
③ 샤푸르 1세　　④ 발레리아누스 황제
⑤ 클레이스테네스

전략 3 진시황제와 한 무제

- **진시황제:** 법가 사상을 바탕으로 전국 시대를 통일한 진의 왕, 처음으로 '황제'라는 칭호를 씀, 군현제 실시, 화폐·도량
형·❶ _____ 통일, 흉노 공격, 대규모 토목 공사 실시(만리장성, 아방궁)
- **한 무제:** 한의 전성기 이룸, 군현제 학대 시행, 유교를 통치 이념으로 삼음, 활발한 대외 원정, 소금·철·술에 대한 ❷ _____
제도 실시해 재정 확보

❶ 문자 ❷ 전매

필수 예제 **3**

(1) 다음 정책을 실시한 인물은?

| · 군현제 시행 | · 문자·화폐·도량형 통일 | · 만리장성, 아방궁 축조 |

(2) 다음 빈칸에 들어갈 알맞은 말을 쓰시오.

한 무제는 흉노를 정벌하기 위해 서역의 대월지와 동맹을 맺고자 하였다. 이에 _____ 을/를 서역에 파견하였다.
비록 대월지와의 동맹 체결은 실패하였으나 이를 계기로 한과 서역을 연결하는 비단길(사막길)이 개척되기 시작하였다.

풀이 |

(1)
군현제	전국을 군으로 나누고 그 밑에 현을 설치하여 관리를 보내 왕이 직접 지방을 다스리는 지방 행정 제도
만리장성	춘추 전국 시대에 각 나라가 다른 나라의 침입을 막고자 설치한 장성을 흉노 등을 막기 위해 진이 연결하여 완성함

답 | 진시황제

(2)
흉노	북방 초원 지대에 사는 유목 민족, 한 고조를 패배시키고 공물과 공주를 받는 등 위협적인 존재였음
비단길 (사막길)	아시아, 중국, 지중해를 연결하는 육상 교역로, 이 길을 통해 중국의 비단 등이 유럽까지 수출됨.

답 | 장건

3-1 진시황제와 한 무제의 공통점으로 옳은 것은?

① 군현제 실시
② 아방궁 축조
③ 문자, 화폐, 도량형 통일
④ 유교를 통치 사상으로 채택
⑤ 소금, 철, 술 전매 제도 실시

3-2 ㉠과 ㉡에 들어갈 인물은?

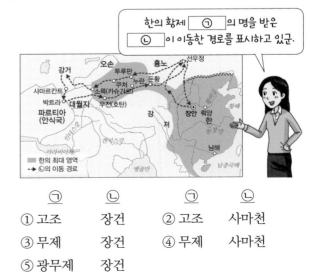

한의 황제 ㉠ 의 명을 받은 ㉡ 이 이동한 경로를 표시하고 있군.

	㉠	㉡		㉠	㉡
①	고조	장건	②	고조	사마천
③	무제	장건	④	무제	사마천
⑤	광무제	장건			

전략 4 아테네 민주 정치의 발전

- ❶ _____ : 재산에 따른 참정권 부여
- 클레이스테네스: 평민들의 정치 참여 확대, 참주의 출현을 막기 위해 ❷ _____ 추방제 도입
- 페리클레스: 아테네 민주 정치의 전성기, 민회 중심의 직접 민주주의 시행

❶ 솔론 ❷ 도편

필수 예제 4

(1) 다음 제도를 도입한 인물은?

참주(독재자)의 출현을 막기 위해, 참주가 될 위험이 있는 인물의 이름을 도자기 파편에 적게 하여 그 수가 최다이면서 6,000개 이상이 되면 해당 인물을 10년간 국외로 추방하였다.

(2) 다음 빈칸에 들어갈 알맞은 말을 모두 쓰시오.

아테네의 민주 정치는 시민이 직접 정치에 참여하는 ( ) 민주 정치이다. 그러나 20세 이상 ( )만 시민으로 인정받아 정치에 참여할 수 있었다.

풀이 | (1)

참주	비합법적인 방법으로 독재권을 확립한 지배자, 페이시스트라토스가 대표적임
도편	도자기 파편, 아테네 시민들이 국가에 위협이 될 만한 인물을 적어내는 비밀 투표의 수단으로 이용함

답 | 클레이스테네스

(2)

직접 민주 정치	시민이 직접 민회에 참석하여 폴리스의 중요 사안을 논의하여 결정함
간접 민주 정치	시민이 투표를 통해 정치에 참여할 대표를 뽑아 간접적으로 주권을 행사함

답 | 직접, 남성

4-1 아테네 민주 정치의 발전 과정을 l 보기 l에서 순서대로 나열한 것은?

┌ 보기 ┐
ㄱ. 도편 추방제가 도입되었다.
ㄴ. 소수의 귀족이 정치를 주도하였다.
ㄷ. 민회가 입법, 행정, 사법권을 장악하였다.
ㄹ. 재산에 따라 일부 평민의 정치 참여가 가능해졌다.

① ㄱ - ㄴ - ㄷ - ㄹ
② ㄴ - ㄱ - ㄷ - ㄹ
③ ㄴ - ㄹ - ㄱ - ㄷ
④ ㄷ - ㄱ - ㄹ - ㄴ
⑤ ㄹ - ㄷ - ㄴ - ㄱ

4-2 밑줄 친 '그'에 해당하는 인물은?

그가 이끄는 시기의 아테네는 귀족 회의의 권한은 축소되고 민회가 입법, 행정, 사법의 주요 권한을 장악하는 직접 민주 정치가 더욱 발달하였다. 또 장군직을 제외한 모든 공직자와 배심원을 추첨으로 뽑았고, 이들에게 공무 수당을 지급하여 가난한 시민의 정치 참여를 보장하였다. 그러나 여성과 노예, 외국인에게는 참정권을 부여하지 않았다.

① 솔론
② 호메로스
③ 페리클레스
④ 클레이스테네스
⑤ 알렉산드로스 대왕

필수 체크 전략 ❷

1 다음과 같은 도구를 사용했던 시대에 대한 설명으로 옳은 것을 ㅣ보기ㅣ에서 모두 고른 것은?

┌─ 보기 ┌
ㄱ. 돌을 갈아서 만든 간석기를 사용하였다.
ㄴ. 농경과 목축의 비중이 점차 증가하였다.
ㄷ. 사냥감인 동물이 그려진 동굴 벽화를 남겼다.
ㄹ. 먹을 것이 풍부한 곳을 찾아 이동 생활을 하였다.

① ㄱ, ㄴ   ② ㄱ, ㄷ   ③ ㄴ, ㄷ   ④ ㄴ, ㄹ   ⑤ ㄷ, ㄹ

문제 해결 전략

제시된 자료는 긁개와 ❶ □ 로, 돌을 깨뜨려 날카롭게 만든 ❷ □ 이다. 뗀석기는 구석기 시대에 사용되었다.

❶ 주먹도끼 ❷ 뗀석기

2 다음과 같은 신분제가 존재했던 문명에 대한 설명으로 옳은 것은?

① 브라만교가 성립되었다.
② 쐐기 문자를 사용하였다.
③ 서아시아 지역을 최초로 통일하였다.
④ 영혼 불멸을 믿어 피라미드를 건설하였다.
⑤ 카르타고 등 많은 식민 도시를 건설하였다.

문제 해결 전략

기원전 1500년경에는 중앙아시아의 유목민이었던 ❶ □ 인이 인더스강 유역으로 침입해 들어왔다. 그들은 원주민을 지배하고자 엄격한 신분 제도인 ❷ □ 제를 만들었다.

❶ 아리아 ❷ 카스트

3 다음과 같은 비문을 남긴 나라에 대한 설명으로 옳은 것은?

나는 키루스(키루스 2세)이다. …… 내가 살아 있는 한 너희의 전통과 종교를 존중할 것이다. 나는 결코 전쟁으로 통치하지 않을 것이다. 그 누구도 다른 사람을 억압해서도 차별해서도 안 되며 …… 다른 사람의 자유와 권리를 침해해서도 안 되며 …….

① 조로아스터교를 국교로 삼았다.
② 여러 차례 로마의 침입을 물리쳤다.
③ '왕의 길'을 건설하여 교통망을 정비하였다.
④ 『함무라비 법전』을 편찬하여 통치 체제를 정비하였다.
⑤ 피정복민에 대한 강압적인 통치로 각지에서 반란이 일어났다.

문제 해결 전략

❶ □ 왕조 페르시아는 피정복민의 전통과 종교를 존중하는 포용 정책을 실시하였다. 이는 피정복민을 억압하다 각지에서 반란이 일어나 멸망했던 ❷ □ 와 대조적이었다.

❶ 아케메네스 ❷ 아시리아

4 (가)와 (나)에 들어갈 제자백가 학파를 바르게 연결한 것은?

> 제자백가 중 하나인 ⎡(가)⎤ 는 '인'과 '예'를 통해 도덕 정치를 회복해야 한다고 주장하였다. 한편 ⎡(나)⎤ 는 엄격한 법 적용을 통해 사회 질서를 바로잡자고 주장하였다. 진은 ⎡(나)⎤ 사상을 바탕으로 국력을 키워 전국을 통일하였다.

	(가)	(나)		(가)	(나)
①	법가	도가	②	유가	법가
③	묵가	도가	④	법가	유가
⑤	묵가	유가			

문제 해결 **전략**

❶ 시대에 각국이 개혁을 추진하기 위해 유능한 인재를 등용하는 과정에서 제자백가가 등장하였다. 유가, 법가, 묵가, 도가 등이 대표적이다. 이 중 진이 ❷ 사상을 바탕으로 전국을 통일하였다.

❶ 춘추 전국 ❷ 법가

5 (가)에 대한 설명으로 옳은 것만을 │보기│에서 고른 것은?

> 기원전 492년 페르시아가 그리스를 침입해 오자 폴리스들은 ⎡(가)⎤ 를 중심으로 힘을 모아 페르시아를 물리쳤다.

│보기│
ㄱ. 델로스 동맹을 주도하였다.
ㄴ. 직접 민주 정치가 발전하였다.
ㄷ. 펠로폰네소스 전쟁에서 승리하였다.
ㄹ. 강력한 군사 제도를 바탕으로 엄격한 사회 제도를 유지하였다.

① ㄱ, ㄴ   ② ㄱ, ㄷ   ③ ㄴ, ㄷ
④ ㄴ, ㄹ   ⑤ ㄷ, ㄹ

문제 해결 **전략**

그리스-페르시아 전쟁이 발생하자 ❶ 를 중심으로 폴리스가 힘을 합쳐 페르시아의 침략을 막아 내었다. 이후 아테네가 델로스 동맹을 주도하면서 세력이 커지자, 펠로폰네소스 동맹을 주도하던 ❷ 와 대립하게 되어 펠로폰네소스 전쟁이 일어났다. 이 전쟁에서 스파르타가 승리하였다.

❶ 아테네 ❷ 스파르타

6 (가) 인물에 대한 설명으로 옳은 것은?

> 카이사르의 후계자 ⎡(가)⎤ 은/는 안토니우스와 경쟁 구도를 이루었다. 안토니우스가 클레오파트라와 함께 동방 제국을 세워 로마로부터 분리하려고 하자 ⎡(가)⎤ 은/는 악티움 해전에서 이들을 무너뜨리고 로마의 지배권을 장악하였다.

① 크리스트교를 공인하였다.
② 사실상의 제정을 시작하였다.
③ 제국을 4분할하여 통치하였다.
④ 콘스탄티노폴리스로 수도를 옮겼다.
⑤ 자영농을 육성하기 위해 개혁을 시도하였으나 실패하였다.

문제 해결 **전략**

카이사르가 죽은 후 ❶ 는 반대파를 누르고 정치적 혼란을 수습하였다. 그는 로마의 행정권과 군 통수권을 모두 장악하여 사실상 황제로 등극하였다. 로마 공화정의 혼란을 수습한 공로를 인정하여 ❷ 은 그에게 '아우구스투스'라는 칭호를 부여하였다.

❶ 옥타비아누스 ❷ 원로원

전략 1 마우리아 왕조와 쿠샨 왕조

- 마우리아 왕조: 찬드라굽타 마우리아가 최초로 북인도를 통일하며 왕조를 세움, ❶⬚⬚⬚ 왕 때 전성기를 이룸 ➡ 불교 장려 (상좌부 불교 발전)
- 쿠샨 왕조: 쿠샨족이 북인도 대부분을 차지하고 왕조를 세움, 카니슈카왕 때 전성기를 맞음, 개인의 해탈보다는 중생의 구제를 강조하는 ❷⬚⬚⬚ 불교 발달, 간다라 미술 발달

❶ 아소카 ❷ 대승

필수 예제 1

(1) (가)와 (나)에 들어갈 내용을 모두 쓰시오.

> 마우리아 왕조의 아소카왕은 적극적으로 불교를 장려하였다. 이에 개인의 해탈을 강조하는 [(가)] 불교가 발전하여 동남아시아로 전파되었다. 마우리아 왕조가 멸망한 후 인도는 분열되었으나, 쿠샨족이 북서부 인도를 통일하며 쿠샨 왕조를 세웠다. 쿠샨 왕조 때에는 개인의 해탈보다는 중생의 구제를 강조하는 [(나)] 불교가 발달하였다.

(2) 다음 설명에 해당하는 미술 양식을 쓰시오.

> 인도의 불교문화와 알렉산드로스의 원정으로 그리스인이 남긴 헬레니즘 문화가 융합된 양식으로, 쿠샨 왕조 대에 발달하였다. 동북아시아로 전파되어 해당 지역의 불상 제작에 영향을 주었다.

풀이 | (1)

상좌부 불교	'덕이 높은 승려의 가르침을 따르는 불교'라는 뜻으로, 부처의 가르침을 그대로 따를 것과 엄격한 수행을 통한 개인의 해탈을 중시함
대승 불교	대승은 '많은 사람을 구제하여 극락으로 태우고 가는 큰 수레'라는 뜻으로 많은 이들의 구제를 강조함

답 | (가) 상좌부 (나) 대승

(2)

간다라	인더스강의 지류인 카불강 하류에 펼쳐진 평원, 기원전 326년 알렉산드로스 대왕에 의해 점령당한 이후 거의 300년 가까이 그리스계 왕국에 의해 지배당함
불상	간다라 지방의 그리스인이 신을 조각하는 것을 보고 부처의 형상을 조각함

답 | 간다라 양식

1-1 마우리아 왕조에 대한 설명으로 옳은 것만을 | 보기 |에서 고른 것은?

> **보기**
> ㄱ. 산치 대탑을 건립하였다.
> ㄴ. 대승 불교가 발달하였다.
> ㄷ. 간다라 양식이 발달하였다.
> ㄹ. 아소카왕 때 전성기를 맞이하였다.

① ㄱ, ㄴ   ② ㄱ, ㄷ   ③ ㄱ, ㄹ
④ ㄴ, ㄷ   ⑤ ㄷ, ㄹ

1-2 검색어로 적절한 것은?

> [▼] [검색]
>
> … 많은 사람을 구제하여 태우는 큰 수레라는 뜻으로, 모든 중생을 구제하는 것을 강조하는 종교이다. … 널리 민중에게까지 종교를 개방하려는 움직임이었다. 쿠샨 왕조 대에 발전하였으며 …

① 상좌부 불교   ② 대승 불교   ③ 크리스트교
④ 힌두교   ⑤ 이슬람교

전략 2 위진 남북조 시대의 전개와 수의 통일

- 위진 남북조의 변천: 후한 → ❶ [   ] · 촉 · 오 → 진(晉) → 5호 16국, 동진 → 남북조 → 수
- 북위: 선비족이 세움, 화북 통일, ❷ [   ] 정책(선비족과 한족의 융합을 목표로 한 정책) 실시
- 수: 남북조 통일, 3성 6부제, 과거제 실시, 대운하 건설

❶ 위 ❷ 한화

필수 예제 2

(1) (가), (나)에 들어갈 중국 왕조의 이름을 쓰시오.

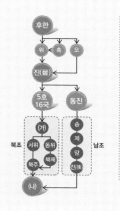

(2) 빈칸에 들어갈 제도의 명칭을 쓰시오.

> 수는 통일된 제국을 다스리기 위해 여러 개혁을 추진하였다. 중앙 집권 체제를 강화하고자 3성 6부제를 도입하였으며, 능력에 따라 인재를 등용하기 위해 시험으로 관리를 선발하는 (   )을/를 실시하였다.

풀이 | (1)

북위	선비족이 세움, 5세기 초 화북 지방 통일, 한화 정책으로 선비족과 한족의 융합을 꾀함
수	• 6세기 말 남북조 시대를 통일함. • 통일된 제국을 다스리기 위한 다양한 개혁 추진(과거제 등)

답 | (가) 북위, (나) 수

(2)

3성 6부제	수 대부터 성립된 중앙 정치 제도, 3성(중서성, 문하성, 상서성)과 6부(이부, 호부, 예부, 병부, 형부, 공부)로 구성됨, 당이 이를 계승하였으며 동아시아 각국의 중앙 정치 제도에 영향을 미침
과거제	시험을 통해 관리를 등용하는 제도, 수 대에 실시되어 당이 이를 계승하였고 송 대에 완비됨, 동아시아 각국에 영향을 미침

답 | 과거제

2-1 제시된 자료의 (가)에 해당하는 인물은?

> (가) (467~499)
> - 북위의 황제
> - 도읍을 뤄양으로 옮김
> - 선비족 고유의 언어 사용이나 선비족 고유의 풍습을 금지시킴

① 무제 ② 효문제 ③ 문제
④ 양제 ⑤ 광무제

2-2 다음과 같은 운하를 건설한 나라에 대한 설명으로 옳은 것은?

① 5세기 초 화북 지방을 통일하였다.
② 선비족과 한족의 결혼을 장려하였다.
③ 둔황, 윈강에 대규모 석굴을 조성하였다.
④ 수도를 빼앗겨 강남 지방으로 이동하였다.
⑤ 중앙 정치 제도인 3성 6부제를 도입하였다.

전략 3 동아시아 문화권

- 당의 문화: 귀족적, 국제적 특징을 지님(예 당삼채)
- 동아시아 문화권: ❶[ ]의 문화가 주변 각국(한국, 일본, 베트남)에 전해짐 ➡ 한자, ❷[ ], 유교, 불교 등을 공통 요소로 하는 동아시아 문화권이 형성됨

❶ 당 ❷ 율령

필수 예제 3

(1) 빈칸에 들어갈 중국의 왕조를 쓰시오.

[ ]에서는 시와 서예, 회화, 공예 등 각 분야에서 귀족의 취향에 맞는 화려한 문화가 꽃을 피웠다. 이백과 두보 등 많은 시인이 사랑을 받았고, 색깔이 화려한 당삼채가 유행하였다.

(2) (가)와 (나)에 들어갈 내용을 모두 쓰시오.

[(가)]은/는 동아시아 문화권 내에서 일종의 공용 문자 역할을 하여, 학문과 종교 등 다양한 문화 교류를 촉진했다. [(나)]은/는 동아시아 각국의 정치 이념이자 사회 규범으로 기능하였다.

풀이 |

(1)
이백	두보와 함께 중국을 대표하는 시인, 낭만주의적이고 초월적인 시를 1,000여 수 지어 당대는 물론 현재에도 많은 사랑을 받고 있음
당삼채	당대의 도기로 다양한 색상의 유약을 사용해 화려한 무늬를 그렸음

답 | 당

(2)
한자	동아시아 지역의 공용 문자 역할을 함, 한반도의 이두, 일본의 가나, 베트남의 쯔놈 문자가 만들어지는 데 큰 영향을 줌
유교	공자를 시조로 하는 중국의 대표적 사상, 인(仁)을 대표로 하는 각종 도덕적 가치를 정치적·사회적으로 실현하는 것을 목표로 함

답 | (가) 한자 (나) 유교

3-1 다음 글을 활용하여 실시할 수 있는 탐구 활동의 주제로 가장 적절한 것은?

당은 대외 개방 정책을 펼쳐 각국과 활발히 교류하였다. 수도 장안에서는 신라, 일본, 중앙아시아, 서아시아 등 세계 각지에서 온 외국인이 활동하였다. 귀족들 사이에는 서역의 물품을 소장하려는 풍조가 유행하였다.

① 당이 멸망하게 된 원인 탐구하기
② 당의 율령 체제 성립 과정 파악하기
③ 동아시아 문화권의 공통 요소 도출하기
④ 당의 문화가 귀족적인 특징을 띤 이유 파악하기
⑤ 당의 문화가 국제적 특징을 지니게 된 배경 조사하기

3-2 보기 중 동아시아 문화권의 공통 요소만을 고른 것은?

보기
ㄱ. 율령   ㄴ. 힌두교   ㄷ. 경교
ㄹ. 불교   ㅁ. 한자

① ㄱ, ㄴ, ㄷ
② ㄱ, ㄹ, ㅁ
③ ㄴ, ㄷ, ㄹ
④ ㄴ, ㄹ, ㅁ
⑤ ㄷ, ㄹ, ㅁ

전략 4 이슬람교의 성립과 확대

- 이슬람교 성립 배경: 메카, 메디나의 상업적 번영 ➡ 빈부 격차 심화, 사회적 갈등 고조
- 이슬람교 성립: ❶ [　　　]가 유일신과 평등 교리 내세우며 창시함 ➡ 메카 귀족의 박해 ➡ 메디나로 이동(❷ [　　　])
- 이슬람교 확대: 교세 키워 메카에 재입성 ➡ 아라비아반도 통일 ➡ 정통 칼리프 시대 ➡ 우마이야 왕조 ➡ 아바스 왕조

❶ 무함마드 ❷ 헤지라

필수 예제 4

(1) 보기 의 내용을 일어난 순서대로 나열하시오.

┌ 보기 ┐
ㄱ. 무함마드가 메카 귀족의 박해를 피해 메디나로 이동함
ㄴ. 우마이야 가문이 칼리프 지위를 세습하기 시작함
ㄷ. 무함마드가 유일신 알라를 숭배하는 이슬람교를 창시함

(2) 다음 설명에 해당하는 도시의 이름을 쓰시오.

- 비잔티움 제국과 사산 왕조 페르시아의 갈등으로 무역로가 막히자, 새로운 무역의 중심지로 떠오름
- 무함마드가 이슬람교를 창시한 곳으로, 한때 귀족들의 박해를 받아 이동하였으나 세력을 키워 재점령함.

풀이 | (1) ㄷ(이슬람교 창시, 610) – ㄱ(헤지라, 622) – ㄴ(우마이야 왕조 개창, 661)

답 | ㄷ – ㄱ – ㄴ

(2)

메카	무함마드의 출생지, 이슬람교가 창시된 곳으로 이슬람교의 성지로 추앙받음, 아라비아반도 서부에 위치함
메디나	메카와 함께 무역의 중심지로 새롭게 떠오른 아라비아반도 서부의 도시, 무함마드가 메카 귀족들의 박해를 피해 이동한 곳

답 | 메카

4-1 다음 지도에 표시된 (가), (나) 도시 이름을 알맞게 짝지은 것은?

	(가)	(나)		(가)	(나)
①	메디나	메카	②	메디나	바그다드
③	메카	메디나	④	메카	다마스쿠스
⑤	카이로	메디나			

4-2 밑줄 친 '이 시대'에 해당하는 설명으로 옳은 것을 보기 에서 모두 고른 것은?

이 시대는 무함마드 사후 4대에 이르는 칼리프가 합의에 의해 선출된 시대였어요.

「학습 목표」
이슬람 세계의 팽창 과정을 설명할 수 있다.

┌ 보기 ┐
ㄱ. 아랍인 중심 정책을 전개하였다.
ㄴ. 사산 왕조 페르시아를 멸망시켰다.
ㄷ. 이슬람교가 시아파와 수니파로 분열되었다.

① ㄱ　　② ㄴ　　③ ㄷ　　④ ㄱ, ㄴ　⑤ ㄴ, ㄷ

1 다음과 같은 불상을 제작했던 인도의 왕조에 대한 설명으로 옳은 것은?

ㄱ. 상좌부 불교가 발전하였다.
ㄴ. 1세기경 쿠샨족이 세운 왕조이다.
ㄷ. 카니슈카왕 때 전성기를 맞이하였다.
ㄹ. 인도 고유의 색채가 강한 굽타 양식이 발달하였다.

① ㄱ, ㄴ   ② ㄱ, ㄷ   ③ ㄴ, ㄷ   ④ ㄴ, ㄹ   ⑤ ㄷ, ㄹ

문제 해결 전략

간다라 지방에서는 ❶ ☐ 문화의 영향으로 불상이 만들어졌다. ❷ ☐ 불상은 그리스 조각상처럼 이목구비가 또렷하고 옷 주름이 입체적인 특징을 보인다.

❶ 헬레니즘 ❷ 간다라

2 다음과 같은 신을 믿은 종교에 대한 설명으로 옳은 것을 |보기|에서 고른 것은?

▲ 브라흐마   ▲ 비슈누   ▲ 시바

보기
ㄱ. 굽타 왕조 시기에 성립하였다.
ㄴ. 신 앞에서 모든 사람이 평등함을 주장하였다.
ㄷ. 브라만교를 중심으로 민간 신앙과 불교가 결합하였다.
ㄹ. 비단길을 통해 중앙아시아를 거쳐 동북아시아에 전파되었다.

① ㄱ, ㄴ   ② ㄱ, ㄷ   ③ ㄱ, ㄹ   ④ ㄴ, ㄹ   ⑤ ㄷ, ㄹ

문제 해결 전략

브라흐마, 비슈누, 시바는 ❶ ☐ 의 대표적인 신이다. 힌두교는 기존의 ❷ ☐ 를 중심으로 다양한 민간 신앙, 불교가 융합된 다신교이다.

❶ 힌두교 ❷ 브라만교

3 다음 질문에 대한 답변으로 옳은 것만을 |보기|에서 모두 고른 것은?

Q 남북조를 통일한 나라
남북조를 통일한 나라가 '수'라던데, 수에 대해 자세히 알고 싶어요. 수는 어떤 나라였나요?

[의견 쓰기] [나도 궁금해요]

보기
ㄱ. 적극적인 한화 정책을 추진하였습니다.
ㄴ. 남북을 잇는 대운하를 건설하였습니다.
ㄷ. 고구려 침략에 실패하면서 쇠퇴하였습니다.

① ㄱ   ② ㄴ   ③ ㄷ   ④ ㄱ, ㄴ   ⑤ ㄴ, ㄷ

문제 해결 전략

수 문제는 남북조를 통일하였다. 그는 과거제, 3성 6부제 등을 도입하며 중앙 집권 체제를 강화하였다. 이어 즉위한 ❶ ☐ 는 대운하를 완성하고 ❷ ☐ 원정을 무리하게 진행하였다. 이를 계기로 반란이 일어나 멸망하게 되었다.

❶ 양제 ❷ 고구려

4 다음 글의 배경이 된 시기는?

- 『고사기』, 『일본서기』 등의 역사서가 편찬됨
- 견당사와 견신라사를 파견함
- 도다이사 등 많은 사찰이 건립되며 불교가 융성함

4세기 초		645		710		794	
	①		②		③		④		⑤

야마토 정권   다이카   나라로   헤이안으로
등장   개신   천도   천도

문제 해결 **전략**

8세기 초 야마토 정권이 헤이조쿄를 세워 천도하면서 ❶ ☐☐☐ 시대가 시작되었다. 이후 외척과 귀족의 세력이 강해지자 ❷ ☐☐☐ 으로 수도를 옮기며 헤이안 시대가 시작되었다.

❶ 나라 ❷ 헤이안

5 다음 설명에 해당하는 제도는?

- 북주, 수, 당대에 실시되었던 군사 제도
- 국가에게서 토지를 받은 대가로, 농민이 병역을 이행함
- 농한기에는 훈련을 받고 전쟁시 병사로 복무함

① 균전제   ② 양세법   ③ 모병제
④ 부병제   ⑤ 조·용·조

문제 해결 **전략**

북조의 북주 때 처음 실시되었던 ❶ ☐☐☐ 는 수를 거쳐 당대에 이르러 더욱 발전하였다. 균전제를 통해 토지를 지급받은 농민을 부병으로 하여, 농한기에는 훈련을 받고 전쟁시 병사로 복무하게 하였다. 이후 균전제가 붕괴되자 부병제는 ❷ ☐☐☐ 로 대체되었다.

❶ 부병제 ❷ 모병제

6 옳은 내용만을 말한 학생을 고른 것은?

🎤 음소거   📹 비디오 중지   🛡 보안   👥 참가자 관리   💬 채팅   회의종료

지난 시간에 배웠던 이슬람 제국의 팽창 과정에 대해 기억나는 내용을 채팅창에 적어볼까요?

참가자
● 호스트
● 보영
● 윤성
● 지혜
● 동민

채팅
▬ 보영 : 무함마드가 메카에 재입성한 후 이슬람교의 세력은 더욱 커져 아라비아반도 전체를 통일하였습니다.
▬ 윤성 : 무함마드가 죽은 후 칼리프 지위는 그의 후손에게 바로 세습되었습니다.
▬ 지혜 : 우마이야 왕조 시기에는 북아프리카, 그리고 이베리아반도까지 급격히 영토가 확장되었습니다.
▬ 동민 : 아바스 왕조 시기에는 사산 왕조 페르시아를 멸망시켰습니다.

① 보영, 윤성   ② 보영, 지혜   ③ 윤성, 지혜
④ 윤성, 동민   ⑤ 지혜, 동민

문제 해결 **전략**

무함마드가 죽은 후 무함마드의 후계자이자 이슬람 세계의 지도자인 ❶ ☐☐☐ 지위는 합의를 통해 선출되었다. 그러나 4대 칼리프 알리가 암살된 후 우마이야 가문이 칼리프 지위를 세습하며 ❷ ☐☐☐ 왕조를 개창하였다.

❶ 칼리프 ❷ 우마이야

대표 예제 1

(가), (나)에 들어갈 내용은?

'역사'라는 말에는 (가) (으)로서의 역사와 (나) (으)로서의 역사라는 의미가 담겨 있다. (가) (으)로서의 역사는 과거부터 현재까지 일어난 모든 (가) 자체를 가리키므로 객관적이다.

	(가)	(나)		(가)	(나)
①	사실	기록	②	해석	사실
③	기록	사실	④	사실	문서
⑤	기록	해석			

개념 가이드

사실로서의 역사는 과거 ❶ 그 자체를 가리키므로 변함이 없고 객관적이다. ❷ 으로서의 역사는 역사가의 관점에 따라 달라질 수 있으므로 주관적이다.

❶ 사실 ❷ 기록

대표 예제 2

지도에 표시된 문명에 대한 설명으로 옳은 것은?

① 태음력과 60진법을 사용하였다.
② 유일신 신앙이 특징인 유대교를 믿었다.
③ 카스트제라는 엄격한 신분제가 형성되었다.
④ 알파벳의 기원이 되는 표음 문자를 고안하였다.
⑤ 외부로부터 침입이 적어 오랫동안 통일을 유지하였다.

대표 예제 3

다음 업적을 이룬 왕에 대한 설명으로 옳은 것을 | 보기 | 에서 고른 것은?

▲ 문자의 통일   ▲ 화폐의 통일   ▲ 도량형의 통일

보기
ㄱ. 법가 사상을 바탕으로 전국을 통일하였다.
ㄴ. 균전제를 실시해 재정과 군사를 확충하였다.
ㄷ. 장건을 서역으로 보내 사막길을 개척하였다.
ㄹ. 만리장성, 아방궁 등 대규모 토목 공사를 벌였다.

① ㄱ, ㄴ   ② ㄱ, ㄷ   ③ ㄱ, ㄹ
④ ㄴ, ㄹ   ⑤ ㄷ, ㄹ

개념 가이드

진의 왕은 전국을 통일한 후 자신을 첫번째 황제라는 뜻인 ❶ 라고 불렀다. 그는 화폐, 문자, 도량형을 통일하고 흉노 침입을 막고자 ❷ 을 축조하였다.

❶ 시황제 ❷ 만리장성

대표 예제 4

(가)에 들어갈 스무고개의 힌트로 가장 적절한 것은?

첫째 고개: 한의 황제예요.

둘째 고개: 유교를 통치 이념으로 삼았어요.

셋째 고개: (가)

정답: 한 무제

① 군국제를 시행했어요.
② 한화 정책을 추진했어요.
③ 종이를 만드는 기술을 개량했어요.
④ 고조선을 멸망시키고 군을 설치했어요.
⑤ 분서갱유를 통해 반대 세력을 억눌렀어요.

대표 예제 5

제시된 사건 ㄱ~ㄷ을 일어난 순서대로 배치한 것은?

```
폴리스의 발전과 쇠퇴 과정
ㄱ. 아테네의 주도로 델로스 동맹이 성립되었다.
ㄴ. 펠로폰네소스 전쟁에서 스파르타가 승리하
   였다.
ㄷ. 그리스 – 페르시아 전쟁이 발발하였다.
```

① ㄱ – ㄴ – ㄷ
② ㄱ – ㄷ – ㄴ
③ ㄴ – ㄷ – ㄱ
④ ㄷ – ㄱ – ㄴ
⑤ ㄷ – ㄴ – ㄱ

개념 가이드

그리스 – 페르시아 전쟁을 승리로 이끈 **❶** 는 페르시아의 침입에 대비해 **❷** 동맹을 주도하였다. 아테네의 세력이 커지자 스파르타 등의 폴리스들이 반발하여 펠로폰네소스 전쟁이 일어났다.

❶ 아테네 **❷** 델로스

대표 예제 6

지도에 표시된 영역을 차지한 인물에 대한 설명으로 옳은 것을 ㅣ보기ㅣ에서 모두 고른 것은?

ㅣ보기ㅣ
ㄱ. 도편 추방제를 도입하였다.
ㄴ. 독재 정치를 하다가 반대파에게 암살당하였다.
ㄷ. 정복지 곳곳에 그리스식 도시를 건설하였다.
ㄹ. 동방 문화를 수용하고 페르시아인을 관리로 등용하였다.

① ㄱ, ㄴ
② ㄱ, ㄷ
③ ㄱ, ㄹ
④ ㄴ, ㄹ
⑤ ㄷ, ㄹ

대표 예제 7

다음 자료를 활용한 탐구 활동으로 가장 적절한 것은?

```
〈티베리우스 그라쿠스의 연설문〉
  병사들은 열심히 싸웠고, 용감하게 죽었습니다.
그들 자신을 위해서가 아니라 남의 재산과 행복을
지키기 위해서였습니다. 로마 시민은 승리자이고,
세계의 지배자입니다. 하지만 현실은 어떻습니까.
로마 시민은 흙 한 줌 가지고 있지 않습니다.
```

① 로마 공화정의 위기
② 헬레니즘 문화의 특징
③ 로마 제국의 동서 분열
④ 크리스트교의 성장 과정
⑤ 아테네 민주 정치의 전성기

개념 가이드

포에니 전쟁 이후 귀족은 막대한 공유지와 노예를 기반으로 한 **❶** 을 운영하며 부유해졌지만 자영농은 몰락하였다. 이를 해결하기 위해 **❷** 형제는 농지법, 곡물법 등의 개혁을 시도하였다.

❶ 대농장 **❷** 그라쿠스

대표 예제 8

(가)에 들어갈 인물에 대한 설명으로 옳은 것은?

```
「역사 수행 평가 – 역사적 인물에 대해 발표하기」
(1) 주제: 마우리아 왕조의 전성기를 이끈 왕, (가)
(2) 조사할 내용
   - (가) 가 장악했던 마우리아 왕조의 최대 영역
   - 칼링가 전투의 전개와 결과
   - (가) 의 돌기둥 비문 내용
```

① 힌두교를 적극적으로 후원하였다.
② 깨달음을 얻어 불교를 창시하였다.
③ 산치 대탑 등 많은 탑과 절을 세웠다.
④ 대승 불교를 동북아시아에 전파하였다.
⑤ 부처의 모습을 형상화한 불상을 제작하였다.

대표 예제 9

다음은 당의 통치 제도를 주제로 학생들이 나눈 대화이다.
옳은 내용만을 말한 학생을 모두 고른 것은?

> 경민: 균전제는 귀족이 장원을 확대하고, 농민들을 장원
>   의 소작농으로 만들어 경작시켰던 제도를 말해.
> 율하: 양세법은 수나라의 제도를 그대로 계승하여
>   만든 제도야.
> 은선: 조·용·조는 순서대로 곡물, 노동력, 특산물을
>   의미해. 땅을 받은 대가로 내는 세금이지.
> 주영: 부병제는 토지를 받은 농민이 병사가 되어 훈
>   련을 받거나 전쟁에 나가는 제도를 말해.

① 경민, 율하   ② 경민, 은선

③ 경민, 주영   ④ 율하, 은선

⑤ 은선, 주영

개념 가이드

당은 농민에게 일정 면적의 토지를 나누어 주고, 조·용·조와 부병
제를 운영하였다. 그러나 균전제가 붕괴하자 조·용·조는
❶⬚⬚⬚으로, 부병제는 ❷⬚⬚⬚로 바뀌었다.

❶ 양세법 ❷ 모병제

대표 예제 10

(A)~(D)와 (가)~(라)는 동아시아 문화권의 공통적인 요소
의 대표적 사례를 나열한 것이다. 같은 요소끼리 올바르게
연결한 것은?

(A)
중국 문자인
한자

(B)
나라 시대의
도다이사 대불

(C)
우리나라의
종묘 대제

(D)
형벌 중
하나인 태형

(가)
일본의
가나 문자

(나)
베트남에 있는
공자의 사당인
문묘

(다)
발해의 석등

(라)
통일 신라의
촌락 문서

	(A)	(B)	(C)	(D)
①	(가)	(나)	(다)	(라)
②	(가)	(다)	(나)	(라)
③	(가)	(다)	(라)	(나)
④	(라)	(나)	(가)	(다)
⑤	(라)	(다)	(나)	(가)

개념 가이드

동아시아 지역의 공용 문자로 ❶⬚⬚⬚가 사용되었으며, 당의
❷⬚⬚⬚ 체제는 동아시아 각국의 통치 체제에 큰 영향을 미쳤다.
불교와 유교도 동아시아의 공통적인 이념적 요소였다.

❶ 한자 ❷ 율령

대표 예제 11

제시문의 (가)에 해당하는 인물에 대한 설명으로 옳은 것은?

메카의 상인 출신인 ___(가)___ 는 유일신 알라를 숭배하는 이슬람교를 만들었다. 그는 알라 앞에서 모든 사람이 평등하다는 교리를 내세웠다.

① 바그다드를 수도로 삼았다.
② 북인도 대부분을 통일하였다.
③ 사산 왕조 페르시아를 멸망시켰다.
④ 귀족의 탄압을 피해 메디나로 이동하였다.
⑤ 이베리아반도에 후우마이야 왕조를 세웠다.

개념 가이드

❶___는 알라에 대한 절대 순종과 알라 앞에 모든 사람이 평등함을 주장하였다. 메카의 귀족들은 그를 박해하였고, 622년 그는 귀족의 탄압을 피해 신자들을 이끌고 메디나로 이동했는데 이를 ❷___라고 한다. ❶ 무함마드 ❷ 헤지라

대표 예제 12

다음과 같은 영역을 차지한 이슬람 왕조에 대한 설명으로 옳은 것을 |보기|에서 고른 것은?

|보기|
ㄱ. 아랍인 중심 정책을 펼쳤다.
ㄴ. 탈라스 전투에서 당에 승리하였다.
ㄷ. 아랍인이 아닌 사람에게 중요 관직을 허용하였다.
ㄹ. 북아프리카, 이베리아반도까지 영토를 확장하였다.

① ㄱ, ㄴ ② ㄱ, ㄹ ③ ㄴ, ㄷ
④ ㄴ, ㄹ ⑤ ㄷ, ㄹ

개념 가이드

4대 칼리프 알리가 암살된 후 ❶___ 가문이 칼리프 지위를 세습하며 우마이야 왕조를 열었다(661). 우마이야 왕조는 ❷___ 중심 정책을 펼쳐 비아랍인에게 세금을 더 걷는 등 차별하였다. ❶ 우마이야 ❷ 아랍인

대표 예제 13

재천이는 '이슬람의 건축과 과학'을 주제로 발표하기 위해 사진 자료를 찾고 있다. (가)와 (나)에 들어갈 사진 자료로 적합한 것을 |보기|에서 고른 것은?

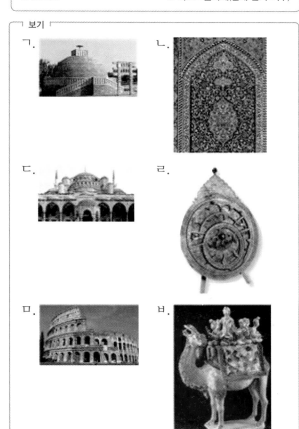

이슬람의 건축과 과학

| (가) | (나) |

▲ 모스크   ▲ 아스트롤라베(천체 관측 기구)

|보기|
ㄱ. ㄴ.
ㄷ. ㄹ.
ㅁ. ㅂ.

(가)	(나)		(가)	(나)
①	ㄱ	ㄴ	②	ㄱ	ㄹ
③	ㄷ	ㄹ	④	ㄷ	ㅁ
⑤	ㅁ	ㅂ

개념 가이드

모스크는 이슬람의 예배당으로 둥근 지붕과 ❶___이라는 뾰족한 첨탑으로 이루어졌다. 내부는 ❷___ 무늬로 장식하였다. ❶ 미너렛 ❷ 아라베스크

1 다음과 같은 법전을 남긴 문명에 대한 설명으로 옳은 것은?

> 195조 아들이 아버지를 때리면 두 손을 자른다.
> 196조 남의 눈을 상하게 한 자는 그의 눈도 상하게 한다.
> 198조 귀족이 평민의 눈을 상하게 하거나 뼈를 부러뜨리면 은화 1미나(약 80g)를 지불해야 한다.

① 쐐기 문자를 사용하였다.
② 유일신 신앙이 발달하였다.
③ 수학이 발달하고 10진법을 사용하였다.
④ 모헨조다로, 하라파 등의 계획 도시를 건설하였다.
⑤ 사막과 바다로 둘러싸인 폐쇄적인 지형 조건을 갖추고 있었다.

Tip

함무라비 법전은 메소포타미아 지역을 통일한 ❶ □□□의 함무라비왕이 정비한 것으로, ❷ □□□ 문자로 새겨져 있다.

❶ 바빌로니아 ❷ 쐐기

2 (가)에 들어갈 내용으로 옳은 것을 ┤보기├에서 모두 고른 것은?

> 아케메네스 왕조 페르시아는 다리우스 1세 때 전성기를 맞았다. 다리우스 1세는 _____(가)_____

┤보기├
ㄱ. 화폐와 도량형을 통일하였다.
ㄴ. 조로아스터교를 국교로 삼았다.
ㄷ. '왕의 길'을 건설하여 교통망을 정비하였다.

① ㄱ   ② ㄴ   ③ ㄷ
④ ㄱ, ㄷ   ⑤ ㄴ, ㄷ

Tip

❶ □□□는 수도(수사)에서 국경 지역(사르디스)에 이르는 ❷ □□□을 설치하였으며, 도로 곳곳에 일정 거리마다 숙소와 말을 제공하는 역참을 설치하였다.

❶ 다리우스 1세 ❷ '왕의 길'

3 지도가 표시하는 시대에 대한 설명으로 옳은 것을 ┤보기├에서 고른 것은?

┤보기├
ㄱ. 제자백가가 등장하였다.
ㄴ. 아방궁 등 대규모 토목 공사가 진행되었다.
ㄷ. 국가의 중요한 일을 점을 쳐서 결정하였다.
ㄹ. 철제 농기구가 보급되어 농업 생산량이 늘어났다.

① ㄱ, ㄴ   ② ㄱ, ㄷ   ③ ㄱ, ㄹ
④ ㄴ, ㄹ   ⑤ ㄷ, ㄹ

4 (가)에 들어갈 내용으로 옳은 것을 ┤보기├에서 고른 것은?

> 「역사 탐구 활동 계획서」
> (1) 탐구 주제: 헬레니즘 문화의 구체적인 특징
> (2) 수집할 자료: 헬레니즘 시대의 문화유산
>   (대표적인 사례: _____(가)_____)

┤보기├
ㄱ. 「라오콘 군상」   ㄴ. 콜로세움
ㄷ. 파르테논 신전   ㄹ. 「밀로의 비너스」

① ㄱ, ㄴ   ② ㄱ, ㄷ   ③ ㄱ, ㄹ
④ ㄴ, ㄹ   ⑤ ㄷ, ㄹ

Tip

❶ □□□ 시대에는 인체의 아름다움을 생동감 있게 표현한 작품이 만들어졌다. 헬레니즘 미술은 북인도로 전파되어 ❷ □□□ 미술의 탄생에 큰 영향을 주었다.

❶ 헬레니즘 ❷ 간다라

5 '로마 제국의 발전과 쇠퇴 과정'을 주제로 한 역사 신문 기사 제목이다. 일어난 순서대로 나열한 것은?

> (가) 티베리우스 그라쿠스, 반대파에 의해 암살당하다.
> (나) 수도를 로마에서 비잔티움으로! 새 시대가 열리다.
> (다) 지중해를 로마의 호수로! 포에니 전쟁의 최종 승자가 되다.
> (라) 옥타비아누스에게 원로원이 '아우구스투스'라는 칭호를 부여하다.

① (가) – (나) – (라) – (다)
② (나) – (다) – (가) – (라)
③ (다) – (가) – (라) – (나)
④ (다) – (라) – (나) – (가)
⑤ (라) – (가) – (다) – (나)

Tip

❶　　　와 벌인 세 차례 포에니 전쟁에서 로마가 승리하였으나, 자영농이 몰락하며 공화정의 위기가 찾아왔다. 평민파와 귀족파의 갈등 속에서 내전에 승리한 ❷　　　가 아우구스투스라는 칭호를 획득하며 제정 시대를 열었다.

❶ 카르타고 ❷ 옥타비아누스

6 지도에 표시된 나라에 대한 설명으로 옳은 것은?

① 힌두교가 성립하였다.
② 간다라 양식이 탄생하였다.
③ 아소카왕 때 전성기를 맞았다.
④ 상좌부 불교를 동남아시아 등지로 전파하였다.
⑤ 찬드라굽타 2세가 중앙 집권적 제도를 정비하였다.

Tip

쿠샨 왕조 때에는 중생의 구제를 강조하는 ❶　　　가 발달하였고, 인도의 불교문화와 그리스 문화가 융합된 ❷　　　양식이 발달하였다.

❶ 대승 불교 ❷ 간다라

7 (가)에 들어갈 나라에 대한 설명으로 옳은 것은?

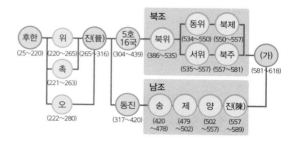

① 3성 6부제를 도입하였다.
② 안사의 난으로 위기를 겪었다.
③ 문자, 화폐, 도량형을 통일하였다.
④ 적극적인 한화 정책을 추진하였다.
⑤ 소금, 철, 술을 국가가 독점하여 판매하였다.

Tip

남북조로 나뉘어 대립하던 중국은 6세기 말 ❶　　　에 의해 통일되었다. 수는 3성 6부제를 도입하였고, ❷　　　를 실시하여 능력에 따라 인재를 등용하였다.

❶ 수 ❷ 과거제

8 다음과 같은 의무를 이행해야 하는 종교에 대한 설명으로 옳은 것을 l보기l에서 고른 것은?

> • 매일 다섯 번 예배를 드린다.
> • 자기 재산의 일부를 종교세로 납부해 가난한 사람을 돕는다.
> • 라마단 기간에는 한달 간 해가 떠 있는 동안 음식을 먹지 않는다.

l 보기 l
ㄱ. 신의 상징인 불을 신성하게 여겼다.
ㄴ. 신 앞에 모든 이의 평등을 주장하였다.
ㄷ. 메카의 상인 출신 무함마드가 창시하였다.
ㄹ. 브라만교를 중심으로 다양한 민간 신앙과 불교가 결합되었다.

① ㄱ, ㄴ　　② ㄱ, ㄷ　　③ ㄴ, ㄷ
④ ㄴ, ㄹ　　⑤ ㄷ, ㄹ

Tip

이슬람교는 무함마드가 창시하였으며, 유일신 ❶　　　를 숭배한다. 신 앞에 모든 인간이 평등하다고 주장하였기에 ❷　　　들의 박해를 받았다.

❶ 알라 ❷ 메카 귀족

1 다음과 같은 유적을 남긴 문명에 대한 설명으로 옳은 것은?

① 브라만교가 성립하였다.

② 표음 문자를 고안하였다.

③ 지구라트라는 신전을 지었다.

④ 식민 도시인 카르타고를 건설하였다.

⑤ 파라오가 정치와 종교를 모두 장악하였다.

2 (가)에 들어갈 내용으로 가장 적절한 것은?

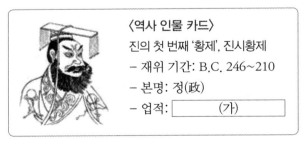

〈역사 인물 카드〉

진의 첫 번째 '황제', 진시황제

– 재위 기간: B.C. 246~210

– 본명: 정(政)

– 업적: ____(가)____

① 과거제를 최초로 도입하였다.

② 종이를 만드는 기술을 개량하였다.

③ 수 차례에 걸쳐 고구려를 침략하였다.

④ 오경박사를 두어 유학 교육을 장려하였다.

⑤ 전국을 군으로 나누고 그 밑에 현을 설치하였다.

3 (가)에 들어갈 답변으로 옳은 것은?

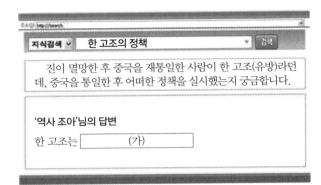

지식검색 ∨   한 고조의 정책   검색

진이 멸망한 후 중국을 재통일한 사람이 한 고조(유방)라던데, 중국을 통일한 후 어떠한 정책을 실시했는지 궁금합니다.

'역사 조아'님의 답변

한 고조는 ____(가)____

① 균전제와 조·용·조를 실시하였습니다.

② 활발한 대외 원정을 펼쳐 고조선을 멸망시켰습니다.

③ 분서갱유를 단행하는 등 사상적 탄압을 하였습니다.

④ 군현제와 봉건제가 결합한 군국제를 실시하였습니다.

⑤ 만리장성, 병마용 갱 등 대규모 토목 공사를 시행했습니다.

4 (가)에 들어갈 인물은?

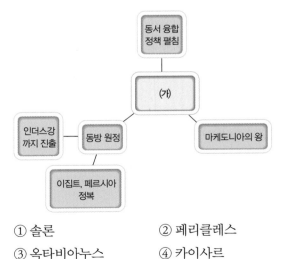

① 솔론

② 페리클레스

③ 옥타비아누스

④ 카이사르

⑤ 알렉산드로스

5 (가)에 들어갈 종교는?

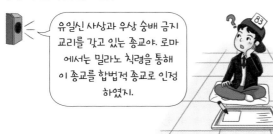

> 유일신 사상과 우상 숭배 금지 교리를 갖고 있는 종교야. 로마에서는 밀라노 칙령을 통해 이 종교를 합법적 종교로 인정하였지.

① 불교
② 힌두교
③ 이슬람교
④ 크리스트교
⑤ 조로아스터교

7 제시된 삽화에 나오는 다음 퀴즈의 정답은?

> 퀴즈 **역 사**
>
> 이 제도는 무엇일까요?
>
> | 1단계 | 당의 세금 제도 |
> | 2단계 | 실제 재산 소유에 따라 세금을 냈음 |
> | 3단계 | 여름과 가을에 세금을 내게 함 |

① 조·용·조
② 양세법
③ 3성 6부제
④ 모병제
⑤ 균전제

6 다음 자료들에서 공통으로 확인되는 양식이 등장했던 인도의 왕조는?

① 쿠샨 왕조
② 마우리아 왕조
③ 굽타 왕조
④ 우마이야 왕조
⑤ 아바스 왕조

8 (가)에 해당하는 시대에 대한 설명으로 옳은 것을 | 보기 |에서 고른 것은?

> 794년 간무왕이 헤이안쿄로 천도한 때부터 미나모토노 요리토모가 가마쿠라 막부를 개설한 1185년까지를 [(가)] 시대라고 합니다.

| 보기 |
ㄱ. 다이카 개신이 단행되었다.
ㄴ. 국풍 문화가 발달하였다.
ㄷ. 『고사기』, 『일본서기』가 편찬되었다.
ㄹ. 일본의 고유 문자인 '가나'가 사용되었다.

① ㄱ, ㄴ
② ㄱ, ㄷ
③ ㄴ, ㄷ
④ ㄴ, ㄹ
⑤ ㄷ, ㄹ

1 (가)에 들어갈 사진 자료로 적절한 것을 |보기|에서 고른 것은?

> 요청하신 이미지를 표시 하였습니다.

> 신석기 시대에 사용되었던 도구의 이미지를 검색해 줘.

│ 보기 │

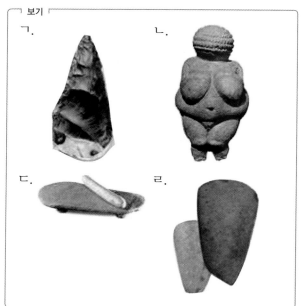

ㄱ.

ㄴ.

ㄷ.

ㄹ.

① ㄱ, ㄴ   ② ㄱ, ㄷ   ③ ㄴ, ㄷ
④ ㄴ, ㄹ   ⑤ ㄷ, ㄹ

Tip

1만 2천 년 전 빙하기가 끝나고 기후가 따뜻해지면서 작고 날쌘 동물이 많아졌다. 인류도 변화에 적응하며 돌을 갈아서 만든 ❶ [ ]를 사용하기 시작했는데, 이를 신석기 시대 라고 한다.

❶ 간석기

2 (가)의 위치를 지도에서 고른 것은?

> (가) 문명에서는 쐐기 문자를 사용하고 태음력과 60진법을 사용 하였습니다. 다신교의 전통이 있어, 지구라트라는 신전을 지었지요.

① a   ② b   ③ c
④ d   ⑤ e

Tip

메소포타미아 문명은 티그리스강과 유프라테스강 사이에서 발생하였다. 벽돌을 계단식으로 쌓은 ❶ [ ]라는 신전을 지었으며, 갈대 끝을 뾰족하게 만들어 점토판에 새긴 문자인 ❷ [ ]를 사용하였다.

❶ 지구라트 ❷ 쐐기 문자

3 관광 안내원의 설명을 통해 추론할 수 있는 페르시아 문화의 특징으로 가장 적절한 것은?

페르세폴리스 궁전을 잘 보시면 페르시아 문화의 특징이 잘 나타납니다. 돌기둥은 그리스의 영향을 받았으며, 입구에 있는 인면수신상은 아시리아 미술 양식의 영향을 받았습니다.

① 귀족적인 문화가 유행하였다.

② 실용적인 문화가 발달하였다.

③ 국제적인 성격의 문화가 발전하였다.

④ 피지배 민족의 종교와 문화를 인정하지 않았다.

⑤ 조로아스터교의 영향을 받은 문화가 발전하였다.

---

4 다음과 같은 상황이 나타났던 중국의 왕조에 대한 설명으로 옳은 것은?

이제 천하가 안정되었는데 유생들은 지금 것을 배우려 하지 않고 옛 것만 배워 세상을 현혹하고 있습니다.

진나라의 기록이 아닌 것은 불태워야 합니다. 시, 서 등 유가 서적을 불태우십시오.

그리하도록 하자.

의약, 점술, 농업서 등 실용 서적을 제외한 책을 모두 불태우도록 하여라!

① 봉건제를 시행하였다.

② 고조선을 멸망시켰다.

③ 제자백가가 등장하기 시작하였다.

④ 문자, 화폐, 도량형을 통일하였다.

⑤ 황건적의 난을 계기로 멸망하였다.

Tip

페르시아는 피지배 민족의 문화를 존중하는 **❶** 정책과 활발한 대외 교류의 영향으로 그리스, 인도, 이집트 등 다양한 문화를 융합한 **❷** 인 문화를 발전시켰다.

❶ 관용 ❷ 국제적

Tip

❶ 사상을 바탕으로 전국을 통일한 진시황제는 전국에 **❷** 를 시행하였고, 다양하던 문자와 화폐, 도량형을 통일하였다. 그러나 분서갱유 등 사상 탄압을 하고 엄격한 법률을 시행해 민심이 크게 동요하였다.

❶ 법가 ❷ 군현제

5 (가)에 들어갈 사진 자료로 적절한 것을 |보기|에서 고른 것은?

👥 나와 친구들(03)

🦁 우리가 발표하기로 한 '헬레니즘의 미술'은 사진 자료가 중요할 것 같아.
○○○

😐 맞아. 헬레니즘 시대에 제작된 생동감 있는 작품을 사진 자료로 보여주면 좋을 거야.
△△△

예를 들면 이런 자료 말이지?

(가)

| 보기 |

ㄱ. ㄴ.

ㄷ. ㄹ.

① ㄱ, ㄴ ② ㄱ, ㄷ ③ ㄴ, ㄷ
④ ㄴ, ㄹ ⑤ ㄷ, ㄹ

> **Tip**
> ❶ [   ] 시대에는 인간의 감정이나 인체의 아름다움을 생동감 있게 표현한 작품이 많이 만들어졌다. 대표적으로 「밀로의 비너스」나 「❷ [   ]」 군상 등이 있다.
>
> ❶ 헬레니즘 ❷ 라오콘

6 (가)에 들어갈 내용으로 가장 적절한 것은?

탐구 활동 보고서

• 탐구 팀명: 히스토리 러버조
　　　　　　(이○○, 김△△, 박☆☆)
• 주제: 불교의 성장 배경
• 주제 선정 이유: 세계 5대 종교로 꼽힐 만큼 많은 사람이 믿는 불교가 성장하게 된 결정적인 요인이 궁금해짐
• 탐구 방법
　– 도서관을 방문해 관련 서적을 조사함
　– 인터넷을 통해 정보를 수집함
• 탐구 결과
　– 기원전 7세기경 바이샤와 크샤트리아가 성장함
　– [　(가)　]이/가 바이샤와 크샤트리아의 지지를 얻게 됨

① 살생을 권장하는 신앙
② 모든 이의 평등을 주장한 교리
③ 카스트제를 규정한 『마누 법전』
④ 개종 시 세금을 면제해 주는 정책
⑤ 상업 활동을 적극적으로 권장하는 교리

> **Tip**
> ❶ [   ](석가모니)는 불교를 창시하였다. 그는 만인의 평등을 주장하였는데, 이는 카스트제에 불만이 많던 크샤트리아와 ❷ [   ]의 지지를 받았다.
>
> ❶ 고타마 싯다르타 ❷ 바이샤

7 ㉠~㉤ 중 역사적 사실에 맞지 않는 내용이 포함된 것은?

'그림으로 살펴보는 남조의 귀족 문화'

　㉠ 위 그림은 고개지의 「여사잠도」이다. 여성들이 내면의 덕을 닦으려 하지 않고 멋을 부리는데 열중하는 것을 경계해 그린 그림인데, ㉡ 이를 통해 남조 귀족의 생활상을 엿볼 수 있다.
　남조에서는 이처럼 화려한 귀족 문화가 유행하여 서예나 회화 등이 발달하였다. 특히 ㉢ 남조의 이름난 시인인 도연명의 「귀거래사」는 남조의 대표적인 시로 사랑받고 있다. 그 외에 ㉣ 세속을 떠나 자유로운 정신 세계를 추구하는 청담 사상이 유행하였으며, 불교가 유행하여 ㉤ 남조의 왕실이 주도가 되어 윈강·룽먼 등지에 대규모 석굴 사원이 만들어졌다.

① ㉠　　　　② ㉡　　　　③ ㉢
④ ㉣　　　　⑤ ㉤

8 다음은 특정 왕조의 정책을 광고하는 가상의 포스터이다. (가) 왕조에 대한 설명으로 옳은 것은?

새로운 시대, 차별 없는 세상!

아랍인이 아니라고 능력을 인정받지 못하셨나요?
세금도 더 내셨다구요?

우리 ▢(가)▢ 왕조는,
• 아랍인이 아니어도 주요 관직을 허용하겠습니다!
• 세금 제도에서의 차별을 폐지하겠습니다!

① 당을 상대로 한 탈라스 전투에서 승리하였다.
② 공동체 내 합의를 통해 칼리프를 선출하였다.
③ 유럽의 이베리아반도까지 영토를 확장하였다.
④ 시아파와 수니파가 나뉘어 갈등하기 시작하였다.
⑤ 무함마드가 중심이 되어 아라비아반도 대부분을 통일하였다.

Tip
남조에서는 우아한 ❶▢▢▢ 문화가 발달하였는데 시에서는 도연명, 그림에서는 고개지, 글씨에서는 왕희지가 유명했다. 또 세속을 떠나 개인의 자유로운 삶을 추구하는 ❷▢▢▢▢이 유행하였다.

❶ 귀족 ❷ 청담 사상

Tip
❶▢▢▢ 왕조가 아랍인 중심 정책을 펼쳐 비아랍인을 차별하자, 이에 불만을 가진 세력을 이용해 아바스 가문이 ❷▢▢ 왕조를 열었다. ❷▢▢ 왕조는 비아랍인에 대한 차별을 폐지하였다.

❶ 우마이야 ❷ 아바스

크리스트교 문화의 형성과 확산
~ 신항로 개척과 유럽 지역 질서의 변화

공부할 내용

크리스트교 문화의 형성과 확산 / 송과 원 / 명과 청 / 오스만 제국과 무굴 제국 /
신항로 개척 / 절대 왕정

개념 1 서유럽 봉건제의 형성과 구조

(1) 서유럽 봉건제 형성의 배경

① 서유럽 사회의 혼란: 프랑크 왕국의 분열, 이민족(바이킹, 마자르족, 이슬람 세력 등) 침입

② 기사 계급 형성: 혼란에 대비해 힘을 가진 사람들이 성을 쌓고 무장함

(2) 봉건제의 구조

주종 관계	• 기사 계급(주군과 봉신) 간 맺는 관계 • ❶　　　은 봉신에게 토지(봉토) 수여, 봉신은 주군에게 충성 맹세 → 쌍무적 계약 관계(어느 한쪽이 의무 불이행 시 계약 파기)
장원제	• 영주(봉신)가 장원(봉토) 내 농노와 맺는 관계 • 영주는 주군의 간섭 없이 장원을 다스림 → 지방 분권적 봉건 사회 형성 • ❷　　　: 장원에 예속된 농민, 영주의 직영지에서 일하고 세금을 납부함, 마음대로 이사할 수 없음, 약간의 재산 소유 가능

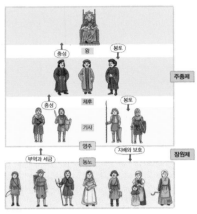

▲ 서유럽 봉건 사회의 구조

Quiz

중세 서유럽의 기사(지배층) 계급 간 맺는 관계로, 주군과 봉신이 각자 의무를 지는 관계는?

❶ 주군 ❷ 농노　　　　　　　　　　답 | 주종 관계

개념 2 송의 문치주의 정책

(1) 송의 성립: 당 멸망 후 5대 10국의 혼란을 수습하고 중국을 재통일함

(2) 문치주의 정책

① 배경: 절도사 세력을 견제하고자 함 → 과거 출신 문인 관료 우대

② 내용

- ❶　　　개혁: 전시를 도입해 황제권 강화, 유교 지식을 갖춘 사대부 등장
- 재상권 축소, 황제권 강화

③ 결과

- 사대부 계층 성장
- ❷　　　약화 → 북방 민족(요, 서하, 금 등)의 공격이 잦음 → 평화 유지 대가로 막대한 물자 제공 → 송의 재정 악화

(3) 왕안석의 개혁

① 국가 재정 위기 극복, 군사력 회복 등을 위해 각종 개혁 실시

② 보수파 관료들의 반발로 실패

▲ 황제 앞에서 전시를 치르는 모습: 황제가 직접 전시를 주관하면서 합격자들의 순위를 결정하였다. 이러한 과거제는 송대 황제권 강화에 기여하였다.

Quiz

평화를 유지하는 대가로 송이 북방 민족에게 막대한 양의 은과 비단을 주어 국가 재정이 궁핍해지자 민생 안정과 부국강병을 위한 개혁을 추진했던 송대의 관료는?

❶ 과거제 ❷ 국방력　　　　　　　　　　답 | 왕안석

1-1 그림을 보고 (가), (나)에 들어갈 제도의 명칭을 쓰시오.

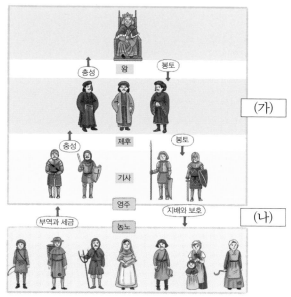

▲ 서유럽 봉건 사회의 구조

풀이 | 중세 서유럽의 기사들은 자신보다 세력이 강한 기사를 주군으로 삼아 충성과 봉사를 서약하였다. 주군은 그 대가로 봉토를 주고 자신의 **❶**[   ]으로 삼았다. 이를 주종 관계 또는 주종제라고 하며, 서로의 의무를 다하지 않으면 이 관계는 깨질 수 있었다.

봉신이 주군에게 받은 봉토는 **❷**[   ]의 형태로 운영되었으며 봉신은 장원의 영주가 되었다. 장원 농민의 대부분은 농노로, 이들은 영주에게 부역과 세금을 내고 지배와 보호를 받았다. 이를 '장원제'라 한다.

❶ 봉신 **❷** 장원 **답 |** (가) 주종제, (나) 장원제

1-2 왼쪽 그림의 (가)에 대한 설명으로 옳지 <u>않은</u> 것은?

① 주군은 봉신에게 봉토를 주었다.

② 기사 계급 등 지배층끼리 맺은 관계였다.

③ 주군은 봉신에게 준 봉토에 통치권을 행사할 수 있었다.

④ 기사들은 자신보다 세력이 강한 기사를 주군으로 삼았다.

⑤ 주군과 봉신 중 한쪽이 의무를 다하지 않으면 계약은 파기되었다.

2-1 (가)에 해당하는 시험의 이름을 쓰시오.

> 송대에는 과거제에 [(가)]이/가 도입되었다. [(가)]은/는 황제가 직접 주관하는 시험으로, 이때 정해진 성적이 관료로서의 승진에 큰 영향을 미쳤기 때문에 "황제는 천하의 모든 사대부의 스승이다."라는 말이 생겨났다.

풀이 | 송은 과거제를 대폭 개혁하였다. 지방에서 1차 시험을 치르고, 중앙에서 2차 시험을 치렀다. 여기서 합격하면 3차 시험(전시)을 치른 후 관리로 뽑았다. 전시에서는 **❶**[   ]가 직접 시험관으로 참여하여 합격자의 순위를 결정하였다. 최종 합격자는 관료가 될 뿐만 아니라 자신을 선발해 준 황제와 스승과 제자의 관계를 맺었기 때문에 황제에 대한 관료의 충성심을 높일 수 있었다. 이는 황제권 강화로 이어지게 되었다.

❶ 황제 **답 |** 전시

2-2 왼쪽 제시문의 (가)가 도입된 결과와 영향으로 옳은 것을 ┃보기┃에서 고른 것은?

┌─ 보기 ┐
ㄱ. 국가 재정이 강화되었다.
ㄴ. 황제의 권한이 강화되었다.
ㄷ. 몽골 제일주의가 강화되었다.
ㄹ. 사대부가 새로운 지배층으로 등장하였다.
└──────────┘

① ㄱ, ㄴ   ② ㄱ, ㄷ   ③ ㄱ, ㄹ

④ ㄴ, ㄹ   ⑤ ㄷ, ㄹ

개념 3 명·청대의 사회와 대외 교류

(1) 명·청대의 사회와 경제

① 해외 교역 발달: 명·청대에 대규모의 은이 중국 유입 ➡ 은이 화폐로 널리 사용, 세금을 은으로 납부함

② **❶ [　　　]** 등장: 학생, 전현직 관료 등, 향촌 질서 유지 역할 담당

③ 서민 문화 발달: 소설, 경극 등 발달

(2) 명·청대의 대외 교류

① 크리스트교 선교사 유입, 서양 학문 소개(**❷ [　　　]**의 「곤여만국전도」, 아담 샬 등)

② 중국 문물의 서양 전래: 청화 백자, 유교, 과거제 등

▲ 「곤여만국전도」

Quiz

성리학이 이론과 형식에 치우치자 올바른 지식과 행위의 일치를 강조하며 명대에 등장한 학문은?

❶ 신사 ❷ 마테오 리치　　　　　　　　　　답 | 양명학

개념 4 오스만 제국의 발전

(1) ❶ [　　　]제: 오스만 제국의 지배자가 술탄(정치적 통치자)과 칼리프(종교적 지배자)를 겸함

(2) 술레이만 1세: 오스만 제국의 전성기, 헝가리 정복, 오스트리아 수도 빈 공격, 유럽의 함대 격파, 지중해 해상권 장악(전성기)

(3) 관용 정책

① 비이슬람교도에게 인두세만 내면 자치 공동체(밀레트) 허용

② **❷ [　　　]**: 정복지의 크리스트교도 소년을 이슬람으로 개종시켜 술탄의 친위 부대로 삼음

▲ 오스만 제국의 영역

Quiz

오스만 제국의 전성기를 이룬 왕으로 헝가리를 정복하고 빈을 공격했으며, 유럽의 연합 함대를 격파한 인물은?

❶ 술탄·칼리프 ❷ 예니체리　　　　　　　　답 | 술레이만 1세

개념 5 절대 왕정

(1) 절대 왕정의 구조

① 사상적 기반: **❶ [　　　]**

② 관료제와 상비군 완비: 강력한 왕권의 기반

③ 중상주의 정책: 정부가 경제 활동에 개입해 수출 장려, 수입 억제, 국내 산업 보호 및 육성, 수입품에 관한 관세 강화 등

(2) 각국의 절대 군주

① 서유럽: 펠리페 2세(에스파냐), 엘리자베스 1세(**❷ [　　　]**), 루이 14세(프랑스)

② 동유럽: 프리드리히 2세(프로이센), 표트르 대제(러시아) 등

◀ 절대 왕정의 구조

Quiz

절대 왕정의 경제 정책으로, 정부가 경제 활동에 개입하여 국내 산업을 보호·육성하는 정책은?

❶ 왕권신수설 ❷ 영국　　　　　　　　　　답 | 중상주의 정책

3-1
16～17세기 물자의 유통 상황을 표시한 지도이다. (가)에 들어갈 금속을 쓰시오.

풀이 | 16～17세기 ❶[ ]과 이슬람 세계에서는 중국의 도자기, 차, 비단 등이 인기가 많았다. 중국에서 은의 가치는 유럽보다 2배 정도 높았기 때문에 결제 대금을 은으로 내는 것이 유리하였다. 그 결과, 일본과 ❷[ ]에서 생산된 대량의 은이 중국으로 유입되기 시작하였다. ❶유럽 ❷아메리카 답 | 은

4-1
(가)에 들어갈 용어를 쓰시오.

> 오스만 제국은 이슬람교의 전통에 따라 제국 내의 비이슬람교도들에게 이슬람교를 강요하지 않고, [(가)](인두세)만 내면 그들의 종교를 인정하고 자치를 허용하는 관용 정책을 폈다. 이 때문에 오스만 제국에서는 다양한 민족과 종교가 공존할 수 있었다.

풀이 | 오스만 제국에서는 정복지의 주민들이 각자의 종교별로 공동체(❶[ ])를 구성하고 그 안에서 자치를 누릴 수 있었다. 각 종교 공동체들은 종교적인 자유를 얻는 대신 세금을 납부해야 했는데 이를 지즈야라고 한다. ❶밀레트 답 | 지즈야

5-1
다음 글에서 표현하고 있는 정치적 사상과 이 사상을 기반으로 성립된 유럽의 정치 체제의 명칭을 쓰시오.

> 모든 권력은 신에게서 나온다. …… 따라서 군주는 신의 대행자로서 행동하고 지상에서는 그의 부관이다. …… 그 다음에 사람들은 세상사에서 질서도 정의도 없는 것이 아니라 마치 군주가 정의 그 자체인 것처럼 그에게 복종해야 한다. 군주는 신이고 어떤 면에서 신적인 독립성을 공유한다.
> – 보쉬에, 「성서의 말씀에서 이끌어 낸 정치술」 –

풀이 | 16～18세기 유럽에서는 국왕을 중심으로 중앙 집권적 통치가 강화된 ❶[ ]이 나타났다. 절대 왕정의 군주는 국왕의 권력은 ❷[ ]으로부터 주어졌다는 왕권신수설을 제시하여 권력을 정당화하였다.

❶절대 왕정 ❷신 답 | 왕권신수설, 절대 왕정

3-2
왼쪽 지도의 (가)가 중국에 대량 유입되면서 일어난 변화로 가장 적절한 것은?

① 고증학이 발달하였다.
② 명이 쇠퇴하고 후금이 성장하였다.
③ 신사가 향촌의 질서를 장악하였다.
④ 은으로 세금을 내는 제도가 등장하였다.
⑤ 영락제가 적극적인 대외 정책을 펼쳤다.

4-2
다음 설명에 해당하는 왕조는?

> • 이슬람을 믿지 않는 사람이어도 지즈야를 내면 자치적인 공동체를 이루어 자신들의 언어, 종교, 풍속을 유지할 수 있도록 해줬다.
> • 정복지의 크리스트교 소년을 이슬람교로 개종시켜 술탄의 친위 부대인 예니체리로 삼았다.

① 무굴 제국   ② 셀주크 튀르크
③ 오스만 제국   ④ 티무르 왕조
⑤ 후우마이야 왕조

5-2
다음 설명에 해당하는 인물은?

> • 러시아의 절대 군주이다.
> • 서유럽의 문물과 제도를 적극 수용하였다.
> • 수도 상트페테르부르크를 건설하였다.

① 표트르 대제   ② 프리드리히 2세
③ 엘리자베스 1세   ④ 루이 14세
⑤ 펠리페 2세

바탕 문제

고대 노예와 구분되는 중세 서유럽 농노의 신분적 특징은?

➡ 중세의 농노는 고대의 노예와 달리 집과 땅 등 약간의 ❶ ☐☐ 을 소유할 수 있었다. 그리고 ❷ ☐☐ 하여 자신의 가정을 꾸릴 수 있었다.

답 | ❶ 재산 ❷ 결혼

1 다음은 중세 서유럽의 농노 시점에서 쓴 가상의 일기이다. ㉠~㉤ 중 옳지 <u>않은</u> 내용이 포함된 것은?

> 오늘은 영주의 직영지에서 쟁기질을 하였다. ㉠ <u>일주일에 3일 가량을 이렇게 영주 직영지에서 일해야만 한다니 참으로 답답하다.</u> ㉡ <u>왜 농노들은 자기 재산을 전혀 가질 수 없는 걸까? 내 소유의 집과 땅이 있다면 더 열심히 일할 수 있을 텐데….</u> ㉢ <u>농노는 영주에게 예속된 존재라 허락을 받지 않고는 장원을 벗어날 수도 없고,</u> ㉣ <u>장원 내 시설을 이용하려면 사용료를 꼭 내야 한다.</u> 그나마 ㉤ <u>결혼해서 가정은 꾸릴 수 있다는 것에 감사하고 만족해야 하는 걸까.</u> 참으로 답답한 심정이다.

① ㉠ ② ㉡ ③ ㉢ ④ ㉣ ⑤ ㉤

바탕 문제

왕안석이 민생 안정과 부국강병을 목표로 개혁을 시도하였던 이유는?

➡ 송이 문관을 우대하는 ❶ ☐☐ 정책을 실시하여 국방력이 약화되었다. 이 틈을 타 ❷ ☐☐(요)과 서하 등 북방 민족이 강력한 군사력을 앞세워 송을 침입하였다. 송은 매년 막대한 은과 비단 등 물자를 제공하는 조건으로 이들과 화친을 맺었다. 이는 송의 재정을 위태롭게 하였고, 이를 해결하고자 왕안석이 개혁을 시도하였다.

답 | ❶ 문치주의 ❷ 거란

2 밑줄 친 '나'에 해당하는 인물은?

> 거란이나 서하와 같은 북방 민족은 강력한 군사력을 앞세워 우리 나라를 위협했다. 우리 나라는 막대한 비단과 은을 주고 평화를 유지하였다. 이에 국고가 위태로운 문제가 생겼다. 나는 이를 극복하고자 민생 안정과 부국강병을 위한 개혁을 추진하였다. 그러나 보수파 관료들의 반발로 뜻을 이루지 못하였다.

① 왕안석 ② 정화 ③ 장건
④ 동중서 ⑤ 주희

바탕 문제

명·청대의 지배층인 신사의 특징과 역할은?

➡ ❶ ☐☐ , 과거 합격자, 관직 경험자 등 유교인 소양을 갖춘 인물이었다. 이들은 ❷ ☐☐ 에서 지방관에게 적극적으로 협조하여 향촌의 질서를 유지하는 역할을 하였다. 또한 향촌의 여론을 조정하는 역할도 하였다. 이들은 부역을 면제받거나 가벼운 형벌을 면책받는 등의 특권을 누렸다.

답 | ❶ 학생 ❷ 향촌

3 다음 설명에 해당하는 사회 계층은?

> • 명·청대의 지배층이었다.
> • 학생, 전현직 관료 등 유교적 소양을 지녔다.
> • 지방관에게 협조하여 향촌의 질서를 유지하였다.

① 호족 ② 귀족 ③ 사대부
④ 색목인 ⑤ 신사

명·청대 조세 제도 변화의 배경과 내용은?

➡ 유럽 상인들이 중국의 물품을 수입하고 그 대가를 **❶** 으로 지불하면서, 명·청대에는 은을 널리 사용하게 되었다. 따라서 은으로 세금을 내는 제도가 등장하였다. 명대에는 여러 세금을 토지세와 인두세로 단순화하여 은으로 내는 일조편법, 청대에는 인두세를 토지세에 포함시켜 은으로 내게 하는 **❷** 를 시행하였다.

답 | ❶ 은 ❷ 지정은제

---

4 다음 글을 활용한 탐구 활동의 주제로 가장 적절한 것은?

> 16세기 유럽인이 정복한 아메리카에서 은광이 개발되어 막대한 은이 생산되었다. 일본에서도 새로운 은광이 개발되었다. 이 시기에 유럽과 이슬람 세계에서는 중국의 비단, 도자기를 찾는 사람이 많았다. 중국에서 은의 가치는 유럽보다 2배 정도 높았기 때문에 결제 대금을 은으로 내는 것이 유리했다. 그 결과 세계 은의 약 3분의 1가량이 중국으로 흘러들어 왔다.

① 청의 건국 과정과 발전 요인
② 명·청 교체가 화이론에 미친 변화
③ 신사가 지배층으로 성장하게 된 배경
④ 명·청대에 서양 학문의 유입이 가져온 결과
⑤ 명·청대에 은으로 세금을 내는 제도가 등장한 배경

오스만 제국이 비이슬람교도인 이민족을 통치했던 방식은?

➡ **❶** 적인 정책을 실시하였다. **❷** 제도를 시행하여 이슬람교도가 아니어도 인두세만 내면 종교를 인정하고 자치를 허용하였다. 밀레트의 구성원은 능력에 따라 출세할 수 있었고, 개종하여 다른 밀레트로 이주할 수도 있었다.

답 | ❶ 관용 ❷ 밀레트

---

5 (가) 국가에 대한 설명으로 옳은 것을 | 보기 |에서 고른 것은?

> **보기**
> ㄱ. 몽골 제국의 부흥을 내세우며 건국되었다.
> ㄴ. 술레이만 1세 때 전성기를 맞이하였다.
> ㄷ. 이민족에게 관용 정책을 실시하였다.
> ㄹ. 힌두·이슬람 문화가 유행하였다.

① ㄱ, ㄴ ② ㄱ, ㄷ ③ ㄱ, ㄹ ④ ㄴ, ㄷ ⑤ ㄷ, ㄹ

에스파냐의 절대 군주 펠리페 2세의 업적은?

➡ 에스파냐에서 관료제를 확립하며 가장 먼저 절대 왕정을 확립하였다. 아메리카 대륙에서 들여온 금과 은으로 **❶** 를 육성하여 해상 무역을 장악하였다. 또 **❶** 를 앞세워 **❷** 과의 레판토 해전을 승리로 이끌었다.

답 | ❶ 무적함대 ❷ 오스만 제국

---

6 (가)에 들어갈 검색어로 적절한 것은?

> (가) [검색]
> … 에스파냐의 절대 군주이다. … 유럽에서 가장 먼저 절대 왕정을 구축하였다. … 무적함대를 창설했으며 … 레판토 해전의 승리를 이끌었다.

① 펠리페 2세 ② 표트르 대제 ③ 루이 14세
④ 콜베르 ⑤ 콜럼버스

전략 1 비잔티움 제국

- 전성기: ❶ [　　　] 황제(6세기)
  - 활발한 정복 활동 → 옛 로마 제국 영토 대부분 회복
  - 『유스티니아누스 법전』 완성, 성 소피아 대성당 건설
- 동서 교회의 분열: 로마 가톨릭(서유럽), ❷ [　　　](비잔티움 제국)으로 분열됨

❶ 유스티니아누스 ❷ 그리스 정교

필수 예제 1

(1) 빈칸에 들어갈 건축물의 명칭을 쓰시오.

　　터키 이스탄불에 있는 (　　　)은 비잔티움 양식의 대표적인 건축물이다. 유스티니아누스 황제 때 건축된 이 성당은 외부의 거대한 돔과 화려한 모자이크화가 특징이다.

(2) 다음 퀴즈의 정답은?

　　비잔티움 제국 황제 레오 3세가 우상을 숭배하는 것을 금지한다는 명목 아래 내린 공식 칙령이다. 이 명령으로 동서 교회의 갈등이 심해졌고, 결국 그리스 정교와 로마 가톨릭으로 교회가 분리되는 결과를 가져오게 되었다.

풀이 |

(1)		
성 소피아 대성당	532년 유스티니아누스 황제의 명령으로 공사가 시작됨, 지름 32m의 거대한 돔이 지붕으로 얹어져 있고 내부에는 화려한 모자이크 벽화로 대리석 기둥과 벽면이 꾸며져 있음
비잔티움 양식	돔과 모자이크화를 특징으로 함, 비잔티움 제국에서 시작하여 동유럽 지역 슬라브족에게 전파됨

답 | 성 소피아 대성당

(2)		
성상 숭배 금지령	비잔티움 황제 레오 3세가 내린 칙령, 예수의 초상화 등의 성상을 우상 숭배로 간주하여 파괴하도록 명령한 것
그리스 정교	그리스도 교회의 하나, 1054년 동방 교회와 서방 교회가 분열하여 콘스탄티노폴리스를 중심으로 한 네 개의 교회 연합으로 분열됨, 그리스와 동유럽, 러시아 등에 퍼져있음

답 | 성상 숭배 금지령

1-1 다음 퀴즈의 정답은?

비잔티움 제국의 전성기를 이루었던 황제로, 로마 시대의 법을 체계적으로 정리해 유럽 근대의 법 발전에 큰 영향을 준 인물은?

① 콘스탄티누스 ② 레오 3세 ③ 옥타비아누스
④ 카이사르 ⑤ 유스티니아누스 황제

1-2 비잔티움 제국에 대한 설명으로 옳은 것만을 ⌐보기⌐에서 고른 것은?

　┌ 보기 ┌
　ㄱ. 성상 숭배 금지령에 반발하여 동서 교회 간 갈등을 유발하였다.
　ㄴ. 지방 분권적인 봉건제가 발달하여 황제의 권한이 약했다.
　ㄷ. 콘스탄티노폴리스를 수도로 하였다.
　ㄹ. 오스만 제국에 의해 멸망하였다.

① ㄱ, ㄴ　　② ㄱ, ㄷ　　③ ㄴ, ㄷ
④ ㄴ, ㄹ　　⑤ ㄷ, ㄹ

전략 2   중세 유럽 사회의 변화

- **❶ ____ 전쟁**: 셀주크 튀르크(이슬람) vs 서유럽 → 성지 회복 실패로 교황 권위 하락, 전쟁에 참여한 제후와 기사 몰락, 왕권 상대적 강화, 상공업 발달과 도시 성장
- **장원의 붕괴**
  - 상업, 도시 발달 → 영주가 농노에게 부역 대신 화폐 요구, 돈을 받고 농노 해방
  - **❷ ____ 유행** → 농노 인구 크게 감소 → 영주가 농노의 처우 개선 → 자영농이 늘어나면서 장원 붕괴

❶ 십자군 ❷ 흑사병

필수 예제 2

(1) 빈칸에 들어갈 내용을 |보기|에서 골라 순서대로 쓰시오.

> 십자군 전쟁의 결과 전쟁을 주도한 ( )의 권위는 크게 떨어졌고, 전쟁에 참여했던 제후와 ( )의 세력이 약화되었다. 반면 ( )의 권한은 상대적으로 강해졌다.

| 보기 |
- 기사   · 국왕   · 교황

(2) 다음 스무 고개의 정답은?

> (1) 14세기 중엽 유럽에서 유행한 질병
> (2) 페스트균의 감염으로 일어남
> (3) 유럽 인구의 3분의 1을 감소시킴

풀이 | (1)

교황	셀주크 튀르크의 위협을 받은 비잔티움 제국을 도와야 한다며 전쟁을 주도함, 그리스 정교에도 영향력을 확대하려는 의도였으나 실패하며 권위가 추락함
기사	이슬람 세력으로부터 새로운 영지를 얻어 세력을 확대하려는 의도였으나 전쟁이 실패하며 세력이 오히려 약화됨
국왕	교황, 제후와 기사의 세력이 축소되며 상대적으로 왕권이 강화됨

답 | 교황, 기사, 국왕

(2)

흑사병	페스트균 감염으로 일어나는 급성 전염병, 피부 조직에 출혈이 일어나 피부가 검게 보이며 사망함
흑사병의 영향	노동력이 크게 감소함, 남은 농민의 처우가 개선되며 자영농 성장, 장원은 붕괴됨

답 | 흑사병

2-1 ㉠~㉤ 중 옳지 <u>않은</u> 것은?

> ㉠11세기 말 셀주크 튀르크가 예루살렘을 점령한 후 비잔티움 제국을 위협하자, ㉡비잔티움 제국의 황제는 로마 교황에게 도움을 요청하였다. ㉢예루살렘을 이슬람 세력으로부터 되찾자는 교황의 호소에 제후와 기사, 상인, 농민 등이 호응하며 십자군 전쟁이 시작되었다. 그러나 ㉣십자군 전쟁은 시간이 갈수록 성지 회복과는 거리가 먼 세속적 이익을 추구하며 실패하고 말았다. 결국 ㉤교황과 국왕의 권위는 추락하고 전쟁의 피해로 상업과 도시는 쇠퇴하였다.

① ㉠   ② ㉡   ③ ㉢   ④ ㉣   ⑤ ㉤

2-2 중세 말 서유럽 사회의 변화에 대해 학생들이 대화를 나누었다. 옳은 내용만을 말한 학생은?

> 수연: 도시와 상업의 발달로 화폐가 널리 사용되게 되었어.
> 주혁: 이렇게 되자 농노들은 영주에게 화폐 대신 부역을 제공하려고 하였지.
> 승아: 흑사병이 유행하면서 유럽 인구가 줄어들자 노동력이 부족해졌어.
> 지훈: 영주는 남은 농민을 더욱 억압하였고 장원제는 더욱 강화되었어.

① 수연, 주혁   ② 수연, 승아   ③ 수연, 지훈
④ 주혁, 승아   ⑤ 승아, 지훈

전략 3 르네상스와 종교 개혁

- ❶ [   ] : 고대 그리스·로마의 인간 중심적 문화를 중시하는 문예 부흥 운동, 이탈리아 르네상스와 알프스 이북 르네상스로 분류됨
- **종교 개혁**: 독일의 루터, 스위스의 ❷ [   ], 영국의 영국 국교회 등장, 구교와 신교의 갈등 → 종교 전쟁 발생(예 30년 전쟁)

❶ 르네상스 ❷ 칼뱅

필수 예제 3

(1) 빈칸에 들어갈 나라의 명칭을 쓰시오.

> 르네상스가 가장 먼저 일어난 곳은 (   )였다. (   )는 고대 로마의 문화유산이 많이 남아 있었고, 지중해 무역으로 경제적 번영을 누렸기 때문이다.

(2) 밑줄 친 '나'에 해당하는 인물을 쓰시오.

> 나는 첫 번째 왕비 아라곤의 캐서린과 이혼하려 하였으나, 교황의 반대에 부딪혔어요. 나는 뜻을 굽히지 않고 영국 교회를 로마 가톨릭에서 분리하여 영국 국교회를 성립시키고, 캐서린과 이혼하는 데 성공했어요.

풀이 | (1)

이탈리아 르네상스	르네상스의 시작, 인문주의 발달, 인체의 아름다움을 사실적으로 표현함
알프스 르네상스	현실 사회와 교회의 부패를 비판함, 종교 개혁에 영향 줌

답 | 이탈리아

(2)

헨리 8세	영국 국왕, 로마 가톨릭에서 독립하여 영국 교회의 수장이 국왕임을 선포함, 후에 영국 국교회가 성립됨
영국 국교회	영국에서 종교 개혁의 결과 16세기에 성립된 종교, 신교 중에서 가장 가톨릭과 가까운 교리를 갖고 있음

답 | 헨리 8세

3-1 (가)에 들어갈 내용으로 옳은 것만을 | 보기 |에서 고른 것은?

> 16세기 이후 르네상스 운동은 알프스 이북으로 확산되었다. 알프스 이북의 르네상스는 이탈리아 르네상스와는 달리 [(가)   ].

┌ 보기 ┐
ㄱ. 부패한 교회를 비판하였다.
ㄴ. 라틴어를 사용한 고전적인 문학이 발달하였다.
ㄷ. 인간 중심적인 문화에 관한 연구를 중요시하였다.
ㄹ. 불합리한 현실을 비판하고 이상적인 사회를 제시하였다.

① ㄱ, ㄴ   ② ㄱ, ㄷ   ③ ㄱ, ㄹ
④ ㄴ, ㄷ   ⑤ ㄷ, ㄹ

3-2 (가) 인물에 대한 설명으로 옳은 것은?

> 인간의 구원은 신에 의해 미리 정해져 있습니다. 구원받을 자는 구원이 정말 이루어지도록 신 앞에서 겸허하게 스스로를 낮추십시요.

(가)

① 95개조 반박문을 발표하였다.
② 경제적 이윤 추구를 정당화하였다.
③ 지구가 태양의 둘레를 돈다고 주장하였다.
④ 아우크스부르크 화의를 통해 종교적 자유를 얻었다.
⑤ 자신의 이혼을 교황이 허락하지 않자 종교 개혁을 추진하였다.

전략 4 북방 민족의 중국 지배

- **요·금**: 이중적인 통치 방식 사용
- **원**: ❶ [　　　] 제일주의 내세움, 여러 민족을 나누어 차별함
- **청**: 소수의 ❷ [　　　]으로 한족을 다스리기 위해 강경책과 회유책을 함께 사용

❶ 몽골 ❷ 만주족

필수 예제 4

(1) 다음과 같이 민족을 나누어 중국을 지배한 왕조는?

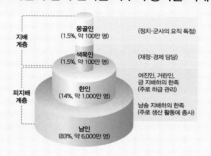

지배 계층
- 몽골인 (1.5%, 약 100만 명) — (정치·군사의 요직 독점)
- 색목인 (1.5%, 약 100만 명) — (재정·경제 담당)

피지배 계층
- 한인 (14%, 약 1,000만 명) — 여진인, 거란인, 금 지배하의 한족 (주로 하급 관리)
- 남인 (83%, 약 6,000만 명) — 남송 지배하의 한족 (주로 생산 활동에 종사)

풀이 | (1)

몽골 제일주의	중앙과 지방의 고위직은 몽골인이 독점함
색목인	중앙아시아, 서아시아, 유럽 등 각지에서 온 사람, 재정과 경제 등 실무 담당
남인	남송 지배하의 한족, 가장 차별받음

답 | 원

(2) 청의 중국 지배 정책이다. 이 중 강경책에 해당하는 기호를 모두 고르시오.

> ㄱ. 청 왕조를 비방하는 사상이나 글을 통제하였다.
> ㄴ. 만주족의 풍습인 변발과 호복을 강요하였다.
> ㄷ. 고위 관직에는 만주족과 한족을 함께 등용하였다.

(2)

강경책	강하고 단호하게 대처하는 정책, 한족의 중화주의 사상을 통제하거나 만주족의 풍습을 강요하는 방식으로 나타났음
회유책	잘 달래어 말을 듣게끔 하는 정책, 고위 관직에 한족을 등용하거나 한족의 유학 교육을 장려하는 방식으로 나타났음

답 | ㄱ, ㄴ

4-1 중국 역사상 북방 민족이 세운 왕조가 한족을 지배하는 방식을 올바르게 연결하지 못한 것은?

① 북위 – 적극적인 한화 정책을 실시하였다.

② 요 – 이중적인 통치 방식을 사용하였다.

③ 금 – 자신의 부족은 고유의 부족제, 한족은 군현제로 다스렸다.

④ 원 – 몽골인과 한족을 고위 관직에 함께 등용하였다.

⑤ 청 – 한족에게 강경책과 회유책을 동시에 사용하였다.

4-2 청이 다음과 같은 통치 방식을 채택한 이유로 가장 적절한 것은?

> 청은 한족에 대해 강경책과 회유책을 동시에 사용하였다. 고위 관직에 한족과 만주족을 함께 등용하면서도, 청 왕조에 대한 비방을 엄격히 금지하는 식이었다.

① 절도사의 세력을 견제해야 했기 때문

② 북방 민족 중 최초로 중국 전체를 다스렸기 때문

③ 임진왜란 이후 동아시아 정세 변화에 대응해야 했기 때문

④ 한족에게 동화되는 것을 막아 정체성을 지키려 했기 때문

⑤ 소수의 만주족으로 압도적 다수의 한족을 다스려야 했기 때문

1 (가) 황제에 대한 설명으로 옳은 것을 |보기|에서 고른 것은?

파리
프랑크 왕국
라벤나
서고트 왕국
톨레도
로마
흑해
콘스탄티노폴리스
비잔티움 제국
아테네
안티오크
지중해
예루살렘
알렉산드리아
사산 왕조 페르시아
아프리카
홍해

■ (가) 때의 영역(565)
/// 1000년경의 영역
✝ 5대 교구

┌ 보기 ┐
ㄱ. 성 소피아 대성당을 세웠다.
ㄴ. 성상 숭배 금지령을 내렸다.
ㄷ. 「유스티니아누스 법전」을 완성하였다.
ㄹ. 로마 교황에게 서로마 황제의 관을 받았다.

① ㄱ, ㄴ   ② ㄱ, ㄷ   ③ ㄴ, ㄷ   ④ ㄴ, ㄹ   ⑤ ㄷ, ㄹ

2 ㉠~㉤ 중 옳지 않은 내용이 포함된 것은?

중세 서유럽 문화는 크리스트교를 중심으로 발전하였다. ㉠ 철학에서는 신앙과 이성의 조화를 강조하는 스콜라 철학이 유행하였다. ㉡ 토마스 아퀴나스는 『신학대전』을 집필하여 스콜라 철학을 집대성시켰다. ㉢ 건축도 교회와 수도원을 중심으로 발달하였다. ㉣ 거대한 돔과 화려한 모자이크화를 특징으로 하는 비잔티움 양식이 발달하였으며, ㉤ 높고 뾰족한 탑과 스테인드글라스를 특징으로 하는 고딕 양식이 유행하였다.

① ㉠   ② ㉡   ③ ㉢   ④ ㉣   ⑤ ㉤

3 다음과 같은 상황을 배경으로 나타난 현상으로 옳은 것은?

• 십자군 전쟁 이후 교황과 봉건 영주 세력 약화
• 시민 계층이 국왕에게 경제적 지원함
• 백년 전쟁과 장미 전쟁

① 교회의 영향력 확대   ② 도시와 상공업의 쇠퇴
③ 중앙 집권 국가의 등장   ④ 기사 간 주종 관계 강화
⑤ 유럽 인구 3분의 1 감소

4 다음 글을 작성한 인물에 대한 설명으로 옳은 것은?

> 제 21조 설교자가 교황의 면벌부에 의해 모든 형벌에서 벗어날 수 있다고
> 하는 것은 잘못이다.
> 제 36조 진실로 회개한 모든 크리스트교도는 면벌부 없이도 벌이나 죄에
> 서 완전히 해방될 수 있다.

① 구원은 신에 의해 예정되어 있다고 주장하였다.
② 베스트팔렌 조약을 체결해 종교의 자유를 획득하였다.
③ 인간의 사랑과 자연의 아름다움을 서정시로 표현하였다.
④ 교황이 자신의 이혼을 허락하지 않자 가톨릭으로부터 독립하였다.
⑤ 인간의 구원은 오직 신앙과 은총으로만 가능하다고 주장하였다.

문제 해결 전략

교황 레오 10세는 성 베드로 성당 증축에 필요한 비용을 마련하기 위해 **❶**□□를 판매하였다. **❷**□□는 이를 비판하며 95개조 반박문을 발표하였다. 루터는 인간의 구원은 면벌부가 아닌 믿음과 신의 은총으로만 가능하다고 주장하였다.

❶ 면벌부 ❷ 루터

5 보기의 사건을 일어난 순서대로 나열한 것은?

> ┌ 보기 ┐
> ㄱ. 쿠빌라이가 국호를 원으로 정하였다.
> ㄴ. 송이 창장강 이남으로 수도를 옮겼다.
> ㄷ. 왕안석이 민생 안정을 위한 개혁에 착수하였다.
> ㄹ. 정화가 동남아시아 등지로 대규모 항해에 나섰다.

① ㄱ - ㄴ - ㄷ - ㄹ ② ㄴ - ㄷ - ㄱ - ㄹ ③ ㄷ - ㄱ - ㄹ - ㄴ
④ ㄷ - ㄴ - ㄱ - ㄹ ⑤ ㄹ - ㄷ - ㄴ - ㄱ

문제 해결 전략

송이 북방 민족에게 많은 양의 은과 비단을 주며 평화를 유지하자 국가 재정이 궁핍해졌고, 이러한 위기를 극복하고자 **❶**□□□이 개혁을 시도했으나 실패하였다. 결국 송은 **❷**□□에게 화북 지역을 빼앗기고 도읍을 옮기게 되었다.

❶ 왕안석 ❷ 금

6 다음은 원대의 주민 분류를 나타낸 것이다. (가)~(라)에 대한 설명으로 옳은 것은?

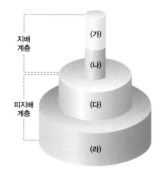

지배
계층
(가)
(나)

피지배
계층
(다)
(라)

① (가)는 색목인이다.
② (가)는 재정과 경제를 담당하였다.
③ (나)는 정치와 군사의 최고 고위직을 독점하였다.
④ (다)는 남송 지배하의 한족이었다.
⑤ (라)는 마지막까지 원에 저항하여 가장 심한 차별을 받았다.

문제 해결 전략

원은 **❶**□□ 제일주의를 내세워 민족에 따라 대우를 달리하는 방식으로 중국을 지배하였다. 소수의 몽골인이 국가 최고 고위직을 독점하였으며, 남송 지배하의 **❷**□□은 가장 심한 차별을 받았다.

❶ 몽골 ❷ 한족

전략 1 　명 중심의 국제 질서

- 명 중심의 국제 질서 형성
  - ❶ [　　　　]의 항해: 영락제의 명령으로 동남아시아, 인도, 아프리카까지 진출 → 조공−책봉 관계 확대
- 명 중심 국제 질서 변화
  - 몽골 침입, 왜구 약탈, 임진왜란 등으로 재정 악화 → 가혹한 세금 징수로 인한 농민 반란 → 명 멸망
  - 명·청 교체로 화이론 변화: 조선, 청, 일본 모두 자신들을 ❷ [　　　]로 인식하는 새로운 화이사상 정립

❶ 정화 ❷ 중화

필수 예제 1

(1) 다음 퀴즈의 정답은?

> 주원장이 난징을 수도로 삼아 건국한 왕조이다. 임진왜란에 출병했다가 국가 재정이 악화되었고, 결국 이자성이 이끄는 농민군에 의해 멸망하였다.

(2) 빈칸에 들어갈 내용을 보기 에서 골라 쓰시오.

> (　　　)은/는 수도를 베이징으로 옮기고 적극적인 대외 정책을 추진하였다. 그는 (　　　)에게 여러 차례에 걸쳐 대규모 항해를 명령했는데, 그 결과 30여 개의 국가와 조공−책봉 관계를 맺을 수 있었다. 그러나 그가 죽은 후 명은 정치적 혼란에 휩싸였고 이 틈을 타 북쪽에서는 (　　　)이/가, 남쪽에서는 (　　　)이/가 침입해왔다.

> 보기
> - 홍무제　　　• 영락제　　　• 정화　　　• 이자성　　　• 몽골　　　• 왜구

풀이 | (1)

주원장	명의 초대 황제, 재상제 폐지 후 황제권을 강화하고 이갑제를 실시함
임진왜란	1592~1598년 일본의 조선 침략으로 일어난 전쟁, 명이 조선에 지원군을 파견하면서 국가 재정이 악화됨

답 | 명

(2)

영락제	명의 3대 황제, 베이징으로 천도하고 적극적인 대외 정책을 펼침
정화	명대의 환관으로 중앙아시아의 무슬림 출신, 영락제의 명령을 받들어 7차례 항해에 나섬

답 | 영락제, 정화, 몽골, 왜구

1-1 (가)에 들어갈 국가에 대한 설명으로 옳은 것은?

송 → 원 → (가) → 청

① 홍건적의 난이 일어나 멸망하였다.
② 몽골 제일주의를 내세워 통치하였다.
③ 과거제에 전시를 처음으로 도입하였다.
④ 러시아와 네르친스크 조약을 체결하였다.
⑤ 정화의 항해로 30여 개의 국가와 조공−책봉 관계를 맺었다.

1-2 밑줄 친 '새로운 관점'에 해당하는 것은?

> 명·청 교체 이후 새로운 국제 질서하에서 조선과 청, 일본에서는 국제 질서를 바라보는 새로운 관점이 등장하였다.

① 다른 민족과 종교, 문화를 존중하였다.
② 각자 자신들을 중화로 인식하게 되었다.
③ 한족이 주변 민족보다 우월하다고 생각하였다.
④ 청 왕조를 비판하는 사상을 엄격히 금지하였다.
⑤ 한족과 북방 민족을 이중 지배 체제로 통치하였다.

전략 2 일본의 막부 정권

- ❶ ⬚⬚⬚⬚ 막부: 12세기 말 미나모토노 요리토모가 세운 최초의 무사 정권
- **무로마치 막부**: 14세기 중엽 수립, 명과 조공·책봉 관계 맺음, 감합 무역 시작
- **에도 막부**: 도요토미 히데요시 정권 붕괴 후 ❷ ⬚⬚⬚⬚ 가 수립한 막부, 산킨코타이 제도를 통해 다이묘 통제

❶ 가마쿠라 ❷ 도쿠가와 이에야스

필수 예제 2

(1) ㄱ~ㄹ을 일어난 시간 순서대로 재배열하시오.

> ㄱ. 가마쿠라 막부 창설
> ㄴ. 에도 막부 성립
> ㄷ. 무로마치 막부 창설
> ㄹ. 전국 시대 전개

(2) 빈칸에 들어갈 제도의 명칭을 쓰시오.

> 에도 막부는 다이묘에게 영지를 주어 지방 통치를 인정하는 대신, (　　　)을/를 실시해 다이묘를 정기적으로 에도에 머물게 함으로써 그들을 강력히 통제하였다.

풀이 | (1)

가마쿠라 막부	미나모토노 요리토모가 창설 1185~1333
무로마치 막부	아시카가 다카우지가 창설함 1336~1573
전국 시대	무로마치 막부가 쇠퇴하며 다이묘가 세력을 다툼
에도 막부	도쿠가와 이에야스가 창설 1603~1868

답 | ㄱ – ㄷ – ㄹ – ㄴ

(2)

산킨코타이 제도	지방의 다이묘가 정기적으로 쇼군을 알현하고, 다이묘의 가족은 인질로 에도에 머물게 함
영향	• 중앙의 막부가 지방의 다이묘를 통제함 • 중앙과 지방의 교류가 활성화됨 • 교통로 정비와 상업 발달 촉진

답 | 산킨코타이 제도

2-1 (가) 전쟁이 가져온 결과로 옳은 것을 **보기** 에서 모두 고른 것은?

> 약 100년간 계속되던 전국 시대를 도요토미 히데요시가 통일하였다. 이후 그는 명을 정벌하겠다는 명분을 앞세워 조선을 침략하며 (가) 를 일으켰다. 조선에 명이 지원군을 보내며 이는 동아시아 국제 전쟁으로 확대되었다. 결국 도요토미 히데요시가 죽으면서 7년간의 전쟁이 마무리되었다.

> **보기**
> ㄱ. 조선이 멸망하였다.
> ㄴ. 명이 쇠퇴하고 후금이 건국되었다.
> ㄷ. 도요토미 히데요시 정권이 무너지고 에도 막부가 성립되었다.

① ㄱ　② ㄴ　③ ㄷ　④ ㄱ, ㄴ　⑤ ㄴ, ㄷ

2-2 밑줄 친 '이 시대'에 해당하는 설명으로 옳은 것은?

> 도쿠가와 이에야스가 정권을 장악하면서 이 시대가 시작되었습니다.

> 「학습 목표」
> 일본 막부 정권의 변천 과정을 이해한다.

① 임진왜란이 발생하였다.
② 일본 최초의 막부 정권이다.
③ 명과 감합 무역을 시작하였다.
④ 조닌 문화와 국학이 발달하였다.
⑤ 각 지방의 다이묘가 약 100년간 세력을 다퉜다.

전략 3 **무굴 제국의 발전**

- ❶⬚⬚⬚ 황제: 관용 정책 펼침(비이슬람교도에 대한 인두세 폐지 등)
- ❷⬚⬚⬚ 황제: 인도 남부 대부분을 차지해 영토를 최대로 넓힘, 이슬람 제일주의를 내세움
- 힌두·이슬람 문화 성립: 힌두 문화와 이슬람 문화 융합(예 시크교, 타지마할 등)

❶ 아크바르 ❷ 아우랑제브

필수 예제 3

(1) 아크바르 황제에 대한 설명만을 ㅣ보기ㅣ에서 고르시오.

> ㅣ보기ㅣ
> ㄱ. 무굴 제국 건국   ㄴ. 관용 정책
> ㄷ. 힌두교도, 시크교도 탄압   ㄹ. 비이슬람교도에 대한 인두세 폐지

(2) 제시문에 해당하는 건축물을 쓰시오.

> 샤자한이 왕비인 뭄타즈 마할을 추모하여 세운 묘당으로, 이슬람 양식과 힌두 양식이 잘 조합되어 있는 건축물이다.

풀이ㅣ

(1)

아크바르	무굴 제국의 3대 황제, 무굴 제국의 기초를 쌓았으며 다른 종교에 대한 관용을 베풀고 힌두교와 이슬람교의 융화에 힘씀
시크교	구루 나나크가 힌두교와 이슬람교를 절충해 창시한 종교, 유일신 신앙을 바탕으로 하나 해탈, 윤회 등을 믿음

답ㅣ ㄴ, ㄹ

(2)

샤자한	무굴 제국의 5대 황제, 힌두교에 대해 관용적인 입장을 보였으며 타지마할, 델리 궁전 등 화려한 건축물을 많이 남김
타지마할	샤자한의 왕비 뭄타즈 마할이 14번째 아이를 낳다가 사망하자 대리석, 벽옥, 진주, 에메랄드 등 값비싼 자재를 동원해 만든 묘당, 힌두−이슬람 양식의 대표적 건물

답ㅣ 타지마할

3-1 다음 스무고개의 정답은?

> 첫째 고개: 나는 무굴 제국의 황제예요.
>
> 둘째 고개: 나는 제국의 최대 영토를 확보했어요.
>
> 셋째 고개: 나는 비이슬람교도에 대한 인두세를 부활시키고 힌두 사원을 파괴했어요.

① 바부르   ② 티무르   ③ 아크바르
④ 샤자한   ⑤ 아우랑제브

3-2 밑줄 친 '문화'에 대한 설명으로 옳지 않은 것은?

> 무굴 제국 시대에는 인도에 이슬람 세력이 진출하면서 독특한 문화가 등장하였습니다.

① 시크교가 발전하였다.
② 인도·이슬람 건축이 발전하였다.
③ 힌두어에 페르시아어가 혼합된 우르드어가 사용되었다.
④ 페르시아의 세밀화에 인도의 회화 기법이 융합되었다.
⑤ 술탄 아흐메트 사원처럼 비잔티움 양식에 영향을 받은 건축물이 등장하였다.

전략 4 신항로 개척

- **배경:** 동방에 대한 호기심 및 동방 산물에 대한 수요 증가, 지리학과 천문학, 조선술 발달 등
- **전개:** 포르투갈, 에스파냐가 주도, 바스쿠 다 가마(희망봉 항로 발견), 콜럼버스(아메리카 대륙 도착), **❶**[____] 함대(최초의 세계 일주) 등
- **결과:** 무역 중심지 변화(지중해 → **❷**[____]), 유럽, 아메리카, 아프리카를 잇는 삼각 무역 성립, 가격 혁명과 상업 혁명 발생

❶ 마젤란 **❷** 대서양

필수 예제 4

(1) 빈칸에 들어갈 인물을 쓰시오.

> 대서양 연안에 위치하여 지중해 무역에 불리했던 포르투갈과 에스파냐는 동방으로 가는 새로운 항로 개척을 주도하였다. 포르투갈은 아프리카 서해안 항로 개척에 주력하였고, 마침내 (   )이/가 아프리카 남단 희망봉을 돌아 인도에 도달하는 항로를 개척하는 데 성공하였다.

(2) 보기 중 신항로 개척의 결과에 해당하는 것을 고른 것은?

> ┌ 보기 ┐
> ㄱ. 지중해를 중심으로 무역이 전개되기 시작하였다.
> ㄴ. 유럽, 아메리카, 아프리카를 잇는 삼각 무역이 성립하였다.
> ㄷ. 이슬람 세력과 서유럽이 충돌하여 십자군 전쟁이 발생하였다.

풀이 | (1)

바스쿠 다 가마	포르투갈의 항해자, 1497년~1498년에 희망봉을 돌아 인도로 가는 항로를 개척함
희망봉	남아프리카 공화국 케이프반도의 맨 끝, 바르톨로메우 디아스가 발견함, 바스쿠 다 가마가 유럽에서 희망봉을 돌아 인도로 가는 항로를 개척함

답 | 바스쿠 다 가마

(2)

삼각 무역	유럽이 아메리카에 진출하여 사탕수수 농장 등의 대농장을 아프리카 흑인 노예의 노동력으로 운영함, 유럽 – 아메리카 – 아프리카가 이와 같은 방식으로 이어지는 무역 체제
십자군 전쟁	11세기 말 이슬람 세력인 셀주크 튀르크와 로마 교황이 주도한 서유럽 십자군이 대립한 전쟁, 이 과정에서 지중해 무역이 활발해짐

답 | ㄴ

4-1 (가)에 해당하는 인물은?

→ (가) 일행의 탐험로

① 콜럼버스
② 마젤란
③ 바스코 다 가마
④ 바르톨로메우 디아스
⑤ 엔히크

4-2 ㉠~㉤ 중 옳지 않은 내용이 포함된 것은?

> 신항로 개척은 유럽에 큰 변화를 가져왔다. 우선 ㉠ 지중해 무역 항로를 유럽인이 독점하게 되면서 유럽이 경제적으로 부유해졌다. ㉡ 유럽 상인이 직접 아시아와 교역하게 되면서 아시아의 차, 면직물 등이 이전보다 싼 값에 들어왔다. ㉢ 아메리카 대륙의 감자, 옥수수 등도 유럽에 유입되었다. ㉣ 유럽-아메리카-아프리카를 잇는 삼각 무역이 성립하였고, ㉤ 아메리카 대륙으로부터 금과 은이 유입되면서 물가가 크게 올랐다.

① ㉠　② ㉡　③ ㉢　④ ㉣　⑤ ㉤

1 (가) 황제에 대한 설명으로 옳은 것을 고른 것은?

> **(가)** 의 업적
>
> • 1369년: 주, 현에 학교 설립 • 1370년: 과거제의 부활
> • 1374년: 해금 정책의 시행 • 1380년: 재상제 폐지
> • 1381년: 이갑제를 시행하여 향촌 사회 지배
> • 1387년: 토지 대장인 『어린도책』 작성

① 강희제 ② 영락제 ③ 건륭제 ④ 옹정제 ⑤ 홍무제

문제 해결 전략

홍무제는 ❶ □□□ 를 시행하여 향촌의 농민이 직접 세금 징수와 치안 유지를 담당하게 하였으며, ❷ □□□ 를 반포하여 유교의 가르침을 백성에게 전하였다.

❶ 이갑제 ❷ 육유

2 '명청 시대의 사회와 문화'에 대해 학생들이 나눈 대화이다. 옳은 내용만을 말한 학생을 고른 것은?

> 성아: 명·청 시대의 사회를 주도한 지배층은 사대부였어.
> 진서: 사대부들을 중심으로 성리학이 등장하였지.
> 현지: 청대에는 정부의 사상 통제 때문에 경전을 실증적으로 연구하는 고증학이 유행했어.
> 재희: 명·청대에는 서민을 위한 연극이 자주 상연되는 등 서민 문화가 발달했지.

① 성아, 진서 ② 성아, 현지 ③ 진서, 현지
④ 진서, 재희 ⑤ 현지, 재희

문제 해결 전략

명·청 시대에 사회를 주도한 지배층은 ❶ □□□ 이다. 명대에는 이론과 형식에 치우친 성리학에 반발하여 올바른 지식과 행위의 일치를 강조한 ❷ □□□ 이 등장하였다. 청대에는 문헌을 실증적으로 연구하는 고증학이 등장하였다.

❶ 신사 ❷ 양명학

3 (가) 시대에 대한 설명으로 옳은 것을 |보기|에서 고른 것은?

> (가) 막부는 인공섬인 데지마를 만들어, 서양 국가 중 유일하게 네덜란드와 교류했어요.
>
> 인공섬 '데지마'

> **보기**
>
> ㄱ. 명과 감합 무역을 실시하였다.
> ㄴ. 면화, 차 등 상품 작물 재배가 활발해졌다.
> ㄷ. 원의 침략을 막아 내는 과정에서 쇠퇴하였다.
> ㄹ. 쇼군은 직할지만 다스리고 나머지 지역은 다이묘가 다스렸다.

① ㄱ, ㄴ ② ㄱ, ㄷ ③ ㄱ, ㄹ ④ ㄴ, ㄹ ⑤ ㄷ, ㄹ

문제 해결 전략

에도 막부는 네덜란드 상관을 데지마로 옮겨 이곳에서만 ❶ □□□ 상인의 무역을 허용하였다. 이곳을 통해 네덜란드인으로부터 서양의 포술, 의학, 천문학 등의 학문을 들여왔는데, 이를 ❷ □□□ 이라고 불렀다.

❶ 네덜란드 ❷ 난학

4 (가)에 해당하는 나라에 대한 설명으로 옳은 것은?

> ⎡ (가) ⎤는 콘스탄티노폴리스를 함락하여 비잔티움 제국을 멸망시켰다(1453). 또 16세기 초에는 이집트와 시리아, 메카, 메디나를 차지하였다. ⎡ (가) ⎤의 술탄은 종교적 지도자인 칼리프까지 겸하게 되었다.

① 이슬람 제일주의를 내세웠다.

② 힌두·이슬람 문화가 발달하였다.

③ 티무르의 후손 바부르가 건국하였다.

④ 술탄의 친위 부대인 예니체리를 양성하였다.

⑤ 수도인 사마르칸트는 국제적 상업 도시로 번성하였다.

5 (가), (나) 인물에 대한 설명을 옳게 연결한 것은?

① (가) – 타지마할을 건축하였다.

② (가) – 무굴 제국을 건국하였다.

③ (가) – 비이슬람교도에게 관용 정책을 실시하였다.

④ (나) – 힌두교 왕비와 결혼하였다.

⑤ (나) – 힌두교 사원을 짓는 등 힌두교를 지원하였다.

6 다음의 요인들이 공통적으로 가져온 결과로 가장 적절한 것은?

> • 캐러벨선이 널리 이용되었다.
> • 해도가 발명되었다.
> • 나침반이 유럽에 전해졌다.
> • 『동방견문록』 등의 여행기가 유럽에서 유행하였다.

① 동서 교회가 분열하였다.

② 유럽 각국에 절대 왕정이 성립하였다.

③ 동방으로 가는 새로운 항로가 개척되었다.

④ 비단길이 개척되어 동서 교역이 활발해졌다.

⑤ 유럽과 이슬람 세계가 충돌하여 십자군 전쟁이 일어났다.

대표 예제 1

밑줄 친 '나'에 해당하는 인물은?

> 나는 활발한 정복 활동을 통해 옛 서로마 제국 영토의 많은 부분을 차지했어요. 그리고 정복한 지역에 크리스트교를 전파하였지요. 이에 교황은 800년에 나를 서로마 제국 황제로 임명하였답니다.

① 레오 3세
② 카롤루스 대제
③ 유스티니아누스 황제
④ 콘스탄티누스 대제
⑤ 하인리히 4세

개념 가이드

❶ □□□ 왕국은 카롤루스 대제 때 전성기를 맞이하였다. 그는 정복 활동을 통해 옛 서로마 제국 영토의 대부분을 차지했고, ❷ □□교를 장려하였다. 이 공로로 로마 교황이 서로마 황제의 관을 카롤루스 대제에게 씌워 주었다. ❶ 프랑크 ❷ 크리스트

대표 예제 2

교사가 설명하고 있는 나라에 대한 설명으로 옳은 것은?

> 이 나라는 그리스 정교를 바탕으로 그리스·로마 문화와 헬레니즘 문화 등을 융합하여 서유럽과는 다른 독자적인 문화를 발전시켰답니다. 거대한 돔과 화려한 모자이크를 특징으로 하는 건축물을 만들기도 했지요.

① 프랑크족이 건국하였다.
② 신항로 개척을 주도하였다.
③ 게르만족 출신 용병에 의해 멸망하였다.
④ 황제가 교회의 우두머리 역할을 담당하였다.
⑤ 왕위 계승 문제를 둘러싸고 영국과 백년 전쟁을 전개하였다.

개념 가이드

❶ □□□ 제국은 강력한 황제권을 바탕으로 황제 중심 중앙 집권 체제를 유지하였다. 특히 황제는 교회에도 막강한 영향력을 행사하였다. ❷ □□□□를 국교로 하여, 이를 기반으로 독특한 문화를 발전시켰다. ❶ 비잔티움 ❷ 그리스 정교

대표 예제 3

(가)에 들어갈 내용으로 적절한 것을 ㅣ보기ㅣ에서 고른 것은?

> 르네상스 시대 대표작인 모나리자와 다비드상입니다. 모두 이탈리아의 작품이지요. 이탈리아에는 르네상스 시대 예술가들이 많이 활약했답니다. 르네상스 운동 자체가 이탈리아에서 시작했거든요.

> 선생님, 르네상스는 유럽의 많은 나라 중 왜 이탈리아에서 시작된 건가요?

> 그 이유는 (가)

ㅣ보기ㅣ

ㄱ. 지중해 무역으로 경제적 번영을 누렸기 때문입니다.
ㄴ. 흑사병으로 인구의 3분의 1이 감소했기 때문입니다.
ㄷ. 장미 전쟁 이후 중앙 집권 국가로 성장했기 때문입니다.
ㄹ. 고대 그리스와 로마 유산이 많이 남아 있었기 때문입니다.

① ㄱ, ㄴ
② ㄱ, ㄷ
③ ㄱ, ㄹ
④ ㄴ, ㄹ
⑤ ㄷ, ㄹ

개념 가이드

르네상스가 가장 먼저 일어난 곳은 ❶ □□□□였다. 이탈리아는 고대 그리스·로마 문화유산이 많이 남아 있었고, ❷ □□□ 무역으로 경제적 번영을 누렸으며, 이슬람 세계와 교류하며 고대 그리스·로마 고전을 접할 수 있었기 때문이었다. ❶ 이탈리아 ❷ 지중해

대표 예제 4

다음 왕조들의 공통점으로 옳은 것은?

• 송	• 원

① 고증학이 유행하였다.

② 서민 문화가 발달하였다.

③ 봉건제를 전국적으로 시행하였다.

④ 몽골 제일주의를 내세워 통치하였다.

⑤ 사대부가 사회의 지배층으로 등장하였다.

개념 가이드

송·원대에는 경제 발전으로 서민의 지위가 향상되면서 ❶ [ ] 문화가 발달하였다. 대도시 곳곳에 공연장이 세워져 인형극, 잡극이 발달하였으며 『삼국지』, 『수호지』 등 구어체 ❷ [ ] 이 유행하였다.

❶ 서민 ❷ 소설

대표 예제 5

㉠~㉤ 중 옳지 않은 내용이 포함된 것은?

> **〈북방 민족의 성장〉**
>
> 10세기 이후 북방 민족은 부족을 통합하여 국가를 세웠고 송을 압박하기 시작하였다. ㉠10세기 초 거란족의 야율아보기가 거란(요)를 세웠다. ㉡요는 연운 16주를 차지하고 송을 압박하였다. ㉢11세기 초 탕구트족 역시 서하를 세워 동서 무역의 이익을 장악하였다. ㉣12세기 초 여진족의 아구타가 금을 세웠다. ㉤금은 요와 연합하여 송을 멸망시킨 후 곧이어 요도 공격하였다.

① ㉠　　　② ㉡　　　③ ㉢

④ ㉣　　　⑤ ㉤

개념 가이드

거란족은 요를 세우고 ❶ [ ] 를 차지하여 송과 대립하였으며 여진족은 금을 세워 화북 지방을 빼앗아 송을 강남으로 몰아냈다. 강남으로 쫓겨나 임안으로 도읍을 옮긴 시기의 송을 ❷ [ ] 이라 한다.

❶ 연운 16주 ❷ 남송

대표 예제 6

학생이 떠올리고 있는 인물은?

> 그 유명한 자금성을 건설하고 베이징으로 수도를 옮겼지.

> 직접 군대를 이끌고 수차례에 걸쳐 몽골을 공격하다니 대단해.

> 정화에게 대규모 항해를 명한 것도 이 사람이라지. 그 옛날에 인도양을 넘어 아프리카까지 항해하다니!

① 홍무제　　② 영락제　　③ 강희제

④ 옹정제　　⑤ 건륭제

개념 가이드

❶ [ ] 는 적극적인 대외 정책을 추진하여 몽골을 여러 차례 공격하였으며 베트남을 일시적으로 정복하였다. 그는 ❷ [ ] 의 함대를 동남아시아와 인도양에 파견하여 조공국을 확대하였다.

❶ 영락제 ❷ 정화

대표 예제 7

(가)에 들어갈 스무고개의 힌트로 가장 적절한 것은?

> 첫째 고개: 삼번의 난을 진압했어요.
>
> 둘째 고개: 타이완의 반청 세력을 제압했어요.
>
> 셋째 고개: (가)
>
> 정답: 강희제

① 청 최대의 영토를 확보했어요.

② 나라 이름을 청으로 바꾸었어요.

③ 명이 쇠약해진 틈을 타 후금을 세웠어요.

④ 러시아와 네르친스크 조약을 체결했어요.

⑤ 군기처를 설치해 황제 독재 체제를 확립했어요.

개념 가이드

청의 ❶ [ ] 는 청의 4대 황제로, 동쪽으로 세력을 확대하는 러시아와 협상을 통해 국경을 정한 네르친스크 조약을 맺었다. 이는 중국 역사상 최초의 ❷ [ ] 적 조약이었다.

❶ 강희제 ❷ 근대

대표 예제 8

제시된 ㉠~㉤ 중 옳지 않은 것은?

구분	명	청
지배 민족	한족	㉠ 만주족
사회 지배층	㉡ 사대부	신사
유학	양명학	㉢ 고증학
서양 문물 전래	㉣ 마테오 리치가 「곤여만국전도」 제작함	아담 샬이 역법 개정, 천문 기구 맡음
문화	㉤ 서민 문화가 발달함	

① ㉠　② ㉡　③ ㉢　④ ㉣　⑤ ㉤

개념 가이드

명·청대에는 ❶ [　　] 가 사회를 주도하였다. 신사는 지방관에게 협조해 향촌 사회의 안정과 질서 유지를 도왔다. 한편 명·청대에는 ❷ [　　] 들이 들어와 포교에 나서면서 서양 문물이 전래되었다. 명대의 마테오 리치, 청대의 아담 샬이 대표적이다. ❶ 신사 ❷ 선교사

대표 예제 9

밑줄 친 막부에 대한 설명으로 옳은 것을 ㅣ보기ㅣ에서 고른 것은?

도쿠가와 이에야스는 도요토미 히데요시가 죽은 후 정권을 장악하고 새로운 <u>막부</u>를 열었습니다.

보기
ㄱ. 산킨코타이 제도를 실시하였다.
ㄴ. 몽골과 고려의 연합군의 침입을 막아 내었다.
ㄷ. 조선에 통신사 파견을 요청해 선진 문물을 수용하였다.
ㄹ. 각 지방의 다이묘들이 약 100년간 겨루었다.

① ㄱ, ㄴ　② ㄱ, ㄷ　③ ㄴ, ㄷ　④ ㄴ, ㄹ　⑤ ㄷ, ㄹ

개념 가이드

에도 막부는 다이묘를 ❶ [　　] 에 정기적으로 불러 강력히 통제하는 산킨코타이 제도를 실시하여 중앙 집권적 봉건 체제를 강화하였다. 또 임진왜란 이후 끊겼던 조선과의 국교를 회복하고 ❷ [　　] 파견을 요청하여 선진 문물을 수용하였다.

❶ 에도 ❷ 통신사

대표 예제 10

다음 학생들이 준비하는 발표의 주제로 가장 적절한 것은?

← 재천　　🔍 ☰

발표용 프리젠테이션에 넣을 사진 자료 검색해 봤니? 혹시 찾았으면 보내줄 수 있어? [재천]

[세훈]

가부키의 한 장면을 그린 그림과 풍경을 묘사한 우키요에야.

이번 발표 주제에 없어서는 안되는 자료네. 찾아줘서 고마워. [재천]

① 다이카 개신
② 송·원대 서민 문화
③ 일본의 조닌 문화
④ 에도 막부의 대외 교류
⑤ 국풍 문화의 발생 배경과 내용

개념 가이드

에도 시대에는 상공업자인 ❶ [　　] 이 도시의 중산층으로 성장하며 조닌 문화도 발달하였다. 노래와 춤, 연기가 어우러진 연극인 ❷ [　　] 와 서민들이 값싸게 구입할 수 있는 다색 목판화인 '우키요에'가 대표적이다.

❶ 조닌 ❷ 가부키

대표 예제 11

다음 인물에 대한 설명으로 옳은 것을 | 보기 |에서 고른 것은?

나 술레이만 1세는 오스만 제국의 전성기를 이끌었지.

┌ 보기 ┐
ㄱ. 헝가리를 정복하였다.
ㄴ. 콘스탄티노폴리스로 천도하였다.
ㄷ. 비잔티움 제국을 멸망시켰다.
ㄹ. 유럽 연합 함대를 격파하고 지중해 해상권을 장악하였다.

① ㄱ, ㄴ ② ㄱ, ㄷ ③ ㄱ, ㄹ ④ ㄴ, ㄹ ⑤ ㄷ, ㄹ

개념 가이드

오스만 제국은 ❶ [   ] 때 전성기를 맞았다. 그는 오스트리아의 수도 빈을 공격했으며, 헝가리를 정복하였다. 체계적이고 보편적인 ❷ [   ]을 편찬하기도 하였다.

❶ 술레이만 1세 ❷ 법전

대표 예제 12

다음 설명에 해당하는 나라는?

• 몽골 제국의 재건을 내걸고 건국되었다.
• 유럽과 아시아를 잇는 지리적 이점을 활용해 동서 교역을 활발히 하였다.
• 수도 사마르칸트는 국제적인 상업 도시이자 중앙아시아의 문화 중심지였다.

① 셀주크 튀르크 ② 오스만 제국
③ 티무르 왕조   ④ 무굴 제국
⑤ 사파비 왕조

개념 가이드

14세기 후반 ❶ [   ]는 중앙아시아에서 몽골 제국의 부활을 내걸고 티무르 왕조를 세웠다. 티무르 왕조의 수도 ❷ [   ]는 유럽, 아시아, 이슬람 세계를 잇는 동서 무역의 중심지로 발전하였다.

❶ 티무르 ❷ 사마르칸트

대표 예제 13

밑줄 친 '힌두·이슬람 문화'에 해당하는 사례를 〈보기〉에서 모두 고른 것은?

무굴 제국 시기에는 힌두 문화와 이슬람 문화가 융합되어 독특한 힌두·이슬람 문화가 성립하였다. 이는 종교, 언어, 건축 등 다양한 요소에서 나타났다.

┌ 보기 ┐
ㄱ. 시크교   ㄴ. 타지마할
ㄷ. 아잔타 석굴 벽화   ㄹ. 술탄 아흐메트 사원

① ㄱ, ㄴ ② ㄱ, ㄷ ③ ㄱ, ㄹ ④ ㄴ, ㄹ ⑤ ㄷ, ㄹ

개념 가이드

인도에 이슬람 세력이 진출하면서 무굴 제국 시기에는 힌두 문화와 ❶ [   ] 문화가 융합된 힌두·이슬람 문화가 발전하였다. 힌두교와 이슬람교가 합쳐진 종교인 ❷ [   ]나 이슬람 양식과 인도 양식이 융합된 건축물인 타지마할이 대표적이다.

❶ 이슬람 ❷ 시크교

대표 예제 14

(가)에 들어갈 내용으로 옳은 것은?

주소: http://search.

[지식검색 ▼] [▼] [검색]

'나는 국가와 결혼하였다'라는 말을 남긴 인물이 엘리자베스 1세죠? 엘리자베스 1세에 대해 자세히 알려주세요

'역사조아'님의 답변
엘리자베스 1세는 [(가)   ].

① 계몽 전제 군주를 자처했습니다.
② 에스파냐의 무적함대를 격파했습니다.
③ 장미 전쟁에서 승리해 왕위에 올랐습니다.
④ 유럽에서 가장 먼저 절대 왕정을 구축했습니다.
⑤ 콜베르를 등용해 중상주의 정책을 실시했습니다.

개념 가이드

엘리자베스 1세는 ❶ [   ]의 절대 군주로, 에스파냐의 무적함대를 무찔러 해상권을 장악하고 해외 시장 개척에 적극적으로 나섰다. ❷ [   ] 회사를 설립해 인도 진출을 꾀하였다.

❶ 영국 ❷ 동인도

1 (가) 인물에 대한 설명으로 옳은 것은?

> ___(가)___ 은/는 로마 고전 문화의 부활과 크리스트교를 장려하였다. 이러한 그의 노력으로 로마 문화와 크리스트교, 그리고 게르만 문화가 융합되어 유럽 문화의 기틀이 되었다. 그의 정신은 현재까지 계승되고 있으며, 프랑크 왕국의 수도였던 아헨시는 최근에 유럽 통합에 공헌한 인물을 선정하여 그의 이름을 딴 상을 수여하고 있다.

① 프랑크 왕국을 건국하였다.
② 성 소피아 대성당을 세웠다.
③ 성상 숭배 금지령을 내렸다.
④ 카노사성의 교황을 찾아가 용서를 빌었다.
⑤ 서로마 황제의 관을 로마 교황에게 수여받았다.

> **Tip**
> 프랑크 왕국은 ❶ ⬜ 때 전성기를 맞았다. 그는 정복지 곳곳에 크리스트교를 장려한 공로를 인정받아 ❷ ⬜ 에게 서로마 황제의 관을 수여받았다. ❶ 카롤루스 대제 ❷ 로마 교황

2 밑줄 친 '전쟁'에 대한 설명으로 옳은 것을 ┃보기┃에서 고른 것은?

성지 예루살렘을 이슬람 세력으로부터 탈환하는 성스러운 <u>전쟁</u>에 참여해 주세요!

> ┃보기┃
> ㄱ. 한때 예루살렘을 탈환하는 데 성공하였다.
> ㄴ. 유럽 인구의 3분의 1이 감소하게 되었다.
> ㄷ. 전쟁의 결과 교황의 권위가 추락하였다.

① ㄱ ② ㄴ ③ ㄷ ④ ㄱ, ㄷ ⑤ ㄴ, ㄷ

> **Tip**
> 교황 ❶ ⬜ 는 비잔티움 제국 황제의 요청에 응하여 십자군 전쟁을 주도하였다. 그러나 전쟁이 세속적으로 변질되며 실패한 후 교황의 권위가 추락하였으며, 상대적으로 ❷ ⬜ 이 강화되었다. ❶ 우르바누스 2세 ❷ 왕권

3 (가) 왕조에 대한 설명으로 옳은 것만을 ┃보기┃에서 있는 대로 고른 것은?

> ┃보기┃
> ㄱ. 문치주의 정책을 실시하였다.
> ㄴ. 시박사를 두어 해상 무역을 관리하였다.
> ㄷ. 이자성의 난으로 멸망하였다.

① ㄱ ② ㄴ ③ ㄱ, ㄴ ④ ㄱ, ㄷ ⑤ ㄴ, ㄷ

> **Tip**
> ❶ ⬜ 대에는 경제 발전, 과학 기술 발달로 해상 교역이 활발히 이루어졌다. 송은 ❷ ⬜ 를 두어 해상 무역을 관리하였다. ❶ 송 ❷ 시박사

4 밑줄 친 '황제'에 대한 설명으로 옳은 것은?

> <u>황제</u>는 … 이갑의 사람들을 모아 전토에 가서 직접 측량하도록 하였다. 순서대로 토지 번호를 매기고, 소유주의 성명, 전토의 넓이, 그리고 그 토지와 접하는 사방의 토지를 기재하여 책을 편찬하게 하였다. 그림으로 그린 형상이 마치 물고기 비늘과 같아서 『어린도책』이라고 하였다. ─ 「명태조실록」

① 명을 건국하였다.
② 베트남을 일시적으로 정복하였다.
③ 일본 원정을 나섰으나 실패하였다.
④ 과거제에 전시를 최초로 도입하였다.
⑤ 정화의 함대를 동남아시아에 파견하였다.

> **Tip**
> 명을 건국한 ❶ ⬜ 는 토지 대장 『어린도책』을 작성하고 이를 기반으로 ❷ ⬜ 를 실시하여 향촌 사회에 대한 통제를 강화하였다. ❶ 홍무제 ❷ 이갑제

5 그림에 묘사된 상황이 나타난 시기는?

794	1185	1336	1603
①	②	③	④ ⑤
헤이안쿄 천도	가마쿠라 막부 성립	무로마치 막부 성립	에도 막부 성립

Tip

12세기 말 미나모토노 요리토모는 최초의 무사 정권인 가마쿠라 막부를 세웠다. 13세기 말 ❶[　　] 과 고려의 연합군의 침입을 막아 내는 과정에서 ❷[　　] 막부는 쇠퇴하였다.

❶몽골 ❷가마쿠라

6 다음 글을 작성하게 한 무굴 제국의 황제에 대한 설명으로 옳은 것은?

> 지금까지 나는 나와 신앙이 다른 사람들을 박해하여 개종시키려 하였으며, 그것을 신에 대한 귀의라고 생각하였다. 그러나 지식을 쌓아감에 따라 나는 후회하는 마음에 사로잡혔다. 강제로 개종시킨 사람에게서 어떻게 성실한 신앙을 기대할 수 있을까?
>
> – 아불 파즐, 「아크바르나마」 –

① 이슬람 제일주의를 내세웠다.
② 무굴 제국의 영토를 최대로 넓혔다.
③ 오스만 제국의 바그다드를 점령하였다.
④ 몽골 제국의 부활을 내걸고 나라를 세웠다.
⑤ 북인도에서 아프가니스탄에 이르는 대제국을 건설하였다.

Tip

무굴 제국의 제3대 황제 ❶[　　] 는 비이슬람교도에 대해 관용 정책을 펼쳤다. 힌두교도를 왕비로 맞이하고 비이슬람교도에게 부과되던 ❷[　　] 를 폐지하였다.

❶아크바르 ❷인두세

7 (가) 인물을 재상으로 등용한 절대 군주에 대한 설명으로 옳은 것은?

> 이것은 대표적인 중상주의 정치가인 (가)의 편지 중 일부입니다. 중상주의 정책의 구체적인 내용이 잘 나타나 있습니다.

> 모든 무역에서 국내 제조 공업에 도움이 되는 상품을 수입할 때는 세금을 면제해 주고, (국외에서) 제조되어 들어오는 상품에는 세금을 부과하며, 국내 공업 제품의 출국세를 낮추는 일이 중요합니다.

① 무적함대를 창설하였다.
② 동인도 회사를 설립하였다.
③ 스웨덴과의 북방 전쟁에서 승리하였다.
④ 베르사유 궁전을 지어 왕권을 과시하였다.
⑤ '군주는 국가 제일의 심부름꾼'이라는 말을 남겼다.

Tip

프랑스의 절대 군주 ❶[　　] 는 콜베르를 등용하여 중상주의 정책을 펼쳐 국가 재정을 확보하였다. 이를 기반으로 상비군을 운영하였고 ❷[　　] 궁전을 축조하였다.

❶루이 14세 ❷베르사유

1 다음 연극의 주제에 해당하는 사건은?

> 교황: 교황 이외에는 그 누구도 성직자를 임명할 수 없다! 세속의 군주들이 성직자들을 임명하니 교회가 부패하는 것이다!
> 황제: 이게 무슨 소리인가? 교황을 당장 끌어내리자!
> 교황: 무엄하도다. 주님의 이름으로 신성 로마 제국의 황제 하인리히 4세를 파문하겠다!
> 제후, 성직자들: (웅성웅성대며) 하인리히 4세가 파문당했다는군. 파문당한 황제에게 충성할 수는 없는 노릇이지 않겠는가.
> 황제: 이럴 수가… 아무도 나의 편이 없는 것인가? (고민하다가 큰 소리로) 안되겠다. 교황에게 달려가 용서를 빌어야겠다.

① 종교 개혁
② 십자군 전쟁
③ 동서 로마의 분열
④ 카노사의 굴욕
⑤ 성상 숭배 금지령

2 다음 퀴즈의 정답은?

> 프랑스의 왕위 계승 문제를 둘러싸고, 프랑스와 영국이 벌인 전쟁입니다. 잔 다르크의 활약으로 프랑스가 승리한 이 전쟁은 무엇일까요?

① 십자군 전쟁
② 백년 전쟁
③ 장미 전쟁
④ 레판토 해전
⑤ 30년 전쟁

3 (가)에 들어갈 내용으로 적합한 것만을 보기에서 있는 대로 고른 것은?

> 송대에는 과학 기술이 비약적으로 발전하여 ____(가)____ 이/가 발명되고 실용화되었다. 이들 기술은 원대 이슬람 세계를 거쳐 유럽에까지 전파되어 유럽 사회의 발전에 큰 영향을 주었다.

> 보기
> ㄱ. 화약   ㄴ. 제지술
> ㄷ. 나침반   ㄹ. 역법
> ㅁ. 활판 인쇄술

① ㄱ, ㄴ, ㄷ
② ㄱ, ㄷ, ㄹ
③ ㄱ, ㄷ, ㅁ
④ ㄴ, ㄹ, ㅁ
⑤ ㄷ, ㄹ, ㅁ

4 (가)에 들어갈 내용으로 옳은 것은?

> 〈역사 인물 카드〉
> 청의 네 번째 황제, 강희제
> – 재위 기간: 1661~1722
> – 본명: 애신각라현엽
> – 업적: ____(가)____

① 군기처를 설치하였다.
② 삼번의 난을 진압하였다.
③ 나라 이름을 청으로 바꿨다.
④ 청 최대의 영토를 확보하였다.
⑤ 조선을 침략해 군신 관계를 맺었다.

5 (가)에 해당하는 시대는?

군사를 일으켜 귀족 세력을 제압하고 (가) 을/를 여셨어요. 기존의 통치와 차별화된 부분을 소개해 주세요.

천황은 이제 형식적인 지위만 유지하게 되었고, 실질적인 통치는 무사 정권의 수장인 저, '쇼군'이 담당합니다.

① 나라 시대   ② 헤이안 시대

③ 가마쿠라 막부   ④ 무로마치 막부

⑤ 에도 막부

6 다음 부대가 있었던 국가는?

우리는 술탄을 지키는 예니체리야.

우리는 크리스트교를 믿었지만, 지금은 이슬람교로 개종했어.

① 셀주크 튀르크   ② 무굴 제국

③ 오스만 제국   ④ 티무르 왕조

⑤ 사파비 왕조

7 (가)에 해당하는 나라는?

인도-이슬람 문화 발달

타지마할

(가)의 문화

시크교 등장

페르시아 세밀화와 인도 미술의 결합

① 비잔티움 제국   ② 굽타 왕조

③ 쿠샨 왕조   ④ 무굴 제국

⑤ 마우리아 왕조

8 제시된 교사의 질문에 대한 학생의 대답으로 적절하지 <u>않</u>은 것은?

신항로 개척의 결과에 대해 이야기해 볼까요?

① 아스테카, 잉카 문명 등이 급속히 파괴되었어요.

② 유럽 무역의 중심지가 지중해에서 대서양으로 이동했어요.

③ 유럽, 아프리카, 아메리카를 잇는 삼각 무역이 형성되었어요.

④ 아메리카 대륙으로부터 감자, 옥수수, 담배 등이 유입되었어요.

⑤ 동방 무역을 주도해 경제적 번영을 누렸던 이탈리아를 중심으로 르네상스가 일어났어요.

1 제시된 온라인 수업에서 교사의 질문에 대한 학생의 답변으로 적절하지 <u>않은</u> 것은?

① 준하: 기사들은 자신보다 강한 기사를 주군으로 삼아 충성을 맹세하고 그 대가로 토지를 받았습니다.

② 영우: 주군에게 충성을 맹세하고 토지를 받은 기사를 '봉신'이라고 합니다.

③ 효진: 주군과 봉신은 서로 의무를 지킨다는 계약을 맺고 주종 관계를 형성하였습니다.

④ 윤서: 봉신이 주군에게 받은 토지는 장원으로 운영되었습니다.

⑤ 주안: 장원 농민의 대부분은 농노로, 영주의 허락 없이 거주지를 옮길 수도 없고 재산도 소유할 수 없었습니다.

2 (가) 인물에 대한 설명으로 적절한 것은?

이 그림은 이탈리아 라벤나의 산비탈레 성당의 내부 벽화로, (가) 황제가 묘사되어 있습니다. (가) 황제는 비잔티움 제국의 전성기를 이루었던 황제로, 정치와 종교를 모두 아우르는 그의 권위가 이 그림에 잘 표현되어 있지요.

① 십자군 전쟁을 주도하였다.

② 성상 숭배 금지령을 내렸다.

③ 유럽 최초로 절대 왕정을 수립하였다.

④ 『유스티니아누스 법전』을 완성하였다.

⑤ 셀주크 튀르크의 공격을 받아 소아시아 지역을 빼앗겼다.

Tip

서유럽 봉건 사회는 기사 계급끼리 맺는 **❶ [ ]** 관계와, 봉신이 주군에게 받은 봉토를 장원으로 운영하며 장원의 농노와 봉신인 영주로 구성되는 **❷ [ ]** 로 구성되어 있었다.

❶ 주종 ❷ 장원제

Tip

산비탈레 성당에는 **❶ [ ]** 황제의 모자이크화가 있다. 황제의 왼쪽에는 군인과 관료, 오른쪽에는 성직자가 그려져 있어, 정치와 **❷ [ ]** 모두를 관장하는 황제의 위치를 나타내고 있다.

❶ 유스티니아누스 ❷ 종교

3 (가), (나)에 들어갈 작품으로 적절한 것을 〈보기〉에서 고른 것은?

- 부패한 교회와 불합리한 현실 비판
- 서민의 생활을 묘사한 작품 등장
⇒ 대표적인 예: (가)

- 인체의 아름다움을 있는 그 대로 표현한 작품 등장
⇒ 대표적인 예: (나)

알프스 이북 르네상스의 중심지 — 암스테르담, 쾰른

이탈리아 르네상스의 중심지 — 베네치아, 밀라노, 피렌체, 로마

보기

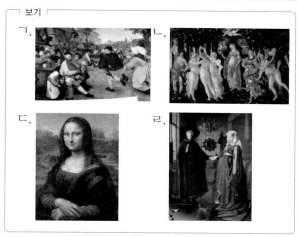

ㄱ. ㄴ. ㄷ. ㄹ.

	(가)	(나)		(가)	(나)
①	ㄱ, ㄴ	ㄷ, ㄹ	②	ㄱ, ㄷ	ㄴ, ㄹ
③	ㄱ, ㄹ	ㄴ, ㄷ	④	ㄴ, ㄷ	ㄱ, ㄹ
⑤	ㄴ, ㄹ	ㄱ, ㄷ			

Tip

❶ □□□ 이북 르네상스에서는 서민이나 부유층의 일상 생활을 생생하게 그린 작품이 발달하였으며, ❷ □□□ 의 르네상스에서는 인체의 아름다움을 표현한 작품이 발달하 였다.

❶ 알프스 ❷ 이탈리아

4 다음은 중국의 (가) 왕조에 대한 워드클라우드이다. (가)에 대한 설명으로 옳은 것은?

수시력 몽골제일주의 천호제 쿠빌라이칸 색목인 왕조 역참 홍건적의난

① 세금을 은으로 걷었다.
② '교초'가 널리 유통되었다.
③ 거란족이 세운 나라이다.
④ 문치주의 정책을 실시하였다.
⑤ 송을 공격해 강남으로 밀어내었다.

Tip

몽골 제국은 교통의 요지에 ❶ □□□ 을 설치하여 동서 교 류를 활발히 진행하였다. 이에 상업이 발달하였으며 화폐 사 용량이 늘어났다. 원으로 국호를 바꾼 ❷ □□□ 칸은 즉위 하자마자 교초 10종을 발행하여 교초를 활발히 유통시켰다.

❶ 역참 ❷ 쿠빌라이

5 (가)에 대한 설명으로 옳은 것을 〈보기〉에서 고른 것은?

여러분이 보고 계신 이 성은 자금성입니다. 자금성은 세계에서 가장 큰 궁전으로 명의 황제 (가) 이/가 수도를 베이징으로 옮기면서 만든 것입니다.)

┌ 보기 ┐
ㄱ. '육유'를 반포하여 백성 교화에 힘썼다.
ㄴ. 이갑제를 실시해 향촌 사회를 통제하였다.
ㄷ. 정화에게 여러 차례에 걸친 대규모 항해를 명하였다.
ㄹ. 직접 몽골을 공격하는 등 적극적인 대외 정책을 전개하였다.

① ㄱ, ㄴ   ② ㄱ, ㄷ   ③ ㄴ, ㄷ
④ ㄴ, ㄹ   ⑤ ㄷ, ㄹ

6 「일본의 막부 정권」을 주제로 한 역사 카드를 일어난 순서대로 나열하였다. 아래의 (A) 카드를 포함시켜서 순서대로 다시 배치할 때, (A) 카드가 들어갈 곳은?

┌───────────────────────────────────┐
│   「일본의 막부 정권의 성립과 변천」   │
│   │
│ (가)   (나)   (다)   (라)   │
│ 미나모토노 무로마치   도요토미   도쿠가와 │
│ 요리토모가 막부가   히데요시의 이에야스가 │
│ 가마쿠라   중국과의   일본 통일   에도 막부 │
│ 막부 세움. 외교관계를   세움.   │
│   회복함.   │
└───────────────────────────────────┘

(A) 카드를 어디에 넣으면 좋을까?

(A)
임진왜란이 발생함.

① (가)의 앞
② (가)와 (나) 사이
③ (나)와 (다) 사이
④ (다)와 (라) 사이
⑤ (라)의 뒤

> **Tip**
> 명의 ❶ □□□ 는 자신의 근거지였던 베이징으로 수도를 옮기고 적극적인 대외 정책을 추진하였다. 직접 군대를 이끌고 몽골을 공격하였으며, 명 중심의 조공–책봉 관계를 확대하기 위해 ❷ □□ 의 함대를 동남아시아와 인도양에 파견하였다.
>
> ❶ 영락제 ❷ 정화

> **Tip**
> ❶ □□□ 막부가 쇠퇴하며 약 100여 년간 다이묘들이 세력을 다투는 전국 시대가 있었다. 이를 ❷ □□□ 가 통일한 후 조선을 침략하여 임진왜란을 일으켰다. 도요토미 히데요시가 죽으면서 임진왜란은 끝났으며, 이후 도쿠가와 이에야스가 권력을 장악하였다.
>
> ❶ 무로마치 ❷ 도요토미 히데요시

7 ㉠~㉤ 중 역사적으로 옳지 <u>않은</u> 내용이 포함된 것은?

△△에게

△△야 안녕! 나는 지금 터키가 자랑하는 역사와 문화의 도시 이스탄불에 와 있어. 이스탄불은 원래는 비잔티움이라고 불렸던 곳인데 ㉠ 로마의 콘스탄티누스 대제 때 콘스탄티노폴리스로 이름이 바뀌었다고 해. 그 후로 콘스탄티노폴리스는 ㉡ 비잔티움 제국의 수도로서 그리스 정교 문화의 중심지로 발전하였지. ㉢ 1453년 오스만 제국의 술레이만 1세가 콘스탄티노폴리스를 함락하여 비잔티움 제국을 멸망시켰대. 그리고 ㉣ 콘스탄티노폴리스는 이스탄불로 이름이 바뀌고 오스만 제국의 수도가 되었지. ㉤ 이슬람 사원으로 개조된 성 소피아 대성당처럼 이스탄불에는 비잔티움과 이슬람 문화 등이 융합된 독특한 문화 유산이 많아. 신비하고 아름다운 매력이 넘치는 곳이라고 생각해. 다음 번엔 너도 꼭 함께 왔으면 좋겠다. 다음 장소로 이동하면 또 편지할게. 잘 지내고 있어.

- □□가 -

① ㉠   ② ㉡   ③ ㉢
④ ㉣   ⑤ ㉤

8 (가)에 대한 설명으로 옳은 것은?

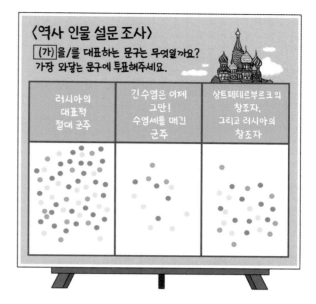

〈역사 인물 설문 조사〉
(가)을/를 대표하는 문구는 무엇일까요? 가장 와닿는 문구에 투표해주세요.

| 러시아의 대표적 절대 군주 | 긴 수염은 이제 그만! 수염세를 매긴 군주 | 상트페테르부르크의 창조자, 그리고 러시아의 창조자 |

① 성상 숭배 금지령을 내렸다.
② 상수시 궁전을 축조하였다.
③ 레판토 해전에서 승리하였다.
④ 스웨덴과의 북방 전쟁에서 승리하였다.
⑤ 콜럼버스의 신항로 개척 과정을 후원하였다.

Tip
오스만 제국의 ❶ _____ 는 비잔티움 제국을 멸망시키고, 콘스탄티노폴리스를 ❷ _____ 로 개칭한 후, 오스만 제국의 수도로 삼았다.

❶ 메흐메트 2세 ❷ 이스탄불

Tip
❶ _____ 는 적극적인 서유럽화 정책을 펼쳤다. 귀족들의 긴 수염을 자르고 서구식 병원과 학교, 군대를 육성하였다. 그는 스웨덴과의 ❷ _____ 전쟁을 승리로 이끌어 발트해 연안에 상트페테르부르크를 건설하였다.

❶ 표트르 대제 ❷ 북방

전편 마무리 전략

핵심 개념 1 아시리아와 아케메네스 왕조 페르시아의 통치 방식

아시리아는 강력한 철제 무기와 전차를 바탕으로 서아시아 지역을 최초로 통일하였다.

그러나 아시리아는 피지배민족을 강압적으로 통치하였고….

왕의 무덤을 짓밟아라! 뼈를 꺼내서 갖고 가자!

결국 각지에서 일어난 반란으로 얼마 가지 못하고 멸망하였다.

이후 서아시아를 재통일한 아케메네스 왕조 페르시아는 아시리아와 달리 피지배 민족에게 관용을 베풀었다.

덕택에 이후 약 200년간 페르시아는 통일과 번영을 누렸다.

핵심 개념 2 당의 통치 체제

당은 자영농을 국가 운영의 기반으로 삼았다.

이를 위해 성인 남자에게 일정한 면적의 토지를 나누어 줬고,

그 대가로 세금을 부과하였다.

조	곡물
용	노동력 또는 대신 내는 옷감
조	비단, 삼베

또 농한기에는 훈련을 받고 전쟁이 일어나면 병사로 복무하게 하였다.

이를 통해 국가의 재정을 유지하고 군사력을 충실히 할 수 있었다.

핵심 개념 3 십자군 전쟁과 유럽의 변화

1

다음 삽화의 학생이 VR을 통해 보고 있을 장면으로 가장 적절한 것은?

① 유일신 여호와에게 예배를 드리는 모습
② 흙벽돌을 쌓아 지구라트를 만들고 있는 모습
③ 글자가 새겨진 갑골을 놓고 점을 치는 왕의 모습
④ 죽은 사람의 관에 '사자의 서'를 넣고 장례를 치르는 모습
⑤ 노동을 하는 수드라를 거만한 눈으로 쳐다보며 지나가는 크샤트리아의 모습

2

다음을 읽고 물음에 답하시오.

> (가) 수사, 훌륭하고 성스러운 도시, …… 나는 정복하였다. …… 나는 수사의 지구라트를 부숴 버렸다. …… 나는 엘람의 사원을 파멸로 몰아넣었다. 나는 그들의 신들과 여신들을 바람에 날려 버렸다. 나는 그들의 조상과 옛 왕의 무덤을 짓밟았고, 무덤에 햇빛이 들게 하였으며, 그들의 뼈를 꺼내서 아슈르의 영토로 가져갔다. – 아슈르바니팔이 엘람 왕국을 정복하고 새긴 문자판 –
>
> (나) 내가 호의를 가지고 바빌론에 입성하였을 때, 환호와 축복 속에서 그 궁전에 왕좌를 마련하였다. …… 나는 그 누구에게도 수메르와 아카드 땅을 공포로 몰고 가도록 허락하지 않았다. 바빌론의 요구를 언제나 귀 기울여 들어주었고, …… 바빌론 시민의 온당치 못한 멍에를 벗겨 주었으며, 황폐해진 그들의 거처를 다시 마련해 주었다. – 키루스왕이 바빌론을 점령한 사실을 기록한 인장 –

(1) (가), (나)를 기록한 왕조를 각각 쓰고, (가), (나)에서 나타나는 통치 방식의 차이점을 대조하여 서술하시오.

_____

_____

(2) (가), (나)에서 나타나는 통치 방식의 차이가 각 왕조에 가져온 결과를 간략히 서술하시오.

_____

_____

_____

3

(가) 왕조에 대한 설명으로 옳은 것은?

백성을 5가(家) 단위로 편성하여 서로 감시하게 하고 연대 책임을 지운다. 범죄자를 숨겨 주면 허리를 자르고, 고발한 사람은 적군을 죽인 자와 똑같이 상을 준다. … 농사를 짓고 베를 짜서 비단과 곡식을 많이 내면 요역을 면제하며, 허가 없이 상공업을 하거나 게을러 가난한 자는 가족 전체를 노비로 삼는다. — 사마천, 『사기』 —

이 글과 같이 (가) 왕조는 엄격한 법으로 나라를 다스렸습니다.

① 과거제를 도입하였다.
② 중국을 최초로 통일하였다.
③ 황건적의 난을 계기로 멸망하였다.
④ 유교를 통치 이념으로 채택하였다.
⑤ 군국제를 시행하여 나라를 다스렸다.

Tip

진 왕조는 ❶ [ ] 사상을 바탕으로 부국강병에 성공하여 나머지 여섯 나라를 차례로 무너뜨리고 중국을 최초로 통일하였다. 통일 후 진의 왕은 스스로를 첫 번째 황제라는 뜻의 '❷ [ ]'로 칭하였다.

❶ 법가 ❷ 시황제

4

다음은 '로마 공화정의 전개'을 주제로 한 웹툰의 일부이다. 빈칸 (가)에 들어갈 수 있는 장면으로 적절한 것만을 | 보기 |에서 고른 것은?

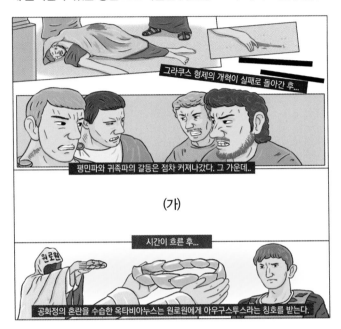

그라쿠스 형제의 개혁이 실패로 돌아간 후…

평민파와 귀족파의 갈등은 점차 커져나갔다. 그 가운데…

(가)

시간이 흐른 후…

원로원

공화정의 혼란을 수습한 옥타비아누스는 원로원에게 아우구스투스라는 칭호를 받는다.

| 보기 |
ㄱ. 카르타고와 포에니 전쟁을 치르는 장면
ㄴ. 카이사르가 반대파에게 암살당하는 장면
ㄷ. 옥타비아누스가 2차 삼두 정치를 실시하는 장면
ㄹ. 디오클레티아누스가 나라를 4분할로 나누어 통치하는 계획을 세우는 장면

① ㄱ, ㄴ ② ㄱ, ㄷ ③ ㄴ, ㄷ
④ ㄴ, ㄹ ⑤ ㄷ, ㄹ

Tip

그라쿠스 형제의 개혁 실패 이후 평민파와 귀족파 간의 갈등이 커졌다. 이러한 가운데 ❶ [ ]가 강력한 군사력을 바탕으로 독재를 하였으나 반대파에게 암살당하였다. 이후 ❷ [ ]가 반대파를 누르고 정치적 혼란을 수습하였다.

❶ 카이사르 ❷ 옥타비아누스

5

다음과 같은 경전을 사용했던 종교에 대한 설명으로 옳은 것은?

한국어로 해석한 결과입니다.

믿는 자들이여, 하느님께서 너희에게 부여한 양식 중 좋은 것을 취하고 그분께 감사하고 그분만을 숭배하라. 죽은 고기와 피와 돼지고기를 먹지 마라. 그러나 고의가 아니고 어쩔 수 없이 먹을 경우는 죄악이 아니다. 하느님은 진실로 관용과 자비로 충만하신 분이니라.

① 상업 활동을 긍정적으로 여겼다.
② 로마 제국의 국교로 지정되었다.
③ 개인의 해탈보다는 중생의 구제를 강조하였다.
④ 아후라 마즈다와 그의 상징인 불을 숭배하였다.
⑤ 브라만교를 바탕으로 불교와 민간 신앙이 융합되었다.

Tip

이슬람교는 **❶** 가 창시한 종교로, 상업 활동을 긍정적으로 여기고 지원하였다. 또 **❷** 고기를 먹는 것을 금기시하였다.

❶ 무함마드 ❷ 돼지

6

제시된 지도를 보고 물음에 답하시오.

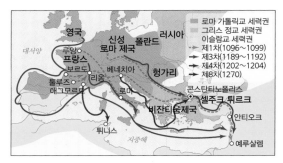

(1) 지도에 표시된 경로로 진행된 전쟁의 이름을 쓰시오.

_____

(2) (1)의 정답에 해당하는 전쟁의 결과를 다음의 제시어들을 모두 포함하여 서술하시오.

〈제시어〉
• 교황   • 제후와 기사   • 국왕
• 동방   • 도시

_____

_____

_____

Tip

셀주크 튀르크가 **❶** 을 점령하고 비잔티움 제국을 위협하자, **❷** 제국의 황제는 로마 교황에게 도움을 요청하였다. 교황의 주도로 예루살렘을 탈환하며 시작된 십자군 전쟁은 세속적 이익을 추구하며 변질되었다.

❶ 예루살렘 ❷ 비잔티움

7

(가) 왕조에 대한 설명으로 옳은 것은?

이 그림은 「청명상하도」입니다. (가) 왕조의 수도인 카이펑이 얼마나 경제적으로 발달했는지를 잘 보여 주는 작품이지요.

① 신사가 사회를 주도하였다.

② 문치주의 정책을 실시하였다.

③ 소(小)중화주의가 등장하였다.

④ 두 차례에 걸쳐 일본 원정에 나섰으나 실패하였다.

⑤ 한족 문화에 동화되는 것을 막고자 고유 문자를 사용하였다.

8

제시문의 (가) 왕조에 대한 탐구 활동으로 가장 적절한 것은?

타지마할 블럭, 출시 후 엄청난 인기몰이 중?

유네스코 세계 유산이자 (가) 왕조의 아름다운 건축물인 타지마할을 정교한 블럭으로 조립하는 상품이 출시되었다. 세계적 상징성을 갖는 건축물을 직접 만들어 보는 경험을 할 수 있다는 점에 회소성까지 더해져 블럭마니아들 사이에서 선풍적인 인기를 끌고 있다.

① 밀레트 제도가 시행된 배경을 살펴본다.

② 힌두교를 국가적 차원에서 후원한 까닭을 파악한다.

③ 상좌부 불교와 대비되는 대승 불교의 특징을 탐구한다.

④ 간다라 양식의 특징을 구체적인 사례를 통해 확인한다.

⑤ 아크바르 황제와 아우랑제브 황제의 통치 방식의 차이점을 찾아본다.

Tip

❶ 대에는 농업과 수공업의 발달을 바탕으로 상업이 비약적으로 발전하여, 각지에 도시와 시장이 들어섰다. 막대한 양의 동전이 유통되었으며 ❷ , 회자 등 지폐도 사용되었다.

❶ 송 ❷ 교자

Tip

타지마할은 ❶ 의 황제 샤자한이 왕비 뭄타즈 마할을 추모하며 세운 묘당이다. ❷ 양식의 대표적인 건축물로, 이슬람 양식의 돔형 지붕과 인도 양식의 문양 등이 잘 조화되었다.

❶ 무굴 제국 ❷ 힌두 – 이슬람

1 ｜보기｜중 '기록으로서의 역사'의 성격이 강한 서술만을 고른 것은?

｜보기｜
ㄱ. 1170년 무신 정변이 일어났다.
ㄴ. 다리우스 1세는 '왕의 길'을 건설하였다.
ㄷ. 분서갱유를 단행한 진시황은 희대의 폭군이었다.
ㄹ. 신라의 삼국 통일은 외세인 당의 도움을 받았기에 불완전한 통일이다.

① ㄱ, ㄴ ② ㄱ, ㄷ ③ ㄱ, ㄹ
④ ㄴ, ㄹ ⑤ ㄷ, ㄹ

[2~3] 지도를 보고 물음에 답하시오.

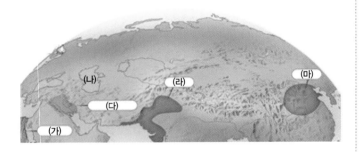

2 (가)~(마) 중 다음과 같은 법전을 제작했던 문명은?

196조 귀족의 눈을 상하게 하면 그의 눈도 상하게 한다.
197조 다른 사람의 뼈를 부러뜨린 자는 그의 뼈도 부러뜨린다.
198조 귀족이 평민의 눈을 상하게 하거나 뼈를 부러뜨렸다면 은화 1미나를 바쳐야 한다.

① (가) ② (나) ③ (다)
④ (라) ⑤ (마)

3 다음 설명에 해당하는 문명은?

• 엄격한 신분 제도인 카스트제가 성립되었다.
• 태양, 물, 불, 바람 등 자연 현상을 신격화한 브라만교가 등장하였다.

① (가) ② (나) ③ (다)
④ (라) ⑤ (마)

4 (가) 황제에 대한 설명으로 옳은 것만을 ｜보기｜에서 고른 것은?

｜보기｜
ㄱ. 유교를 통치 이념으로 삼았다.
ㄴ. 소금·철·술을 국가가 독점하여 판매하게 하였다.
ㄷ. 추천으로 관리를 선발하는 9품중정제를 실시하였다.
ㄹ. 만리장성, 아방궁 축조 등 대규모 토목 사업을 진행하였다.

① ㄱ, ㄴ ② ㄱ, ㄷ ③ ㄱ, ㄹ
④ ㄴ, ㄹ ⑤ ㄷ, ㄹ

5 (가)에 들어갈 내용으로 가장 적절한 것은?

> 기자: 비잔티움으로 수도를 옮기시고 도시 이름을 폐하의 이름을 따서 콘스탄티노폴리스라 명명하셨습니다. 수도를 옮기신 이유는 무엇일까요?
>
> 콘스탄티누스 대제: 게르만족의 이동으로 로마가 위협받기도 하고 있고, 새로운 시대를 연다는 마음가짐으로 천도하기로 하였습니다.
>
> 기자: 그렇군요. 그 외에 황제께서 이 자리를 통해 강조하고 싶으신 업적이 있으실까요?
>
> 콘스탄티누스 대제: [(가)   ]

① 밀라노 칙령을 내려 크리스트교를 공인하였습니다.

② 농지법과 곡물법을 제정하여 자영농을 육성하려 하였습니다.

③ 로마의 법을 체계적으로 정리하여 『로마법 대전』을 편찬하였습니다.

④ 성상 숭배 금지령을 내려 신 외에 우상을 숭배하는 것을 금지하였습니다.

⑤ 로마 공화정의 혼란을 수습하여 원로원에게 '아우구스투스'라는 칭호를 부여받았습니다.

6 (가), (나) 왕조에 대한 설명으로 옳은 것은?

① (가) – 아소카왕 때 전성기를 맞이하였다.

② (가) – 고타마 싯다르타가 태어난 왕조이다.

③ (가) – 선행을 통한 만인의 구제를 강조하는 불교가 발전하였다.

④ (나) – 상좌부 불교가 발전하였다.

⑤ (나) – 산치 대탑 등 많은 탑과 절이 건립되었다.

7 (가) 시기 중국의 상황을 ｜보기｜에서 고른 것은?

> [북위가 서위와 동위로 분열함] ⇨ [(가)   ] ⇨ [당 건국]

> ｜보기｜
> ㄱ. 효문제가 한화 정책을 실시하였다.
> ㄴ. 진(晉)에 의해 중국이 통일되었다.
> ㄷ. 남북을 잇는 대운하를 건설하였다.
> ㄹ. 과거제로 관리를 뽑기 시작하였다.

① ㄱ, ㄴ   ② ㄱ, ㄷ   ③ ㄱ, ㄹ
④ ㄴ, ㄹ   ⑤ ㄷ, ㄹ

8 당의 조세 제도에 대해 학생들이 대화를 나누었다. 옳은 내용만을 말한 학생들을 있는 대로 고른 것은?

> 민주: 균전제는 귀족이 장원을 확대하고, 농민들을 장원의 소작농으로 만들어 경작시켰던 제도를 말해.
>
> 정혁: 장원제는 수나라의 제도를 그대로 계승하여 만든 제도야.
>
> 연수: 조·용·조는 순서대로 곡물, 노동력, 특산물을 의미해. 땅을 받은 대가로 이를 내게 했지.
>
> 준호: 부병제는 토지를 받은 농민이 병사가 되어 훈련을 받거나 전쟁에 나간 제도를 말해.

① 민주, 정혁

② 연수, 준호

③ 민주, 정혁, 연수

④ 정혁, 연수, 준호

⑤ 민주, 정혁, 연수, 준호

9 제시문의 빈칸에 공통으로 들어갈 내용으로 옳은 것은?

> 당이 세계 제국으로 발전하고 주변의 한국, 일본, 베트남 등과 교류가 활발해지면서 당의 문화가 동아시아 각국에 전해졌다. 이러한 문화 교류를 통해 공통 요소를 갖는 동아시아 문화권이 생겨났다. 이 공통 요소 중 하나는 ▢▢▢인데, 각국의 왕권 강화와 중앙 집권 체제 정비에 이용되었다. 수·당 때 완성된 법 체제를 뜻하는 것으로, ▢▢▢에 의해 3성 6부제, 과거제, 균전제 등이 규정되었다. 이러한 ▢▢▢ 체제는 동아시아 각국에 전해져 통치 제도를 정비하는 데 큰 영향을 주었다.

① 불교   ② 율령   ③ 힌두교
④ 유교   ⑤ 한자

10 제시된 (가)~(라)를 일어난 순서대로 나열한 것은?

> (가) 일본의 독자적 문화인 국풍 문화가 유행하였다.
> (나) 야마토 정권이 등장하여 주변 소국을 통합하였다.
> (다) '일본'이라는 국호와 '천황'이라는 칭호가 널리 사용되기 시작하였다.
> (라) 다이카 개신을 단행하여 국왕 중심의 정치 체제가 정비되기 시작하였다.

① (가) → (나) → (다) → (라)
② (나) → (가) → (라) → (다)
③ (나) → (라) → (다) → (가)
④ (라) → (나) → (가) → (다)
⑤ (라) → (다) → (나) → (가)

11 다음은 보검이가 작성한 중학 역사 ○×퀴즈의 답안지이다. 보검이가 받게 될 점수로 옳은 것은?

〈이슬람교 성립과 이슬람 제국〉

※ 각 문항의 내용이 맞으면 ○표, 틀리면 ×표 하시오.

(문항당 25점)

번호	내용	답
1	무함마드가 이슬람교를 창시한 것을 가리켜 '헤지라'라고 한다.	○
2	정통 칼리프 시대에 사산 왕조 페르시아를 멸망시켰다.	○
3	시아파는 알리의 후손이 아니더라도 능력에 따라 후계자의 혈통은 바뀔 수 있다고 주장하는 이슬람의 다수파 세력이다.	×
4	아바스 왕조는 비아랍인에 대한 각종 차별을 폐지하였다.	○

① 0점   ② 25점   ③ 50점
④ 75점   ⑤ 100점

12 다음 설명에 해당하는 이슬람 왕조는?

> • 북인도, 중앙아시아, 아라비아반도, 북아프리카, 이베리아반도까지 영역을 확대하였다.
> • 아랍인 중심 정책을 펼쳐, 아랍인이 아닌 피정복민을 차별하였다.

① 아바스 왕조
② 티무르 왕조
③ 우마이야 왕조
④ 셀주크 튀르크
⑤ 후우마이야 왕조

13 다음 글을 읽고 물음에 답하시오.

> ___(가)___ 이/가 이사의 건의를 승인하고 시, 서 및 백가의 저서를 몰수하여 불태우고[분서] … (이듬해) 법령을 어긴 것으로 판명된 460여 명을 붙잡아 모두 셴양(함양)에 파묻어 죽였다[갱유].
>
> – 사마천, 「사기」 –

(1) (가)에 들어갈 황제를 쓰시오.

_____

(2) (가) 황제가 실시했던 정책을 <u>두 가지</u> 이상 서술하시오.

_____

_____

14 다음 글을 읽고 물음에 답하시오.

> 권력이 소수의 수중에 있지 않고 전 시민에게 있기 때문에 <u>우리</u>의 정치 제도를 민주 정치라고 부릅니다. …… 공직에 임명할 때 그것은 그가 어느 특정한 계층에 속해 있기 때문이 아니라, 그가 갖고 있는 실질적인 능력 때문입니다. 국가에 대하여 유익한 봉사를 할 수 있는 자라면 누구든지 빈곤 때문에 정치적으로 햇빛을 보지 못하는 일이 없습니다. …… <u>우리</u>는 민회에서 정책을 결정하거나 적절한 토론에 부칩니다.
>
> – 투키디데스, 「역사」 –

(1) 밑줄 친 '우리'에 해당하는 폴리스는?

_____

(2) 밑줄 친 '우리'의 민주 정치와 현대 사회의 민주 정치의 차이점을 <u>두 가지</u> 이상 서술하시오.

_____

_____

15 다음 글을 읽고 물음에 답하시오.

> 고타마 싯다르타는 기원전 563년 인도의 한 작은 왕국의 왕자로 태어났다. 그는 왕자로서 풍족하게 생활했지만 궁궐 밖으로 나가 병이 들어 괴로워하는 사람과 늙어서 기운이 없는 사람, 죽어서 화장터로 옮겨지는 사람들을 보고 생로병사의 고통을 깨닫게 되었다.
>
> 결국 그는 인간을 괴롭히는 고통에서 벗어나기 위해 수행을 떠났고 보리수 나무 아래에서 깨달음을 얻게 되었다. 이후 그는 ___(가)___ 을/를 창시하였다.

(1) (가)에 들어갈 종교를 쓰시오.

_____

(2) (가) 종교를 크샤트리아와 바이샤가 지지했던 이유를 (가) 종교의 교리와 연관지어 서술하시오.

_____

_____

_____

16 다음에 제시된 무늬의 명칭을 쓰고, 이와 같은 무늬가 이슬람 문화권에서 발달한 까닭을 이슬람교의 교리와 연관지어 서술하시오.

_____

_____

1 (가)에 들어갈 신분에 대한 설명으로 옳은 것만을 보기에서 고른 것은?

봄	여름	가을	겨울
▲ 쟁기질과 포도 나무 가지치기	▲ 밀 수확과 양털 깎기	▲ 포도 수확	▲ 나무하기

이처럼 (가) 은/는 각 달마다 해야 할 노동이 각각 정해져 있었습니다.

보기
ㄱ. 집을 소유하거나 결혼할 수 없었다.
ㄴ. 자신보다 세력이 강한 농노를 주군으로 삼았다.
ㄷ. 영주에게 예속되어 거주 이전의 자유가 없었다.
ㄹ. 장원 내 여러 시설의 사용료를 비롯한 세금을 부담하였다.

① ㄱ, ㄴ   ② ㄱ, ㄷ   ③ ㄱ, ㄹ
④ ㄴ, ㄹ   ⑤ ㄷ, ㄹ

2 다음 교서가 직접적인 배경이 되어 발생한 사건은?

그레고리우스 7세의 교서
9. 군주들은 오직 교황에게만 그 발에 입 맞춘다.
11. 교황직은 세계에서 유일한 것이다.
12. 교황은 황제를 파문할 권리를 가진다.
19. 어느 누구도 교황을 재판할 수 없다.

① 백년 전쟁   ② 아비뇽 유수
③ 십자군 전쟁   ④ 카노사의 굴욕
⑤ 동서 교회의 분열

3 (가), (나)에 들어갈 나라에 대한 설명으로 옳은 것은?

11세기 말 이슬람 세력인 (가) 이/가 예루살렘을 점령한 후 (나) 을/를 위협하자, (나) 의 황제는 로마 교황에게 도움을 요청하였다. 교황은 클레르몽 공의회에서 성지 예루살렘을 탈환해야 한다고 호소하였고, 제후와 기사, 상인, 농민 등이 호응하면서 십자군 전쟁이 시작되었다.

① (가) – 몽골 제국의 재건을 내걸고 건국되었다.
② (가) – 아바스 왕조로부터 '술탄'이라는 칭호를 받았다.
③ (나) – 13세기 후반 오스만족이 소아시아 지역에서 건국하였다.
④ (나) – 카롤루스 대제 때 전성기를 맞이하였다.
⑤ (나) – 첨탑과 스테인드글라스를 특징으로 하는 고딕 양식이 유행하였다.

4 (가), (나)에 대한 설명으로 옳은 것은?

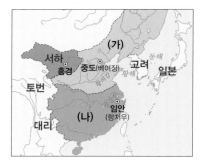

① (가) – 거란족의 야율아보기가 세운 나라이다.
② (가) – 요를 멸망시킨 후 송을 공격하였다.
③ (나) – 재정과 경제 분야의 실무를 색목인에게 담당시켰다.
④ (나) – 홍건적의 난으로 쇠퇴하였다.
⑤ (가), (나) – 모두 북방 민족이 건국한 나라이다.

5 쿠빌라이 칸과의 가상 인터뷰 내용이다. 빈칸에 들어갈 내용으로 옳은 것만을 |보기|에서 고른 것은?

기자: 북방 민족으로서는 최초로 중국 전역을 지배하셨어요. 중국 내 다양한 민족을 어떤 방식으로 지배하셨는지 궁금합니다.
쿠빌라이 칸: _____

┌ 보기 ┐
ㄱ. 몽골 제일주의를 내세워 여러 민족을 지배했어요.
ㄴ. 이갑제를 실시하여 향촌 사회 내 민족들을 통치했어요.
ㄷ. 마지막까지 저항했던 남송 지배하의 한족을 남인으로 분류했어요.
ㄹ. 적극적인 한화 정책을 실시해 한족과 융합될 수 있도록 하였어요.

① ㄱ, ㄴ　　　② ㄱ, ㄷ　　　③ ㄱ, ㄹ
④ ㄴ, ㄹ　　　⑤ ㄷ, ㄹ

6 (가)에 들어갈 왕조에 대한 설명으로 옳은 것은?

(가) 왕조가 기존에 고수하던 해금 정책을 완화하자, 서양 선교사들이 중국에 들어오기 시작했습니다. 대표적인 선교사인 마테오 리치는 (가) 말기에 여러분이 보시는 이 세계 지도인 「곤여만국전도」를 만들었습니다.

① 누르하치가 여진족을 통일하고 세운 나라이다.
② 이갑제를 실시해 지방 향촌 사회를 통치하였다.
③ 다수의 한족을 다스리기 위해 회유책과 강압책을 병행하였다.
④ 우주의 원리와 인간의 본성을 연구하는 성리학이 등장하였다.
⑤ 유교 지식을 갖춘 사대부가 지배층으로서 사회를 주도하였다.

7 동아시아 각국의 세계관이 다음과 같이 변하게 된 계기로 옳은 것은?

• 오직 우리나라만이 한쪽 구석에 치우쳐 있어서 홀로 예를 간직한 나라가 되었으니, … 공자께서 다시 태어나면 반드시 뗏목을 타고 동쪽 우리나라로 올 것이다.　　　ㅡ 송시열, 「송자대전」 ㅡ
• 중원에 태어났다고 하여 중화가 되는 것이 아니며 변방에 태어났다고 하여 중화가 될 수 없는 것도 아니다. … 그러하니 태어난 곳이 중원이냐 아니냐를 가지고 중화인과 오랑캐를 구별할 수 있겠는가.　　　ㅡ 옹정제, 「대의각록」 ㅡ

① 명이 멸망하고 청이 발전하였다.
② 고려가 멸망하고 조선이 건국되었다.
③ 도요토미 히데요시가 일본을 통일하였다.
④ 청이 최초의 근대적 조약인 네르친스크 조약을 맺었다.
⑤ 명이 정화의 원정을 통해 명 중심의 국제 질서를 확대하였다.

8 (가) 시기에 있었던 일을 |보기|에서 고른 것은?

| 천황이 수도를 헤이안쿄로 옮겼다. | ⇨ | (가) | ⇨ | 전국 시대가 시작되었다. |

┌ 보기 ┐
ㄱ. 다이카 개신이 단행되었다.
ㄴ. 나가사키를 개방해 네덜란드 상인과 교역하였다.
ㄷ. 무로마치 막부와 명이 책봉 ― 조공 관계를 맺었다.
ㄹ. 천황은 형식적 지위만 유지하고 쇼군이 실질적 통치자가 되었다.

① ㄱ, ㄴ　　　② ㄱ, ㄷ　　　③ ㄱ, ㄹ
④ ㄴ, ㄹ　　　⑤ ㄷ, ㄹ

9 (가) 막부에 대한 설명으로 옳은 것을 |보기|에서 고른 것은?

이 그림은 일본에 간 조선 통신사를 그린 것이다. 막부의 쇼군이 바뀔 때마다 파견된 통신사는 일본의 입장에서 보면 쇼군의 지위를 국제적으로 인정받을 뿐 아니라 조선의 선진 문물을 받아들일 수 있는 좋은 기회였다. 조선 통신사는 임진왜란 때 잠시 중단되었으나, (가) 막부가 세워진 후 일본이 국교 재개를 요청하며 다시 파견되었다. 조선 입장에서는 임진왜란 이후 일본의 군사적 동태를 살필 수 있는 기회였다. 260여 년간 10여 회에 걸쳐 꾸준히 전개된 조선 통신사 외교는 평화적 한일 관계를 보여 주는 좋은 사례라고 할 수 있다.

┌ 보기 ┐
ㄱ. 산킨코타이 제도를 실시하여 다이묘를 통제하였다.
ㄴ. 『고사기』, 『일본서기』 등의 역사서가 편찬되었다.
ㄷ. 교토와 오사카를 중심으로 조닌 문화가 발달하였다.
ㄹ. 일본 고유의 색채를 띤 귀족적인 국풍 문화가 발달하였다.

① ㄱ, ㄴ   ② ㄱ, ㄷ   ③ ㄴ, ㄷ
④ ㄴ, ㄹ   ⑤ ㄷ, ㄹ

10 밑줄 친 '이 제국'에 대한 설명으로 옳은 것은?

수많은 유대인들이 16세기에 이 제국에 정착하였다. 또 정통 교회의 박해를 피한 비정통 크리스트교 집단들도 이 제국의 영토에서 피난처를 찾았다. 제국에서는 이들 비이슬람 교도들에게 일정한 세금을 내면 공동체 생활을 유지하도록 허용하였다. 그 영향으로 제국의 지배가 끝날 때까지 발칸의 여러 민족들은 자신의 종교, 언어, 문화 등을 유지할 수 있었다.
– 버나드 루이스, 『중동의 역사』 –

① 예루살렘을 정복하였다.
② 비잔티움 제국을 멸망시켰다.
③ 힌두·이슬람 문화가 발달하였다.
④ 이란 지역에 이스마일 1세가 건국한 나라다.
⑤ 수도 사마르칸트가 동서 무역의 중심지로 번영하였다.

11 '신항로 개척의 결과'를 주제로 한 수업의 노트 필기이다. ㉠~㉤ 중 역사적 사실과 맞지 않는 내용이 포함된 것은?

신항로 개척의 결과
• 유럽 사회에 ㉠ 아메리카 대륙의 새로운 작물이 전래됨 → 대표적인 예: ㉡ 감자, 고구마, 토마토 등
• ㉢ 유럽인이 아메리카 대륙에 진출하여 대농장을 운영함 → ㉣ 아메리카에 아프리카 흑인 노예를 유입해 노동시킴
• ㉤ 아메리카 금·은이 유럽에 유입되어 물가 하락을 초래함

① ㉠   ② ㉡   ③ ㉢
④ ㉣   ⑤ ㉤

12 지도에 표시된 민족 중 왕국을 가장 오래 유지한 민족을 쓰고, 그 이유를 서술하시오.

_____

_____

13 다음을 보고 제시된 물음에 답하시오.

(가) 에서 발생한 르네상스의 대표작이야. 인체의 아름다움을 사실적으로 묘사한 것이 아주 인상적이야.

그러고 보니 고대 그리스, 로마의 인간 중심적 문화를 연구하여 부흥시키려 했던 르네상스 운동의 시작지가 바로 (가) (이)라지? 왜 (가) 에서 시작된 걸까?

그 이유는 (나)

(1) (가)에 들어갈 나라를 쓰시오.

_____

(2) (나)에 들어갈 내용을 두 가지 이상 서술하시오.

_____

_____

_____

14 다음과 같이 고유 문자를 만들어 사용했던 북방 민족을 두 개 이상 쓰고, 고유 문자를 사용했던 이유를 서술하시오.

_____

_____

_____

15 다음 가상 인터뷰를 읽고 물음에 답하시오.

기자: 오늘은 영국의 대표적인 절대 군주로 손꼽히는 분을 모셨습니다. 안녕하세요?

(가) : 안녕하세요.

기자: '짐은 영국과 결혼하였다!'라는 인상 깊은 말씀을 남기셨죠. 정말 평생을 영국을 위해서 헌신하셨습니다. 에스파냐의 무적함대를 격파하시고 강한 영국을 만드셨구요. 또 이외에 폐하께서 특별히 언급하고 싶은 업적이 있으신가요?

(가) : 여러 가지가 있지만, 특히 (나)

(1) (가)에 들어갈 인물을 쓰시오.

_____

(2) (나)에 들어갈 내용을 두 가지 이상 서술하시오.

_____

_____

중등 사회의 성공적인 입문서!

시작은 **하루 사회 시리즈**

완벽한 기초력 향상

교과서의 필수 핵심 개념만
간추려서 쉽게 익히는 교재로
중등 사회·역사 기초력 향상!

1·6·5·4 프로젝트

하루 6쪽, 주 5일, 4주 완성으로
단기간에 체계적으로 끝내자!
매일매일 공부 습관 형성에도 GOOD!

흥미로운 시각 자료

만화, 삽화, 마인드맵 등의
다채롭고 재미있는 비주얼 요소로
중등 사회·역사 필수 개념을 쏙쏙!

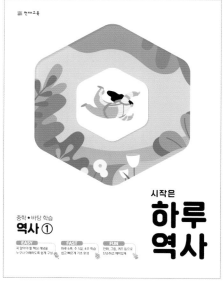

사회 과목도 절대 놓치지 마! "시작은 하루 사회" 예비 중1~중3(사회 ①, 사회 ②, 역사 ①, 역사 ②)

book.chunjae.co.kr

교재 내용 문의 ···················· 교재 홈페이지 ▶ 중학 ▶ 교재상담

교재 내용 외 문의 ················ 교재 홈페이지 ▶ 고객센터 ▶ 1:1문의

발간 후 발견되는 오류 ············· 교재 홈페이지 ▶ 중학 ▶ 학습지원 ▶ 학습자료실

중간고사 기말고사
고득점을 예약하자!

중학전략
역사①
BOOK 2

천재교육

역사전략

고득점을 예약하는 내신 대비서

중학전략

역사 ①1

시험에 잘 나오는
개념BOOK 2

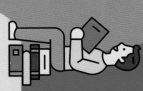

천재교육

16 1 (1) ㉠ (2) ㉡ (3) ㉢ 2 ㄱ, ㄴ, ㄷ

3 대공황, 제1차 세계 대전 이후 세계의 경제를 주도해 가던 미국의 생산, 구매력 감소로 인해 경제 불황에 빠졌다. 결국 1929년부터 증권 불황의 국가로 북유럽으로 번져 대공황이 발생하였다.

반환하는 등 해외의 영토와 모든 식민지를 포기해야 했고 군사비 지출과 무기 생산에 대해 통제를 받게 되었다. 또한 엄청난 전쟁 배상금을 지불해야 하는 부담을 안게 되었는데, 이처럼 베르사유 체제는 독일에 대한 보복적 성격이 강하였다.

17 1 ① 군주주의 2 ㄱ, ㄴ, ㄹ, ㅁ

3 전체주의는 개인의 이익보다 집단과 전체의 이익을 우선시하여 국민의 모든 생활을 철저하게 통제하는 사상이었다. 이 때문에 국가를 지키고 발전시키기 위해 무력 사용이나 전쟁을 일으키는 것을 서슴지 않았으며, 자기 민족의 우수성을 강조하고, 다른 민족에 대한 탄압을 자행하는 것이 정당하다고 주장하였다.

18 1 (1)○ (2)○ (3)○ 2 ㄱ, ㄹ, ㅁ

3 제3 세계, 제3 세계는 주로 아시아, 아프리카의 신생 독립국들로, 자본주의와 공산주의 진영 중 어느 진영에도

19 1 (1) ㉡, ㉣ (2) ㉠, ㉢ 2 ㄴ, ㄹ

3 1960년대 후반 베트남 전쟁에서 미국이 불리해지고 미국 내에서 반전 운동이 확산되자 닉슨 대통령은 미국의 직접적인 개입을 줄여 나가는 한 국가의 군사적 대립에 장애하지 않는다는 닉슨 독트린을 발표한 바 있다. 이 선언으로 국제적인 긴장 완화의 분위기가 조성되면서 냉전 체제가 완화되어 갔다.

도 가담하지 않고 비동맹 중립주의를 내세우며 독자적인 세력을 구축하였다. 제3 세계의 등장은 미국과 소련 중심의 국제 질서에 새로운 변화를 가져왔으며, 이는 냉전 체제가 완화되는 과정에도 영향을 끼쳤다.

20 1 세계화 2 ㄱ, ㅁ 3 (가) 유럽 연합(EU), (나) 동남아시아 국가 연합(ASEAN)

21 1 (1) 마틴 루서 킹, (나) 넬슨 만델라 2 ㄱ, ㄴ, ㄷ

3 (1)× (2)× (3)○

마틴 루서 킹, 두 자료의 세계 대전을 거치면서 국민의 자유와 평등을 보장받기 위한 목소리가 높아지면서 민권 운동이 전개되었다. 미국에서는 마틴 루서 킹 목사가, 남아프리카 공화국에서는 넬슨 만델라가 흑인 인종 차별에 반대하는 민권 운동을 활발하게 전개하였다.

중학 전략 역사 ①
시험에 잘 나오는
개념BOOK 2

운동은 개종과 종교를 넘어 대규모 민족 운동으로 발전하였다. 인도인의 저항이 계속되자 영국은 벵골 분할령을 취소하였다.

⑪ 1 ㉠ 인도 ㉡ 청 2 ㄱ, ㅁ
3 늘어나는 무역 적자를 메우기 위해 식민지 인도에서 생산한 아편을 중국에 밀수출하는 삼각 무역을 전개하였다.

⑫ 1 (1) ㉢ (2) ㉠ (3) ㉣ 2 ㄱ, ㄷ, ㅁ 3 (가)는 난징 조약, (나)는 강화도 조약이다. (가)~(나) 조약은 모두 협정 관세, 영사 재판권 등 불평등 요소들이 포함된 불평등 조약이었다.

⑬ 1 (1) 민족 (2) 민권 (3) 민생 2 ㄱ, ㄷ 3 민족주의란 민주주의를 몰아내고 한족의 주권을 회복하자는 것이고, 민권주의는 전제 군주 정치를 무너뜨리고 국민이 주인이 되는 공화 정부를 수립하자는 것이다. 그리고 민생주의는 국민 생활의 안정을 위한 개혁 시행을 주장한 것이다.

⑭ 1 (1)○ (2)○ (3)× (4)× 2 ㄱ, ㄷ, ㄹ, ㅁ 3 (가) 영국, (나) 독일, (다) 3국 협상(국), (라) 3국 동맹(국)

⑮ 1 (1) 민족 자결 (2) 베르사유 2 ㄱ, ㄴ, ㄹ, ㅁ 3 독일은 베르사유 조약으로 프랑스에 알자스·로렌을

망스는 아프리카를 동서로 잇는 횡단 정책을 추진하였다. 그 과정에서 두 나라가 충돌하여 파쇼다 사건이 발생하였다.

⑧ 1 (1) 수에즈 (2) 영국 2 ㄷ, ㄹ
3 1869년에 수에즈 운하가 개통되면서 유럽에서 아시아로 가는 항해 거리가 (가)에서 (나)로 변화하여 이전에 비해 3분의 1 수준으로 크게 단축되었다.

⑨ 1 (다)-(라)-(나)-(가) 2 ㄱ, ㄴ, ㄷ, ㅁ 3 세포이 항쟁, 산업 혁명 전까지 세계 최대의 면직물 수출국이었던 인도는 산업 혁명 이후 영국의 값싼 면직물에 자리를 내주게 되었다. 이로 인해 인도의 면직물 공업이 큰 타격을 입고 몰락하였고, 면직물 공업의 몰락은 인도인들의 실업과 빈곤으로 이어졌다. 이와 같은 영국의 인도 수탈과 종교 탄압에 대한 불만이 폭발하여 세포이 항쟁으로 이어졌다.

⑩ 1 인도 국민 회의 2 ㄱ, ㄴ, ㄹ
3 벵골 분할령 발표 이후 이전까지 영국의 통치에 협조적이었던 인도 국민 회의가 반영 운동에 앞장서게 되었다. 인도 국민 회의는 영국 상품 불매, 국산품 애용(스와데시), 자치 획득(스와라지), 민족 교육 실시를 주장하며 반영 운동에 앞장섰다. 이

개념 BOOK 하나면
역사 공부 끝!

정답과 해설

1 1 (1) 주권 (2) 삼권 분립 (3) 민주 공화국 2 ㄱ, ㄷ, ㄹ, ㅁ 3 미국의 독립 선언에는 천부 인권과 국민 주권, 저항권 등 근대 민주주의의 원리가 담겨 있다.

2 1 (1) ㉠ (2) ㉡ 2 ㄱ, ㄹ, ㅁ 3 프랑스에서 제1, 2 신분은 전체 인구의 2%에 불과했으나 국왕의 세력에 의존해 봉건적 특권을 누렸다. 반면 인구의 대다수를 차지하였던 제3 신분은 무거운 세금을 부담하면서도 정치·사회적으로 제한된 권리만을 행사하였다. 이러한 구제도의 모순에 반발하여 프랑스혁명이 발생하였다.

3 1 (1) 인민헌장 (2) 차티스트 2 ㄱ, ㄴ, ㄷ, ㄹ 3 차티스트 운동은 영국 노동자들이 선거권 확대 등을 요구한 운동으로 노동자들은 지 못한 노동자들이 신거권을 받지 신엄의 권리를 위해 인민헌장을 발 표하고, 이를 의회에 제출하기 위한 차티스트 운동을 벌였다.

4 1 (1) 반대 (2) 친정 (3) 보호 무역 (4) 지유 무역 2 ㄱ, ㄷ, ㄹ, ㅁ 3 남부

5 1 (1) × (2) ○ (3) × (4) ○ 2 ㄱ, ㅁ 3 사회주의

6 1 제국주의 2 ㄷ, ㄹ, ㅁ 3 제국주의는 우월한 자신들이 열등 한 지역을 지배하는 것이라 전 세계를 문명화하는 것이라 주장하였다. 특히 그들은 인종이 진화론에서 주장 한 적자생존의 원칙을 사회에 적용하 여 제국화한 사회 진화론을 바탕으 로 강대국의 약소국 지배를 정당화 하였으며, 인종주의를 내세워 인종 간 우열이 존재한다고 주장하였다.

7 1 (1) 중단 정체 (2) 프랑스 (3) 황민 화 소비 (4) 과소비 2 ㄴ, ㄷ, ㄹ, ㅁ 3 과소비 사건, 제국주의의 열강은 신업 화에 필요한 막대한 자원과 시장을 위해 경쟁적으로 아프리카를 침탈에 나섰다. 영국은 아프리카를 남부에 서 있는 종단 정책을 시행하였고, 프

---

1 다음 내용이 맞으면 ○표, 틀리면 ×표 하시오.

(1) 미국에서는 넬슨 만델라가 흑인 민권 운동을 주도하였다. ( )

(2) 남아프리카 공화국에서는 아파르트헤이트를 통해 흑인 차별 문제를 해결하였다. ( )

(3) 제2차 세계 대전 이후 국민의 자유와 평등을 강조하는 분위기 속에서 민권 운동이 등장하였다. ( )

2 필수 자료의 (가), (나) 연설문에 대한 설명으로 옳은 것을 보기 에서 모두 고르시오.

┌ 보기 ┐
ㄱ. (가)가 발표된 이후에 '민권법'이 통과되었다.
ㄴ. (가)는 미국에서 일어난 흑인 민권 운동에서 발표된 연설문이다.
ㄷ. (나)는 넬슨 만델라의 연설문이다.
ㄹ. (나)는 미국의 아파르트헤이트 정책에 반대하여 등장하였다.

3 서술형 필수 자료의 (가), (나)의 연설문을 발표한 인물을 각각 쓰고, 그 인물들이 연설문을 통해 공통적으로 추구한 목표를 서술하시오.

_____
_____
_____

---

1 미국 혁명

○ 개념 노트

- 자료는 미국 독립 선언서와 미국 헌법이다.
- 미국의 독립 혁명의 배경 및 과정, 그 의미를 묻는 문제가 출제될 수 있다. 미국 독립 선언문에서 확인할 수 있는 근대 민주주의의 원리를 확인해 둔다.

개념 필수 자료

모든 사람은 평등하게 태어났으며, 창조주로부터 생명, 자유, 행복의 추구를 포함하여 타인에게 양도할 수 없는 확실한 권리를 부여받았다. …… 정부의 정당한 권력은 통치를 받는 사람들의 동의로부터 나온다. 만일 어떤 형태의 정부라도 이러한 권리를 침해한다면 사람들은 그 정부의 형태를 바꾸거나 없애고, …… 새로운 정부를 조직하는 것이 국민의 권리이다.

(나) 제1조 1절 본 헌법에서 부여되는 모든 입법권은 미국 연방 의회에 속하며, 미국 의회는 상원과 하원으로 구성한다.

제2조 1절 행정권은 미국 대통령에게 속한다.

》 미국의 독립 선언에는 천부 인권과 국민 주권, 저항권 등 근대 민주주의의 원리를 담고 있다. 한편 독립 이후 제정된 미국 헌법은 연방주의, 삼권 분립 등을 규정하였다.

자료 해석

17세기 무렵 북아메리카로 이주한 영국인들은 식민지를 건설하고 광범위한 자치를 누렸다. 영국 정부가 재정 악화를 이유로 식민지를 통제하면서 ① □□□이/가 발생하였고, 영국 정부는 보스턴 항구를 폐쇄하는 등 강경한 정책을 취하였다. 이에 식민지 대표들은 워싱턴을 총사령관으로 임명하고 전쟁 인권과 국민 주권, 저항권 등의 내용을 담은 ② □□ □□을/를 발표하였다.

답 ① 보스턴 차사건 ② 독립 선언문

21 민권 운동

개념 노트

- 자료는 민권 운동가인 마틴 루서 킹과 맬컴의 연설문이다.
- 미국과 남아프리카 공화국에 일어난 흑인 민권 운동에 대해 문제가 출제될 수 있다. 마틴 루서 킹과 맬컴의 연설문을 확인해 두고, 해당 민권 운동의 결과를 정리해 둔다.

개념 필수 자료

(가) 나에게는 꿈이 있습니다. 어느 날 내 땅의 우리 아이가 피부색이 아니라 사람 됨됨이에 따라 평가받는 나라에서 살더라는 꿈 말입니다.

(나) 나는 백인이 지배하는 사회에 맞서 싸웠고, 모든 흑인이 지배하는 사회에도 반대해 싸웠습니다. 나는 모든 사람이 함께 조화를 이루고 동등한 기회를 누리는 민주적이고 자유로운 사회에 대한 이상을 간직하고 있습니다.

》 두 차례의 세계 대전을 거치면서 국민의 자유와 평등을 보장받기 위한 목소리가 높아지면서 민권 운동이 전개되었다. 1950~1960년대 미국에서는 마틴 루서 킹 목사가 비폭력 저항을 내세우며 흑인 민권 운동을 주도했다. 그는 마침내 1964년 '민권법'을 통과시켜 흑인과 백인 사이의 법적 차별을 없앴다. 남아프리카 공화국에서는 넬슨 만델라가 인종 분리 정책인 아파르트헤이트 정책에 맞서 흑인 민권 운동을 주도했다. 그 결과 흑인에 대한 인종 차별을 금지하는 법이 제정되었다.

자료 해석

제2차 세계 대전 이후 자유와 평등을 추구하는 민권 운동이 전개되었다. 특히 백인 우월주의와 인종주의 차별을 받던 흑인이 세계 곳곳에서 인종주의에 저항하였다. 미국에서는 마틴 루서 킹 목사가 흑인 민권 운동을 주도하였고, 마침내 1964년 민권법이 통과되어 흑인 간의 법적 차별이 없어졌다. 남아프리카 공화국에서는 넬슨 만델라가 아파르트헤이트 정책에 맞서 흑인 민권 운동을 주도하였다.

답 | ❶ 민권법 ❷ 넬슨 만델라

핵심 개념 체크

1 빈칸에 알맞은 내용을 쓰시오.

미국의 독립 혁명 이후에 미국 헌법이 제정되었다. 이 헌법에서는 (1) 이/가 국민에게 있음을 규정하였다. 그리고 입법, 행정, 사법의 권력을 연방 의회, 대통령, 법원에게 나누어 (2) 의 원직을 규정하였다. 이로써 세계 최초의 (3) 인 아메리카 합중국이 탄생하였다.

2 필수 자료 (나) 헌법에 대한 설명으로 옳은 것을 보기 에서 모두 고르시오.

보기
ㄱ. 연방주의를 규정하였다.
ㄴ. 전제 정치를 강화하였다.
ㄷ. 삼권 분립의 원칙을 규정하였다.
ㄹ. 주권이 국민에게 있음을 밝혔다.
ㅁ. 이 헌법으로 세계 최초의 민주 공화국이 수립되었다.

3 [서술형] 필수 자료 (가)를 통해 알 수 있는 근대 민주주의 원리를 서술하시오.

1 ㉠에 들어갈 말을 쓰시오.

[㉠] 은/는 세계가 거대한 단일 시장으로 통합되는 것을 이미한다. 이러한 현상은 19세기 후반 이후 교통·통신의 발달로 국가 간 사람, 물자의 이동이 자유로워지며 더욱 가속화되었다. 이와 같은 현상의 촉진으로 국가 간 무역 경쟁이 치열해지면서 각국은 지리적으로 가까운 국가와 경제적 협력을 강화해 나가고 있다.

2 필수 자료의 (가), (나)에 대한 설명으로 옳은 것을 보기 에서 모두 고르시오.

보기

ㄱ. (가)는 단일 통화인 유로화를 사용한다.
ㄴ. (가)는 아시아·태평양 지역의 경제적 협력을 증진하고자 한다.
ㄷ. (나)는 마스트리흐트 조약으로 결성되었다.
ㄹ. (나)는 세계 무역 자유화 확대와 국제 무역 분쟁 조정 등의 역할을 맡고 있다.
ㅁ. (가), (나)는 모두 국가 간 정치적 협력을 목표로 구성되었다.

3 필수 자료의 (가), (나)에 해당하는 경제 협력체의 명칭을 각각 쓰시오.

---

② 프랑스 혁명

빈출도 ❶❷❸

○ 개념 노트

• 자료는 프랑스 혁명이 배경이 된 구제도의 모습과 프랑스 인권 선언이다.
• 프랑스 혁명의 발생 배경 및 전개 과정, 프랑스 인권 선언의 내용 등을 묻는 문제가 출제될 수 있다. 혁명의 배경부터 전개 과정을 꼼꼼하게 정리해 두고, 프랑스 인권 선언의 주요 내용을 확인해 둔다.

개념 필수 자료

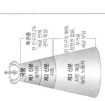

(가) [ ] 은/는 특권 계층이 이해하려 하지 않는 의무를 도맡아 하고 있다. 평체물고 영리적인 자리들은 오직 특권 신분만이 장악하고 있다. …… 그들은 무엇을 요구하고 있는가? 그들에게 적절한, 무엇인가가 되기를 요구한다.

(나) 제1조 모든 인간은 자유롭고 평등한 권리를 갖고 태어난다.
제2조 모든 정치적 결사의 목적은 인간이 전부적이고 소멸할 수 없는 권리를 보전하는 데 있다. 이 권리란 자유, 재산, 안전, 압제에 대한 저항이다.
제3조 모든 주권의 근원은 본질적으로 인민에게 있다.

≫ 제1.2 신분은 전체 인구의 2%밖에 되지 않음에도 불건전 특권을 누렸지만 다수를 차지하는 제3 신분은 정치·사회적으로 제한된 권리만을 행사하였다. 이에 반발하여 프랑스 혁명이 발생하였고, 국민 의회는 '인권 선언'을 통해 혁명의 기본 이념을 밝혔다.

자료 해석

18세기 무렵 프랑스에서는 성직자와 귀족이 토지와 관직을 독점하고 세금을 면제받는 등 특권을 누렸다. 반면 [❶] 이라고 불린 나머지 국민은 과도한 세금에 시달리고 있었다. 시민 계급은 [❷] 사상과 미국 혁명의 영향을 받아 봉건 질서를 타파하고 자유롭고 평등한 사회를 건설하려고 하였다.

답 ❶ 제3 신분 ❷ 계몽

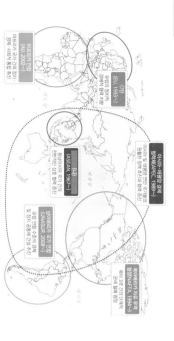
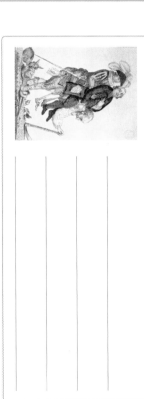

20 세계화와 경제 통합

개념 노트

- 자료는 경제 통합으로 인해 형성된 지역별 경제 협력체를 나타낸 것이다.
- 지역별 경제 협력체의 사례와 그 특징을 묻는 문제가 출제될 수 있다. 경제 협력체 중 유럽 연합의 특징은 반드시 정리해 둔다.

개념 필수 자료

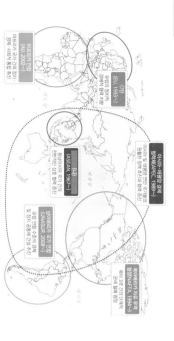

자료 해석

19세기 후반 이후 교통·통신의 발달로 국가 간 사람, 물자의 이동이 자유로워지면서 지구 전체적인 교통·통신의 발달로 국가 간 사람과 물자의 이동이 자유로워지면서 지구가 하나의 공간으로 통합되는 ❶ 이/가 진행되었다. 이로 인해 무역 경쟁이 심화되자 각국은 지리적으로 가까운 국가와 경제 공동체나 협력체를 만드는 경제 통합을 확대하였고, 그 결과 유럽에서는 정치, 경제, 통화의 통합을 추구하는 ❷ 이 만들어졌다.

답 ❶ 세계화 ❷ 유럽 연합(EU)

핵심 개념 체크

1 다음 프랑스 혁명 전의 신분과 그에 대한 설명을 바르게 연결하시오.

(1) 제1, 2 신분 •
(2) 제3 신분 •

• ㉠ 봉건적 특권을 누림.
• ㉡ 무거운 세금을 부담함.
• ㉢ 프랑스 인구의 대부분을 차지함.
• ㉣ 프랑스 인구의 2% 정도에 해당함.

2 필수 자료의 (나)에 대한 설명으로 옳은 것을 보기 에서 모두 고르시오.

⊣ 보기 ├
ㄱ. 계몽사상의 영향을 받았다.
ㄴ. 미국 혁명에 영향을 미쳤다.
ㄷ. 국민 주권과 자유권을 선언하였다.
ㄹ. 프랑스 혁명가 발표한 선언문이다.
ㅁ. 자유와 평등의 기본적 인권의 보장을 강조하였다.

3 다음 그림과 관계 깊은 프랑스 혁명의 발생 원인을 서술하시오.

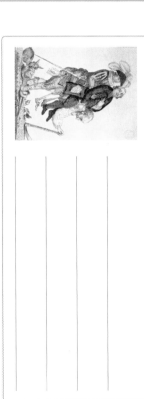

1 다음 내용을 바르게 연결하시오.

(1) 닉슨 독트린 •
(2) 트루먼 독트린 •

• ㉠ 냉전 체제의 시작
• ㉡ 냉전 체제의 완화
• ㉢ 공산주의의 확산을 막음.
• ㉣ 아시아 지역에 대한 과잉 개입을 멈춤.

2 필수 자료의 (가)에 대한 설명으로 옳은 것을 보기 에서 모두 고르시오.

보기
ㄱ. 이로 인해 냉전 체제가 시작되었다.
ㄴ. 냉전 체제가 완화되는 데 영향을 미쳤다.
ㄷ. 미국은 공산주의 세력의 확산을 막고자 하였다.
ㄹ. 이후 미국은 베트남 전쟁에서 군대를 철수하였다.
ㅁ. 서유럽의 공산화를 막기 위한 마셜 플랜이 시작되었다.

3 다음 내용이 냉전 체제에 가져 온 변화를 서술하시오.

서술형

미국은 태평양 국가로서 그 지역에서 중요한 역할을 계속하지만 직접적·군사적·정치적 과잉 개입은 하지 않는다.

— 닉슨의 의회 연설 중에서 —

빈출도 ❶❷❸

③ 차티스트 운동

○ 개념 노트

• 자료는 인민헌장의 주요 내용과 영국의 선거법 개정 과정이다.
• 영국의 선거권 확대 운동의 배경과 결과를 묻는 문제가 출제될 수 있다. 차티스트 운동의 발생 배경과 결과를 정리해 두고, 인민헌장의 주요 내용을 확인해 둔다.

개념 필수 자료

인민헌장(1838)의 주요 내용

1. 21세 이상 모든 남자의 선거권 인정
2. 유권자 보호를 위해 비밀 투표제 실시
3. 하원 의원의 재산 자격 조항 폐지
4. 하원 의원에게 보수 지급
5. 인구 비례에 의한 평등한 선거구의 결정
6. 하원의 임기를 1년으로 하여 매년 선거 실시

영국의 선거법 개정

구분	선거권을 획득한 계층	유권자 비율
개정 전	귀족, 젠트리	3%
1차 (1832)	도시의 중산층	5%
2차 (1867)	도시 소시민과 노동자	9%
3차 (1884)	농촌·광산의 노동자	19%
4차 (1918)	만 21세의 남성, 31세 이상의 여성	46%
5차 (1928)	만 21세 이상의 남녀	62%

» 영국은 산업 혁명 이후 도시 인구가 증가하고 신흥 상공업자가 성장하면서 선거법 개정을 하였다. 여전히 선거권을 받지 못한 노동자들은 선거권 확대 운동을 벌였다. 이들은 인민헌장을 발표하고 차티스트 운동을 벌였다. 이후 잇따른 선거법 개정으로 노동자에게 선거권이 부여되었다.

자료 해석

영국에서는 1832년 선거법이 개정되어 도시의 상공업자를 비롯한 중산 계급이 로 선거권이 확대되었다. 선거권을 갖지 못한 노동자들은 정치적 권리를 얻기 위해 ❶ 을/를 발표하고, ❷ 운동을 벌였다. 이 운동은 실패하였으나, 지속적 인 선거법 개정으로 노동자 계층까지 선거권이 확대되었다.

답 | ❶ 인민헌장 ❷ 차티스트

19 닉슨 독트린

◯ 개념 노트

· 자료는 닉슨 독트린의 주요 내용이다.
· 닉슨 독트린의 영향을 묻는 문제가 출제될 수 있다. 냉전 체제 형성과 관련된 트루먼 독트린과 냉전 체제 완화와 관련된 닉슨 독트린을 잘 구분하여 정리해 둔다.

개념 필수 자료

(가)

1. 미국은 태평양 국가로서 아시아 지역 내에서 계속 중요한 역할을 한다.
2. 미국은 아시아 국가들의 정치적, 경제적 발전에 도움을 제공할 것이며, 기존 조약들을 존중한다.
3. 미국은 배트남 전쟁과 같은 아시아 지역의 전쟁에 개입하는 일을 반복하지 않을 것이다.
4. 미국은 핵무기의 관련된 위협을 제외하고는 직접적인 군사 개입을 하지 않을 것이므로, 아시아 국가들은 스스로 자국의 안보를 책임져야 한다.
5. 미국은 아시아 국가들의 경제 발전에 필요한 원조를 제공할 것이며, 이는 미국이 이익에도 부합할 것이다.

— 「미국 대통령 문서」, 1969. —

자료 해석

》 1960년대 후반 배트남 전쟁에서 미국이 불리해지고 미국 내에서 반전 운동이 확산되는 가운데 닉슨 대통령은 미국의 안보에 집중적으로 위협이 되지 않는 한 군사적 대응에 참여하지 않는다는 닉슨 독트린을 발표하였다. 이 선언으로 국제적인 긴장 완화가 조성되면서 냉전 체제가 완화되어 분위기였다.

개념 ⨀수

1960년대 말부터 자본주의 진영과 공산주의 진영 내에서 미국과 소련의 영향력이 점차 약화되기 시작하였다. 1969년에는 미국의 닉슨 대통령이 아시아의 군사적 분쟁에 더 이상 개입하지 않겠다는 ❶ 을/를 선언하였고, 이후 이루어진 외교적 노력 조성되면서 냉전 체제가 완화되었다.

❷ 체제가 완화되는 배경이 되었다.

답 | ❶ 닉슨 독트린 ❷ 냉전

---

1 알맞은 내용에 ◯표를 하시오.

1832년 영국에서는 선거법 개정으로 도시의 신공업 중심지의 선거권이 확대되었다. 그러나 선거권을 얻지 못한 노동자들은 (1) (권리 청원, 인민헌장)을 발표하고, 이를 의회에 제출하기 위한 (2) (러다이트, 차티스트) 운동을 전개하였다. 이들의 요구는 이후 의회 제도 선거법 개정에 영향을 끼쳤을 까지나.

2 인민헌장에서 주장한 내용으로 옳은 것을 보기 에서 모두 고르시오.

┌ 보기 ┐
ㄱ. 비밀 투표제 실시
ㄴ. 의원의 재산 자격 폐지
ㄷ. 인구 비례에 따른 선거구 설치
ㄹ. 21세 이상 모든 남자의 선거권 인정
ㅁ. 만 21세 이상의 남녀 보통 선거권 인정

3 _{서술형} 다음 자료와 관련 있는 영국의 사회 운동을 쓰고, 이 운동이 일어나게 된 배경을 서술하시오.

1. 21세 이상 모든 남자의 선거권 인정
2. 유권자 보호를 위해 비밀 투표제 실시
3. 하원 의원의 재산 자격 조항 폐지
4. 하원 의원에게 보수 지급
5. 인구 비례에 의한 평등한 선거구의 결정
6. 의원의 임기를 1년으로 하여 매년 선거 실시

④ 미국의 남북 전쟁

○ 개념 노트
- 자료는 미국의 남북 전쟁 시기 미국 북부와 남부의 산업 구조를 나타낸 것이다.
- 남북 전쟁 발생 이전 미국 남부와 북부의 차이, 전쟁의 전개 과정을 묻는 문제가 출제될 수 있다. 남북 전쟁 발생 이전 남부와 북부의 산업 구조 차이, 노예제에 대한 입장 차이를 꼼꼼하게 정리해 둔다.

개념 필수 자료

북부　남부

| 총인구 (2.5:1) | 섬유 제품 생산량(17:1) | 철 생산량(20:1) | 밀 생산량(4.2:1) | 면화 생산량(1:24) |

▲ 미국 북부와 남부의 산업 구조

≫ 미국은 독립 이후 서부 개척 등을 통해 국토를 넓히며 성장하였다. 그러나 이 과정에서 미국의 남부와 북부는 노예 제도로 대립하였다. 남부는 흑인 노예를 이용해 목화를 생산하는 대농장 경영이 번성하여 노예제가 유지되어 자유 무역을 주장하였다. 반면 북부는 자유로운 임금 노동자에 기초한 상공업이 발달하여 노예 제도 확산에 반대하고 보호 무역을 주장하였다. 남부와 북부가 노예제를 둘러싸고 대립하는 가운데 노예제 확대에 반대한 링컨이 대통령에 당선되면서 남북 전쟁이 일어났다. 링컨은 전쟁 중에 노예 해방을 선언하였고, 북부는 우월한 경제력과 군사력, 노예 해방의 명분을 앞세우며 전쟁에서 승리하였다.

자료 해석
19세기 미국에서 남부와 북부가 산업 구조상의 차이로 인해 노예제를 둘러싸고 대립하였다. 이러한 가운데 노예제를 확대를 반대하는 링컨이 당선되자 노예제 유지를 바라던 남부가 연방에서 탈퇴하고 북부를 공격하여 ❶ [ ] 을/를 일으켰다. 전쟁 초기에는 남부가 유리하였으나, 전쟁 도중 링컨이 ❷ [ ] 을/를 발표하고 북부가 반격하면서 결국 북부의 승리로 끝이 났다.

답 ❶ 남북 전쟁 ❷ 노예 해방령

핵심 개념 체크

1 다음 내용이 맞으면 ○표, 틀리면 ×표 하시오.

(1) 반둥에서 열린 회의에서 평화 10원칙이 결의되었다. (　　)

(2) 아시아·아프리카의 신생 독립국들을 중심으로 제3 세계가 형성되었다. (　　)

(3) 제3 세계는 자본주의 진영과 공산주의 진영 어디에도 가담하지 않는 세력을 말한다. (　　)

2 다음과 같은 주장을 내세운 세력에 대한 설명으로 옳은 것을 |보기|에서 모두 고르시오.

1. 영토와 주권의 상호 존중　　2. 상호 불가침
3. 상호 내정 불간섭　　4. 평등·호혜
5. 평화적 공존

ㅡ|보기|ㅡ
ㄱ. 비동맹 중립 노선을 내세웠다.
ㄴ. 자본주의를 지지하는 신생 독립국들이었다.
ㄷ. 미·소 중심의 냉전 체제를 강화하는 역할을 하였다.
ㄹ. 이를 바탕으로 1955년에 반둥에서 모여 평화 10원칙을 결의하였다.
ㅁ. 제2차 세계 대전 이후 아시아, 아프리카 지역을 중심으로 형성되었다.

3 필수 자료의 (가)의 내용을 결의한 국제 세력을 쓰고, 그들이 냉전 체제에 대해 어떠한 입장을 취하였는지 서술하시오.

18 제3 세계

개념 노트
• 자료는 반둥 회의의 평화 10원칙이다.
• 제3 세계의 형성과 그 특징을 묻는 문제가 출제될 수 있다. 제3 세계가 발표한 '평화 5원칙'과 '평화 10원칙'을 기억해 두고, 제3 세계의 특징을 잘 정리해 둔다.

개념 필수 자료

> (가)
>
> 1. 기본적 인권 및 국제 연합의 헌장의 원칙을 존중한다.
> 2. 모든 국가의 주권과 영토의 보존을 존중한다.
> 3. 모든 인종과 국가 사이의 평등을 인정한다.
> 4. 다른 나라의 내정에 간섭하지 않는다.
> 5. 단독이나 집단으로 자기 나라를 방위할 권리를 존중한다.
> 6. 강대국에 유리한 집단적인 방위를 배제한다.
> 7. 서로 침범하지 않는다.
> 8. 국제 분쟁을 평화적인 방법으로 해결한다.
> 9. 서로 이익을 위해 협력한다.
> 10. 정의와 국제 의무를 존중한다.

자료 해석
» 아시아, 아프리카의 신생 독립국들은 중립을 지향하며 자본주의와 공산주의 진영 중 어느 진영에도 가담하지 않고 독자적인 세력을 구축하며 제3 세계를 형성하였다. 1954년 인도와 중국의 대표가 만나 '평화 5원칙'에 합의하였고, 1955년에는 아시아·아프리카의 29개국이 인도네시아의 반둥에 모여 상호 불가침 및 국제 분쟁의 평화적 해결 등을 강조한 '평화 10원칙'을 결의하였다.

아시아와 아프리카의 신생 독립국을 중심으로 자본주의와 공산주의 진영 어디에도 가담하지 않고 비동맹 중립 노선을 표방한 ❶ 가 탄생하였다. 1955년에 아시아, 아프리카의 29개국은 반둥 회의를 개최하여 상호 불가침과 국제 분쟁의 평화적 해결을 강조하는 내용을 포함한 ❷ 을/를 결의하였다.

답 ❶ 제3 세계 ❷ 평화 10원칙

핵심 개념 체크

1 다음 남북 전쟁 이전의 상황을 나타낸 표이다. ㉠과 ㉡은 내용에 ○표 하시오.

구분	북부	남부
산업 구조	상공업 발달	대농장 발달
노예제	(1)(찬성, 반대)	(2)(찬성, 반대)
무역 형태	(3)(보호 무역, 자유 무역) 지지	(4)(보호 무역, 자유 무역) 지지

2 다음 발표문과 관련 있는 전쟁에 대하여 옳은 것을 보기 에서 모두 고르시오.

현재 미국에 대하여 반란 상태에 있는 주의 노예들은 1863년 1월 1일 이후부터 영원히 자유의 몸이 될 것이다.

ㅡ 노예 해방령(1863) ㅡ

보기
ㄱ. 초기에는 남부가 우세하였지만, 결국 북부가 승리하였다.
ㄴ. 전쟁 이후 흑인에 대한 차별이 완전히 사라졌다.
ㄷ. 노예제를 찬성하는 북부와 노예제에 반대하는 남부가 대립하였다.
ㄹ. 링컨이 대통령에 당선되자 남부가 연방을 탈퇴하고 북부를 공격하였다.
ㅁ. 남부에는 대농장이 발달하였고 북부에는 상공업이 발달한 것이 갈등의 원인이 되었다.

3 남북 전쟁이 일어나기 이전 미국의 남부와 북부의 상황을 제시된 단어를 사용하여 서술하시오.

서술형
• 상공업 • 대농장 • 노예제 • 무역

1 ㉠에 들어갈 말을 쓰시오.

이는 전체주의의 입장으로, 국가의 가장 중요한 목적을 군사력에 의한 대외적 발전에 두고, 전쟁과 그 준비를 제일 중요시하는 정치 체제이다. 대공황 이후 일본에서 군부가 권력을 잡고 ㉠ 의 정치 체제를 강화하였다.

2 필수 자료의 전체주의에 대한 설명으로 옳은 것을 보기 에서 모두 고르시오.

보기
ㄱ. 독일, 이탈리아, 일본 등에서 등장하였다.
ㄴ. 국가의 이익보다는 개인의 이익을 중시하였다.
ㄷ. 일본에서는 군부가 권력을 잡고 군국주의가 강화되었다.
ㄹ. 식민지가 적고 국내 경제 기반이 약한 국가들에서 나타났다.
ㅁ. 독일에서는 히틀러 나치당이 우월주의를 내세운 인종 학살이 일어났다.

3 서술형
필수 자료 (가), (나)를 통해 알 수 있는 전체주의의 특징을 서술하시오.

---

5 산업 혁명

빈출도 ①②③

○ 개념 노트
• 자료는 산업 혁명 시기 아동 노동의 실태에 대한 내용이다.
• 산업 혁명의 배경, 전개 과정, 영향에 대해 묻는 문제가 출제될 수 있다. 산업 혁명이 가져온 다양한 사회 변화의 내용을 여러 관점에서 꼼꼼하게 정리해 둔다.

개념 필수 자료

▲ 19세기 아동 노동을 그린 판화

문: 몇 살 때 공장 일을 시작했습니까?
답: 여섯 살 때 시작했습니다.
문: 작업 시간은 몇 시부터 몇 시까지였습니까?
답: 일이 밀릴 때는 새벽 5시에서 저녁 9시까지 일했습니다.
문: 작업을 잘못하거나 늦게 할 때면 어떤 일을 당했습니까?
답: 회초리로 맞았습니다.
문: 당신의 몸에 생긴 기형이 생긴 것은 이 노동 때문인가요?
답: 네, 그렇습니다.

— 웨슬리 캠프, 「1831~1832년 의회 보고서」 —

》 산업 혁명으로 생산성이 높아지고 생활도 풍요로워졌지만 노동자의 생활은 비참하였다. 자본가는 최대 이윤을 남기기 위해 열악한 작업 환경에서 장시간 노동을 강요하였다. 또한 여성과 아동까지 일터로 내몰았으며, 이들은 성인 남성보다 더 싼 임금에 혹사되었다.

자료 해석

산업 혁명으로 물질적 풍요를 누리기는 했지만, 노동자의 생활은 더욱 비참해져 계급 간의 극심한 빈부 격차가 발생하였다. 노동자들은 낮은 임금과 장시간 노동에 시달렸고, 여성과 아동까지 일터로 내몰렸다. 일부 노동자들은 이러한 비참한 생활을 기계 탓이라고 생각하여 ❶ 운동(기계 파괴 운동)을 벌이기도 하였다. 한편, 산업 혁명 이후 이러한 사회 문제가 확산되자, 자본주의 체제를 비판하는 ❷ 사상이 등장하였다.

답 ❶ 러다이트 ❷ 사회주의

17 전체주의

○ 개념 노트

- 자료는 전체주의에 관한 무솔리니의 주장이다.
- 전체주의의 특징을 묻는 문제가 출제될 수 있다. 전체주의가 등장한 배경과 그 배경, 전체주의의 특징을 잘 정리해 둔다.

개념 필수 자료

(가) 국가를 떠나서는 인간과 영혼의 가치도 존재하지 않는다. …… 국민이 국가를 발생시키는 것이 아니라 국가가 국민을 창조한다. …… 오직 전쟁만이 인간의 힘을 최고조로 이끌게 하고 이에 직면할 용기를 가진 국민에게 고귀함을 부여한다.

― 무솔리니, 『파시즘 독트린』―

(나) 민주주의 국가는 민중을 모든 생활의 중심에 두어야 한다. 국가는 인종의 순수한 유지를 추구해야 한다. …… 자기가 병약하고 결함이 있느네도 아이를 낳는 것은 지욕일 뿐이며, …… 독일 민주에 상응하는 영토를 이 지상에서 확보해야 할 것이다.

― 히틀러, 『나의 투쟁』―

≫ 전체주의는 개인의 이익보다 집단과 전체의 이익을 우선시하여 국민의 모든 생활을 찾지하게 통제하였다. 식민지가 적고 경제 기반이 약한 독일, 이탈리아, 일본 등에서는 대공황 전후 경제적 혼란과 공황 전후 경제적 혼란을 틈타 전체주의가 확산되었다.

자료 해석

경제적 기반이 약했던 독일, 이탈리아, 일본 등에서는 대공황을 전후하여 경제적 혼란과 사회적 불안을 틈타 ❶ 세력이 권력을 장악하였다. 이탈리아에서는 무솔리니가 이끄는 파시스트당이 정권을 장악하였고, 독일에서는 히틀러가 이끄는 가 이끄는 나치당이 권력을 잡았다. 일본에서는 군부가 권력을 잡으면서 정부를 수립하였다. 일본에서는 군부가 권력을 ❷ 을/를 강화하였다.

답 ❶ 전체주의 ❷ 군국주의

---

1 산업 혁명에 대한 내용이다. 맞으면 ○표, 틀리면 ×표 하시오.

(1) 미국에서 가장 먼저 시작되었다. ( )

(2) 산업 혁명의 발달로 자본주의 경제가 발전하였다. ( )

(3) 면직물 공업의 공장제 기계 공업에서 수공업으로 변화하였다. ( )

(4) 산업 혁명의 결과 물질적 풍요를 누렸으나 노동자의 생활은 열악해졌다. ( )

2 산업 혁명으로 인해 나타난 사회 문제와 관련한 내용을 보기 에서 모두 고르시오.

┌ 보기 ┐
ㄱ. 노동자의 근로 조건과 환경이 열악해졌다.
ㄴ. 산업 혁명의 발전으로 민부 격차가 해소되었다.
ㄷ. 자본가들은 제도적, 사회적으로 여러 혜택을 받았다.
ㄹ. 자본주의를 비판하는 지야인이주의 사상이 등장하였다.
ㅁ. 노동자들이 노동조합을 결성하여 노동 조건의 개선을 요구하였다.

3 다음과 같은 사진로 인해 등장하게 된 사상을 쓰시오.

산업 혁명 시기 노동자들은 비참한 삶을 영위하였다. 여성과 아동까지 열악한 노동 환경에 내몰렸는데, 공장주들은 보통 8~9세의 아동이들을 고용하였다. 드물지만 5세의 아동이까지 고용하였으며, 이들 아동의 노동 시간은 식사 시간과 휴식 시간을 제외하고 14~16시간에 이른다.

1

대공황을 극복하기 위한 각국의 대응을 바르게 연결하시오.

(1) 미국 •
(2) 독일 •
(3) 영국 •

• ㉠ 뉴딜 정책 실시
• ㉡ 전체주의 체제 등장
• ㉢ 본국과 식민지를 묶는 블록 경제 형성

2

필수 자료의 (가)에 대한 설명으로 옳은 것을 보기 에서 모두 고르시오.

보기
ㄱ. 전 세계로 확산되었다.
ㄴ. 주가가 폭락하고 실업자가 급증하였다.
ㄷ. 세계 경제를 주도한 미국에서 시작되었다.
ㄹ. 경제에 대한 정부의 지나친 개입으로 발생하였다.
ㅁ. 과잉 생산과 구매력 감소가 맞물려 경기 침체로 이어졌다.

3

서술형
다음과 관련한 사건을 쓰고, 그 사건이 발생하게 된 배경을 서술하시오.

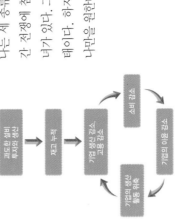

나는 세 종류의 일을 할 줄 알고, 3년 간 전쟁에 참여하였으며, 세 명의 아내가 있다. 그리고 3개월 동안 실업 상태이다. 하지만 나는 오직 일자리 하나만을 원한다.

---

6 제국주의

빈출도 ①②❸

○ 개념 노트
• 자료는 제국주의자들이 식민지 개척의 필요성과 정당성을 주장하는 내용이다.
• 제국주의의 특징을 묻는 문제가 출제될 수 있다. 제국주의의 논리적 근거가 된 사회 진화론과 인종주의를 확인해 두고, 제국주의의 특징을 꼼꼼하게 정리해 둔다.

개념 필수 자료

나는 어제 런던의 이스트엔드에서 실업자 대회에 참석하였다. 그곳에서 나는 '빵! 빵! 빵!'만을 소리쳐 요구하는 거친 연설을 들었고, 집에 오는 길에도 그 장면이 잊히지 않았다. 그리고 나는 (가) 의 중요성을 더욱 확신하게 되었다. …… 내 포부는 사회 문제의 해결이다. 즉, 피비린내 나는 내란으로부터 영국의 4천만 인구를 구하기 위해 우리 식민지 정치인들은 과잉 인구를 이주시키고, 공장과 광산에서 생산된 상품을 판매할 새로운 시장을 확보해야 한다. 내가 항상 말하는 것처럼 제국은 빵과 버터의 문제이다.

- 세실 로즈, 『유언집』 -

》 선진 자본주의 국가들은 상품의 원료와 노동력을 값싸게 공급받고 넘쳐 나는 상품을 수출하며 국내에 남아도는 자본을 투자할 수 있는 새로운 시장이 필요하였다. 그리하여 군사력과 경제력을 앞세워 경쟁적으로 아시아와 아프리카 지역을 침략하여 식민지로 만들었다. 세실 로즈와 같은 제국주의자들은 이러한 식민지 개척의 필요성을 강조하였다.

자료 해석

19세기 후반 미국과 유럽에서는 산업 혁명이 진행되면서 자본주의가 크게 발전하였다. 서양 열강은 자국 산업의 발전을 위해 값싼 원료 공급지와 상품 판매 시장을 확보하고, 국내에 남는 자본을 투자할 곳을 찾고자 하였다. 이 과정에서 이들은 군사력과 경제력을 앞세워 약소국을 침략하고 식민지로 삼았는데, 이러한 팽창 정책을 ❶ (이)라고 한다. 식민지 개척에 나선 열강들은 이러한 침략을 정당화하기 위해 약소국이 강대국의 지배를 받는 것은 당연하다는 ❷ 을/를 주장하였다.

답 ❶ 제국주의 ❷ 사회 진화론

개념 노트

- 자료는 대공황 시기의 실업률을 나타낸 도표이다.
- 대공황의 발생 배경, 이에 대한 각국의 대응 등 두 문제가 출제될 수 있다. 대공황과 관련한 도표나 사진 등을 꼼꼼하게 살펴보고, 대공황의 발생 배경과 각국의 대응 방식을 정리해 둔다.

개념 필수 자료

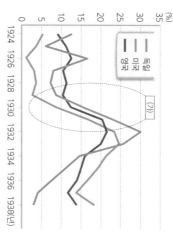

▲ 주요 국가의 실업률 변화(1924~1938)

≫ 이처럼 1929년 미국에서 시작된 대공황은 미국의 경제 침체로만 아니라 전 세계로 확산되어 세계 경제를 거의 마비 상태로 몰아넣었다. 세계의 무역량은 절반 이상 감소하였고, 물가는 지속었으며, 각국의 실업자 수도 급증하였다. 위 도표는 1920년대 말 10% 수준에 머물던 미국, 영국, 독일의 실업률이 1930년대에 들어 급격히 치솟았음을 보여 준다.

자료 해석

제1차 세계 대전 이후 세계의 경제를 주도해 가던 미국은 과잉 생산으로 인해 점차 불황에 빠졌다. 결국 1929년 뉴욕 증권 거래소 주가가 큰 폭으로 떨어지면서 ❶[   ]이/가 발생하였다. 이러한 경제 위기는 미국에 의존하고 있던 유럽 등 여러 나라로 확산되었다. 이에 미국의 루스벨트 대통령은 경제 위기를 극복하기 위해 국가가 경제 활동에 적극 개입하는 ❷[   ]을 추진하였다.

답 | ❶ 대공황 ❷ 뉴딜 정책

핵심 개념 체크

1 다음 ⊙에 들어갈 말을 쓰시오.

19세기 중엽 거대 기업이 시장을 독점하면서 생산력이 크게 증가하였다. 서구 자본주의가 고도로 발전하면서 자본주의 열강은 식민지를 원료 공급지와 상품 판매 시장으로 이용하고자 하였다. 이 과정에서 아시아와 아프리카를 식민지로 삼았는데, 이러한 팽창 정책을 ⊙[   ](이)라고 한다.

2 필수 자료의 (가)에 대한 설명으로 옳은 것을 보기 에서 모두 고르시오.

보기
ㄱ. 사회주의가 고도로 발전하면서 나타났다.
ㄴ. 자유주의 사상의 확산으로 점차 발전하였다.
ㄷ. 사회 진화론, 인종주의를 이용하여 이러한 주장을 정당화하였다.
ㄹ. 유럽 열강들이 아시아·아프리카 지역에 식민지를 개척하였다.
ㅁ. 식민지를 개척하여 원료 공급지와 상품 판매 시장으로 이용하고자 하였다.

3 다음 설명과 관련된 제국주의의 사상적 기반과 그 내용을 서술하시오.

그림은 1899년 발행된 잡지 『저지』에 실린 「백인의 짐」이다. 영국과 미국을 상징하는 인물들이 식민지인들을 짊어지고 산 정상의 '문명'을 향해 오르고 있는 모습이다. 서구 열강은 이와 같은 주장을 바탕으로 강대국의 약소국 지배를 정당화하였다.

7 파쇼다 사건

○ 개념 노트

- 자료는 파쇼다 사건의 발발 과정을 표시한 지도이다.
- 제국주의 국가들의 아프리카 침략 내용을 묻는 문제가 출제될 수 있다. 영국의 종단 정책, 프랑스의 횡단 정책, 영국과 프랑스가 충돌한 파쇼다 사건에 대한 내용을 잘 정리해 둔다.

개념 필수 자료

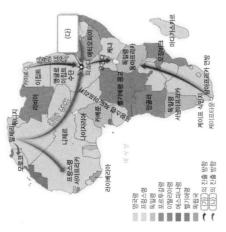

영국령
프랑스령
독일령
포르투갈령
이탈리아령
에스파냐령
벨기에령
독립국
(가)의 진출 방향
(나)의 진출 방향

알제리 베나시
모로코
리비아
나이지리아
라이베리아
프랑스령 서아프리카
카메룬
앙골라
독일령 서아프리카
카이로
수단
영국령 이집트령 수단
파쇼다 에티오피아
케냐
독일령 동아프리카
모잠비크
마다가스카르
케이프타운 • 카이로-케이프타운 연결
대서양
(다)

》 제국주의 열강은 산업화에 필요한 원료와 시장 잠재력이 아프리카에 있다는 점을 파악하고 경쟁적으로 침략에 나섰다. 그 과정에서 파쇼다 사건과 같은 열강 간 다툼이 발생하기도 하였다. 수단의 파쇼다 지역에서 벌어진 영국과 프랑스의 충돌은 전쟁 직전 프랑스의 양보로 전쟁으로 확대되지 않고 마무리되었다.

자료 해석

영국은 남아프리카의 케이프타운을 차지하고 이집트를 보호국으로 만들어 아프리카를 종단으로 잇는 ❶ ◻◻ 정책을 시행하였다. 한편 프랑스는 알제리를 시작으로 하여 사하라 사막 이남의 서부 아프리카부터 동쪽의 마다가스카르섬을 연결하는 ❷ ◻◻ 정책을 추진하였다. 그 과정에서 수단에서 두 나라가 충돌하여 ❸ ◻◻◻ 사건이 발생하기도 하였다.

답 ❶ 종단 ❷ 횡단 ❸ 파쇼다

---

1 빈칸에 알맞은 내용을 쓰시오.

1919년 전후 처리 문제를 논의하기 위해 파리 강화 회의가 개최되었다. 이 회의에서 미국 대통령 윌슨이 '모든 식민지 문제를 식민지 주민의 이사를 존중하여 처리한다'는 (1) ◻◻ 주의 등을 제안한 평화 원칙 14 개조를 기본 원칙으로 삼았다. 그러나 실제로는 승전국의 이익을 중요시 하였고, 독일에 보복적 성격이 강하였다. 이렇게 제1차 세계 대전이 끝난 후 형성된 새로운 국제 질서를 (2) ◻◻ 체제라고 한다.

2 필수 자료의 조약으로 인해 형성된 전후 체제에 대한 설명으로 옳은 것을 보기 에서 모두 고르시오.

보기
ㄱ. 독일은 군비를 축소해야 했다.
ㄴ. 독일은 영토의 일부를 포기하였다.
ㄷ. 민족 자결주의 원칙이 가장 중요시되었다.
ㄹ. 제1차 세계 대전 이후의 국제 질서를 의미한다.
ㅁ. 독일은 전쟁을 일으킨 죄임으로 막대한 배상금을 지불하게 되었다.

서술형

3 다음을 통해 알 수 있는 베르사유 체제의 특징을 서술하시오.

- 독일은 영토의 일부를 프랑스, 벨기에, 폴란드에 넘겨준다.
- 독일은 해외의 식민지에 관한 모든 권리를 포기한다.
- 독일은 연합국에 전쟁 배상금으로 1,320억 마르크를 지불해야 한다.

15 베르사유 체제

○ 개념 노트

- 자료는 베르사유 조약의 주요 내용이다.
- 제1차 세계 대전 이후의 국제 질서에 대해 묻는 문제가 출제될 수 있다. 파리 강화 회의와 14개조 평화 원칙의 내용, 베르사유 체제의 특징을 잘 정리해 둔다.

개념 필수 자료

베르사유 조약의 주요 내용

제119조 독일은 해외 식민지에 관한 모든 권리와 요구를 연합국과 그 협력 국에게 넘겨준다.

제231조 제1차 세계 대전의 모든 책임은 독일과 그 동맹국이 진다.

제235조 독일은 연합국의 청구액이 확정되기 전에 우선 배상 의원회가 정 하는 지불 방법에 따라 200억 마르크 금화에 해당하는 액수를 지 불해야 한다.

》 제1차 세계 대전이 끝난 이후 전후 문제를 처리하기 위해 파리 강화 회의가 열렸다. 파리 강화 회의의 결과로 영국, 프랑스 등 승전국과 독일 사이에 베르사유 조약이 체결되었다. 파리 강화 회의에 대한 보복적 성격이 강했던 베르사유 조약으로, 독일은 프랑스에 알자스·로렌 을 반환하는 등 해외의 영토와 모든 식민지를 포기해야 했고 군사비 지불과 무기 생산에 대해 통제를 받게 되었다. 또한 일정한 양까지 배상금을 지불해야 하는 부담을 안게 되었 는데, 이는 독일에 막대한 경제 부담을 가져왔다. 이렇게 제1차 세계 대전이 끝난 후 형성된 새로운 국제 질서를 베르사유 체제라고 한다.

자료 해석

제1차 세계 대전이 끝난 후 연합국은 전후 처리를 위해 ❶ **[　　　]** 을 개최하였다. 이 회의는 민족 자결주의 등을 포함한 14개조 평화 원칙을 기본으로 삼았다. 그러나 실제 회의에서는 평화의 유지보다는 승전국의 이익을 중시하는 방향으로 진행되었다. 그 결과 독일의 전쟁 책임을 묻는 보복적 성격이 강한 ❷ **[　　　]** 이/가 체결되었다.

답 | ❶ 파리 강화 회의 ❷ 베르사유 조약

핵심 개념 체크

1 알맞은 내용에 ○표를 하시오.

영국은 카이로에서 제이프라카의 식민지를 잇는 (1) (횡단 정책, 종단 정 책)을 추진하여 이프라카의 식민지를 확대하였다. 한편 (2) (독일, 프 랑스)은/는 알제리와 마다가스카르를 섬을 연결하는 (3) (횡단 정책, 종단 정책)을 추진하면서 수단의 (4) (콩가타, 파쇼다)에서 영국과 종단하 기도 하였다.

2 필수 자료 (가)~(다)에 대한 설명으로 옳은 것을 보기 에서 모두 고르시오.

[보기]

ㄱ. (가)는 3B 정책을 추진하였다.

ㄴ. (가)는 인도를 식민지화하였다.

ㄷ. (나)는 이프리카에서 횡단 정책을 추진하였다.

ㄹ. (나)는 수에즈 운하를 팔미로 이집트를 보호구화하였다.

ㅁ. (다)는 파쇼다 사건을 일미하였다.

3 [서술형] 다음 풍자화와 관련된 사건을 쓰고, 사건이 발생하게 된 배경을 서술하시오.

1 제1차 세계 대전의 배경에 대한 설명이다. 맞으면 ○표, 틀리면 ×표 하시오.

(1) 사라예보 사건을 계기로 제1차 세계 대전이 일어났다. ( )

(2) 제국주의 국가들이 이해관계에 따라 동맹을 결성하였다. ( )

(3) 영국, 러시아, 프랑스는 3국 협상에 맞서 3국 동맹을 체결하였다. ( )

(4) 제1차 세계 대전이 일어나기 전 아라비아반도에서는 범게르만주의와 범슬라브주의가 충돌하였다. ( )

2 필수 자료의 (나) 국가에 대한 설명으로 옳은 것을 | 보기 | 에서 모두 고르시오.

| 보기 |
> ㄱ. 3B 정책을 추진하였다.
> ㄴ. 범슬라브주의를 표방하였다.
> ㄷ. 프랑스와 모로코에서 충돌하였다.
> ㄹ. 게르만족의 이익과 단합을 추구하였다.
> ㅁ. 제1차 세계 대전 당시 무제한 잠수함 작전을 폈다.

3 필수 자료의 (가)~(라)에 해당하는 내용을 쓰시오.

빈출도 ❶ ❷ ❸

⑧ 이집트의 근대화 운동

○ 개념 노트

- 자료는 수에즈 운하의 개통으로 인해 단축된 항로를 표시한 지도이다.
- 수에즈 운하의 개통이 미친 영향을 묻는 문제가 출제될 수 있다. 수에즈 운하가 가져온 항로의 변화, 이집트의 상황 등을 꼼꼼하게 잘 정리해 둔다.

개념 필수 자료

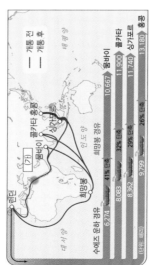

(단위: 해리)

	개통 전	개통 후
수에즈 운하 경유	6,274	
희망봉 경유	10,667	41% 단축
	8,083	콜카타
	8,362	32% 단축
	9,799	29% 단축
	11,900 콜카타	
	11,740 싱가포르	
	13,180 홍콩	26% 단축

≫ 수에즈 운하는 지중해와 홍해를 연결하는 세계 최대의 인공 수로이다. 1869년에 수에즈 운하가 개통되면서 유럽에서 아시아로 가는 항해 거리는 이전에 비해 3분의 1 수준으로 크게 단축되었다. 그러나 경제적 자립을 목적으로 추진되는 운하 건설 과정에서 많은 이집트인이 동원되어 희생되었다. 또한 이집트 정부는 운하 건설 과정에서 빌린 막대한 비용 때문에 재정 상황이 약화되었고, 결국 수에즈 운하에 대한 경영권을 넘겼다. 이후 수에즈 운하는 영국 재무부의 묵인하 도구로 이용되었고, 영국은 수에즈 운하를 빌미로 군대를 동원하여 이집트의 통치권을 빼앗았다.

자료 해석

19세기 중엽 이집트는 영국과 프랑스의 지금을 빌려 철도와 전신 시설을 마련하고고 중해와 홍해를 잇는 인공 수로인 ❶ □□ 을/를 건설하였다. 이로 인하여 유럽과 아시아를 잇는 항로가 크게 단축되었으나, 이집트는 큰 빚을 지고 내정 간섭을 받게 되었다. ❷ □□ 을/를 중심으로 한 군부는 열강의 간섭에 반대하여 '이집트인을 위한 이집트의 건설'이라는 구호를 내세우며 혁명을 일으키기도 하였으나 실패하였고, 결국 이집트는 영국의 보호국이 되었다.

답 ❶ 수에즈 운하 ❷ 아라비 파샤

14 3국 동맹과 3국 협상

○ 개념 노트

- 자료는 제1차 세계 대전의 직전의 유럽의 정세를 나타낸 것이다.
- 3국 동맹과 3국 협상, 범게르만주의와 범슬라브주의에 관련된 문제가 출제될 수 있다. 3국 동맹과 3국 협상에 포함되는 국가들을 기억해 두고, 양쪽의 갈등이 제1차 세계 대전으로 이어지는 과정을 정리해 둔다.

개념 필수 자료

▲ 제1차 세계 대전 직전 유럽의 정세

자료 해석

》19세기 말 유럽 각국은 자국들의 이해관계에 따라 서로 관계를 맺었다. 독일이 오스트리아·헝가리 제국, 이탈리아와 3국 동맹을 맺자, 이에 맞선 영국은 러시아, 프랑스와 3국 협상을 결성하여 대응하였다. 한편 발칸반도에서는 범게르만주의와 범슬라브주의가 충돌하며 대 미족 대립이 격화되었다. 이러한 가운데 1914년 사라예보에서 세르비아계 청년이 오스트리아·헝가리 제국의 황태자 부부를 암살하는 사건이 일어났는데, 이를 계기로 제1차 세계 대전이 발발하였다.

19세기 후반 유럽 각국은 제국주의 국가들의 이해관계에 따라 서로 대립하였다. 독일은 오스트리아·헝가리 제국, 이탈리아와 ❶ ____을/를 맺었고, 이에 맞선 영국은 러시아, 프랑스와 ❷ ____을/를 맺었다. 이에 범게르만주의와 범슬라브주의와의 대립으로 인해 긴장이 높아지던 발칸반도에서 사라예보 사건이 발생하였는데, 외교로 위한 유럽 각국이 전쟁에 참여하며 제1차 세계 대전이 발생하였다.

답 | ❶ 3국 동맹 ❷ 3국 협상

핵심 개념 체크

1 빈칸에 알맞은 내용을 쓰시오.

이 집트는 지중해와 홍해를 연결하는 ____(1)____ 운하를 건설하는 등 경제적 지원을 위하여 노력하였다. 그러나 급격한 개혁과 거대한 전쟁으로 이 집트의 재정 상태는 악화되면서 유럽 열강의 내정 간섭을 받게 되었다. 결국 20세기 초에 이 집트는 ____(2)____ 의 보호국이 되었다.

2 필수 자료의 (가) 운하의 개통이 이집트에 끼친 영향으로 옳은 것을 | 보기 | 에서 모두 고르시오.

| 보기 |
ㄱ. 이집트의 재정이 풍부해졌다.
ㄴ. 오스만 제국의 보호국이 되었다.
ㄷ. 영국과 프랑스의 내정 간섭을 받게 되었다.
ㄹ. 영국과 프랑스에게 많은 빚을 지게 되었다.
ㅁ. 막대한 이익을 얻어 유럽 열강으로부터 경제적으로 독립하였다.

3 유럽과 아시아를 연결하는 교역로가 (가)에서 (나)로 변화한 이유를 서술하시오.

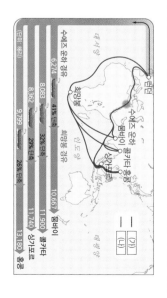

9 세포이 항쟁

○ 개념 노트

• 자료는 인도의 면직물 산업 몰락과 세포이 항쟁에 대한 내용이다.
• 세포이 항쟁의 배경, 전개 과정, 결과를 묻는 문제가 출제될 수 있다. 세포이 항쟁이 일어날 당시 영국과 인도의 관계, 세포이 항쟁의 결과 등을 잘 정리해 둔다.

개념 필수 자료

(가)

동인도 회사가 지급한 탄약 포장지에 소기름과 돼지기름이 칠해져 있다는 소문이 동자 대부분 힌두교도와 이슬람교도였던 세포이는 이를 종교 탄압으로 받아들였다.

≫ 산업 혁명 전까지 인도는 세계 최대의 면직물 수출국이었다. 그러나 산업 혁명으로 대량 생산된 영국의 값싼 면직물이 인도로 들어오면서 인도의 면직물 공업은 큰 타격을 입고 몰락하였다. 결국 영국의 인도 수탈과 종교 탄압에 불만이 폭발하여 세포이 항쟁이 일어났다.

자료 해석

18세기 동인도 회사를 앞세워 인도에 진출한 영국과 프랑스가 충돌하였다. 영국은 1757년 ❶ ☐ 에서 프랑스를 물리치고 벵골 지역 통치권을 차지하는 등 인도 대부분 지역을 점령해 나갔다. 그러나 영국의 인도 지배 방식과 수탈에 대한 불만이 확대되어 전국적인 규모의 반영 운동인 ❷ ☐ 이/가 발생하였다.

답 ❶ 플라시 전투 ❷ 세포이 항쟁

---

1 다음 빈칸에 알맞은 내용을 쓰시오.

나는 군주의 발전이 3대 주의에 의해 이루어졌다고 생각한다. 로마가 멸망하고 나서 (1) ☐ 주의가 일어나고 군주가 독립하였다. …… 세국들이 전체 정치를 행하자, 교지배자는 그 고통을 잡을 수 없게 되었다. 그리하여 (2) ☐ 주의가 일어났다. 18세기 말에서 19세기 초에 걸쳐 전체 군주제가 무너지고 입헌 국가가 들어섰다. …… 이제는 정체 문제가 정치 문제에 이어 일어나 (3) ☐ 주의가 유행하고 있다.

2 필수 자료의 내용을 주장한 인물에 대한 설명으로 옳은 것을 |보기|에서 모두 고르시오.

| 보기 |
ㄱ. 중국 동맹회를 결성하였다.
ㄴ. 전조전무 제도를 발표하였다.
ㄷ. 중화민국의 임시 대총통으로 추대되었다.
ㄹ. 중체서용을 토대로 부국강병을 이루고자 하였다.
ㅁ. 일본의 메이지 유신을 본보기로 한 정치 개혁을 주장하였다.

3 밑줄 친 부분에 대한 구체적인 내용을 각각 서술하시오.

서술형

중국 동맹회의 강령은 삼민주의로 민족, 민권, 민생이라고 할 수 있다.

13 쑨원의 삼민주의

개념 노트

- 자료는 쑨원의 삼민주의에 대한 내용이다.
- 쑨원의 삼민주의 내용 묻는 문제가 출제될 수 있다. 민족·민권·민생에 대한 쑨원의 주장까지 꼼꼼하게 정리해 둔다.

개념 필수 자료

나는 구미의 발전이 민족, 민권, 민생의 3대 주의에 의해 이루어졌다고 생각한다. 로마가 멸망하고 나서 [(가)] 주의가 일어나고 구미가 독립한 ...... 제국들이 전제 정치를 행하자, 피지배자는 그 고통을 참을 수 없게 되었다. 그리하여 [(나)] 주의가 일어났다. 18세기 말에서 19세기 초에 걸쳐 군주제가 무너지고 입헌 국가가 들어섰다. ...... 이제는 경제 문제가 정치 문제에 이어 일어나 [(다)] 주의가 유행하고 있다.

– 쑨원, 「민보」 발간사 –

쑨원은 중국 동맹회를 결성한 후 민족, 민권, 민생의 삼민주의를 내세웠다. 민족주의란 만주족을 몰아내고 한족의 주권을 회복하자는 것이고, 민권주의는 전제 군주 정치를 타도하고 국민이 주인이 되는 공화 정부를 수립하자는 것이며, 그리고 민생주의는 중국 국민의 생계 안정을 위한 개혁 사항을 주장한 것이다. 이러한 삼민주의는 중국 동맹회의 강령이 되었으며, 신해혁명의 이념으로 자리를 잡았다.

자료 해석

쑨원은 중국 동맹회 운동 실패 이후 청 왕조를 타도하고 새로운 국가 건설을 주창하는 혁명 운동의 큰 호응을 얻었다. 쑨원은 민족·민권·민생의 **①** 을/를 내세우며 중국 혁명을 결성하여 청 정부가 민간 철도를 국유화하여 이를 담보로 외자 지원을 받으려고 하자, 이에 반대하여 봉기가 발생하였다. 우창에서 무장 봉기가 계기가 되어났다. 혁명 세력은 임시 대총통으로 선출하여 난징에서 중국 최초의 공화국인 중화민국을 수립하였다.

답 ❶ 삼민주의 ❷ 신해혁명

1 영국의 인도 점령 과정에서 일어난 사건을 순서대로 쓰시오.

(가) 인도 제국을 수립하였다.
(나) 세포이 항쟁을 진압하였다.
(다) 인도에 동인도 회사를 설립하였다.
(라) 플라시 전투에서 승리하여 인도 무역을 독점하였다.

2 다음 사건에 대한 설명으로 옳은 것을 보기 에서 모두 고르시오.

영국 동인도 회사가 고용한 인도인 용병에게 지급된 신식 총의 탄약 봉지에 소와 돼지의 기름이 칠해져 있다는 소문이 돌았다. 대부분 힌두교도이거나 이슬람교도였던 인도인 용병들은 자신들의 종교와 관습이 무시당했다고 여기며 항쟁을 일으켰다.

보기
ㄱ. 세포이 항쟁에 대한 설명이다.
ㄴ. 이 항쟁의 결과로 무굴 제국이 멸망하였다.
ㄷ. 내부 분열과 영국군의 반격으로 실패하였다.
ㄹ. 대규모 민중 운동으로 확산되어 인도가 독립하였다.
ㅁ. 이후 영국 왕이 인도를 직접 통치하는 인도 제국이 수립되었다.

3 필수 자료 (가)에 해당하는 사건을 쓰고, 사건이 일어나게 된 배경 (가)와 연관 지어 서술하시오.
서술형

1 다음에 해당하는 것을 바르게 연결하시오.

(1) 난징 조약 •
(2) 강화도 조약 •
(3) 미일 수호 통상 조약 •

• ㉠ 운요호 사건을 계기로 체결
• ㉡ 조선이 체결한 최초의 근대적 조약
• ㉢ 아편 전쟁에 패한 청이 영국과 체결
• ㉣ 일본이 미국의 요구를 수용하여 체결

2 필수 자료의 (가)~(다)에 대한 설명으로 옳은 것을 보기 에서 모두 고르시오.

보기
ㄱ. (가)는 전쟁에서 승리한 영국의 청과 체결한 조약이다.
ㄴ. (나)는 조선과 일본이 체결한 조약이다.
ㄷ. (나)를 체결한 이후 일본의 경제 상황이 악화되었다.
ㄹ. (다)는 양국이 대등한 입장에서 맺어진 조약이다.
ㅁ. 일본은 (나)를 체결한 경험을 바탕으로 (다)를 체결하였다.

3 필수 자료의 (가)~(다)에 해당하는 조약을 쓰고, (가)~(다)의 공통점을 서술하시
서술형
오.

---

10 벵골 분할령

○ 개념 노트

• 자료는 영국의 벵골 분할령에 대한 내용이다.
• 벵골 분할령의 목적, 벵골 분할령 이후 인도 국민 회의의 성격 변화를 묻는 문제가 출제될 수 있다. 벵골 분할령과 관련한 지도나 상황 자료를 잘 익혀 두고, 인도 국민 회의가 이끈 민족 운동의 내용을 꼼꼼하게 정리해 둔다.

개념 필수 자료

— 동벵골과 서벵골의 분할선
분할 전의 벵골주

서벵골
(힌두교도)

동벵골
(이슬람교도)

티베트

네팔

부탄

미얀마

벵골만

콜카타 ⊙

≫ 영국이 행정의 효율성을 높인다는 명분을 내세워 벵골 지방을 동서로 분할한 정책으로, 힌두교도와 이슬람교도의 분열을 부추기는 데 목적이 있었다. 영국은 힌두교도가 다수인 서벵골과 이슬람교도가 다수인 동벵골을 분할하여 동벵골으로써 인도 민족이 단합과 민족 운동이 약화를 기대하였지만, 오히려 인도인이 반영 투쟁이 격화되는 결과를 낳았다. 특히 인도 국민 회의는 영국 상품 불매, 국산품 애용(스와데시), 자치 획득(스와라지), 민족 교육 실시를 주장하며 반영 운동에 앞장섰다. 결국 영국은 벵골 분할령을 철회하였다.

자료 해석

영국은 행정의 효율성을 높인다는 이유를 들어 벵골 지방을 힌두교도가 중심인 서벵골과 이슬람교도가 중심인 동벵골로 분리하는 내용을 담은 ❶ _____ 을/를 발표하였다. 영국은 이 정책으로 반영 운동이 활발한 벵골 지방을 분리하여 민족 운동을 약화하고자 하였다. 그러나 영국이 벵골 분할령을 발표하자, 그 이전까지 영국의 통치에 협조적이었던 ❷ _____ 이/가 반영 운동에 적극 앞장서게 되었다.

답 | ❶ 벵골 분할령 ❷ 인도 국민 회의

♦ 개념 노트

- 자료는 동아시아 3국이 맺은 불평등 조약들의 주요 내용을 정리한 것이다.
- 동아시아 3국의 개항 과정에서 맺은 불평등 조약에 대해 묻는 문제가 출제될 수 있다. 각국의 조약 내용을 구분하여 정리해 두고, 조약의 공통점을 기억해 둔다.

개념 필수 자료

(가)

- 상하이 등 5개 항구를 개항하고 중국을 영국에 할양
- 중국 내 외국인 범죄자에 대한 재외 법권 인정
- 공행 제도 폐지
- 수출입 물품에 대한 관세를 영국과 합동으로 결정

(나)

- 시모다, 하코다테 외에 4개 항구를 추가로 개항
- 일본에 수출하는 모든 상품은 별도로 정한 비에 따라 관세를 별칭
- 일본에게 치외 법권인 미국인의 미국 범에 따라 처벌

(다)

- 부산과 2개 항구를 개항하고 일본인 통상 허용
- 조선의 해안을 일본의 항해자가 자유롭게 측량
- 일본인이 조선의 항구에 머무는 죄를 범하면 일본 관원이 심판

≫ 이편 건청에서 패는 청은 영국과 불평등 조약인 난징 조약을 체결하여 개항하였고, 일본은 개항 후 미국과 함정 관세, 영사 재판권 등 불평등 요소들이 포함된 미·일 수호 통상 조약을 체결하였다. 강화도 조약은 조선이 외국과 체결한 최초의 근대적 조약이었지만, 해안 측량권과 치외 법권을 일본에 허용한 불평등한 조약이었다.

지문 해석

동아시아 3국은 열강과 ❶ 을를 개항하였다. 이 중 ❷ 은는 조선이 외국과 체결한 최초의 근대적 조약이지만 불평등한 내용을 담고 있다.

답| ❶ 불평등 조약 ❷ 강화도 조약

---

1 밑줄 친 ⊙에 해당하는 단체를 쓰시오.

세포이 항쟁 이후 인도에서는 지식인과 지주가를 중심으로 반영 운동이 전개되었다. 이에 영국은 인도인들을 회유하기 위해 ⊙ 이 인체의 결성을 지원하였다. 초기에 영국에 협조적이던 이 단체는 이후 영국의 반영 불평등을 제기로 반영 운동에 앞장섰다.

2 빨콜 불평칭에 대한 설명으로 옳은 것을 | 보기 | 에서 모두 고르시오.

| 보기 |

ㄱ. 영국은 결국 발표를 철의하였다.
ㄴ. 이로 인해 내의 반영 운동이 확산되었다.
ㄷ. 이후 인도 국민 회의가 영국의 인도 지배를 지지하였다.
ㄹ. 영국은 종교 갈등을 이용하여 민주 운동을 약화하고 이를 발표하였다.

3 밑줄 친 부분에 해당하는 변화를 서술하시오.

<서술형>

1905년 영국은 빨공국을 힌두교와 이슬람교도가 중심인 동벵골로 힌두교도가 중심인 서벵골과 이슬람교도가 중심인 동벵골로 분리하는 빨공령을 발표하였다. 이 정책에는 반영 운동이 활발한 벵골 지방을 힌두교도와 이슬람교도 거주지로 분리하여 민족 운동을 약화하려는 이도가 담겨 있었다. 영국이 빨공령을 발표한 뒤 인도 국민 회의에는 카디런 변화가 나타났다.

빈출도 ❶❷❸

⓫ 영국의 삼각 무역

○ 개념 노트

• 자료는 청과 영국 사이의 무역 구조의 변화를 나타낸 것이다.
• 삼각 무역이 발생하게 된 배경과 그 영향을 묻는 문제가 출제될 수 있다. 청과 영국 사이의 무역이 변화하게 된 원인을 잘 정리해 두고, 삼각 무역으로 인한 청의 변화를 기억해 둔다.

개념 필수 자료

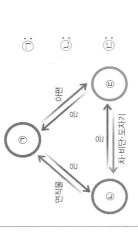

(가)

영국 ⇄ 동인도 회사 ← 차·비단·도자기 / 은(으)로

청

⟱ (면직물)

(나)

인도 ⇄ 청 (아편 / 은 / 차·비단·도자기)
인도 ⇄ 영국

» 18세기 중반 이후 청은 공행을 통해서만 서양과 무역하였다. 당시 막대한 양의 은을 지급하여 중국의 상품을 구매해 가던 영국은 몇 차례 사절을 파견하여 자유 무역을 요구하였지만 거절당하였다. 19세기 들어 영국은 늘어나는 무역 적자를 메우기 위해 식민지 인도에서 생산한 아편을 중국에 밀수출하는 삼각 무역을 전개하였다. 이로 인해 아편 중독자가 급증하고 은이 대량으로 유출되자 청 정부는 아편 단속에 나섰고, 영국은 이를 빌미로 제1차 아편 전쟁을 일으켰다.

자료 해석

청은 유럽 상인에게 광저우 한 곳만 개방하고, 정부의 허가를 받은 공행을 통해서만 교역할 수 있도록 하였다. 그러나 영국은 몰래 청에 늘어나는 청과의 무역 적자를 해소하기 위하여 ❶ 에서 생산한 아편을 청에 판매하였다. 청이 이를 단속하자 영국은 제1차와 아편 전쟁을 일으켰다. 전쟁에서 패한 청은 이를 빌미로 영국은 제1차, 제2차 아편 전쟁을 일으켜 청에 대한 ❷ 을/를 강요하였다. 결국 청은 상하이를 비롯한 다섯 항구를 개항하였다.

답 ❶ 인도 ❷ 난징 조약

1 ㉠~㉢에 들어갈 나라를 쓰시오.

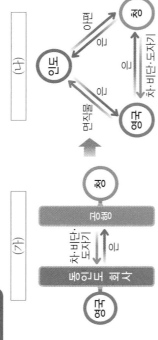

㉠ ⇄ ㉢ (아편 / 은)
㉢ ⇄ ㉡ (은 / 차·비단·도자기)
㉠ ⇄ ㉡ (면직물 / 은)

㉠:
㉡:
㉢:

2 필수 자료의 (가)에서 (나)로 청과 영국의 무역이 변화한 이후의 상황으로 옳은 것을 보기 에서 모두 고르시오.

┌ 보기 ┐
ㄱ. 청에서는 아편 중독자가 급증하였다.
ㄴ. 영국과 청의 무역 관계가 대등해졌다.
ㄷ. 청은 서양과의 무역을 위해 공행을 설치하였다.
ㄹ. 영국에서 인도산 면직물을 대량으로 수입하였다.
ㅁ. 청이 은이 대량으로 유출되어 세금 징수가 어려워졌다.

서술형

3 ㉠에 들어갈 내용을 서술하시오.

영국은 청과의 무역에서 차, 비단, 도자기 등의 수입은 상당하였으나, 영국산 면직물은 잘 팔리지 않았다. 이와 같은 상황으로 교역품의 결제 수단이었던 은이 영국에서 청으로 대량으로 유출되었다. 이에 영국은 ㉠ .

㉠에 들어갈 내용을 서술하시오.

중학전략
역사①

BOOK 2

이 책의 구성과 활용

이 책은 3권으로 이루어져 있는데 본책인 BOOK1, 2의 구성은 아래와 같아.

주 도입

본격적인 본문 학습에 앞서, 재미있는 만화를 살펴보면서 이번 주에 공부할 내용을 확인할 수 있습니다.

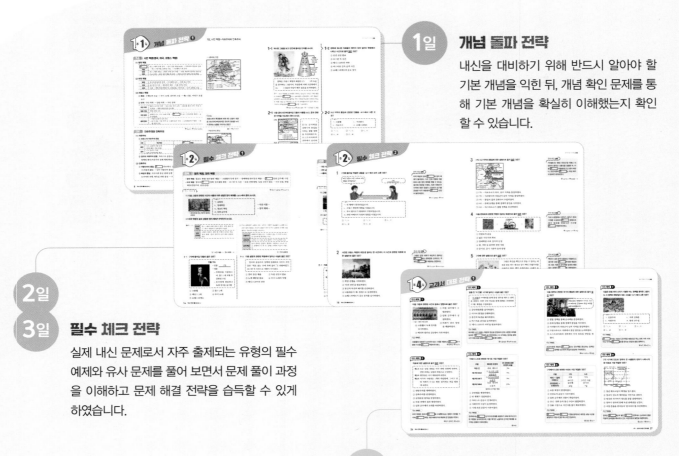

1일 개념 돌파 전략

내신을 대비하기 위해 반드시 알아야 할 기본 개념을 익힌 뒤, 개념 확인 문제를 통해 기본 개념을 확실히 이해했는지 확인할 수 있습니다.

2일

3일 필수 체크 전략

실제 내신 문제로서 자주 출제되는 유형의 필수 예제와 유사 문제를 풀어 보면서 문제 풀이 과정을 이해하고 문제 해결 전략을 습득할 수 있게 하였습니다.

4일 교과서 대표 전략

교과서의 핵심 개념을 다루는 주제를 대표 예제로 엄선하여 수록하였으며, 많은 문제를 풀어 보면서 문제에 대한 적응력을 높일 수 있도록 하였습니다.

학교 시험에 자주 나오는 출제 포인트를 제시하고 필수 자료와 해석을 넣어 철저히 분석하였으며, 바탕 예제를 수록하여 기본 개념과 다양한 유형의 문제를 접해 볼 수 있도록 하였습니다.

주 마무리 코너

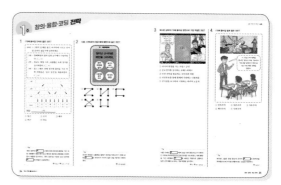

누구나 합격 전략

내신 유형에 맞춘 기본 연습 문제를 풀어 보면서 학습에 대한 자신감을 가질 수 있습니다.

창의·융합·코딩 전략

융복합 사고력과 창의력을 키우는 문제를 풀어 보면서 다양한 문제에 대한 적응력을 높일 수 있습니다.

권 마무리 코너

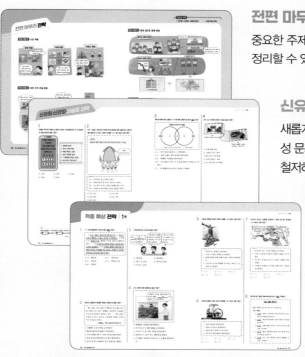

전편 마무리 전략

중요한 주제를 엄선하여 단원을 마무리하고 최종 정리할 수 있도록 하였습니다.

신유형·신경향·서술형 전략

새롭게 등장한 유형 문제, 시대 흐름을 반영한 경향성 문제를 다루었으며, 서술형 문제를 풀어 보면서 철저하게 내신을 대비할 수 있도록 하였습니다.

적중 예상 전략

학습한 내용을 최종 평가해 보는 코너로 2회에 걸쳐 제공하여, 스스로 자기 실력을 가늠해 볼 수 있도록 하였습니다.

정답과 해설

각 문제에 대한 기본 개념과 자료 분석, 쌍둥이 문제 등 자세한 풀이를 담았습니다. 특히 적중 예상 전략 해설에는 다시 한번 문제를 수록하고 출제 의도, 선택지 분석, 개념이나 용어 등을 제시하여 빈틈없이 해당 주제를 숙지할 수 있도록 구성하였습니다.

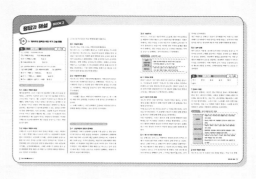

이 책의 차례

BOOK **2**

1주 제국주의 침략과 국민 국가 건설 운동

1주 1일 개념 돌파 전략 ❶

개념 1 　시민 혁명(영국, 미국, 프랑스 혁명)

(1) 영국 혁명

❶　혁명	찰스 1세의 전제 정치 → 권리 청원 제출(1628) → 의회파와 왕당파 충돌 → 찰스 1세 처형, 공화정 수립 → 크롬웰의 독재 정치
명예 혁명	찰스 2세와 제임스 2세의 전제 정치 부활 → 의회, 메리와 윌리엄 공동 왕으로 추대 → 권리 장전 제출 및 승인 → 의회 중심의 입헌 군주정 확립

(2) 미국 혁명

배경	영국의 중상주의 정책 → 인지세법 실시 → 차에 세금 부과
과정	보스턴 차 사건 → 대륙회의 개최 → 독립 선언문 발표
결과	독립 → 헌법 제정(연방주의, 삼권분립, 국민주권) → 민주 공화정 수립

(3) 프랑스 혁명

① 배경: 구제도의 모순 → 루이 16세, 삼부회 소집 → 제3 신분, 머릿수 표결 요구

② 전개: 국민 의회 → 입법 의회 → 국민 공회

국민 의회	테니스코트의 서약 → 바스티유 감옥 습격 → 봉건제 폐지 선언, 인권 선언 발표 → 헌법 제정(입헌 군주제)
입법 의회	혁명 전쟁 시작
국민 공회	공화정 선포, 루이 16세 처형 → ❷　의 공포 정치(혁명 재판소, 공안 위원회)
총재 정부	• 5명의 총재가 정치 주도 • 물가 상승, 식량 부족 등 국내외 혼란 지속 → 나폴레옹의 쿠데타 → 통령 정부 구성

❶ 청교도 ❷ 로베스피에르

개념 2 　자유주의와 민족주의

(1) 자유주의

① 프랑스의 자유주의 운동

구분	7월 혁명	❶　혁명
배경	샤를 10세의 전제 정치 (의회 해산, 언론 탄압)	중하층 시민, 노동자의 선거권 확대 요구
결과	루이 필리프 즉위 입헌 군주제 헌법 제정	루이 필리프 추방, 공화정 수립

② 영국의 자유주의 운동: 차티스트 운동(노동자의 선거권 확대 요구), 곡물법·항해법 폐지(자유주의 경제 체제 확립)

(2) 민족주의

① 이탈리아의 통일: ❷　(사르데냐, 중부와 북부 이탈리아 통일), 가리발디(의용대 활동 → 남부 이탈리아 통일) → 이탈리아 왕국 수립(1861)

② 독일의 통일: 프로이센 중심 관세 동맹 → 비스마르크의 철혈 정책 → 오스트리아와 전쟁, 북독일 연방 결성 → 프랑스와의 전쟁, 독일 제국 수립

❶ 2월 ❷ 카보우르

| 나폴레옹 전쟁

Quiz

프랑스에서 특권층에 비해 제3 신분이 세금을 과도하게 부담하지만 정치적 권리를 누리지 못하는 상황을 가리키는 말은?

답 | 구제도의 모순

| 이탈리아의 통일

Quiz

영국에서 제1차 선거법 개정 이후 중하층 시민, 노동자에 대한 선거권을 확대할 것을 요구하며 인민 헌장 등을 제출하였던 운동은?

답 | 차티스트 운동

1-1 제시된 그림을 보고 빈칸에 들어갈 단어를 쓰시오.

왼쪽은 프랑스 혁명의 배경인 (㉠   )의 모순을 풍자하는 그림이며, 특권층에 비해 오른쪽에서 (㉡   ) 신분의 부담이 매우 컸음을 묘사하였다.

풀이 | 미국 혁명에 군사비를 지원하고 왕실의 사치로 인해 재정이 악화되자 **❶   **은/는 삼부회를 소집하였다. 시민 계층은 삼부회의 표결 방식에 불만을 가져 신분별 투표에서 머릿수 투표로 바꿀 것을 요구하지만, 이 요구가 받아들여지지 않자 테니스코트의 서약을 통해 **❷   **을/를 구성하였다.

❶ 루이 16세 ❷ 국민 의회 **답 |** ㉠ 구제도 ㉡ 제3

1-2 왼쪽에 제시된 자료들이 원인이 되어 일어난 혁명에서 나타난 사건으로 옳지 않은 것은?

① 인권 선언 발표

② 보스턴 차 사건

③ 테니스코트의 서약

④ 바스티유 감옥 습격 사건

⑤ 로베스피에르의 공포 정치

2-1 다음 글의 빈칸에 들어갈 인물의 이름을 쓰고, 글과 관련된 지역을 지도에서 찾아 쓰시오.

(가)

(나)

(   ) 은/는 군사력을 강화시켜 통일을 이루는 철혈 정책을 추진하였으며, 오스트리아와의 전투에서 승리하여 북독일 연방을 구성하였다.

풀이 | 독일에서는 프로이센을 중심으로 **❶   ** 동맹을 통해 경제적인 통일을 시도하였고, 자유주의의 영향을 받아 **❷   ** 의회에서 통일 방안을 논의하였다. 그러나 독일의 통일은 철혈 정책을 통해 키운 군사력을 바탕으로 오스트리아, 프랑스와의 전쟁에서 이김으로 독일 제국을 수립하였다.

❶ 관세 ❷ 프랑크푸르트 **답 |** 비스마르크, (가)

2-2 (나) 지역의 통일과 관련된 인물을 |보기|에서 고른 것은?

┌ 보기 ┐
ㄱ. 크롬웰   ㄴ. 가리발디
ㄷ. 카보우르   ㄹ. 로베스피에르

① ㄱ, ㄴ   ② ㄱ, ㄷ   ③ ㄴ, ㄷ
④ ㄴ, ㄹ   ⑤ ㄷ, ㄹ

개념 3 산업혁명과 제국주의

(1) **산업혁명**: 공장제 수공업 → 방적기, 방직기 발명 + 증기기관 개량 → 공장제 기계 공업 → 자본주의 경제 체제 확립

　① **영향**: 교통 혁명(증기 기관차, 증기선), 통신 혁명(유선 전신, 전화)

　② **문제점**: 도시 문제, 노동문제 → ❶ [　　　] 운동(기계 파괴 운동), 노동조합 운동, 사회주의 사상(마르크스·오언 등) 등장

(2) **제국주의**: 약소국을 침략하여 식민지로 만드는 유럽의 팽창 정책

　① **사상**: 인종주의(백인 우월주의), 사회 진화론

　② **아프리카 분할**: 종단 정책(영국) ↔ 횡단 정책(프랑스) → ❷ [　　　] 사건

❶ 러다이트 ❷ 파쇼다

l 제국주의 풍자화

Quiz

다윈의 진화론을 바탕으로 강대국이 약소국을 지배하는 것이 당연하다고 제국주의를 합리화한 사상은?

답 l 사회 진화론

개념 4 인도·서아시아의 국민 국가 건설 운동

(1) **인도의 국민 국가 건설 운동**: ❶ [　　　] 전투(영국, 벵골 지방 통치권 확보) → 세포이의 항쟁 → 영국령 인도 제국 수립 → 인도 국민 회의 결성 → 벵골 분할령 → 반영 운동 전개(스와라지, 스와데시, 영국 상품 불매, 국민 교육 실시)

(2) **서아시아의 국민 국가 건설 운동**

오스만 제국	❷ [　　　] 실시(의회 개설, 헌법 제정), 청년 튀르크당의 혁명(술탄의 전제 정치에 반발 → 무장 봉기, 헌법 부활)
이란	담배 불매 운동, 입헌 혁명(헌법 제정)
아라비아	와하브 운동(이슬람교 본래의 순수성을 되찾고자 한 운동)
이집트	무함마드 알리, 근대화 추진, 자치권 획득 → 수에즈 운하 건설 → 건설 비용 부담으로 인해 영국의 보호국화

❶ 플라시 ❷ 탄지마트

l 벵골 분할령

Quiz

동인도 회사의 용병들을 중심으로 영국의 식민 통치에 저항하였던 운동은?

답 l 세포이의 항쟁

개념 5 동아시아 국민 국가 건설 운동

(1) **중국의 국민 국가 건설 운동**

　① **개항**: 제1차 아편 전쟁 → ❶ [　　　] 조약(홍콩 할양, 공행 무역 폐지) → 제2차 아편 전쟁 → 톈진 조약, 베이징 조약(내륙 통상 허용)

　② **근대화 운동**

태평천국 운동	홍수전, 상제회 중심 → 천조전무 제도(토지 균등 분배, 남녀평등) 제시
양무운동	이홍장, 증국번 등 → 중체서용론, 서양 군사 기술 수용
변법자강 운동	캉유웨이, 량치차오 등 → 입헌 군주제, 의회제 도입 추진
신해혁명	중국 동맹회(쑨원, 삼민주의)의 혁명 활동, 민간 철도 국유화 반대 운동 → 중화민국 수립(공화정)

(2) **일본의 국민 국가 건설 운동과 제국주의화**

메이지 유신	번을 폐지하고 현을 설치, 신분제 폐지, 이와쿠라 사절단 파견(근대 문물 시찰)
일본 제국 헌법 제정	천황 중심의 입헌 군주제 헌법 제정
제국주의화	청일 전쟁, ❷ [　　　] 조약(타이완, 랴오둥 반도 획득) → 삼국 간섭 → 러일 전쟁, 포츠머스 조약(일본의 한반도 지배권 인정)

❶ 난징 ❷ 시모노세키

l 18세기(편무역)

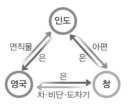

l 19세기(삼각 무역)

Quiz

쑨원이 민족주의, 민권주의, 민생주의를 내용으로 제시한 중국 동맹회의 강령은?

답 l 삼민주의

3-1 제시문의 빈칸에 들어갈 단어를 쓰시오.

산업 혁 명 의 발 달 로 (㉠) 주의 경제 체제가 발달하였고, 이로 인해 저임금, 장시간 노동 등의 노동 문제가 발생하였다.

이를 해결하기 위해 왼쪽 사진의 (㉡) 등의 인물들은 ⓐ 사유 재산을 부정하고 공동 생산, 공동 분배 등의 내용의 사상을 제시하였다.

풀이 | 산업혁명의 과정에서 ❶ ☐ 기관이 동력으로 사용되면서 대량 생산, 대량 소비의 생산 양식이 확립되었다. 이에 영향을 받아 증기 기관차, 증기선 등이 발명된 ❷ ☐ 혁명으로 인해 유통이 활발해지면서 자본주의가 발달하였다.

❶증기 ❷교통   답 | ㉠ - 자본, ㉡ - 마르크스

4-1 다음 지도를 보고 빈칸에 들어갈 단어를 쓰세요.

아라비아 지역에서는 이슬람교의 경전인 (㉠)의 가르침에 따라 이슬람교 초기의 순수성을 되찾자는 (㉡) 운동이 이루어졌다.

풀이 | 와하브 운동은 ❶ ☐ 민족주의와 결합하여 ❷ ☐ 제국의 지배로부터 저항하는 움직임으로 확대되었다.

❶아랍 ❷오스만   답 | ㉠ - 『쿠란』, ㉡ - 와하브

5-1 제시된 도표의 A, B, C에 각각 들어갈 단어를 쓰시오.

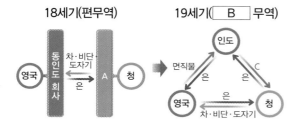

풀이 | 청과의 무역에서 적자를 본 영국은 인도에서 마약인 C를 청에 유통하여 적자를 해소하고자 하였다.

이러한 영국, 인도, 청 사이의 무역을 배경으로 ❶ ☐ 차 아편 전쟁이 발발하였으며, 그 결과 홍콩을 할양하는 등의 내용을 담은 ❷ ☐ 조약을 체결하였다.

❶제1 ❷난징   답 | A - 공행, B - 삼각, C - 아편

3-2 밑줄 친 ⓐ로 옳은 것은?

① 자본주의

② 자유주의

③ 사회주의

④ 중상주의

⑤ 민족주의

4-2 지도와 관련된 지역에서 일어난 민족 운동으로 옳은 것은?

① 스와라지   ② 스와데시

③ 탄지마트   ④ 와하브 운동

⑤ 담배 불매 운동

5-2 제시된 내용과 관련된 운동으로 옳은 것은?

• 중국의 전통을 바탕으로 서양 군사 기술을 수용

• 이홍장·증국번 등의 한인 신사층이 주도한 운동

① 신해혁명

② 양무운동

③ 의화단 운동

④ 메이지 유신

⑤ 변법자강 운동

메리와 윌리엄 공동왕이 즉위한 이후 의회가 제출한 '권리장전'을 통해 성립한 정치 체제는 무엇인가?

➡ 의회가 제임스 2세를 몰아내고 메리와 윌리엄 공동왕을 즉위시킨 사건을 ❶　　　 혁명이라고 하며, 이 혁명 과정에서 의회가 권리 장전을 제출함으로써 왕의 권력이 법으로 제한되는 ❷　　　 이/가 성립하게 되었다.

답 | ❶ 명예 ❷ 입헌 군주제

1 다음 글의 A, B에 들어갈 내용으로 옳은 것은?

> 찰스 1세의 전제 정치에 맞서 의회에서는 국왕이 마음대로 세금을 가져가지 못하게 하는 (　A　)을/를 요구하였다. 그러나 이를 무시하고 전제 정치가 이루어지자 (　B　) 중심의 의회파가 국왕을 처형하고 공화정을 수립하였다.

	A	B		A	B
①	권리 청원	크롬웰	②	권리 청원	제임스 2세
③	권리 장전	크롬웰	④	권리 장전	제임스 2세
⑤	인권 선언	루이 16세			

영국이 식민지에 부과한 차세에 반발하여 일어난 사건은?

➡ 아메리카 식민지에 제정한 ❶　　　 법에 대한 반발이 크자 영국은 차세만을 남겼다. 이에 불만을 가진 식민지인들은 인디언 분장을 하고 항구에 정박한 배에 실린 차를 바다에 버리는 ❷　　　 차 사건을 일으켰다.

답 | ❶ 인지세 ❷ 보스턴

2 다음 지도와 관련된 시민혁명이 일어난 배경을 보기 에서 고른 것은?

보기
ㄱ. 인지세법
ㄴ. 테니스코트의 서약
ㄷ. 크롬웰의 독재 정치
ㄹ. 영국의 중상주의 정책

① ㄱ, ㄴ　　　② ㄱ, ㄷ　　　③ ㄱ, ㄹ
④ ㄴ, ㄷ　　　⑤ ㄷ, ㄹ

샤를 10세의 추방 이후 들어선 정치 체제는?

➡ 샤를 10세의 전제 정치를 배경으로 일어난 ❶　　　 혁명의 결과 ❷　　　 군주제가 실시되었으며 루이 필리프가 왕으로 즉위하였다.

답 | ❶ 7월 ❷ 입헌

3 교사의 다음 설명에 해당하는 사건으로 옳은 것은?

이 그림은 샤를 10세의 전제 정치에 저항했던 당시 모습을 보여 주고 있습니다.

① 명예혁명　　　　② 청교도 혁명
③ 차티스트 운동　　④ 프랑스 7월 혁명
⑤ 프랑스 2월 혁명

바탕 문제

영국이 아프리카에 적용했던 제국주의 정책은?

➡ 영국은 **❶**　　　 의 카이로부터 케이프타운, 인도의 캘커타를 연결하는 3C 정책을 실시하였으며, 특히 아프리카에서는 카이로부터 케이프타운을 세로로 연결하는 **❷**　　　 정책을 실시하였다.

답 | ❶ 이집트 ❷ 종단

4 다음 그림의 사건과 관련된 제국주의 국가의 팽창 정책을 |보기|에서 고른 것은?

그림은 할머니로 분장한 늑대(영국)가 빨간 모자(프랑스)가 들고 있는 쿠키(파쇼다)를 욕심내고 있는 장면을 보여준다. 당시 영국과 프랑스 사이에서 벌어진 충돌을 풍자하고 있다.

┌ 보기 ┐
ㄱ. 철혈 정책　　　　　　ㄴ. 횡단 정책
ㄷ. 종단 정책　　　　　　ㄹ. 관세 동맹

① ㄱ, ㄴ　　　　② ㄱ, ㄷ　　　　③ ㄴ, ㄷ
④ ㄴ, ㄹ　　　　⑤ ㄷ, ㄹ

바탕 문제

인도 국민 회의의 성격이 바뀌게 된 계기는?

➡ 인도 국민 회의는 창립 당시 영국에 협조적인 태도를 가지고 있었으나 벵골 지역을 동서로 나누는 **❶**　　　 을 계기로 영국에 저항하였다. 이후 **❷**　　　 (자치권 획득) 등의 강령을 발표하고 저항 운동을 벌였다.

답 | ❶ 벵골 분할령 ❷ 스와라지

5 그림과 관련된 반영 운동이 벌어진 배경으로 옳은 것은?

스와라지로 영국에게서 자치권을 얻읍시다!

영국 상품 이용하지 맙시다. 스와데시(국산품 애용)합시다!

① 수에즈 운하를 개통하였다.
② 벵골 분할령이 발표되었다.
③ 세포이의 항쟁이 일어났다.
④ 와하브 운동이 추진되었다.
⑤ 담배 불매 운동을 추진하였다.

바탕 문제

홍수전의 상제회를 중심으로 추진한 근대화 운동은?

➡ 홍수전은 **❶**　　　 평등, 토지 균등 분배 등의 내용을 담은 천조전무 제도를 바탕으로 **❷**　　　 운동을 추진하였다.

답 | ❶ 남녀 ❷ 태평천국

6 다음 구호들을 외친 근대화 운동으로 가장 적절한 것은?

• 전족과 같은 악습을 폐지하자.
• 만주족이 세운 청을 무너뜨리자.
• 모든 토지는 사람들이 똑같이 나누어 갖자.

① 탄지마트　　② 양무 운동　　③ 와하브 운동
④ 태평천국 운동　　⑤ 변법자강 운동

전략 1 영국 혁명, 미국 혁명

- **영국 혁명**: 청교도 혁명('권리청원' 제출) → 크롬웰의 독재 정치 → 명예혁명(권리장전 제출) → **❶** ▢▢▢▢▢(입헌 군주제 수립)
- **미국 혁명**: 영국의 **❷** ▢▢▢ 정책, 인지세법 제정 → 보스턴 차 사건 → 독립 전쟁 발발, 독립 선언서 발표 → 미국 독립, 헌법 제정(연방주의, 삼권 분립)

❶ 메리와 윌리엄 ❷ 중상주의

필수 예제 1

(1) 다음 그림과 관련된 사건의 이름과 이후 성립한 정치 체제를 ㅣ보기ㅣ에서 골라 쓰시오.

▲ 권리장전을 받는 메리와 윌리엄 공동왕

┌ 보기 ┐
ㄱ. 공화정
ㄴ. 명예혁명
ㄷ. 청교도 혁명
ㄹ. 입헌 군주제

- 사건 이름 –
- 정치 체제 –

(2) 미국 혁명의 결과 성립된 정치 체제가 무엇인지 쓰시오.

풀이ㅣ (1)

청교도 혁명	찰스 1세의 전제 정치가 원인, 혁명 결과 찰스 1세가 처형되고 공화정이 수립됨.
입헌 군주제	국왕이 의회가 정한 법 안에서 통치를 하는 정치 체제. '권리 장전'의 승인 결과 성립되었음.

답ㅣ 사건 이름 – ㄴ, 정치 체제 – ㄹ

(2) 민주 공화정은 국왕이 아닌 국민이 선출한 대표들이 나라를 다스리는 정치 체제로, 미국의 성립은 최초의 민주 공화제 국가를 수립했다는 역사적 의의를 보여 준다.

연방주의	아메리카 합중국을 구성하고 있는 각 주의 독자성을 중요하게 생각하는 이념
국민주권	나라를 다스리는 통치 권력이 국민으로부터 나옴
삼권 분립	통치 권력을 입법부, 행정부, 사법부로 나누어 서로 견제하도록 한 것. 몽테스키외의 이론이 적용됨.

답ㅣ 민주 공화정

1-1 (가)에 들어갈 인물로 옳은 것은?

인물 카드

- 인물: _____ (가)
- 내용
  - 의회파를 이끌었으며, 찰스 1세 처형 후 공화정 수립
  - 호국경에 취임하고 독재 정치를 실시함.

① 크롬웰　　　　② 찰스 2세
③ 제임스 2세　　④ 루이 16세
⑤ 로베스피에르

1-2 다음 설명과 관련된 혁명에서 일어난 사실로 옳은 것은?

영국의 중상주의 정책에 반대하며 식민지 주민들은 "대표 없는 곳에 과세 없다."고 반발하였고, 보스턴 차 사건으로 저항이 이어졌다.

① 권리 장전 제출　　② 독립 선언서 발표
③ 노예 해방령 발표　　④ 루이 16세의 처형
⑤ 테니스코트의 선언

전략 2 프랑스 혁명

- 국민 의회: 봉건제 폐지 선언, **❶** 발표, 헌법 제정(입헌 군주제)
- 국민 공회: **❷** 선포, 루이 16세 처형, 로베스피에르의 공포 정치(공안 위원회, 혁명 재판소)
- 나폴레옹 시기: 통령 정부(『나폴레옹 법전』편찬), 제1 제정(대륙 봉쇄령, 대러시아 원정)

❶ 인권 선언 **❷** 공화정

필수 예제 2

(1) 그림의 사건 이후 바로 구성된 의회에서 일어난 사실을 |보기|에서 모두 고르면?

▲ 테니스코트의 서약

┌ 보기 ┐
ㄱ. 혁명 전쟁 발발
ㄴ. 인권 선언 발표
ㄷ. 대륙 봉쇄령 발표
ㄹ. 봉건적 특권 폐지 선언 발표

(2) |보기|의 정부를 구성된 순서대로 나열하시오.

┌ 보기 ┐
ㄱ. 국민 의회   ㄴ. 통령 정부   ㄷ. 국민 공회   ㄹ. 입법 의회

풀이 | (1) 테니스코트의 서약 이후 제3 신분을 중심으로 국민 의회가 구성되었다.

혁명 전쟁 발발	입법 의회가 오스트리아, 프로이센 등 대프랑스 동맹에 선전 포고하여 발생함.
대륙 봉쇄령	제1 제정 시기 나폴레옹이 영국을 고립시키고자 유럽의 국가들에 영국과의 무역을 금지시킨 명령

답 | ㄴ, ㄹ

(2)

입법 의회	국민의회가 제정한 입헌 군주제 헌법으로 성립한 의회. 국민의회의 해산 이후 성립함.
국민 공회	공화정 선포 이후 루이 16세를 처형한 이후 만들어진 의회
통령 정부	나폴레옹이 쿠데타를 일으켜 총재정부를 무너뜨리고 세운 정부

답 | ㄱ → ㄹ → ㄷ → ㄴ

2-1 자료를 발표한 시기로 옳은 것은?

제1조 인간은 자유롭게 그리고 평등한 권리를 가지고 태어났다.
제3조 모든 주권은 국민에게 있다. 어떤 개인이나 단체도 국민으로부터 나오지 않은 권력을 행사할 수 없다.
– '인간과 시민의 권리 선언(인권 선언)' –

① 제1 제정   ② 국민 의회   ③ 입법 의회
④ 통령 정부   ⑤ 국민 공회

2-2 다음 설명과 관련된 시기를 연표에서 옳게 고른 것은?

나폴레옹은 영국을 고립시키기 위해 '대륙 봉쇄령'을 내렸다. 그러나 러시아는 영국과 무역을 지속하였고, 이에 나폴레옹은 러시아 원정을 실시하였다.

①	②	③	④	⑤
국민 의회	국민 공회	총재 정부	통령 정부	

전략 3 자유주의와 민족주의

- **자유주의**: 프랑스 7월 혁명(샤를 10세의 전제 정치 → 루이 필리프 즉위, 입헌 군주제 수립), 프랑스 2월 혁명(노동자의 선거권 요구 → 루이 필리프 추방, 공화정 수립), 영국(**❶**   운동(노동자의 선거권 확대 요구))
- **민족주의**: 이탈리아의 통일(카보우르, 가리발디 → 이탈리아 왕국 수립), 독일의 통일(관세 동맹 → 프랑크푸르트 의회 → **❷**   의 철혈 정책 → 북독일 연방 결성 → 독일 제국 수립)

❶ 차티스트 ❷ 비스마르크

필수 예제 3

(1) ㉠, ㉡에 들어갈 내용을 쓰시오.

사건	7월 혁명	2월 혁명
배경	(㉠)의 전제 정치	노동자의 선거권 확대 요구
결과	(㉡) 즉위	(㉡) 추방
정치 체제	입헌 군주제 수립	공화정 수립

풀이 | (1) ㉠ 샤를 10세의 전제 정치 – 빈 체제의 성립 이후 프랑스 혁명 이전의 왕정으로 되돌아감. 샤를 10세 즉위 이후 의회 해산, 참정권 축소 등의 전제 정치 시도.
㉡ 루이 필리프 – 7월 혁명의 결과 즉위하였으나, 노동자의 선거권 확대 요구를 탄압함으로써 2월 혁명에서 추방됨.

답 | ㉠ – 샤를 10세, ㉡ – 루이 필리프

(2) 다음은 독일의 통일 과정에서 발표된 연설문이다. 연설문을 발표한 인물과 실시한 정책을 쓰시오.

> 독일이 현재의 과제를 수행하기 위해 눈여겨보아야 할 것은 군비입니다. …(중략)… 독일의 문제는 연설이나 다수결로 해결할 수 없으며 철과 피에 의해서만 해결될 수 있습니다.

(2) 철혈 정책을 통한 군비 확장을 통해 군대를 키운 프로이센은 두 차례의 전쟁을 거쳐 독일 통일을 이루었음.

철혈 정책	비스마르크의 군비 증강 정책
프로이센 – 오스트리아 전쟁	북독일 연방 결성
프로이센 – 프랑스 전쟁	독일 제국 수립

답 | 비스마르크, 철혈 정책

3-1 제시된 자료와 관련된 사건으로 옳은 것은?

> - 21세 이상 모든 남자의 선거권 인정
> - 유권자 보호를 위해 비밀 투표제 실시
> - 하원 의원의 재산 자격 조항 폐지
> - 하원 의원에게 보수 지급
> - 인구 비례에 의한 평등한 선거구 결정
>   – 『인민헌장』(1838) –

① 러시아 원정　　② 러다이트 운동
③ 차티스트 운동　④ 프랑스 7월 혁명
⑤ 프랑스 2월 혁명

3-2 (가), (나)에 해당하는 나라들을 옳게 짝지은 것은?

> (가) 가리발디가 붉은 셔츠단의 의용군을 이끌고 나폴리 등의 남부를 통일하였다.
> (나) 프랑크푸르트 의회를 개최하여 통일 방안을 논의하였다.

	(가)	(나)
①	영국	러시아
②	독일	이탈리아
③	프랑스	영국
④	러시아	프랑스
⑤	이탈리아	독일

전략 4 산업혁명과 제국주의

- 산업혁명: 공장제 수공업 → 증기기관 개량 → 공장제 기계 공업 → 교통·통신 혁명, 사회 문제 발생(↔ 해결 노력 : ❶ ____ 운동(기계 파괴 운동), 노동 조합 운동, 사회주의 사상)
- 제국주의: 인종주의, 사회 진화론을 바탕 → 아프리카, 아시아 등 약소국에 식민지 건설, ❷ ____ 사건(영국의 종단 정책 ↔ 프랑스의 횡단 정책)

필수 예제 4

❶ 러다이트 ❷ 파쇼다

(1) 다음은 산업혁명으로 인한 생산 양식의 변화 과정이다. 빈칸에 들어갈 단어를 쓰시오.

가내 수공업

기계의 발명과
증기기관의 개량

(   )

(2) 다음 설명과 관계 깊은 사상의 이름을 쓰시오.

- 스펜서 등이 다윈의 진화론을 적용한 이론
- 인간 세계에서도 약육강식·적자생존의 원칙이 적용된다고 주장

풀이 | (1)

공장제 수공업	수공업자들이 한 곳에 모여 제품 생산
공장제 기계 공업	방적기, 방직기 등의 기계를 활용하여 공장에서 제품 생산

답 | 공장제 기계 공업

(2)

인종주의	백인 우월주의. 백인이 유색 인종보다 우월하며 지배할 수 있다고 주장
사회 진화론	다윈의 진화론 적용. 강한 나라, 민족이 약한 나라, 민족을 지배할 수 있다고 정당화

답 | 사회 진화론

4-1 (가), (나)의 공통된 배경으로 옳은 것은?

(가)	(나)
증기선의 발명	벨의 전화기 시험

① 산업 혁명 ② 교통 혁명 ③ 통신 혁명
④ 명예 혁명 ⑤ 청교도 혁명

4-2 (가)와 (나)는 유럽의 국가들이다. (가), (나)의 충돌로 일어난 A 사건으로 옳은 것은?

대 서 양

■ (가) 식민지령
■ (나) 식민지령

① 모로코 사건 ② 파쇼다 사건
③ 베를린 회의 ④ 플라시 전투
⑤ 세포이의 항쟁

1 (가)에 들어갈 적절한 내용을 보기에서 모두 고른 것은?

미국 독립이 다른 나라에 미친 영향은 무엇일까요?

(가) .

보기
ㄱ. 빈 체제가 붕괴되었습니다.
ㄴ. 프랑스 혁명에 영향을 미쳤습니다.
ㄷ. 루이 필리프가 왕위에서 추방되었습니다.
ㄹ. 라틴 아메리카 독립에 영향을 미쳤습니다.

① ㄱ, ㄴ　　　　② ㄱ, ㄷ　　　　③ ㄴ, ㄷ
④ ㄴ, ㄹ　　　　⑤ ㄷ, ㄹ

2 사진은 프랑스 혁명의 과정 중 일어난 한 사건이다. 이 사건과 관련된 의회에 대한 설명으로 옳은 것은?

① 혁명 전쟁을 시작하였다.
② '인권 선언'을 발표하였다.
③ 봉건적 특권의 폐지를 선언하였다.
④ 나폴레옹이 제1 통령으로 집권하였다.
⑤ 로베스피에르가 공포 정치를 실시하였다.

3 (가), (나) 지역의 통일에 대한 설명으로 옳지 <u>않은</u> 것은?

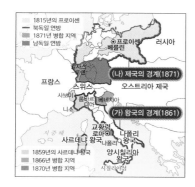

① (가) – 카보우르가 북부, 중부 지역을 통일하였다.
② (가) – 가리발디의 의용군이 남부 지역을 통일하였다.
③ (가) – 통일의 결과 공화국이 수립되었다.
④ (나) – 관세 동맹을 통해 경제적 통일을 이루었다.
⑤ (나) – 비스마르크가 철혈 정책을 추진하였다.

문제 해결 **전략**

가리발디는 '붉은 셔츠단'을 이끌고 시칠리아 왕국과 나폴리를 점령한 후, 이를 ❶ _____ 국왕에게 조건 없이 바쳤다. 프로이센의 ❷ _____ 는 독일 제국의 황제로 즉위하였다.

❶ 사르데냐 ❷ 빌헬름 1세

4 다음 변화표와 관련된 혁명이 일어난 배경으로 옳지 <u>않은</u> 것은?

① 인클로저 운동
② 넓은 식민지의 확보
③ 명예혁명 이후 정치적 안정
④ 철, 석탄 등 풍부한 천연 자원
⑤ 증기선, 증기 기관차 등의 발명

문제 해결 **전략**

가내 수공업에서 방적기, 방직기 등의 기계를 도입하여 ❶ _____ 공업으로 생 산 형 태 를 변 화 시 킨 사 건 을 ❷ _____ 혁명이라 한다.

❶ 공장제 기계 ❷ 산업

5 (가)에 대한 설명으로 옳지 <u>않은</u> 것은?

그림은 흑인을 백인으로 만들 수 있다는 내용을 담은 비누 광고로 당시 백인 우월주의를 보여주고 있다. 백인 우월주의는 19세기 유럽 국가들의 _____(가)_____ 정책을 뒷받침하는 사상이었다.

① (가)는 제국주의이다.
② 사회 진화론을 뒷받침하는 사상으로 활용하였다.
③ 민족의 통일, 독립 등을 중요하게 생각하였다.
④ 영국, 프랑스가 (가) 정책으로 아프리카에서 충돌하였다.
⑤ 원료 생산지, 상품 시장으로서 식민지를 확보하는 정책이다.

문제 해결 **전략**

백인이 다른 유색 인종보다 우월하다고 생각한 것은 ❶ _____ 주의에 해당하며, 이는 자본과 군사력을 앞세워 팽창하는 정책인 ❷ _____ 를 뒷받침하는 사상이다.

❶ 인종 ❷ 제국주의

전략 1 인도의 국민 국가 건설 운동

- 영국의 인도 식민지화: ❶　　　(영국의 통치권 확보) → 세포이의 항쟁 → 영국령 인도 제국 수립
- 인도 국민 회의: 초기(영국에 협조적) → ❷　　　을 계기로 반영 운동 전개 → 4대 강령(스와라지, 스와데시, 국산품 애용, 국민교육 실시) 제시

❶ 플라시 전투 ❷ 벵골 분할령

필수 예제 1

(1) 다음의 설명과 관련된 사건의 이름을 쓰시오.

동인도 회사에 고용된 용병들을 중심으로 일어난 운동이다. 이들이 사용한 총알의 탄알집 포장에 소기름과 돼지기름이 활용되었다는 소문으로 인해 힌두교와 이슬람교를 믿고 있던 용병들이 반발하여 들고 일어나게 되었다.

(2) 빈칸에 들어갈 단체의 이름을 쓰시오.

(　　　)은/는 초기에 영국에 협조하며 인도인의 권리를 확보하고자 하였다. 그러나 벵골 분할령을 계기로 스와라지, 스와데시 등 반영 운동을 전개하였다.

풀이 | (1)

플라시 전투	영국와 프랑스가 인도의 지배권을 두고서 벌인 전투. 영국이 벵골 지역의 통치권을 확보함.
세포이의 항쟁	동인도 회사에 고용된 용병인 세포이와 인도인들을 중심으로 저항한 반영 운동

답 | 세포이의 항쟁

(2)

벵골 분할령	힌두교도와 이슬람교도를 분열시켜 민족 운동을 약화시키기 위한 의도에서 동벵골, 서벵골 지역을 분할하는 명령을 내림.
4대 강령	스와라지, 스와데시, 국산품 애용, 국민교육 실시

답 | 인도 국민 회의

1-1 (가)에 들어갈 사건의 이름으로 옳은 것은?

벵골 지역의 통치권을 두고 영국과 프랑스는 　　(가)　　을/를 벌였다. 전투의 결과 영국의 동인도 회사가 통치권을 차지하였다.

① 플라시 전투　　② 파쇼다 사건
③ 모로코 사건　　④ 워털루 전투
⑤ 세포이의 항쟁

1-2 지도와 같은 상황을 가져온 명령이 발표된 시기로 옳은 것은?

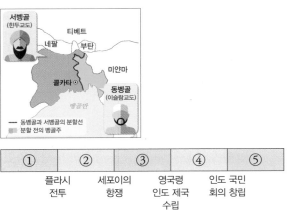

①	②	③	④	⑤
플라시 전투	세포이의 항쟁	영국령 인도 제국 수립	인도 국민 회의 창립	

전략 2 서아시아의 국민 국가 건설 운동

- ❶[____] (오스만 제국): 서양 문물 수용을 통한 근대적 개혁 추진(의회 개설, 근대적 헌법 제정)
- 아라비아(와하브 운동), 이란(❷[____] 운동, 입헌 혁명), 이집트(무함마드 알리의 근대화, 수에즈 운하 개통, 아라비 파샤의 무장 혁명)

❶ 탄지마트 ❷ 담배 불매

필수 예제 2

(1) 다음 설명의 빈칸에 들어갈 인물의 이름을 쓰시오.

> (   )은/는 이집트 지역의 총독으로 학교와 군대를 개혁하는 등 근대화 개혁을 실시하였고, 그 결과 오스만 제국으로부터 자치권을 획득하였다.

풀이 | (1) 이집트의 근대화 개혁

무함마드 알리	징병제 실시, 서양식 군대 창설
수에즈 운하	경제적 자립 목적으로 건설 → 건설 비용으로 진 많은 빚으로 인해 열강의 간섭을 받음.
아라비 파샤	열강의 경제적 지배에 저항 → 헌법 제정, 의회 설립 요구 → 영국의 진압, 보호국화

답 | 무함마드 알리

(2) 다음 빈칸에 들어갈 알맞은 말을 쓰시오.

> (   )은/는 군대, 교육, 행정 등 모든 방면에서 서양 문물을 적극적으로 받아들인 오스만 제국의 근대화 개혁이다.

(2) 오스만 제국의 근대화 개혁

탄지마트	민족과 종교에 따른 차별 철폐, 세금 제도와 교육 제도의 서구화
미드하트 파샤	서양식 의회 개설, 헌법 제정
청년 튀르크당의 혁명	술탄의 전제 정치(헌법 폐지, 의회 해산) → 청년 튀르크당 결성 뒤 무장 혁명 → 헌법 부활

답 | 탄지마트

2-1 (가)에 들어갈 나라로 옳은 것은?

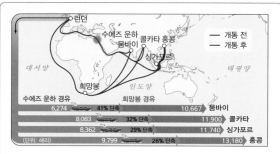

_____(가)_____ 은/는 지중해와 홍해를 연결하는 수에즈 운하를 건설하였다. 그 결과 항해 거리와 시간이 단축되었으나, 운하를 건설하는 과정에서 진 빚으로 인해 영국에 내정 간섭을 받게 되었다.

① 이란   ② 인도   ③ 이집트
④ 아라비아   ⑤ 오스만 제국

2-2 (가), (나)에 해당하는 지역으로 옳게 짝지은 것은?

> (가) 『쿠란』의 가르침을 바탕으로 이슬람교 본래의 순수성을 되찾고자 한 운동을 추진하였다.
> (나) 영국이 담배 판매권을 독점하게 되면서 이에 대한 저항으로 담배를 불매하는 운동이 일어났다.

	(가)	(나)
①	이란	이집트
②	이란	아라비아
③	아라비아	이란
④	아라비아	오스만 제국
⑤	오스만 제국	이란

전략 3   중국의 국민 국가 건설 운동

- **개항**: 난징 조약(홍콩 할양, 공행 무역 폐지), 톈진 조약·베이징 조약(내륙 통상 허용)
- **근대화 운동**: ❶　　　운동(토지 균등 분배, 남녀평등), 양무운동(이홍장, 증국번, 서양 군사 기술 수용), 변법자강 운동(캉유웨이, 량치차오, 의회 개설 추진), 신해혁명(❷　　　의 중국 동맹회의 혁명 활동, 철도 국유화 반대 운동 → 중화민국 수립)

❶ 태평천국 ❷ 쑨원

필수 예제 **3**

(1) ㉠, ㉡에 들어갈 명칭을 쓰시오.

> 제1차 아편 전쟁 이후 개항을 하였으나 무역량의 변화가 없었다. 조약 개정의 기회를 노리던 영국은 (㉠　　) 사건을 계기로 (㉡　　) 조약과 베이징 조약을 추가로 체결하였다.

(2) 다음은 중국의 근대화 운동에 대한 설명이다. 이 운동의 이름을 쓰고, 밑줄 친 ㉠의 주장을 네 글자로 쓰시오.

사진은 금릉 기기국으로 이홍장이 (　　　)운동 과정에서 건설한 군수 공장이다. 이 운동은 ㉠ 중국의 전통을 토대로 서양의 군사 기술만을 수용하자는 주장을 바탕으로 추진되었다.

풀이 | (1)

난징 조약	홍콩 할양, 공행 무역 폐지, 개항
톈진·베이징 조약	내륙 통상 허용, 크리스트교 포교 허용, 추가 개항, 외교관의 베이징 주재 허용

답 | ㉠ – 애로호, ㉡ – 톈진

(2) 중국의 근대화 운동

태평천국 운동	천조전무제도(토지 균분, 남녀 평등)
양무 운동	중체서용, 서양의 군사 기술 수용
변법자강 운동	일본 메이지 유신을 모델, 의회 개설 주장

답 | 양무, ㉠ – 중체서용

3-1 다음 조약을 체결하게 된 원인으로 옳은 것은?

> - 상하이 등 5개 항구를 개항한다.
> - 홍콩을 영국에게 넘긴다.
> - 공행 제도를 폐지한다.
> – '난징 조약' –

① 신해혁명
② 의화단 운동
③ 태평천국 운동
④ 제1차 아편 전쟁
⑤ 제2차 아편 전쟁

3-2 다음 주장의 이름과 관련된 단체의 이름이 옳게 짝지어진 것은?

> - 민족주의   - 민생주의   - 민권주의

	주장	단체
①	삼민주의	상제회
②	삼민주의	중국 동맹회
③	중체서용론	의화단
④	중체서용론	중국 동맹회
⑤	문명개화론	의화단

전략 4 일본의 국민 국가 건설 운동

- **메이지 유신**: 막부 폐지, 천황 중심의 메이지 정부 수립 → 중앙 집권 체제 확립, 신분제 폐지, 이와쿠라 사절단 파견
- **제국주의화**: 청일 전쟁 → ❶ ⬚⬚⬚⬚ 조약(타이완 획득) → 삼국 간섭 → 러일 전쟁 → 포츠머스 조약 → ❷ ⬚⬚⬚⬚(대한 제국의 외교권 박탈)

❶ 시모노세키 ❷ 을사늑약

필수 예제 4

(1) 빈칸에 들어갈 사건의 이름을 쓰시오.

> 에도 막부가 개항을 하며 불평등한 외교 관계를 수립하자 이에 반발한 세력들이 막부 타도 운동을 벌였다. 그 결과 에도 막부가 무너지고 메이지 천황을 중심으로 정부가 수립되었다. 이를 (   )(이)라고 한다.

(2) 빈칸에 들어갈 조약의 이름을 쓰시오.

> 러일 전쟁의 결과 일본이 한반도에서 가지는 우위권을 러시아가 인정해주는 내용의 (   ) 조약을 체결하였다. 이를 계기로 일본은 대한 제국에 대해 독점적 지위를 확보하게 되었다.

풀이 | (1)

메이지 유신	천황 중심의 중앙 집권적 정부 체제 수립, 근대화 개혁 추진
자유 민권 운동	헌법 제정, 의회 개설, 언론 자유 등의 국민 참정권을 주장
일본 제국 헌법 제정	천황 중심의 입헌 군주제 헌법 제정

답 | 메이지 유신

(2)

시모노세키 조약	타이완, 랴오둥 반도 할양, 막대한 배상금
포츠머스 조약	일본의 대한 제국에 대한 지도권과 보호권 인정

답 | 포츠머스

4-1 제시된 내용들과 관련된 개혁으로 옳은 것은?

> - 번을 폐지하고 현 설치
> - 토지와 조세 제도 개혁
> - 서양식 교육 제도 실시
> - 이와쿠라 사절단 등의 파견

① 갑신정변 ② 갑오개혁 ③ 양무 운동
④ 메이지 유신 ⑤ 태평천국 운동

4-2 (가)~(라)를 일어난 순서대로 옳게 나열한 것은?

> (가) 러시아, 프랑스, 독일 삼국이 일본에 랴오둥 반도의 반환을 요구하였다.
> (나) 일본군이 청군을 기습 공격하면서 전쟁이 시작되었다.
> (다) 대한 제국의 외교권을 박탈하는 조약을 강제로 맺었다.
> (라) 러시아의 한반도 팽창을 견제하던 일본이 전쟁을 일으켰다.

① (가) → (나) → (다) → (라)
② (가) → (다) → (라) → (나)
③ (나) → (가) → (라) → (다)
④ (나) → (다) → (가) → (라)
⑤ (다) → (나) → (가) → (라)

1 다음 지도와 같은 상황을 초래한 명령 이후 벌어진 운동의 내용으로 옳지 <u>않은</u> 것은?

① 영국 상품을 배척하였다.

② 국민 교육 실시를 주장하였다.

③ 영국의 담배 판매 독점에 저항하였다.

④ 스와데시를 통한 국산품 애용 운동을 벌였다.

⑤ 스와라지를 통해 인도인의 자치를 주장하였다.

문제 해결 전략

지도와 같은 상황을 초래한 명령은 **①**　　　　　으로, 지역의 분할과 함께 힌두교도와 이슬람교도 사이의 대립을 통해 민족 운동을 약화시키려는 의도를 가졌다. 이에 **②**　　　　　가 4대 강령을 밝히고 반영 운동을 주도하였다.

❶ 벵골 분할령 **❷** 인도 국민 회의

2 (가) 운동에 대한 설명으로 옳은 것은?

 왼쪽은 사우디아라비아의 국기로, 사우디아라비아는 　　(가)　　 운동을 계기로 건설되었다. 　　(가)　　 운동은 이븐 압둘 와하브를 중심으로 『쿠란』의 가르침대로 생활할 것을 강조하였으며, 아라비아 반도에 전파되었다.

① 이슬람교 본래의 순수성을 되찾고자 하였다.

② 청년 튀르크당을 중심으로 헌법을 부활시켰다.

③ 오스만 제국과의 전쟁으로 이집트의 자치권을 얻었다.

④ 무함마드 알리를 중심으로 근대화 개혁을 추진하였다.

⑤ 영국의 담배 독점 판매권에 저항하여 담배를 불매하였다.

문제 해결 전략

이집트의 자치권 획득은 이집트의 총독이었던 **①**　　　　　가 징병제 실시, 서구식 군대 개혁 등을 통해 근대화 개혁을 실시하면서 이루어졌다.

❶ 무함마드 알리

3 (가) 운하의 건설 이후의 사실로 옳은 것은?

① 입헌 군주제를 실시하였다.

② 술탄이 전제 정치를 강화하였다.

③ 청년 튀르크당이 혁명을 일으켰다.

④ 이집트가 영국의 보호국화하였다.

⑤ 영국과 러시아가 영토를 분할 점령하였다.

문제 해결 전략

①　　　　　운하의 건설 이후 경제 문제로 인해 내정 간섭을 받게 되었다. 이에 **②**　　　　　가 무장 저항을 하였고, 영국에 진압되었다.

❶ 수에즈 **❷** 아라비 파샤

4 제시된 자료와 관련된 운동으로 옳은 것은?

> 중국이 부강한 나라를 이룩하려면 서양의 제도를 배워야 한다. 서양의 의회 제도는 군주와 백성이 하나가 되고 윗사람과 아랫사람이 한마음이 되자는 것이지, 황제의 권력에 손상이 가는 것이 아니다.
>
> — 캉유웨이, 『무술주고』 —

① 신해혁명 　　② 양무 운동 　　③ 의화단 운동
④ 변법자강 운동 　　⑤ 태평천국 운동

5 다음 지도에서 전개된 사건에 대한 설명으로 옳은 것은?

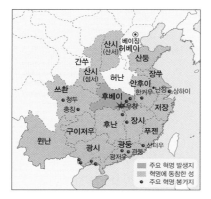

① 중체서용론을 토대로 개혁을 하였다.
② 쑨원이 임시 대총통으로 추대되었다.
③ 천조전무 제도를 통한 개혁을 추진하였다.
④ 의회 개설, 입헌 군주제 도입을 추진하였다.
⑤ '청을 도와 서양 세력을 몰아내자.'는 구호를 내세웠다.

6 제시된 자료가 제정된 시기를 연표에서 옳게 고른 것은?

> 제1조 대일본 제국은 만세일계의 천황이 통치한다.
> 제4조 천황은 국가의 원수로서 통치권을 총괄하고 헌법의 조항에 따라 이를 행한다.
> 제5조 천황은 제국 의회의 동의를 얻어 입법권을 행사한다.

①	②	③	④	⑤
메이지 유신	자유 민권 운동	청일 전쟁	러일 전쟁	

대표 예제 1

다음 그림과 관련된 사건의 결과나 영향으로 옳은 것은?

▲ 찰스 1세의 처형 장면

① 의원 내각제가 수립되었다.
② 입헌 군주제가 성립하였다.
③ 의회가 권리 청원을 제출하였다.
④ 크롬웰이 독재 정치를 실시하였다.
⑤ 메리와 윌리엄 공동왕이 즉위하였다.

개념 가이드

크롬웰의 의회파가 승리하여 찰스 1세를 처형하고 ❶ □□□ 을 수립한 사건을 ❷ □□□ 혁명이라 한다.　　❶ 공화정 ❷ 청교도

대표 예제 2

자료에 대한 설명으로 옳지 않은 것은?

제1조 모든 입법 권한은 미국 연방 의회에 속하며, 연방 의회는 상원과 하원으로 구성한다.
제2조 행정권은 미국 대통령에 속한다.
제3조 미국의 사법권은 1개의 대법원에, 그리고 연방 의회가 수시로 제정·설치하는 하급 법원에 속한다.

① 연방주의를 채택하였다.
② 공화주의를 반영하였다.
③ 삼권분립 원칙을 반영하였다.
④ 독립 전쟁의 결과 제정되었다.
⑤ 입헌 군주제의 토대를 마련하였다.

개념 가이드

미국 혁명은 최초의 ❶ □□□ 을 수립했다는 점에서 의의를 가지며, ❷ □□□ 혁명, 라틴아메리카의 독립에 큰 영향을 주었다.
❶ 민주 공화정 ❷ 프랑스

대표 예제 3

밑줄 친 '이 인물' 시기에 일어난 사실로 옳은 것은?

　　이 인물은 쿠데타를 통해 통령 정부를 세우고 권력을 잡았다. 또한 국민 투표를 통해 황제로 즉위하면서 제1 제정을 수립하였다.

① 공안위원회를 설치하였다.
② 러시아 원정을 단행하였다.
③ 봉건적 특권을 폐지하였다.
④ 바스티유 감옥을 습격하였다.
⑤ '테니스코트의 서약'을 발표하였다.

개념 가이드

제1제정 시기 프랑스 혁명의 정신을 반영하여 근대 시민법 체계를 정리한 「❶ □□□ 법전」을 편찬하였다. 이 시기에는 영국을 굴복시키기 위해 유럽 대륙에 ❷ □□□ 을/를 내렸다.
❶ 나폴레옹 ❷ 대륙 봉쇄령

대표 예제 4

㉠에서 ㉡으로 변화한 계기로 가장 적절한 것은?

구분	확대된 유권자	전 국민에 대한 유권자 비율
개정 전	귀족, 젠트리	3%
제1차(1832)	㉠ 도시의 신흥 상공업자	5%
제2차(1867)	㉡ 도시 소시민과 노동자	9%
제3차(1884)	농촌·광산의 노동자	19%

영국의 선거법 개정

① 공장법을 제정하였다.
② 빈 체제가 성립하였다.
③ 차티스트 운동이 전개되었다.
④ 사회주의 사상이 등장하였다.
⑤ 기계 파괴 운동이 이루어졌다.

개념 가이드

영국에서는 ❶ □□□ 선거구의 문제를 해결하기 위해 제1차 선거법 개정을 실시하였으며, 이를 계기로 노동자의 선거권 확대를 요구하는 운동이 이루어졌다.
❶ 부패

대표 예제 5

다음 장면과 관련된 국가의 통일에 대한 설명으로 옳지 <u>않</u>은 것은?

> 프랑스와의 전쟁에서 이기고, 드디어 베르사유 궁전에서 독일 제국을 세우게 되었습니다!

① 철혈 정책을 통해 군사력을 증강하였다.

② 관세 동맹을 통해 경제적 통일을 이루었다.

③ 가리발디의 의용군이 남부 지역을 통일하였다.

④ 프랑크푸르트 의회에서 통일 방안을 논의하였다.

⑤ 오스트리아와의 전투에서 이겨 북독일 연방을 세웠다.

개념 가이드

프로이센의 재상인 ❶ □□□□ 은/는 군사력을 증강하는 정책인 ❷ □□□ 정책을 실시하여 독일의 통일에 기여하였다.

❶ 비스마르크 ❷ 철혈

대표 예제 6

(가)에서 (나)로 변화한 이유로 가장 적절한 것은?

구분	(가)	(나)
파리 ~ 칼레 (프랑스)	마차 40시간	기차 3시간 15분
런던(영국) ~ 뉴욕(미국)	돛단배 30일	증기선 7일

① 교통 혁명이 발생하였다.

② 인클로저 운동이 이루어졌다.

③ 입헌 군주제의 전통이 확립되었다.

④ 전신·전화 등의 통신 수단이 발달하였다.

⑤ 상품 시장으로 식민지를 많이 확보하였다.

개념 가이드

❶ □□ 혁명은 ❷ □□ 기관을 동력으로 새로운 교통 수단을 발명하고 이동시간을 축소시킨 현상이다.

❶ 교통 ❷ 증기

대표 예제 7

다음은 유럽 여러 나라가 시행한 어느 정책을 풍자한 그림이다. 이 정책의 뒷받침이 되는 사상을 | 보기 |에서 고른 것은?

> 보기
> ㄱ. 인종주의   ㄴ. 사회 진화론
> ㄷ. 사회주의   ㄹ. 왕권 신수설

① ㄱ, ㄴ   ② ㄱ, ㄷ   ③ ㄴ, ㄷ

④ ㄴ, ㄹ   ⑤ ㄷ, ㄹ

개념 가이드

❶ □□ 주의는 자본과 군사력을 바탕으로 약소 민족 거주 지역이나 국가에 ❷ □□□ 을/를 만드는 유럽의 팽창 정책이다.

❶ 제국 ❷ 식민지

대표 예제 8

(가) 시기에 인도와 영국의 면 수출량의 변화가 나타나게 된 이유로 가장 적절한 것은?

① 청년 튀르크당이 혁명을 일으켰다.

② 영국이 인도의 대부분을 식민지로 삼았다.

③ 영국과 러시아가 영토를 분할 점령하였다.

④ 정부가 영국에 담배 독점 판매권을 넘겼다.

⑤ 서양 문물을 받아들여 '탄지마트'를 추진하였다.

개념 가이드

영국은 ❶ □□□ 와/과 벌인 ❷ □□□ 전투에서 승리하여 벵골 지방의 징세권을 확보하고 인도 식민지화의 발판을 마련하였다.

❶ 프랑스 ❷ 플라시

대표 예제 9

(가)에 들어갈 수 있는 사실로 옳은 것은?

역사 타임라인

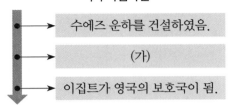

수에즈 운하를 건설하였음.

(가)

이집트가 영국의 보호국이 됨.

① 벵골 분할령이 발표되었다.

② 세포이가 영국에 저항하였다.

③ 청년 튀르크당의 혁명이 일어났다.

④ 아라비 파샤가 무장 혁명을 일으켰다.

⑤ 무함마드 알리가 근대화 정책을 실시하였다.

개념 가이드

청년 튀르크당 혁명은 ❶ ⬚ 제국에서 제정한 헌법을 부활시키기 위해 술탄의 ❷ ⬚ 정치에 반대하여 일으킨 무장 혁명이다.

❶ 오스만 ❷ 전제

대표 예제 10

밑줄 친 '이 운동'의 명칭으로 옳은 것은?

만평은 일본의 메이지 정부가 <u>이 운동</u>을 탄압하는 것을 풍자하고 있다. <u>이 운동</u>은 메이지 정부의 독재를 비판하면서 헌법 제정과 의회 개설을 주장하였고, 국민의 정치 참여 기회를 요구하였다.

① 갑신정변 　　② 만민 공동회

③ 변법자강 운동 　　④ 태평천국 운동

⑤ 자유 민권 운동

개념 가이드

메이지 정부는 ❶ ⬚ 운동을 탄압하였으나 이후 ❷ ⬚ 중심의 입헌 군주제 헌법인 '일본 제국 헌법'을 제정하였다.

❶ 자유 민권 ❷ 천황

대표 예제 11

(가), (나) 시기 사이에 있었던 사실로 옳은 것은?

(가)

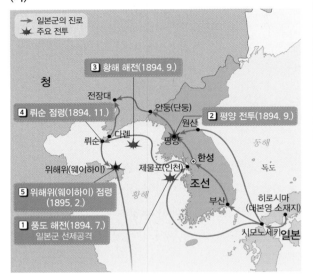

(나)

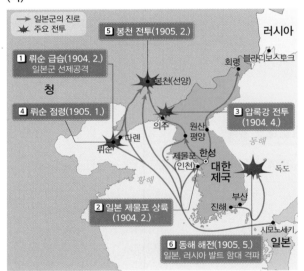

① 삼국 간섭이 발생하였다.

② 류큐 왕국을 병합하였다.

③ 이와쿠라 사절단을 파견하였다.

④ 대한 제국에 을사늑약을 강요하였다.

⑤ 일본이 미국의 페리 함대에 의해 개항되었다.

개념 가이드

제시된 지도 (가)는 ❶ ⬚ 전쟁, (나)는 ❷ ⬚ 전쟁의 전개과정을 보여준다.

❶ 청일 ❷ 러일

대표 예제 12

제시문의 (가)~(다)에 들어갈 단어로 옳은 것은?

- _____(가)_____ 주의 : 만주족이 세운 청을 몰아낸다.
- _____(나)_____ 주의 : 공화정을 세우고 백성의 권리를 신장한다.
- _____(다)_____ 주의 : 토지 소유권을 고르게 하여 백성의 생활을 안정시킨다.

	(가)	(나)	(다)
①	민족	민권	민생
②	민족	민생	민권
③	민생	민권	민족
④	민생	민족	민권
⑤	민권	민족	민생

개념 가이드

자료는 신해혁명에서 임시 대총통으로 추대된 ❶ [   ] 이 제시한 ❷ [   ] 주의이며, 중국 동맹회의 행동 강령이었다.

❶ 쑨원 ❷ 삼민

대표 예제 13

그림과 관련된 개혁의 내용으로 옳지 <u>않은</u> 것은?

이제부터 번을 폐지하고, 현을 설치하도록 하겠다.

① 징병제를 실시하였다.
② 무사의 특권을 폐지하였다.
③ 이와쿠라 사절단을 파견하였다.
④ 소학교 의무 교육을 실시하였다.
⑤ 중체서용에 따라 개혁을 실시하였다.

개념 가이드

중체서용론은 ❶ [   ] 의 전통은 유지하되 서양의 군사 기술을 받아들이자는 주장으로, ❷ [   ] 운동의 원칙에 해당한다.

❶ 중국 ❷ 양무

대표 예제 14

밑줄 친 전쟁의 결과나 영향으로 옳은 것은?

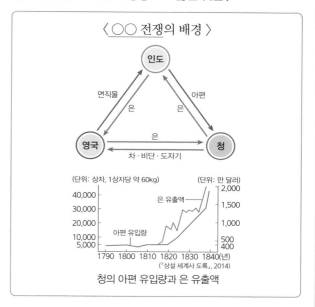

〈 ○○ 전쟁의 배경 〉

청의 아편 유입량과 은 유출액

① 중화민국이 수립되었다.
② 공행 무역이 폐지되었다.
③ 중국 내륙 무역이 허용되었다.
④ 외국 군대가 베이징에 주둔하였다.
⑤ 타이완과 랴오둥 반도가 할양되었다.

개념 가이드

임칙서의 아편 단속을 계기로 일어난 청과 영국 사이의 전쟁은 ❶ [   ] 아편 전쟁이며, 그 결과 ❷ [   ] 조약을 체결하였다.

❶ 제1차 ❷ 난징

1 ㉠의 과정에서 일어난 사실로 옳지 <u>않은</u> 것은?

고전으로 보는 역사

왼쪽의 책은 토머스 페인이 지은 『상식』이다. 토머스 페인은 ㉠ <u>이 나라</u>의 독립이 정당하고 합리적인 상식이라고 말하며 민주 공화정의 정당성을 주장하였다.

① 보스턴 차 사건이 발생하였다.
② 대륙 회의에서 독립 선언서를 발표하였다.
③ 영국이 인지세법을 제정한 것에 반발하였다.
④ 삼부회의 표결 방식을 바꿀 것을 요구하였다.
⑤ '대표 없는 곳에 과세할 수 없다.'는 선언을 하였다.

> **Tip**
> ❶ ⬜⬜ 혁명의 결과 연방 헌법을 제정하였으며, 입법, 행정, 사법을 분리한 ❷ ⬜⬜ 의 원칙을 반영한 민주 공화국을 수립하였다.
>
> ❶ 미국 ❷ 삼권 분립

2 자료를 발표한 시기에 대한 설명으로 옳은 것은?

교사: 이 그림은 ____(가)____ 정복 전쟁 중 에스파냐에서 벌인 학살을 그린 그림입니다.
____(가)____ 은/는 국민 투표를 통해 프랑스의 황제에 오른 사람이며, 영국을 약화시키기 위해 대륙 봉쇄령을 내렸습니다.

① 나폴레옹　　② 카보우르　　③ 메테르니히
④ 비스마르크　　⑤ 로베스피에르

> **Tip**
> (가) 정복 전쟁 과정에서 프랑스 혁명의 이념인 ❶ ⬜⬜ · 평등이 유럽에 전파되었고, 프랑스에 저항하는 과정에서 ❷ ⬜⬜ 주의가 발달하였다.
>
> ❶ 자유 ❷ 민족

3 다음 상황과 관련된 혁명의 결과로 옳은 것은?

노동자에게도 선거권을!

루이 필리프를 몰아내자!

① 공화정을 수립하였다.
② 입헌 군주제 헌법을 제정하였다.
③ 샤를 10세가 전제 정치를 실시하였다.
④ 선거법을 개정하여 부패 선거구를 없앴다.
⑤ 그리스가 오스만 제국으로부터 독립하였다.

> **Tip**
> ❶ ⬜⬜ 체제의 영향으로 왕정이 복고된 프랑스에서 샤를 10세가 전제 정치를 실시한 것에 반대하여 일어난 운동은 ❷ ⬜⬜ 혁명이다.
>
> ❶ 빈 ❷ 7월

4 자료의 문제를 해결하기 위한 노력과 관련이 <u>없는</u> 것은?

> 문: 몇 살 때 공장 일을 시작하였나요?
> 답: 6세 때입니다.
> 문: 작업 시간은 몇 시부터 몇 시까지였습니까?
> 답: 일이 밀릴 때는 새벽 다섯 시부터 저녁 아홉 시까지 일하였습니다.
> – 웨슬리 캠프, '1831~1832년 의회 보고서' –

① 공장법 제정　　② 차티스트 운동
③ 노동 조합 운동　　④ 사회주의 사상
⑤ 러다이트 운동

> **Tip**
> 사회주의는 ❶ ⬜⬜ 등이 생산 수단의 ❷ ⬜⬜ 소유와 분배를 통한 빈부격차의 해소를 주장한 사상이다.
>
> ❶ 마르크스 ❷ 공동

5 (가)에 들어갈 주제로 가장 적절한 것은?

탐구 보고서

주제: _____ (가)

조사 자료

▲ 아동 노동의 현장　　▲ 매연으로 가득 찬 도시

① 사회주의 사상의 등장

② 산업 혁명의 확산 과정

③ 자본주의 경제 체제의 발달

④ 산업 혁명으로 나타난 문제점

⑤ 산업 혁명 시기 교통과 통신의 발달

> **Tip**
> 산업 혁명의 과정에서 자본가와 ❶___의 계급 분화가
> 나타났으며, 저임금 장시간 노동 등의 ❷___ 문제가 발
> 생하였다.
> ❶노동자 ❷노동

6 (가)에 들어갈 내용으로 옳은 것은?

교사: 이 내용은 ____(가)____ 의 시기에 이루어진
주요 개혁 내용입니다.

• 오스만 제국 시민의 생명·명예·재산에 대한
보장

• 노예제와 노예 무역 폐지

• 최초의 근대식 대학 설립

• 비이슬람교도의 군복무 허용

• 종교·종족과 무관하게 동등한 오스만 시민권
을 부여하는 국적법 도입

① 탄지마트　　② 스와라지　　③ 와하브 운동

④ 아랍 문화 부흥 운동　　⑤ 무함마드 알리의 개혁

> **Tip**
> 아랍 문화 부흥 운동은 아랍 지역에서 아랍 고전을 연구하고
> 해외 문학 작품을 아랍어로 번역한 운동으로 ❶___ 의
> 기반이 된 운동이다.
> ❶아랍 민족주의

7 자료와 관련된 운동의 명칭으로 옳은 것은?

> 모든 토지는 남녀 구분 없이 각 가정의 호구수에
> 비례하여 분배한다. …… 같이 경작할 밭을 마련하
> 고, 같이 먹을 밥을 준비하며 …… 어디에도 균등하
> 지 못한 곳이 없고, 어디에도 배부르고 따뜻하지 않
> 은 곳이 없게 하라. ─『천조전무제도』─

① 신해혁명　　② 양무 운동　　③ 의화단 운동

④ 태평천국 운동 ⑤ 변법자강 운동

> **Tip**
> 자료의 천조전무제도는 토지의 ❶___ 분배와 남녀 평
> 등과 관련된 내용을 담고 있다.
> ❶균등

8 (가) 조약에 대한 설명으로 옳은 설명을 |보기|에서 고른 것
은?

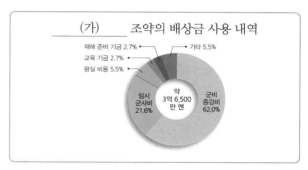

____(가)____ 조약의 배상금 사용 내역

> **보기**
> ㄱ. 일본이 청으로부터 타이완을 얻었다.
> ㄴ. 청이 조선에 대한 영향력을 상실하였다.
> ㄷ. 베이징에 외국 군대의 주둔이 가능해졌다.
> ㄹ. 내륙 통상과 크리스트교 포교가 가능해졌다.

① ㄱ, ㄴ　　② ㄱ, ㄷ　　③ ㄴ, ㄷ

④ ㄴ, ㄹ　　⑤ ㄷ, ㄹ

> **Tip**
> 청일 전쟁의 결과 두 나라 사이에서는 ❶___ 조약을 체
> 결하였으며, 그 결과 일본은 막대한 배상금을 바탕으로 산업
> 화를 추진하였다.
> ❶시모노세키

1 다음을 배경으로 일어난 사건으로 옳은 것은?

왼쪽은 영국에서 식민지에 발행한 인지이며, 오른쪽 해골 모양의 종이는 영국의 중상주의에 반대하며 만든 저항 그림이다.

① 미국 혁명　　② 영국 혁명　　③ 프랑스 혁명
④ 7월 혁명　　⑤ 2월 혁명

2 (가)에 들어갈 내용으로 옳은 것은?

> (가)
>
> • 성립: 제3 신분 중심, 테니스코트의 서약 이후
> • 활동: 인권 선언 발표, 봉건적 특권 폐지 선언 발표, 입헌 군주제 헌법 제정

① 국민 공회　　② 입법 의회　　③ 국민 의회
④ 총재 정부　　⑤ 통령 정부

3 (가)에 들어갈 인물의 이름으로 옳은 것은?

> 인물 카드
> • 인물: _____(가)_____
> • 활동
> 　- 사르데냐 왕국의 재상
> 　- 산업 육성과 외교 정책을 통한 국력 향상을 시도
> 　- 중·북부 이탈리아를 통일함.

① 마치니　　② 카보우르　　③ 가리발디
④ 비스마르크　　⑤ 루이 필리프

4 자료의 현상을 가리키는 말로 가장 적절한 것은?

유럽의 철도망 확산

▲ 1840년의 철도망　　▲ 1880년의 철도망

증기 기관을 동력으로 활용하는 교통수단이 등장하였으며, 특히 증기 기관차가 발명되면서 유럽 전역에 철도망이 건설되었다.

① 명예 혁명　　② 산업 혁명
③ 통신 혁명　　④ 교통 혁명
⑤ 청교도 혁명

>> 정답과 해설 13쪽

5 ㉠의 배경으로 옳은 것은?

사진은 ㉠ 스와데시 운동 기간 중에 진행된 시민 행진 장면입니다.

① 탄지마트가 추진되었다.
② 벵골 분할령이 발표되었다.
③ 세포이의 항쟁이 일어났다.
④ 영국령 인도 제국이 세워졌다.
⑤ 플라시 전투에서 영국이 승리하였다.

6 제시된 사진과 관련된 운동에 대한 설명으로 옳은 것은?

▲ 청년 튀르크당의 행진 모습

① 아랍 문화 부흥 운동이 전개되었다.
② 무함마드 알리가 근대화 개혁을 추진하였다.
③ '탄지마트'라 불리는 근대화 개혁을 실시하였다.
④ 벵골 분할령을 계기로 반영 운동을 실시하였다.
⑤ 술탄의 전제 정치에 반대하여 혁명을 일으켰다.

7 (가)에 들어갈 내용으로 옳은 것은?

청의 근대화 개혁을 위해 어떤 일을 하셨나요?

(가)

▲ 이홍장

① 의화단 운동을 주도하였소.
② 의회를 세우고 헌법을 만들려 하였소.
③ 천조전무 제도에 따라 토지를 나누려 했소.
④ 일본의 메이지 유신처럼 개혁하고자 했소.
⑤ 중체서용론에 따라 서양 군사 기술을 받아들였소.

8 제시된 자료의 ㉠에 해당하는 개혁으로 옳은 것은?

POST CARD

안녕 천재야? 나는 지금 도쿄의 긴자 거리에 있어. 긴자 거리는 ㉠ 에도 막부가 무너지고 천황의 정부가 들어서고 추진된 근대화 개혁 과정에서 엽서 앞면에 있는 모습처럼 서양식 벽돌 건물 거리로 바뀌었다고 해. 매우 신기하지?

① 광무개혁   ② 갑오개혁   ③ 을미개혁
④ 메이지 유신   ⑤ 변법자강 운동

1 (가)에 들어갈 단어로 옳은 것은?

교사: 1~3번의 문제를 풀고 마지막에 나오는 단어를 온라인 설문지에 입력하세요.

1번 – 명예혁명의 결과 입헌 군주제가 수립되었다. (○, ×)

2번 – 청교도 혁명 이후 크롬웰은 독재 정치를 실시하였다. (○, ×)

3번 – 찰스 1세의 전제 정치에 불만을 가진 의회 의원들은 '권리 장전'을 제출하였다. (○, ×)

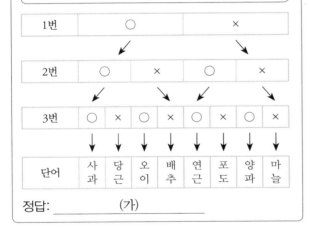

정답: _____ (가)

① 당근 　　② 오이 　　③ 배추
④ 연근 　　⑤ 마늘

2 다음 스마트폰의 잠금 해제 패턴으로 옳은 것은?

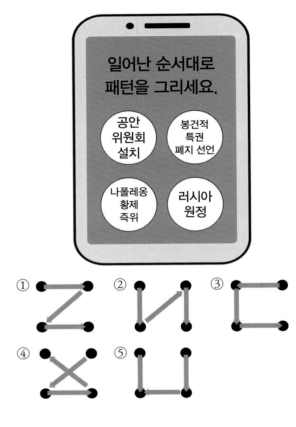

3 제시된 삽화의 (가)에 들어갈 장면으로 가장 적절한 것은?

① 러시아 원정을 가는 프랑스 군인
② 공포정치를 실시하는 로베스피에르
③ 인권 선언을 발표하는 국민의회 의원
④ 국민투표를 통해 황제에 즉위하는 나폴레옹
⑤ 선거권을 요구하며 시위하는 파리의 노동자

Tip

샤를 10세는 ❶ [   ] 체제 성립 이후 왕정 복고가 이루어진 이후에 즉위하였으며 전제 정치를 시도하였다. 이에 불만을 가진 시민들이 ❷ [   ]를 새로운 국왕으로 선출하고 입헌 군주제를 실시하는 7월 혁명을 일으켰다.

❶ 빈 ❷ 루이 필리프

4 (가)에 들어갈 말로 옳은 것은?

① 민족주의   ② 자본주의   ③ 자유주의
④ 제국주의   ⑤ 사회주의

Tip

제시된 그림은 유럽 열강의 군인이 ❶ [   ]의 원주민을 쥐어짬으로써 이익을 만들어내는 모습을 비판한다.

❶ 식민지

5 (가), (나)에 들어갈 내용으로 옳게 짝지은 것은?

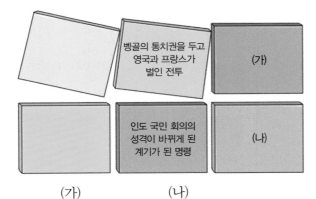

> 뱅골의 통치권을 두고 영국과 프랑스가 벌인 전투

> (가)

> 인도 국민 회의의 성격이 바뀌게 된 계기가 된 명령

> (나)

	(가)	(나)
①	세포이의 항쟁	뱅골 분할령
②	세포이의 항쟁	농노 해방령
③	플라시 전투	뱅골 분할령
④	플라시 전투	스와라지
⑤	플라시 전투	스와데시

6 제시된 보석맵의 (가)~(라)에 들어갈 나라로 옳게 짝지은 것은?

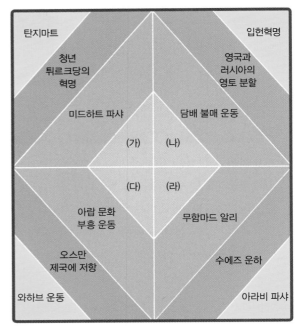

탄지마트 · 입헌혁명 · 청년 튀르크당의 혁명 · 영국과 러시아의 영토 분할 · 미드하트 파샤 · 담배 불매 운동 · (가) · (나) · (다) · (라) · 아랍 문화 부흥 운동 · 무함마드 알리 · 오스만 제국에 저항 · 수에즈 운하 · 와하브 운동 · 아라비 파샤

	(가)	(나)	(다)	(라)
①	오스만 제국	이란	아라비아	이집트
②	이란	아라비아	오스만 제국	이집트
③	오스만 제국	이란	이집트	아라비아
④	아라비아	이집트	오스만 제국	이란
⑤	오스만 제국	이집트	이란	아라비아

Tip

세포이의 항쟁은 ❶□□□□ 회사의 용병들이 인도인들과 함께 영국에 저항하였던 운동이며, 항쟁의 결과 무굴 제국이 멸망하고 ❷□□□□ 이 수립되었다.

❶ 동인도 ❷ 영국령 인도 제국

Tip

와하브 운동은 ❶□□□□ 의 가르침을 토대로 이슬람교 본래의 순수성으로 되돌리고자 한 운동으로, ❷□□□□ 왕국의 건설에 영향을 끼쳤다.

❶ 『쿠란』 ❷ 사우디아라비아

7 (가)에 들어갈 운동으로 옳은 것은?

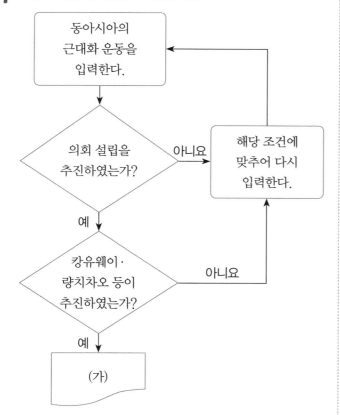

① 갑신정변
② 양무 운동
③ 태평천국 운동
④ 변법자강 운동
⑤ 자유 민권 운동

> **Tip**
> 갑신정변은 김옥균 등의 [❶] 개화파가 주도한 국민 국가 수립 운동으로 '개혁 정강 14개조'를 통해 [❷]에 해당하는 중추원을 세우고자 하였다.
>
> ❶ 급진 ❷ 의회

8 (가)에 들어갈 사진 자료로 가장 적절한 것은?

① ② ④ ⑤

> **Tip**
> ②는 1880년대 조선의 개화 정책 과정에서 만들어진 신식 군대인 [❶]의 모습이다. ④는 [❷]의 지도자인 전봉준을 압송하는 모습이다.
>
> ❶ 별기군 ❷ 동학 농민 운동

세계 대전과 사회 변동 ~ 현대 세계의 전개와 과제

공부할 내용

제1차 세계 대전 / 제2차 세계 대전 / 냉전 체제 / 탈냉전과 사회주의권의 붕괴 /
탈권위주의 운동

개념 1 제1차 세계 대전

(1) 제1차 세계 대전

배경	3국 ❶ [　] ↔ 3국 협상, 범게르만주의(독일, 오스트리아) ↔ 범슬라브주의(세르비아, 러시아)
발발	사라예보 사건 → 오스트리아·헝가리 제국의 선전 포고
과정	독일, 프랑스 공격 → 전쟁 장기화 → 독일, 무제한 잠수함 작전 → 미국의 참전 → 러시아, 독일과 강화 조약 체결 → 독일 혁명 → 독일 항복
특징	참호전, ❷ [　] 전(국가의 모든 인력과 물자 동원), 신무기 사용(독가스, 기관총, 탱크 등)

(2) 제1차 세계 대전의 전후 처리

파리 강화 회의	윌슨의 14개조 평화 원칙(기본 원칙) → 베르사유 조약 체결(독일 식민지 상실, 독일의 무장 해제, 막대한 배상금)
전후 평화를 위한 노력	국제 연맹 창설, 워싱턴 회의(군비 축소 회의), 부전 조약(국제 분쟁의 해결 수단으로서의 전쟁 포기 선언)

❶ 동맹 ❷ 총력

개념 2 러시아 혁명

(1) 러시아 혁명

2월 혁명	제1차 세계 대전으로 인명 피해, 경제난 심화 → 노동자, 병사 ❶ [　] 조직 → 임시정부 수립
10월 혁명	임시정부의 개혁 부진, 전쟁 지속 → 레닌, 볼셰비키 중심으로 혁명 추진 → 소비에트 정부 수립

(2) 사회주의 국가 수립

❷ [　]	독일과 강화 조약, 코민테른 결성, 신경제 정책(NEP) 실시
스탈린	경제 개발 5개년 계획, 집단 농장, 독재 체제 강화

❶ 소비에트 ❷ 레닌

개념 3 제2차 세계 대전

(1) 대공황

❶ [　]	뉴욕 증권 거래소의 주가 대폭락('검은 월요일') → 뉴딜 정책(미국), 블록 경제(영국, 프랑스)로 경제 위기 대응

(2) 제2차 세계 대전

① 발발: 독소 불가침 조약(1939) → 독일, ❷ [　] 침공 → 영국, 프랑스의 대독일 선전 포고

② 전개

유럽 전선	독일, 파리 점령 → 독일, 소련 침공 → 스탈린그라드 전투 → 노르망디 상륙 작전 → 독일 항복
일본 전선	일본, 미국 진주만 공습(태평양 전쟁 발발) → 미드웨이 해전 → 미국, 일본에 원자폭탄 투하 → 일본, 무조건 항복

❶ 대공황 ❷ 폴란드

ㅣ3국 동맹과 3국 협상

Quiz

오스트리아·헝가리 제국의 황태자 부부가 총격을 당해 사망한 사건으로, 제1차 세계 대전의 발단이 되는 사건은?

답 | 사라예보 사건

ㅣ구세력을 청소하는 레닌

Quiz

사회주의 정책으로 인한 경제 침체를 해결하기 위해 시장 경제 요소를 일부 인정한 레닌의 정책은?

답 | 신경제 정책

ㅣ대공황 시기 실업률 증가 그래프

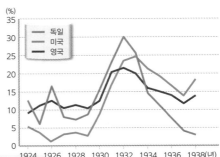

Quiz

대공황으로 인한 경제 침체를 해결하고 실업자를 구제하기 위해 대규모 공공사업 등을 국가가 주도한 루스벨트의 정책은?

답 | 뉴딜 정책

1-1 사진을 보고 빈칸에 알맞은 말을 쓰시오.

독일의 (㉠) 작전으로 인해 루시타니아호가 침몰하면서 (㉡)의 제1차 세계 대전 참전이 결정되었다.

풀이 | 독일은 ❶⬚⬚⬚이 독일의 해상 보급로를 차단한 것에 대응하여 ❶⬚⬚⬚에 접근하는 모든 선박에 무차별적으로 공격하는 작전을 실시하였다.

❶영국 답 | ㉠ 무제한 잠수함 ㉡ 미국

2-1 제시문의 설명에 해당하는 사건의 이름과 빈칸에 들어갈 단어를 쓰시오.

러시아의 임시정부가 전쟁에 계속 참여하고 개혁에 미온적인 태도를 보이자 ㉠ 레닌을 중심으로 한 ( )의 주도로 사회주의 혁명 정부를 수립하였다.

풀이 | ❶⬚⬚⬚ 혁명의 결과 제정이 무너지고 임시 정부가 들어섰으나 제 ❷⬚⬚ 차 세계 대전의 참전을 지속하였고, 이에 임시 정부를 무너뜨리기 위한 무장 혁명을 일으켰다.

❶2월 ❷1 답 | 10월 혁명, 볼셰비키

3-1 지도를 참고하여 빈칸에 들어갈 말을 쓰시오.

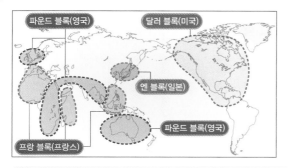

식민지가 많은 국가인 영국, (㉠)은/는 본국과 식민지를 하나의 경제권으로 묶는 (㉡)을/를 실시하였다.

풀이 | 뉴욕 증권 거래소의 주가가 대폭락하면서 나타난 ❶⬚⬚⬚에 대응하기 위하여 미국은 ❷⬚⬚⬚ 정책을 실시하였고, 영국과 프랑스 등은 본국과 식민지를 하나의 통화권으로 묶음으로써 경제 위기에 대응하였다.

❶대공황 ❷뉴딜 답 | ㉠ – 프랑스, ㉡ – 블록 경제

1-2 ㉠~㉢에 들어갈 제1차 세계 대전의 특징을 쓰시오.

특징	내용
㉠	탱크, 기관총 등의 공격을 피하기 위해 구덩이를 파고 장기간 대치하는 전쟁 형태
㉡	전, 후방 구분 없이 국가가 가진 모든 힘을 동원하는 전쟁 형태
㉢	전투기, 탱크, 잠수함, 독가스 등의 새로운 무기의 등장

2-2 ㉠이 한 일로 옳은 것은?

① 뉴딜 정책
② 러다이트 운동
③ 차티스트 운동
④ 코민테른 결성
⑤ 경제 개발 5개년 계획

3-2 제시된 설명에 해당하는 전쟁을 쓰시오.

• 일본이 미국의 하와이 진주만 기지를 기습 공격하면서 시작된 전쟁
• 미국의 원폭 투하로 일본이 무조건 항복하면서 종료된 전쟁

개념 4 냉전 체제

(1) 형성: 트루먼 독트린(공산주의 세력 확대 방지 선언)

자본주의 세력	**❶** ⬚ 계획(경제), 북대서양 조약 기구(NATO, 군사)
공산주의 세력	경제 상호 원조 회의(코메콘, 경제), 바르샤바 조약 기구(WTO, 군사)

(2) 전개

❷ ⬚ 봉쇄 (1948~49)	미·영·프 독일 점령지역 내 화폐 통합 → 소련, 베를린 봉쇄 → 동·서독 분단 → 베를린 장벽 건설(1961)
쿠바 미사일 위기 (1962)	소련, 쿠바에 미사일 기지 건설 시도 → 미국과의 갈등 표면화
베트남 전쟁 (1964~75)	남베트남, 미국(자본주의) ↔ 북베트남(공산주의)

❶ 마셜 ❷ 베를린

l 쿠바 미사일 위기 풍자화

Quiz

유럽의 공산주의 세력 확대를 막기 위해 지원한다는 내용을 담은 트루먼 대통령의 선언은?

답 l 트루먼 독트린

개념 5 탈냉전, 사회주의권의 붕괴

(1) 탈냉전: 양극 체제(미국, 소련 중심) → 다극 체제로의 전환

배경	소련의 영향력 약화(중국, 소련의 분쟁, 동유럽의 독자 노선 추구), 미국의 영향력 약화(베트남 전쟁 실패, 프랑스의 NATO 탈퇴), 제3세계 형성, 서독과 일본의 경제 성장
전개	**❶** ⬚ 독트린(1969), 미국과 중국의 국교 수립(1979), 동·서독 유엔 동시 가입, 전략 무기 제한 회담(SALT, 핵무기 감축 합의)

(2) 사회주의 국가의 붕괴

소련의 해체	• 고르바초프: 글라스노스트(개방, 언론의 자유와 비판 허용), **❷** ⬚ (개혁, 시장 경제 요소 도입) • 옐친: 소련 해체, 독립 국가 연합(CIS) 결성
독일	베를린 장벽 붕괴(1989), 독일 통일(1990)

❶ 닉슨 ❷ 페레스트로이카

l 사회주의권의 붕괴

Quiz

소련의 경제 침체를 해결하기 위해 개혁·개방 정책을 실시한 인물은?

답 l 고르바초프

개념 6 탈권위주의 운동, 세계화

(1) 탈권위주의 운동: 제2차 세계 대전 이후 출생하여 성장한 세대 → 기성 세대의 가치와 문화에 저항

❶ ⬚ 운동	마틴 루서 킹(미국, 흑인 민권 운동), 넬슨 만델라(아파르트헤이트 반대 운동)
68 운동	권위주의적 대학 교육, 베트남 전쟁 등에 반대하는 학생들의 시위
여성 운동	신체적 자기 결정권(낙태 금지법 반대 운동), 가사 노동과 육아 문제 공론화

(2) 세계화

① **❷** ⬚ 주의: 정부의 경제 개입 축소(영국의 대처리즘, 미국의 레이거노믹스), 무역의 자유화, 시장 개방 추구 → 세계 무역 기구(WTO), 자유 무역 협정(FTA), 다국적 기업의 성장

② 세계화와 지역화

세계화	전 세계가 하나의 공간 단위, 상호 의존성이 심화된 현상
지역화	세계화에 대응, 인접 국가간 경제 공동체 형성 예 APEC, ASEAN

l 지역화(지역별 경제 공동체)

Quiz

전 세계가 하나의 활동 공간이 되며 상호 의존성이 심화되는 현상은?

답 l 세계화

❶ 민권 ❷ 신자유

4-1 지도의 국제 정치 상황을 나타내는 말을 쓰시오.

풀이 | 자본주의 진영과 **❶**   진영이 정치, 경제, 군사적
으로 경쟁과 대립을 유지하는 상황을 **❷**   체제라고 한다.

❶공산주의 **❷**냉전 답 | 냉전 체제

4-2 다음 설명에 해당하는 기구는?

> 트루먼 독트린이 발표된 이후 미국과 서유럽이
> 공산주의 진영에 대응하기 위해 구성한 집단 방어
> 체제이자 군사 기구

① 코민포름
② 코민테른
③ 마셜 계획
④ 북대서양 조약 기구
⑤ 바르샤바 조약 기구

5-1 다음 인물 카드의 빈칸에 들어갈 말을 쓰시오.

- 인물: (㉠   )
- 활동
  - (㉡   )(개방) 정
    책을 통해 정치적
    자유화 도모
  - 시장 경제 원리를
    도입하여 소련의 경
    제 개방을 시작

풀이 | 소련의 경제 침체를 해결하기 위해 서방의 자본을 유
치하고자 하였으며 이를 위하여 서양과의 대립을 완화하고
❶   주의적 요소를 도입하는 **❷**   (개혁) 정책 등
을 추진하였다.

❶자본 **❷**페레스트로이카 답 | ㉠ – 고르바초프, ㉡ – 글라스노스트

5-2 다음 설명에 해당하는 단어를 쓰시오.

> 1969년에 발표된 선언으로 아시아에서 일어나
> 는 전쟁에 미국이 참여하지 않는다는 내용을 담고
> 있다. 이를 계기로 미국과 사회주의 국가 사이의
> 관계가 개선되었다.

6-1 다음 지도와 같이 공동체가 형성되는 현상을 쓰시오.

풀이 | 전 세계를 하나의 공간 단위로 하여 사람, 상품, 자본의 이
동이 활발해지는 현상을 **❶**   라 하며, 이에 대응하여 인접
국가 간에 APEC, ASEAN, **❷**   (북아메리카 자유 무역 협
정) 등의 경제 공동체를 형성하기도 하였다.

❶세계화 **❷**NAFTA 답 | 지역화

6-2 다음 설명에 해당하는 단어를 쓰시오.

> 1970년대 경제 불황을 계기로 정부의 경제 개입
> 을 축소하고 무역의 자유화와 시장 개입을 추구하
> 던 경제 정책

개념 돌파 전략 ②

제1차 세계 대전의 배경과 발단이 된 사건은?

➡ 발칸반도에서 러시아와 세르비아 중심의 **❶** 주의와 독일, 오스트리아 중심의 범게르만주의가 충돌하였고, 보스니아를 오스트리아가 병합하게 되면서 세르비아의 불만이 커졌다. 이 과정에서 세르비아 청년의 총격으로 **❷** 사건이 일어나면서 제1차 세계 대전이 시작되었다.

답 | ❶ 범슬라브 ❷ 사라예보

러일 전쟁을 계기로 일어난 개혁 요구 시위를 진압하면서 일어난 사건의 명칭은?

➡ 개혁을 요구하는 평화적인 시위가 이루어졌으나 이를 황제가 무력으로 진압한 사건을 **❶** 사건이라 한다. 사건 이후 **❷** (두마)의 개설과 시민의 권리 보장 등의 개혁을 약속하였다.

답 | ❶ 피의 일요일 ❷ 의회

1 (가)에 들어갈 수 있는 사건으로 옳은 것은?

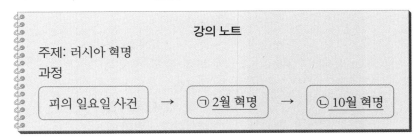

오스트리아의 황태자 부부가 사라예보에서 암살되었다. ➡ (가) ➡ 독일 혁명이 발생한 이후 독일이 연합국에 항복하였다.

① 독일 제국 수립
② 국제 연맹 결성
③ 독소 불가침 조약
④ 노르망디 상륙 작전
⑤ 무제한 잠수함 작전

2 ㉠, ㉡에 대한 설명으로 옳지 <u>않은</u> 것은?

강의 노트

주제: 러시아 혁명
과정

피의 일요일 사건 → ㉠ 2월 혁명 → ㉡ 10월 혁명

① ㉠ - 혁명의 결과 루이 필리프가 추방되었다.
② ㉠ - 제정이 무너지고 임시 정부가 수립되었다.
③ ㉠ - 노동자, 병사 소비에트에 의해 주도되었다.
④ ㉡ - 레닌의 볼셰비키가 주도가 되었다.
⑤ ㉡ - 사회주의 혁명 정부가 수립되었다.

오른쪽 그림이 풍자하고 있는 조약은?

➡ 독일은 독일의 동쪽을 안정시키고자 소련과 서로 침공하지 않겠다는 내용을 담은 **❶** 조약을 체결하였다. 며칠 뒤 독일이 **❷** 을/를 침공하면서 전쟁이 시작되었다.

답 | ❶ 독소 불가침 ❷ 폴란드

3 그림과 관련된 전쟁에 대한 설명으로 옳지 <u>않은</u> 것은?

① 독일이 폴란드를 침공하면서 시작되었다.
② 전쟁의 종료 이후 국제 연맹을 조직하였다.
③ 스탈린그라드 전투에서 독일군이 패배하였다.
④ 전쟁 초기 독일이 프랑스에 괴뢰 정부를 세웠다.
⑤ 노르망디 상륙 작전으로 연합국에 전세가 유리해졌다.

제2차 세계 대전 이후 형성된 자본주의 진영과 공산주의 진영 사이의 대립을 일컫는 말은?

➡ 미국과 소련이 영향력을 확대하는 과정에서 동유럽의 공산화가 이루어지자 미국의 **❶** 대통령이 독트린을 발표하였고, 이를 계기로 정치, 경제, 군사 등 전반적으로 대립하는 **❷** 체제가 본격화되었다.

답 | ❶ 트루먼 ❷ 냉전

4 ㉠을 배경으로 일어난 사건을 | 보기 |에서 고른 것은?

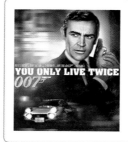

1960년대에 시작된 영화 '007 시리즈'는 ㉠ 공산주의 진영과 자본주의 진영의 대립 상황을 배경으로 하였다. 자본주의 진영에서는 영화 등의 대중문화를 바탕으로 체제의 우수성을 알리고자 하였다.

보기
ㄱ. 베트남 전쟁　　　　　　ㄴ. 베를린 장벽 붕괴
ㄷ. 쿠바 미사일 위기　　　　ㄹ. 미·중의 국교 수립

① ㄱ, ㄴ　　　　② ㄱ, ㄷ　　　　③ ㄴ, ㄷ
④ ㄴ, ㄹ　　　　⑤ ㄷ, ㄹ

마틴 루서 킹이 비판한 미국 사회의 문제와 그가 주도한 운동은?

➡ 미국 등은 백인 중심의 사회 질서가 유지되고 있었으며 **❶** 에 대한 차별이 유지되었다. 마틴 루서 킹은 인종에 따른 차별 없이 동등한 시민권을 얻기 위한 **❷** 운동을 주도하였고, 그 결과 미국 정부는 1964년 민권법을 제정하여 법적 차별을 없앴다.

답 | ❶ 흑인 ❷ 민권

5 사진의 인물들이 실시한 탈권위주의 운동으로 옳은 것은?

▲ 마틴 루서 킹　　　　▲ 맬컴 엑스

① 여성 운동　　　② 학생 운동　　　③ 민권 운동
④ 환경 운동　　　⑤ 반전 운동

자유 무역의 확대와 교통과 정보·통신 기술의 발달로 국가 간 장벽이 낮아지는 현상은?

➡ 교통과 정보·통신 기술의 발달로 국가 간의 상호 의존성이 높아져 전 세계가 하나의 활동 무대가 되는 현상은 **❶** 이다. 이로 인해 전 세계적으로 노동자의 이주 현상이 나타나며, 여러 지역에 본사와 공장 등을 두는 **❷** 기업이 발달하기도 하였다.

답 | ❶ 세계화 ❷ 다국적

6 다음 사례와 관련된 현상으로 가장 적절한 것은?

밤 12시 뉴욕에 사는 A는 컴퓨터 문제를 해결하기 위해 서비스 센터로 전화를 걸었다. 전화는 인도의 상담원에게로 연결되었고, 인터넷 원격 접속을 통하여 실시간으로 문제를 해결하게 되었다.

① 세계화　　　② 지역화　　　③ 남북 문제
④ 난민 문제　　⑤ 탈권위주의

전략 1 제1차 세계 대전

- **배경**: 범게르만주의 ↔ 범슬라브주의, 3국 동맹 ↔ 3국 **❶**
- **과정**: 사라예보 사건 → 독일의 무제한 잠수함 작전 → **❷** 의 참전 → 러시아, 독일과 강화 조약 체결 → 독일 혁명 → 독일의 항복
- **전쟁의 특징**: 참호전, 총력전, 신무기의 사용
- **전후 처리**: 베르사유 조약, 국제 연맹, 워싱턴 회의(군비 축소 회의), 부전 조약

❶ 협상 ❷ 미국

필수 예제 1

(1) 범례의 ㉠, ㉡에 들어갈 이름을 쓰시오.

(2) 다음 설명에 해당하는 기구의 이름을 쓰시오.

> 제1차 세계 대전 이후 국제 사회의 전쟁 방지와 평화 유지를 목적으로 결성한 국제 기구로, 군비 축소와 무력 사용 금지 등을 위해 노력하였다.

풀이 | (1)

3국 협상	영·프 협상(1904), 영·러 협상(1907), 프·러 동맹(1894)을 묶어서 지칭. 독일을 견제하기 위해 형성.
3국 동맹	독일, 오스트리아·헝가리 제국, 이탈리아의 동맹. 독일의 프랑스 고립 목적에서 결성. 제1차 세계 대전 과정에서 이탈리아가 탈퇴함.

답 | ㉠ – 3국 협상, ㉡ – 3국 동맹

(2)

국제 연맹	제1차 세계 대전 이후 결성된 국제 기구. 미국 등의 강대국이 불참하였고, 군사적인 억제력이 없었다는 한계가 있었음.
국제 연합	제2차 세계 대전 이후 결성된 국제 기구. 미국 등의 강대국이 참여하였으며, 평화 유지군 등의 군사력을 갖추었음.

답 | 국제 연맹

1-1 지도의 상황을 배경으로 일어난 사건은?

① 아편 전쟁
② 플라시 전투
③ 태평양 전쟁
④ 제1차 세계 대전
⑤ 제2차 세계 대전

1-2 (가), (나)에 들어갈 단어로 옳게 짝지은 것은?

> (가) 제1차 세계 대전 이후 열린 군비 축소 회의. 중국, 태평양에 대한 열강의 이해 관계와 해군력 제한을 위해 개최하였음.
>
> (나) 국제 분쟁의 평화적 해결에 합의한 조약으로, 분쟁의 해결 수단으로서 전쟁을 포기하기로 한 선언

	(가)	(나)
①	워싱턴 회의	로카르노 조약
②	워싱턴 회의	부전 조약
③	워싱턴 회의	베르사유 조약
④	파리 강화 회의	부전 조약
⑤	파리 강화 회의	베르사유 조약

전략 2 러시아 혁명

- 2월 혁명: 노동자, 병사들의 소비에트 중심 → 제정 붕괴, 임시정부 수립
- 10월 혁명: 임시정부의 개혁 부진 → ❶ [ ] 중심의 볼셰비키 무력 혁명 → 소비에트 정부 수립
- 사회주의 국가 수립: 레닌(코민테른 결성, ❷ [ ] (NEP) 추진), 스탈린(집단 농장, 경제 개발 5개년 계획)

❶ 레닌 ❷ 신경제 정책

필수 예제 2

(1) ㉠, ㉡의 빈칸에 들어갈 단어를 쓰시오.

제1차 세계 대전 참전으로 인해 러시아에서는 물가 상승과 인명 피해 등의 문제가 심각해졌다. 전쟁이 길어지면서 전쟁 중지와 전제 정치를 타도하는 시위를 벌였다. 노동자와 병사의 (㉠   )을/를 중심으로 황제 니콜라이 2세의 제정을 무너뜨리고 임시 정부를 세운 (㉡   )혁명이 이루어졌다.

풀이 | (1)

'피의 일요일 사건'	러일 전쟁 → 개혁 요구와 무력 진압 → 의회 설치, 개혁 약속
2월 혁명	노동자, 병사 소비에트 중심 → 제정 붕괴, 임시 정부 수립
10월 혁명	레닌의 볼셰비키 중심 → 사회주의 정부 수립

답 | ㉠ – 소비에트, ㉡ – 2월

(2) 다음 설명에 해당하는 기구를 쓰시오.

러시아 혁명 이후 레닌이 조직한 국제 공산당 조직이다. 유럽의 노동 운동과 아시아·아프리카의 반제국주의 운동을 지원하였다.

(2)

독일과 강화 조약	독일과 러시아가 제1차 세계 대전 과정에서 전쟁을 중지하는 것을 내용으로 맺은 조약
신경제 정책	농업과 소규모 산업에서의 사유 재산을 인정한 정책
코민테른	국제 공산당 조직. 사회주의 혁명 운동을 지원

답 | 코민테른

2-1 제시된 사건이 일어난 시기를 연표에서 옳게 고른 것은?

임시정부는 제1차 세계 대전에서 참전을 지속하고 개혁의 움직임이 지지부진하였다. 이에 불만을 가진 레닌을 중심으로 한 볼셰비키는 무장 봉기를 일으켰다.

①	②	③	④	⑤
피의 일요일 사건	임시 정부 수립	소비에트 정부 수립	신경제 정책 실시	

2-2 다음 정책을 실시한 인물로 옳은 것은?

- 농업의 집단화를 추진하였다.
- 경제 개발 5개년 계획을 추진하였다.
- 반대파를 숙청하고 일당 독재 체제를 강화하였다.

① 레닌　　② 스탈린　　③ 히틀러
④ 무솔리니　　⑤ 루스벨트

전략 3 대공황, 전체주의

- **대공황**: 과도한 투자, 실업자 증가, 구매력 감소 → 주가 대폭락 → **❶** 정책(미국), 블록 경제(영국·프랑스)
- **전체주의**: 개인의 자유 〈 전체(국가)의 발전 → **❷** (무솔리니, 파시즘), 독일(히틀러, 나치즘), 일본(군국주의) → 추축국 형성

❶ 뉴딜 ❷ 이탈리아

필수 예제 3

(1) 다음 흐름도가 원인이 되어 나타난 현상을 쓰고, 영국과 프랑스의 대응을 쓰시오.

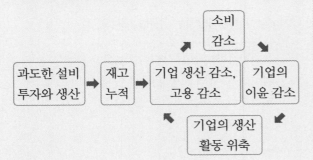

(2) 다음은 전체주의 국가에 대한 설명이다. ㉠, ㉡에 들어갈 단어를 쓰시오.

> (㉠)에서는 무솔리니가 (㉡)당을 중심으로 독재 체제를 형성하였다. 무솔리니는 '검은 셔츠단'을 이끌고 로마 진군을 통해 권력을 장악하였으며, 개인의 생활을 통제하는 정치 체제를 형성하였다.

풀이 | (1) 대공황의 대응 방법

미국	뉴딜 정책 → 대규모 공공사업을 통한 실업자 구제
영국, 프랑스	블록 경제 → 자국의 식민지를 하나의 통화권으로 묶고 식민지를 상품 시장으로 삼아 누적된 재고를 해소시킴.

답 | 대공황, 블록 경제

(2) 전체주의 국가

이탈리아	무솔리니 파시스트당의 파시즘
독일	히틀러 나치당의 나치즘
일본	일본 군부의 군국주의

답 | ㉠ – 이탈리아, ㉡ – 파시스트

3-1 사진과 같이 대규모 토목 사업이 실시된 배경으로 옳은 것은?

① 대공황이 발생하였다.

② 전체주의 정권이 등장하였다.

③ 독일이 폴란드를 침공하였다.

④ 베르사유 조약이 체결되었다.

⑤ 영국, 프랑스가 경제 블록을 형성하였다.

3-2 (가), (나)에 들어갈 단어로 옳게 짝지어진 것은?

> ____(가)____ 는 개인의 자유보다 국가, 민족의 발전을 중시하는 사상이다. 특히 ____(나)____ 에서는 히틀러 중심의 나치즘이 유행하였다.

	(가)	(나)
①	전체주의	독일
②	자유주의	이탈리아
③	자본주의	일본
④	사회주의	에스파냐
⑤	민족주의	소련

전략 4 제2차 세계 대전

- 유럽 전선: 독소 불가침 조약 → 독일의 폴란드 침공 → 독일의 소련 공격 → 스탈린그라드 전투 → ❶ [　　　] 상륙 작전 → 독일 항복
- 태평양 전쟁(일본): 일본의 ❷ [　　　] 공습 → 미드웨이 해전 → 미국, 일본에 원폭 투하 → 일본 항복
- 전후 처리(전범 재판): 독일(뉘른베르크 재판), 일본(도쿄 재판)

❶ 노르망디 ❷ 진주만

필수 예제 **4**

(1) ㉠~㉢을 일어난 순서대로 옳게 나열한 것은?

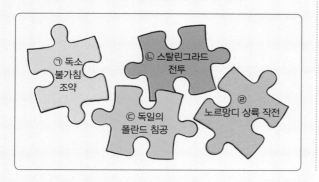

- ㉠ 독소 불가침 조약
- ㉡ 스탈린그라드 전투
- ㉢ 독일의 폴란드 침공
- ㉣ 노르망디 상륙 작전

(2) 다음 설명에 해당하는 국가를 쓰시오.

- 제2차 세계 대전 이후 전쟁 범죄자들을 뉘른베르크 재판을 통해 처벌하였다.
- 무장 해제를 위하여 미·영·프·소 연합국이 영토를 분할하여 점령하였다.

풀이 | (1) 제2차 세계 대전의 전개 과정
독소 불가침 조약 → 독일의 폴란드 침공 → 독일의 파리 점령 → 독일의 불가침 조약 파기 → 소련 침공 → 스탈린그라드 전투 → 노르망디 상륙 작전 → 독일 항복

답 | ㉠-㉢-㉡-㉣

(2) 제2차 세계 대전 이후 전후의 처리

독일	뉘른베르크 재판(전범 처리), 무장 해제(4개국 분할 점령)
일본	도쿄 재판(전범 처리), 미 군정 통치 실시 → 샌프란시스코 강화 조약을 통해 주권 회복

답 | 독일

4-1 다음은 제2차 세계 대전의 한 전선에 대한 지도이다. 지도의 전쟁을 일으킨 국가와 관련된 설명으로 옳지 **않은** 것은?

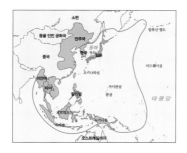

① 도쿄 재판에서 전범이 처리되었다.
② 미드웨이 해전에서 미군이 승리하였다.
③ 미국의 원폭 투하로 무조건 항복하였다.
④ 일본이 진주만을 기습하면서 시작되었다.
⑤ 무장 해제를 위해 4개국이 영토를 분할 점령하였다.

4-2 제시된 사진과 관련된 사건이 발생한 시기를 연표에서 옳게 고른 것은?

▲ 노르망디에 상륙하는 연합군

①	②	③	④	⑤

독소 불가침 조약　독일의 폴란드 침공　스탈린그라드 전투　독일의 항복

1 (가)에 들어갈 주제로 가장 적절한 것은?

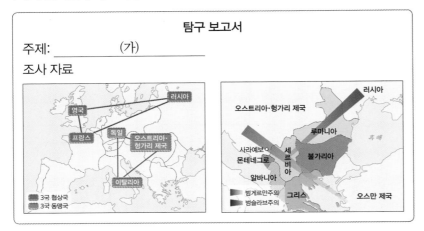

> **탐구 보고서**
>
> 주제: _____ (가) _____
>
> 조사 자료

① 전쟁 범죄와 인권 유린 ② 제1차 세계 대전의 배경

③ 러시아 혁명의 전개 과정 ④ 국제 연맹의 의의와 한계

⑤ 대공황과 각 나라의 대응 노력

2 (가), (나)에 들어갈 단어를 옳게 짝지은 것은?

> 그림은 제 _____ (가) _____ 세계 대전 이후 설치된 _____ (나) _____ 에 대한 풍자화이다. 미국이 설계한 다리에 돌을 끼우지 않고 완성시키지 않는 모습을 통해 미국 등의 강대국이 참여하지 않은 한계점을 비판하고 있다.

	(가)	(나)		(가)	(나)
①	1차	국제 연맹	②	1차	국제 연합
③	1차	코민테른	④	2차	국제 연맹
⑤	2차	국제 연합			

3 (가) 시기의 경제적 변화에 대한 대응 노력으로 가장 적절한 것은?

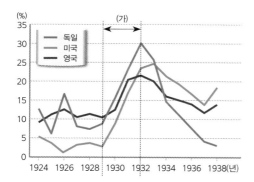

① 뉴딜 정책을 실시하였다.

② 국제 노동 기구를 설립하였다.

③ 곡물법과 항해법을 폐지하였다.

④ 성인에게 보통 선거권을 주었다.

⑤ 공장법으로 아동, 부녀자의 노동 시간을 제한하였다.

문제 해결 전략

(가) 시기에 실업자가 급증하는 이유는 과도한 투자와 실업자 급증으로 인해 주가가 대폭락했던 ❶ [   ] 때문이다.

이에 영국, 프랑스의 ❷ [   ] 경제 등의 대응이 이루어졌다.

❶ 대공황 ❷ 블록

4 책의 찢어진 부분에 들어갈 수 있는 내용을 |보기|에서 고른 것은?

┌ 보기 ┐
ㄱ. 사라예보 사건
ㄴ. 국제 연맹 창설
ㄷ. 스탈린그라드 전투
ㄹ. 노르망디 상륙 작전

① ㄱ, ㄴ　　　　② ㄱ, ㄷ　　　　③ ㄴ, ㄷ
④ ㄴ, ㄹ　　　　⑤ ㄷ, ㄹ

문제 해결 전략

독소 불가침 조약은 ❶ [   ]의 나치 독일과 소련이 맺은 조약이며, 이후 독일이 ❷ [   ]를 침공함으로써 제2차 세계 대전이 시작되었다.

❶ 히틀러 ❷ 폴란드

5 밑줄 친 '이 전쟁'에 대한 설명으로 옳은 것은?

① 사라예보 사건을 계기로 발생하였다.

② 종단 정책과 횡단 정책이 충돌하였다.

③ 독일이 폴란드를 침공하면서 시작되었다.

④ 워싱턴 회의를 통해 군비 축소를 시도하였다.

⑤ 베르사유 조약을 통해 독일에 대한 전쟁 책임을 물었다.

문제 해결 전략

국제 ❶ [   ]은 제2차 세계 대전의 진행 과정에서 ❷ [   ] 회담의 전후 평화 원칙 합의와 얄타 회담을 계기로 성립된 국제 기구이며, 평화 유지군과 같은 강제력이 있으며, 강대국이 참여한 점에서 국제 연맹의 한계점을 보완하였다.

❶ 연합 ❷ 대서양

전략 1 냉전 체제

- **형성:** ❶ ☐ 독트린 → 자본주의 진영(마셜 계획, 북대서양 조약 기구), 공산주의 진영(경제 상호 원조 회의, 바르샤바 조약 기구)
- **전개:** 베를린 봉쇄 → 베를린 장벽 건설, ❷ ☐ 미사일 기지 사건, 6·25 전쟁, 베트남 전쟁

❶ 트루먼 ❷ 쿠바

필수 예제 1

(1) 공산주의 진영의 국제 기구를 |보기|에서 모두 골라 쓰시오.

> **보기**
> ㄱ. 마셜 계획
> ㄴ. 바르샤바 조약 기구
> ㄷ. 북대서양 조약 기구
> ㄹ. 경제 상호 원조 회의

(2) 다음 풍자화와 관련된 냉전 시기의 사건을 쓰시오.

풀이 | (1)

자본주의 진영	대립	공산주의 진영
마셜 계획	↔	경제 상호 원조 회의 (코메콘)
북대서양 조약 기구 (NATO)	↔	코민포름, 바르샤바 조약 기구 (WTO)

답 | ㄴ, ㄹ

(2)

베를린 봉쇄	서독 지역을 점령한 미, 영, 프가 화폐 통합 작업을 벌이자 이에 소련이 베를린을 봉쇄한 사건
쿠바 미사일 사건	소련이 카리브해의 쿠바에 미사일 기지를 건설하려고 시도한 것을 계기로 미국과 소련이 충돌한 사건

답 | 쿠바 미사일 기지 사건

1-1 다음 주장에 해당하는 용어로 옳은 것은?

> 공산주의 세력의 확대에 맞서서 미국은 유럽에 재정적인 지원을 해야 합니다.

① 탈냉전　　② 전체주의
③ 비동맹주의　　④ 닉슨 독트린
⑤ 트루먼 독트린

1-2 사진의 상황이 일어난 시기를 연표에서 옳게 고른 것은?

▲ 서베를린에 물건을 운반하는 미군

①	②	③	④	⑤
대공황	독일의 폴란드 침공	트루먼 독트린	쿠바 미사일 사건	

전략 2 탈냉전, 사회주의권의 붕괴

- 배경: 양극 체제 ➜ 다극 체제(제3 세계의 등장, 서독과 일본의 경제 성장, 중국, 프랑스의 독자 노선)
- 전개: ❶ [   ] 독트린, 미국과 중국의 국교 수립, 전략 무기 제한 회담, 동서독 유엔 동시 가입 등
- 소련의 붕괴: ❷ [   ] (글라스노스트, 페레스트로이카), 옐친(소련 붕괴, 독립 국가 연합 결성)

❶ 닉슨 ❷ 고르바초프

필수 예제 2

(1) 지도를 참고하여 빈칸에 들어갈 알맞은 말을 쓰시오.

소련의 붕괴 이후 (㉠   )은/는 옛 소련 소속 국가들을 중심으로 (㉡   )을/를 결성하였다.

(2) 다음 설명에 해당하는 말을 쓰시오.

제2차 세계 대전 이후 독립한 아시아, 아프리카의 신생국들이 자본주의 진영, 공산주의 진영에 속하지 않고 비동맹주의를 내세웠다. 반둥 회의에서 '평화 10원칙'을 채택하면서 공식적으로 세력을 형성하였다.

풀이 | (1)

고르바초프	페레스트로이카(개혁), 글라스노스트(개방) 정책 추진 ➜ 소련의 경제 위기 극복 시도
옐친	소련 해체, 독립 국가 연합 결성

(2)

자본주의 진영	미국과 서유럽 중심. 마셜 계획, 북대서양 조약 기구 등(제1 세계)
공산주의 진영	소련과 동유럽 등. 코메콘, 코민포름, 바르샤바 조약 기구 등(제2 세계)
제3 세계	아시아, 아프리카의 신생국 중심. 비동맹주의 채택

답 | ㉠ – 옐친, ㉡ – 독립 국가 연합(CIS)

답 | 제3 세계

2-1 다음을 배경으로 나타난 현상으로 옳은 것은?

- 미국과 소련의 영향력 약화
- 제3 세계의 등장
- 서독과 일본의 경제 성장
- 중국과 소련 간의 국경 분쟁

① 냉전 ② 탈냉전 ③ 세계화
④ 지역화 ⑤ 민주화

2-2 (가)에 들어갈 내용으로 옳은 것은?

① 닉슨 독트린 발표
② 6·25 전쟁의 발발
③ 베를린 장벽 붕괴
④ 소련의 베를린 봉쇄
⑤ 독립 국가 연합 결성

전략 3 **탈권위주의 운동**

- **민권 운동**: 마틴 루서 킹(흑인 민권 운동), 넬슨 만델라(❶ ____ 반대 운동)
- **학생 운동**: 68운동(권위주의적 대학 교육에 반대, ❷ ____ 전쟁 등에 반대한 학생 운동)
- **여성 운동**: 신체적 자기 결정권, 가사 노동과 육아 문제 공론화
- **반전 운동**(베트남 전쟁 등에 반대한 운동), **환경 운동**(반핵 운동, 녹색당 활동 등)

❶아파르트헤이트 ❷베트남

필수 예제 3

(1) 빈칸에 들어갈 사람의 이름을 쓰시오.

> 남아프리카 공화국에서는 백인 정권이 흑인과 백인을 분리하고 격리하는 아파르트헤이트 정책을 실시하였다. ( )은/는 이에 맞서 아파르트헤이트 반대 운동을 주도하였다.

(2) 제시문에 해당하는 운동의 명칭을 쓰시오.

> 1968년 5월 프랑스 파리의 노동자들과 시민들이 청년들의 저항에 가담하면서 발생한 대규모 운동이다. 대학 당국의 권위주의적 교육과 베트남 전쟁 등에 반대하는 운동을 전개하였다.

풀이 | (1) 민권 운동

마틴 루서 킹	• 민권 운동 주도 ➡ 워싱턴 행진(1963)을 이끎. • 결과: 1964년 민권법 통과
맬컴 엑스	미국에서 민권 운동 주도 ➡ 백인을 적으로 규정하고 급진적, 폭력적인 운동을 주도
넬슨 만델라	• 아파르트헤이트 반대 운동 주도 • 결과: 흑인 인종 차별 금지법 제정

답 | 넬슨 만델라

(2) 탈권위주의 운동의 종류

민권 운동	흑인에 대한 불평등 문제를 제기하고, 동등한 민권을 부여할 것을 요구한 운동
여성 운동	직장 내 성차별, 신체적 자기 결정권 등에 대한 문제 제기
학생 운동	권위주의적 교육에 대한 저항. 자유 언론 운동, 권위주의적 대학 교육 비판 운동, 68운동 등

답 | 68운동

3-1 다음 설명과 관련된 운동의 유형으로 옳은 것은?

멕시코시티 올림픽에서 메달을 수상한 미국의 흑인 선수들이 차별에 반대하는 의미로 검은 장갑을 끼고 손을 드는 퍼포먼스를 보였다.

① 여성 운동 ② 학생 운동 ③ 민권 운동
④ 반전 운동 ⑤ 환경 운동

3-2 제시문과 관련된 운동의 유형으로 옳은 것은?

> 1968년, 미국에서 미스 아메리카 대회에 반대하는 시위가 일어났다. 당시 여성들은 미인 대회가 여성을 상품화하고 단순한 미적 기준으로 평가한다고 생각하였다.

① 학생 운동 ② 여성 운동 ③ 민권 운동
④ 반전 운동 ⑤ 환경 운동

전략 4 세계화

- **신자유주의**: 정부의 시장 개입 축소(대처리즘, 레이거노믹스), 무역의 자유화, 시장 개방 → **❶**▢▢▢▢▢(WTO), 자유 무역 협정(FTA)
- **❷**▢▢▢▢: 사람, 상품, 자본의 이동 활발 → 전 세계가 하나의 공간 단위가 되며 상호 의존성 심화
- **지역화**: 세계화에 대한 대응, 인접 국가 간 경제 공동체 형성 → APEC, ASEAN, NAFTA, EU 등

❶ 세계 무역 기구 ❷ 세계화

필수 예제 4

(1) 다음 설명에 해당하는 기구를 쓰시오.

> 관세 및 무역에 관한 일반 협정(GATT)을 계승하여 1995년에 결성한 기구이다. 국제 무역의 분쟁을 조정하고 관세 인하를 요구하였으며, 자유 무역을 촉진하는 역할을 하였다.

풀이 | (1)

GATT	관세 및 무역에 관한 일반 협정. 1947년에 미국 등 자본주의 국가를 중심으로 결성.
WTO	관세 및 무역에 관한 일반 협정의 역할을 이어받아 1995년에 조성된 무역 기구.
FTA	특정 국가 간에 관세를 없애는 자유 무역 협정

답 | 세계 무역 기구(WTO)

(2) 다음 설명에 해당하는 단체를 쓰시오.

> - 1992년 마스트리흐트 조약이 체결되고 다음 해에 결성된 협력체
> - 유럽 공동체(EC, 1967)를 전신으로 하며, 유로화의 단일 통화를 사용함.

(2) 지역화(주요 경제 협력체)

EU	유럽 연합, 유럽 내 정치적·경제적 협력
APEC	아시아·태평양 경제 협력체
ASEAN	동남아시아 국가 연합
NAFTA	북아메리카 자유 무역 협정

답 | 유럽 연합

4-1 다음 설명에 해당하는 현상으로 옳은 것은?

> - 자유 무역 강화, 정부의 시장 규제 약화
> - 대처리즘, 레이거노믹스

① 지역화   ② 탈냉전   ③ 세계화

④ 뉴딜 정책   ⑤ 신자유주의

4-2 다음 설명에 해당하는 단체의 기호를 지도에서 옳게 고른 것은?

> 아시아와 태평양 연안 지역의 국가들의 원활한 정책 협력을 목적으로 결성된 조직

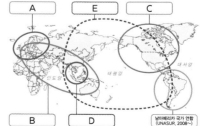

① A
② B
③ C
④ D
⑤ E

1 밑줄 친 ㉠, ㉡과 관련된 기구가 옳게 짝지어진 것은?

발트해의 슈테틴에서 아드리아해의 트리에스테까지 ㉠ 철의 장막이 드리워졌다.

▲ 처칠

미국이 공산주의 저지에 앞장서야 합니다. 그래서 ㉡ 재정적인 지원을 하려고 합니다.

▲ 트루먼

㉠	㉡
① 경제 상호 원조 회의	마셜 계획
② 북대서양 조약 기구	바르샤바 조약 기구
③ 바르샤바 조약 기구	북대서양 조약 기구
④ 마셜 계획	경제 상호 원조 회의
⑤ 코민포름	북대서양 조약 기구

문제 해결 전략

영국의 처칠은 '철의 장막'이라는 단어를 쓰며, 유럽이 자본주의 진영과 ❶_____ 진영으로 나뉘어졌음을 선언한다. 미국의 트루먼 대통령은 서유럽 지역의 재정적인 지원을 약속하였으며, 집단 방어 체제로 ❷_____(NATO)를 구성하였다.

❶ 공산주의 ❷ 북대서양 조약 기구

2 사진의 사건과 관련된 배경에 대한 설명으로 옳은 것은?

▲ 6·25 전쟁

▲ 베트남 전쟁

① 소련이 붕괴되었다.
② 제3세계가 형성되었다.
③ 냉전 체제가 형성되었다.
④ 데탕트의 분위기가 형성되었다.
⑤ 독일, 일본, 이탈리아가 추축국을 형성하였다.

문제 해결 전략

베트남은 ❶_____(으)로부터의 독립 이후 북쪽의 공산 정권과 남쪽의 친미 정권으로 나뉘어졌다. 북쪽의 공산주의 정권의 통일 시도에 ❷_____이/가 남베트남을 지원하면서 베트남 전쟁이 일어났다.

❶ 프랑스 ❷ 미국

3 (가)에 들어갈 주제로 가장 적절한 것은?

주제: _____ (가) _____

▲ 닉슨의 중국 방문   ▲ 핑퐁 외교

① 대중문화의 등장
② 냉전 체제의 형성
③ 민권 운동의 전개
④ 신자유주의의 확산
⑤ 탈냉전의 분위기 형성

문제 해결 전략

❶_____ 독트린의 발표 이후 미국과 중국 간의 관계 개선이 이루어졌다. 자본주의 진영과 공산주의 진영의 대립이 완화되었으며 ❷_____의 분위기 형성에 영향을 끼쳤다.

❶ 닉슨 ❷ 데탕트

4 ㉠과 연관된 내용을 |보기|에서 고른 것은?

사진은 레닌 동상이 무너지는 장면을 보여준다. 레닌은 소련을 세운 인물로, 레닌 동상의 붕괴는 ㉠ 소련의 해체를 상징적으로 보여주는 모습이다.

┌ 보기 ┐
ㄱ. 신경제 정책을 추진하였다.
ㄴ. 베를린 봉쇄를 실시하였다.
ㄷ. 글라스노스트를 시행하였다.
ㄹ. 페레스트로이카를 실시하였다.

① ㄱ, ㄴ   ② ㄱ, ㄷ   ③ ㄴ, ㄷ
④ ㄴ, ㄹ   ⑤ ㄷ, ㄹ

문제 해결 **전략**

소련의 경제 침체를 해결하기 위해 서방의 자본을 유치하려 한 ❶ 는 개혁·개방 정책을 추진하였다. 개혁에 반대한 공산당은 쿠데타를 일으켰으나 ❷ 이 이를 진압하고 소련을 해체하였다.

❶ 고르바초프 ❷ 옐친

5 제시된 사례와 관련된 운동에 대한 설명으로 옳은 것은?

왼쪽의 사진은 1968년 파리에서 벌어진 시위 과정에서 적힌 낙서이다. 낙서는 "금지하는 것을 금지한다."라는 의미를 담고 있다.

① 아파르트헤이트 정책에 반대하였다.
② 권위주의적 대학 교육에 반대하였다.
③ 여성의 신체적 자기 결정권을 주장하였다.
④ 전쟁과 대량 살상 무기의 개발에 반대하였다.
⑤ 남성 중심의 가부장적 사회 체제에 도전하였다.

문제 해결 **전략**

아파르트헤이트는 남아프리카 공화국에서 실시한 흑백 차별 정책이다. ❶ 가 주도하여 이에 대한 반대 운동을 전개하였으며, 이는 ❷ 운동의 한 사례에 해당한다.

❶ 넬슨 만델라 ❷ 민권

6 (가)에 대한 설명으로 옳은 것은?

지식 검색 ▼   (가)   검색

[검색 결과]
• 의미: 시장에 대한 정부 개입을 최소화하고 무역의 자유화, 시장 개방을 추구하는 경제 사상
• 배경: 1970년대 두 차례의 석유 파동으로 인한 경제 불황

① 테네시강 개발 공사를 설립하였다.
② 본국과 식민지를 하나의 통화권으로 묶었다.
③ 국영 기업을 민영화하는 정책을 실시하였다.
④ 사회주의 경제 체제에 자본주의적 요소를 도입하였다.
⑤ 공산주의의 확산을 막기 위해 유럽을 경제적으로 지원하였다.

문제 해결 **전략**

(가)는 영국의 대처 수상, 미국의 ❶ 대통령 등이 주도하였던 ❷ 경제 정책이다.

❶ 레이건 ❷ 신자유주의

대표 예제 1

자료의 사건과 관련된 전쟁에 대한 설명으로 옳지 않은 것은?

역사 신문

제○○○호　　　　　　　　　　　19○○년 ○○월 ○○일

황태자 부부, 세르비아 청년에게 암살되다.

오스트리아 – 헝가리 제국의 황태자 부부는 사라예보를 방문하는 와중에 세르비아의 청년에게 암살되었다. 오스트리아는 이를 계기로 세르비아에 전쟁을 선포하였다.

---

① 참호전, 총력전 등의 특징이 등장하였다.
② 독일이 무제한 잠수함 작전을 실시하였다.
③ 일본이 하와이 진주만을 기습 공격하였다.
④ 탱크, 독가스 등의 새로운 무기가 등장하였다.
⑤ 러시아는 독일과 조약을 맺고 전쟁을 그만두었다.

개념 가이드

사라예보 사건으로 시작된 전쟁은 ❶[　　　] 세계 대전이다.

❶ 제1차

대표 예제 2

사진과 관련된 사건이 일어난 시기를 연표에서 옳게 고른 것은?

▲ 루시타니아호 침몰

①	②	③	④	⑤
무제한 잠수함 작전	독일과 러시아의 강화 조약	파리 강화 회의	부전 조약	

개념 가이드

루시타니아호는 독일의 무제한 ❶[　　　] 작전으로 인해 침몰당했으며, 이를 계기로 ❷[　　　]이/가 전쟁에 참여하였다. ❶ 잠수함 ❷ 미국

대표 예제 3

(가)의 명칭으로 옳은 것은?

_____(가)_____은/는 제1차 세계 대전 이후 해군 함선의 수량 제한, 무기 제한 등의 내용을 논의한 회의이다. 회의의 결과 군사력과 무기를 어느 정도 감축한 결과를 얻게 되었다.

① 3국 협상　　② 로잔 회의　　③ 카이로 회담
④ 워싱턴 회의　　⑤ 베를린 회의

개념 가이드

로잔 회의는 독일이 ❶[　　　]에 대한 책임으로 부담해야 하는 배상금을 줄여주기 위해 개최한 회의로 처음에 ❷[　　　] 조약에서 부과된 배상금에 비해 1/40 이하로 감축되었다.

❶ 제1차 세계 대전 ❷ 베르사유

대표 예제 4

지도의 공화국들이 새로 생겨나게 된 배경으로 가장 적절한 것은?

① 무솔리니가 정권을 차지하였다.
② 민족 자결주의의 영향을 받았다.
③ 독일과 소련이 불가침 조약을 맺었다.
④ 주가가 대폭락하여 대공황이 발생하였다.
⑤ 전체주의 국가들 간 방공 협정을 체결하였다.

개념 가이드

❶[　　　]의 결과 승전국이 패전국에 책임을 묻는 ❷[　　　] 체제가 형성되었고, 오스트리아·헝가리 제국 등이 해체되고 공화국이 수립되었다. ❶ 제1차 세계 대전 ❷ 베르사유

대표 예제 5

제시된 사진은 소련의 정책 포스터이다. 이 정책을 추진한 인물에 대한 설명으로 옳은 것은?

① 집단 농장을 설치하였다.

② 두마 설치를 약속하였다.

③ 뉴딜 정책을 추진하였다.

④ 신경제 정책을 실시하였다.

⑤ 소비에트 사회주의 공화국 연방을 수립하였다.

개념 가이드

포스터는 레닌 이후 집권한 **❶** 이 중공업 중심의 산업 육성을 위해 5년 주기로 계획을 세운 **❷** 계획의 홍보물이다.

❶ 스탈린 **❷** 경제 개발 5개년

대표 예제 6

㉠이 가진 이념과 관련된 내용을 ┃보기┃에서 고른 것은?

나는 조국의 구원자인 ㉠ 아돌프 히틀러에게 나의 모든 힘을 바칠 것을 맹세합니다. 그를 위해 기꺼이 생명을 바치고자 하오니……

– 히틀러 유겐트의 가입 선서 –

┌ 보기 ┐

ㄱ. 유대인들의 발전을 추진하였다.

ㄴ. 일본의 군국주의가 이에 해당된다.

ㄷ. 공산당의 일당 독재 체제를 강화하였다.

ㄹ. 개인의 자유보다 국가의 발전을 중시하였다.

① ㄱ, ㄴ   ② ㄱ, ㄷ   ③ ㄴ, ㄷ

④ ㄴ, ㄹ   ⑤ ㄷ, ㄹ

개념 가이드

자료의 히틀러 유겐트는 히틀러가 만든 청소년 단체이다. 당시 독일은 **❶** 당 중심의 **❷** 주의 정권이 집권하였다.

❶ 나치 **❷** 전체

대표 예제 7

밑줄 친 ㉠ 이후 일어난 사실로 옳지 않은 것은?

1941년 12월 7일, 치욕스러운 날로 기억될 어제, ㉠ 일본의 해군과 공군은 미합중국을 용의주도하게 기습 공격하였습니다. …… 오늘 아침에 일본군은 미드웨이 제도를 공격하였습니다. 일본은 태평양 전역을 기습 공격한 셈입니다.

① 미드웨이 해전에서 미군이 승리하였다.

② 도쿄 재판에서 전범 재판이 이루어졌다.

③ 중국 정부에 '21개조 요구'를 강요하였다.

④ 원폭 투하 이후 일본이 무조건 항복하였다.

⑤ 샌프란시스코 회의 이후 일본의 주권이 회복되었다.

개념 가이드

밑줄 친 부분은 일본이 미국의 **❶** 을/를 기습 공격한 것을 의미하며 이를 계기로 **❷** 전쟁이 일어났다.

❶ 진주만 **❷** 태평양

대표 예제 8

(가) 조직에 대한 설명으로 옳지 않은 것은?

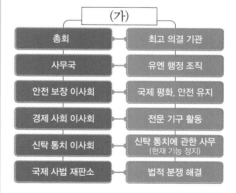

① 국제 연맹을 계승하였다.

② 제1차 세계 대전 이후 조성되었다.

③ 얄타 회담에서 창설을 합의하였다.

④ 대서양 헌장을 바탕으로 창설되었다.

⑤ 분쟁 조정을 위한 강제력을 마련하였다.

개념 가이드

제1차 세계 대전 이후 평화 유지 목적으로 창설된 것은 국제 **❶** 이었다.

❶ 연맹

대표 예제 9

그림이 풍자하고 있는 상황에 대한 설명으로 옳은 것은?

① 평화 10원칙을 채택하였다.

② 덩샤오핑이 흑묘백묘론을 제시하였다.

③ 베르사유 조약 체결 이후의 체제이다.

④ 방공 협정을 맺고 추축국을 형성하였다.

⑤ 트루먼 독트린을 계기로 본격화되었다.

개념 가이드

제시된 자료는 미국을 중심으로 하는 서방의 ❶◻◻◻ 주의 진영과 소련을 중심으로 하는 동방의 ❷◻◻◻ 주의 진영이 대립하는 국제 질서의 상황을 보여준다.

❶ 자본 ❷ 공산

대표 예제 10

자료의 사건과 관련된 현상의 사례를 ㅣ 보기 ㅣ에서 고른 것은?

▲ 전략 무기 제한 협정의 체결 장면

ㅣ 보기 ㅣ

ㄱ. 베트남 전쟁　　　ㄴ. 닉슨 독트린

ㄷ. 베를린 봉쇄　　　ㄹ. 동서독 유엔 동시 가입

① ㄱ, ㄴ　　② ㄱ, ㄷ　　③ ㄴ, ㄷ

④ ㄴ, ㄹ　　⑤ ㄷ, ㄹ

개념 가이드

미국, 소련 중심의 ❶◻◻◻ 체제가 약화되고 다극 체제로 전환되는 것을 배경으로 양 진영 사이의 대립이 약화되는 현상을 ❷◻◻◻ 이라 한다.

❶ 양극 ❷ 탈냉전

대표 예제 11

제시된 문제와 관련된 운동에 대한 설명으로 옳은 것은?

　백인의 버스 좌석이 부족하자 버스 기사는 흑인 자리에 앉아 있던 흑인 여성인 로자 파크스에게 자리를 양보할 것을 요구하였다. 그러나 그녀는 자리를 양보하지 않았고 경찰에 체포되었다.

① 흑인에 대한 차별에 저항하였다.

② 대량 살상 무기 개발에 반대하였다.

③ 권위주의적인 대학 교육에 반대하였다.

④ 여성의 신체적 자기 결정권을 주장하였다.

⑤ 녹색당 등의 환경 정당을 만들어 활동하였다.

개념 가이드

❶◻◻◻ 운동은 전쟁에 반대하며 대량 살상 무기의 개발에 반대하는 탈권위주의 운동이다.

❶ 반전

대표 예제 12

제시문과 관련된 운동에 대한 설명으로 옳은 것은?

　게르드 브란텐베르그는 소설 『이갈리아의 딸들』을 출판하였다. '이갈리아'는 가부장제 사회의 남성과 여성의 역할이 완전히 뒤바뀐 사회로 설정되어 있다. 소설에서는 남성인 맨움이 경험하는 사회적 차별을 극복하여 운동가로 성장하는 내용을 담고 있다.

① 베트남 전쟁에 반대하였다.

② 아파르트헤이트 정책에 반대하였다.

③ 직장 내 성별 불평등에 대해 저항하였다.

④ 학생들을 중심으로 기성 세대에 저항하였다.

⑤ 민권법, 투표권법이 제정되는 결과를 얻었다.

개념 가이드

제시문에서는 남성과 여성에 따른 ❶◻◻◻ 의 구분을 비판하고 있으며, 이는 ❷◻◻◻ 운동의 사례에 해당한다.

❶ 성 역할 ❷ 여성

대표 예제 13

지도의 상황이 나타나게 된 배경으로 가장 적절한 것은?

① 제3세계가 형성되었다.

② 미국과 중국이 국교를 맺었다.

③ 중국과 소련 사이에 국경 분쟁이 있었다.

④ 프랑스가 북대서양 조약 기구를 탈퇴하였다.

⑤ 고르바초프가 동유럽에 불간섭을 선언하였다.

개념 가이드

❶□□□□은 동유럽의 민주화 운동에 군사적으로 개입하지 않겠다고 선언하였다.

❶ 고르바초프

대표 예제 14

(가)가 추진한 정책에 대한 설명으로 옳지 않은 것은?

지나친 복지 정책이 영국의 성장을 방해하였습니다. 복지 비용을 삭감하고 국영 기업을 민영화하겠습니다.

(가)

① 1970년대의 경제 불황이 배경이다.

② 정부의 개입을 최소화하고자 하였다.

③ 미국에서 레이건 대통령이 실시하였다.

④ 무역 자유화와 시장 개방을 추구하였다.

⑤ 대규모 공공사업을 통해 실업자를 구제하였다.

개념 가이드

신자유주의는 ❶□□□의 개입을 축소하고, ❷□□□에 최대한의 자유를 보장하고자 실시한 정책이다.

❶ 정부 ❷ 민간

대표 예제 15

(가), (나)에 해당하는 조직의 기호를 지도에서 옳게 찾아 짝지은 것은?

(가) 유럽 공동체(EC)를 계승하여 성립되었으며, 유로화라는 단일 통화를 사용하는 조직

(나) 미국, 캐나다, 멕시코 북아메리카 3국이 단계적으로 관세를 폐지하고자 맺은 협정

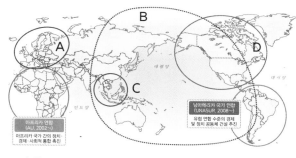

	(가)	(나)
①	A	B
②	A	D
③	B	A
④	C	B
⑤	D	C

개념 가이드

지도의 B는 ❶□□□, C는 ASEAN에 해당한다. (가)는 유럽 연합, (나)는 ❷□□□에 해당한다.

❶ APEC ❷ NAFTA

1 다음 조약과 관련된 설명으로 옳은 것은?

> 제235조 독일은 연합국과 그 협력국의 최종 청구
> 액이 확정되기 전에, 우선 200억 마르크
> 금화에 상당하는 돈을 지불한다.

① 한국의 독립 문제를 협의하였다.
② 제1차 세계 대전의 결과 맺은 조약이다.
③ 분쟁 해결 수단으로서 전쟁을 포기하였다.
④ 독일과 소련이 상호 불가침을 약속하였다.
⑤ 독일, 이탈리아, 일본이 추축국을 형성하였다.

Tip
자료는 ❶ [　　　] 회의에서 독일과 연합국 사이에 맺은
❷ [　　　] 조약이다.　　　❶ 파리 강화 ❷ 베르사유

2 (가) 시기에 일어난 사실로 옳은 것은?

다큐멘터리 기획안	
러시아 혁명	
장면 번호	내용
S#1	피의 일요일 사건이 일어나다.
S#2	(가)
S#3	소비에트 사회주의 정부가 세워지다.

① 집단 농장을 건설하였다.
② 신경제 정책이 추진되었다.
③ 농노 해방령을 발표하였다.
④ 경제 개발 5개년 계획을 추진하였다.
⑤ 제정이 무너지고 임시 정부가 수립되었다.

Tip
피의 일요일 사건은 ❶ [　　　]에서 러시아의 전세가 불리
해지는 상황에서 개혁을 요구하는 민중을 무력으로 진압한
사건이다.　　　❶ 러일 전쟁

3 제시된 사상과 관련된 체제의 내용으로 옳지 <u>않은</u> 것은?

> 어떤 단체도 국가를 떠나서는 존재하지 않으며,
> 국민이 국가를 발생시키는 것이 아니라, 국가가
> 국민을 창조한다.

① 개인의 사유 재산을 부정하였다.
② 대공황을 극복하는 과정에서 강화되었다.
③ 개인의 자유보다 전체의 발전을 강조하였다.
④ 독일에서 나치즘을 통해 독재 채제를 세웠다.
⑤ 일본에서 군국주의를 통해 국민을 통제하였다.

Tip
자료는 이탈리아의 ❶ [　　　]가 제시한 파시즘 독트린으로,
❷ [　　　]주의 사상의 특징을 보여준다.

❶ 무솔리니 ❷ 전체

4 (가) 전쟁에 대한 설명으로 옳지 <u>않은</u> 것은?

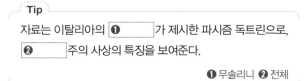

　　　(가)　　　시기의 전쟁 범죄 자료

▲ 아우슈비츠 수용소로 이어지　　▲ 일본군 '위안부'
는 철길

① 전쟁 이후 국제 연합이 수립되었다.
② 독일의 폴란드 침공으로 시작되었다.
③ 이탈리아가 삼국 동맹에서 탈퇴하였다.
④ 스탈린그라드 전투에서 소련이 승리하였다.
⑤ 노르망디 상륙 작전으로 연합국이 우세해졌다.

Tip
아우슈비츠 수용소는 독일의 나치당이 ❶ [　　　] 대전 당
시 ❷ [　　　]인과 폴란드인을 학살하기 위한 장소로 설치
한 곳이다.

❶ 제2차 세계 ❷ 유대

5 (가)~(마)에 해당하는 기구로 옳지 <u>않은</u> 것은?

분야	자본주의 진영	공산주의 진영
경제	(가)	(나)
군사	(다)	(라)
정보		(마)

① (가) – 마셜 계획

② (나) – 경제 상호 원조 회의(코메콘)

③ (다) – 북대서양 조약 기구(NATO)

④ (라) – 바르샤바 조약 기구(WTO)

⑤ (마) – 코민테른

> **Tip**
>
> 레닌은 유럽의 노동 운동과 아시아·아프리카의 민족 운동을 지원하기 위해 국제 공산당 조직으로 ❶ 을 설치하였다.
>
> ❶ 코민테른

6 (가)의 배경으로 옳은 내용을 |보기|에서 고른 것은?

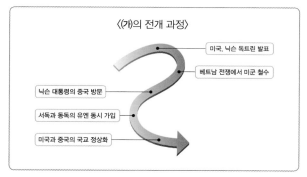

〈(가)의 전개 과정〉

- 미국, 닉슨 독트린 발표
- 베트남 전쟁에서 미군 철수
- 닉슨 대통령의 중국 방문
- 서독과 동독의 유엔 동시 가입
- 미국과 중국의 국교 정상화

> **보기**
>
> ㄱ. 마셜 계획 추진　　ㄴ. 제3세계의 등장
> ㄷ. 쿠바 미사일 사건　　ㄹ. 프랑스의 NATO 탈퇴

① ㄱ, ㄴ　　② ㄱ, ㄷ　　③ ㄴ, ㄷ

④ ㄴ, ㄹ　　⑤ ㄷ, ㄹ

> **Tip**
>
> 탈냉전은 미국, 소련 중심의 ❶ 체제에서 다양한 주체가 등장하는 ❷ 체제로 바뀌어 가는 과정에서 등장하였으며, 이 과정에서 미국과 소련의 영향력이 약화되었다.
>
> ❶ 양극 ❷ 다극

7 노래 내용과 관련된 운동의 유형으로 가장 적절한 것은?

> 얼마나 더 많이 머리 위를 날아야
> 포탄은 지상에서 사라질 수 있을까
> ……
> 얼마나 더 많은 사람이 죽어야
> 너무 많이 죽었음을 깨닫게 될까
> 친구여, 그 대답은 바람만이 알고 있지
>
> – 밥 딜런, '바람에 실려서' –

① 민권 운동　　② 여성 운동　　③ 학생 운동

④ 환경 운동　　⑤ 반전 평화 운동

> **Tip**
>
> ❶ 문화는 대다수의 사람들이 즐기는 문화이며, 기성 세대의 권위주의에 저항하는 ❷ 운동을 반영하여 반전, 인권, 저항의 메시지를 전달하는 역할을 수행하기도 하였다.
>
> ❶ 대중 ❷ 탈권위주의

8 그래프와 같은 추세가 나타난 배경으로 가장 적절한 것은?

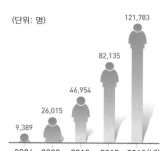

(단위: 명)

121,783 / 82,135 / 46,954 / 26,015 / 9,389

2006　2009　2012　2015　2018(년)

▲ 우리나라의 다문화 학생 수 변화

① 사회주의권 국가의 붕괴

② '세계화'로 인한 이주민의 급증

③ 정부의 대규모 공공 정책 추진

④ 흑인과 백인에 대한 차별 정책

⑤ 세계화에 대응하는 지역 협력체 형성

> **Tip**
>
> ❶ 는 전 세계가 하나의 공간 단위가 되어 상호 의존성이 심화되는 현상이며, 이 과정에서 여러 국가를 단위로 생산하고 판매하는 ❷ 기업이 성장하게 되었다. 이로 인해 자본·상품·노동력의 이동이 활발해졌다.
>
> ❶ 세계화 ❷ 다국적

1 (가) 전쟁에 대한 역사적 설명으로 옳지 <u>않은</u> 것은?

이 그림은 (가) 에서부터 사용하기 시작한 독가스에 군인들이 희생당한 모습을 보여주고 있습니다.

① 나치 독일이 폴란드를 침공하였다.
② 사라예보 사건을 계기로 시작되었다.
③ 3국 동맹과 3국 협상이 대립하였다.
④ 전쟁의 결과 베르사유 조약을 체결하였다.
⑤ 독일이 무제한 잠수함 작전을 실시하였다.

2 다음은 러시아 혁명과 관련된 가상 신문 기사이다. (가), (나) 사이에 들어갈 내용으로 옳지 <u>않은</u> 것은?

(가)

○○ 신문 19△△년
볼셰비키가 임시 정부를 무너뜨리고 소비에트 혁명 정부를 수립하였다.

(나)

◇◇ 신문 19△△년
스탈린이 레닌을 이어 권력을 잡았다. 그리고 전면적인 사회주의 경제 정책을 실시하였다.

① 소련 수립
② 코민테른 조직
③ 신경제 정책 추진
④ 피의 일요일 사건
⑤ 독일과 강화 조약 체결

3 ㉠에서 볼 수 있는 모습을 | 보기 |에서 모두 고른 것은?

이 영화는 ㉠ 독일이 폴란드를 침공하면서 시작된 전쟁의 모습을 생존한 유대인의 증언을 통해 보여주고 있습니다.

| 보기 |
ㄱ. 아우슈비츠로 끌려가는 유대인
ㄴ. 스탈린그라드 전투에서 싸우는 소련군
ㄷ. 노르망디 상륙 작전을 준비하는 연합군
ㄹ. 테네시강의 댐 건설에 참여하는 미국인

① ㄱ, ㄷ   ② ㄴ, ㄹ   ③ ㄷ, ㄹ
④ ㄱ, ㄴ, ㄷ   ⑤ ㄴ, ㄷ, ㄹ

4 그림에서 풍자하고 있는 조약으로 옳은 것은?

그림은 연합국이 독일에게 강제로 '조약'이라는 알약을 먹이고 있는 장면이다. 이 풍자화는 제1차 세계대전에서 연합국이 독일에게 보복적으로 책임을 묻기 위해 맺은 조약의 성격을 풍자하고 있다.

① 부전 조약   ② 로카르노 조약
③ 베르사유 조약   ④ 독소 불가침 조약
⑤ 샌프란시스코 강화 조약

5 (가)에 들어갈 내용으로 옳은 것은?

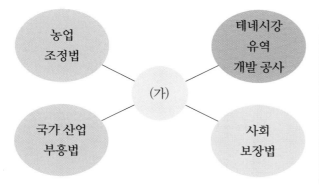

농업 조정법

테네시강 유역 개발 공사

(가)

국가 산업 부흥법

사회 보장법

① 블록 경제　② 뉴딜 정책　③ 전체주의
④ 신경제 정책　⑤ 경제 개발 5개년 계획

7 다음 주장을 한 인물과 주도한 운동의 유형으로 옳게 짝지어진 것은?

나에게는 꿈이 있습니다. 어느 날 네 명의 우리 아이가 피부색이 아니라 사람 됨됨이에 따라 평가받는 나라에서 살리라는 꿈 말입니다.

	인물	운동
①	마틴 루서 킹	민권 운동
②	넬슨 만델라	여성 운동
③	맬컴 엑스	반전 평화 운동
④	마틴 루서 킹	학생 운동
⑤	넬슨 만델라	환경 운동

6 지도와 같은 상황이 벌어진 배경으로 옳은 것은?

① 소련이 해체되었다.
② 세계화가 진행되었다.
③ 냉전 체제가 형성되었다.
④ '닉슨 독트린'이 발표되었다.
⑤ 신자유주의 정책이 추진되었다.

8 다음 설명에 해당하는 기구로 옳은 것은?

1995년에 자유 무역의 확대를 목적으로 설립된 기구이다. 이 기구는 국제 무역 분쟁을 조정하고 관세의 인하를 요구하면서 자유 무역을 촉진시켰다.

① 유럽 연합(EU)
② 세계 무역 기구(WTO)
③ 동남아시아 국가 연합(ASEAN)
④ 아시아·태평양 경제 협력체(APEC)
⑤ 관세 및 무역에 관한 일반 협정(GATT)

1 (가) 사건에 대한 설명으로 옳은 것은?

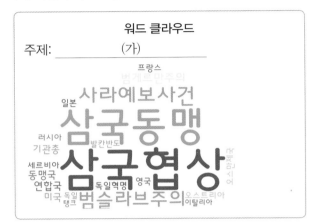

① 도쿄 재판을 통해 전범을 재판하였다.

② 나치당을 중심으로 유대인을 학살하였다.

③ 독일이 무제한 잠수함 작전을 실시하였다.

④ 스탈린그라드 전투에서 독일이 패배하였다.

⑤ 레닌 중심의 소비에트 혁명 정부가 수립되었다.

2 (가), (나)에 들어갈 인물을 옳게 짝지은 것은?

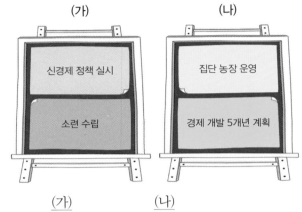

	(가)	(나)
①	레닌	스탈린
②	스탈린	카보우르
③	마르크스	레닌
④	비스마르크	마르크스
⑤	니콜라이 2세	비스마르크

> **Tip**
> 발칸 반도에서 독일, 오스트리아 중심의 ❶ 주의와 러시아, 세르비아 중심의 범슬라브주의가 충돌하여 벌어지면서 ❷ 세계 대전이 발발하였다.
>
> ❶ 범게르만 ❷ 제1차

> **Tip**
> 레닌을 중심으로 한 ❶ 가 주도한 러시아 10월 혁명의 결과 임시 정부가 붕괴되고 소비에트 혁명 정부가 수립하게 되었다.
>
> ❶ 볼셰비키

3 출발에서 도착까지 무사히 건너갈 수 있는 경로로 옳은 것은?

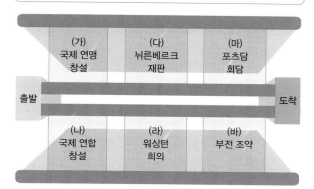

미션: 제1차 세계 대전 이후 평화 분위기를 조성하기 위한 노력이 적힌 유리판을 찾아 건너가세요.

(가) 국제 연맹 창설	(다) 뉘른베르크 재판	(마) 포츠담 회담
출발		도착
(나) 국제 연합 창설	(라) 워싱턴 회의	(바) 부전 조약

① (가) → (다) → (마)　　② (가) → (라) → (마)

③ (가) → (라) → (바)　　④ (나) → (다) → (바)

⑤ (나) → (라) → (마)

4 (가) 과정 중에 일어난 사실로 옳은 것은?

① 워싱턴 회의

② 사라예보 사건

③ 파리 강화 회의

④ 스탈린그라드 전투

⑤ 무제한 잠수함 작전

Tip

국제 **❶**　　은 평화 유지를 위한 목적으로 창설되었으나 군사적 강제력이 없었고, **❷**　　, 소련 등의 강대국이 참여하지 않았다는 한계를 가지는 조직이다.

❶ 연맹 ❷ 미국

Tip

뉘른베르크 재판에서는 제 **❶**　　 세계 대전에서 독일이 저지른 유대인 학살, 즉 **❷**　　와 같은 반인륜 범죄를 저지른 전쟁 범죄자들을 재판하였다.

❶ 2차 ❷ 홀로코스트

5 (가)에 들어갈 내용을 |보기|에서 고른 것은?

BINGO

주제: 냉전과 탈냉전

Q. 같은 현상의 역사적 사례를 찾아 빙고를 만드세요.

		베를린 봉쇄
	(가)	
베트남 전쟁		

┌ 보기 ┐
ㄱ. 트루먼 독트린 발표
ㄴ. 쿠바 미사일 기지 사건
ㄷ. 중국과 미국의 국교 수립
ㄹ. 동독과 서독의 유엔 동시 가입

① ㄱ, ㄴ 　　② ㄱ, ㄷ 　　③ ㄴ, ㄷ
④ ㄴ, ㄹ 　　⑤ ㄷ, ㄹ

6 ㉠의 내용으로 가장 적절한 것은?

사진은 베를린 장벽이 그래피티로 훼손된 모습입니다. 무너진 베를린 장벽은 동독과 서독의 통일을 의미하며 ㉠ 역사적 상징성을 보여줍니다.

① 냉전 체제가 종식되었다.
② 지역 간 협력이 활발해졌다.
③ 인종 차별이 법적으로 금지되었다.
④ 신자유주의 경제 체제가 확립되었다.
⑤ 세계화가 활발하게 이루어지고 있다.

┌ Tip ┐
베트남 전쟁과 베를린 봉쇄는 모두 자본주의 진영과 **❶** 진영이 대립한 **❷** 체제가 형성된 시기에 발생한 사건들이다.

❶ 공산주의 ❷ 냉전

┌ Tip ┐
독일의 통일은 소련의 **❶** 가 추친한 **❷** ·개방 정책과 동유럽에 대한 불간섭 원칙을 밝힌 이후로 공산 정권이 무너지고 민주 정권이 들어선 것을 배경으로 이루어졌다.

❶ 고르바초프 ❷ 개혁

7 다음 키워드 복권의 점수로 옳은 것은?

키워드

복권

• 제시된 운동과 관련된 내용이면 5점
• 제시된 운동과 관련이 없으면 0점

순번	키워드	점수
1	민권법 제정	
2	마틴 루서 킹	
3	아파르트헤이트 반대 운동	
4	넬슨 만델라	
5	신체적 자기 결정권	

이번 주 당첨 키워드는 민권 운동입니다. 민권 운동과 관련된 내용을 찾아서 점수를 매기세요.

① 5점　　② 10점　　③ 15점
④ 20점　　⑤ 25점

Tip
민권법은 ❶ [　　] 내에서의 흑백 인종 차별을 불법으로 규정하는 법으로, ❷ [　　] 의 주도로 이루어진 민권 운동의 결과로 제정되었다.

❶ 미국 ❷ 마틴 루서 킹

8 (가)에 들어갈 단어로 옳은 것은?

아시아와 태평양 지역의 협력 방안을 논의하기 위해 설치한 기구인가요?

네, 그렇습니다.

① 국제 통화 기금(IMF)
② 아시아·유럽 정상 회의(ASEM)
③ 남아메리카 국가 연합(UNASUR)
④ 아시아·태평양 경제 협력체(APEC)
⑤ 관세 및 무역에 관한 일반 협정(GATT)

Tip
관세 및 무역에 관한 일반 협정(GATT)은 ❶ [　　] 무역 체제를 수립하기 위해 맺은 협정으로, 1995년 ❷ [　　] (WTO)가 이 협정의 역할을 이어받게 된다.

❶ 자유 ❷ 세계 무역 기구

전편 마무리 전략

핵심 개념 1 시민 혁명

핵심 개념 2 국민 국가 건설 운동

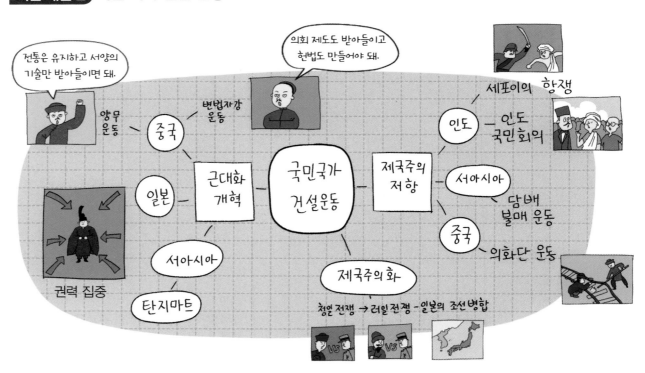

핵심 개념 3) 세계 대전과 세계 변동

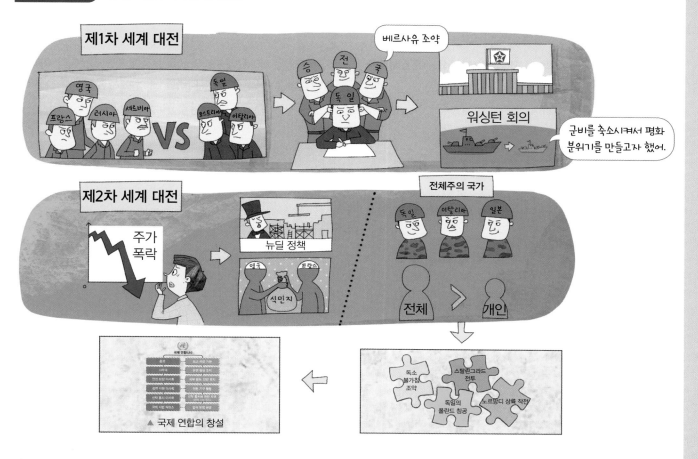

핵심 개념 4) 냉전과 탈냉전

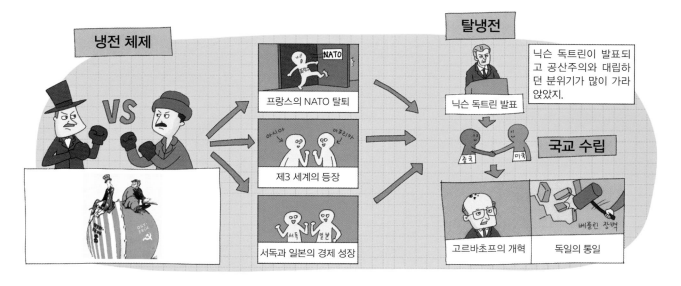

신유형·신경향·서술형 전략

1

다음은 역사적 인물이 소유한 가상의 스마트폰이다. 이 스마트폰의 비밀 번호로 옳은 것은?

로베스피에르의
스마트폰
국민 공회와 관련
내용을 번호 순서대로
입력하시오.

★ ★ ★ ★
① ② ③
④ ⑤ ⑥

1: 공화정 선포
2: 루이 16세 처형
3: 혁명 재판소 설치
4: 공안 위원회 설치
5: 『나폴레옹 법전』 편찬
6: 바스티유 감옥 습격

① 1234   ② 1246   ③ 2345

④ 2346   ⑤ 3456

Tip
로베스피에르는 국민공회에서 실권을 장악한 인물로, 혁명 재판소와 ❶ 를 바탕으로 ❷ 를 실시하였다.

❶ 공안 위원회 ❷ 공포 정치

2

(가)~(라)는 서아시아 지역의 민족 운동에 대한 질문이다. 이때 학생이 뜯어갈 수 있는 오징어 다리를 보기에서 옳게 고른 것은?

〈규칙〉
질문에 대한 정답이 맞으면 다리를 뜯어갈 수 있음.

정답은 오스만 제국이야!

(가) (나) (다) (라)

┌ 보기 ┐
(가) – '탄지마트'를 실시한 나라는?
(나) – 아랍 문화 부흥 운동이 일어난 지역은?
(다) – 미드하트 파샤가 서양식 의회를 만든 곳은?
(라) – 아라비 파샤의 혁명 운동을 진압한 나라는?

① (가), (나)   ② (가), (다)

③ (나), (다)   ④ (나), (라)

⑤ (다), (라)

Tip
아라비 파샤는 ❶ 운하 건설로 인한 재정 부담으로 열강의 내정 간섭을 받는 상황을 벗어나기 위해 혁명 운동을 일으켰다. 그러나 영국이 이를 진압하고 ❷ 를 보호국으로 삼았다.

❶ 수에즈 ❷ 이집트

3

제시된 벤다이어그램의 A~C에 대한 설명으로 옳지 <u>않은</u> 것은?

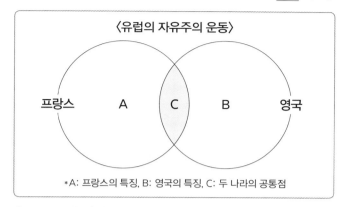

〈유럽의 자유주의 운동〉

프랑스   A   C   B   영국

*A: 프랑스의 특징, B: 영국의 특징, C: 두 나라의 공통점

① A – 루이 필리프를 왕으로 추대하였다.

② A – 샤를 10세의 전제 정치에 반발하였다.

③ B – 항해법, 곡물법을 폐지하였다.

④ B – 노동자들이 차티스트 운동을 통해 선거권을 요구하였다.

⑤ C – 빈 체제를 붕괴시키는 결과를 가져왔다.

4

(가), (나) 사이에 있었던 사실로 옳은 것은?

(가)
1940년, 독일의 파리 입성

(나)
1945년, 베를린 시내로
진입하는 소련군 탱크

① 국제 연맹 창설

② 스탈린그라드 전투

③ 베르사유 조약 체결

④ 독일의 폴란드 침공

⑤ 독소 불가침 조약 체결

Tip

❶_____ 혁명의 결과 오스트리아에서 빈 체제를 주도하는 인물이었던 ❷_____가 추방되었다. 그 결과 빈 체제가 붕괴되었다.

❶2월 ❷메테르니히

Tip

베르사유 조약은 제❶_____ 세계 대전 이후 승전국인 연합국과 ❷_____ 사이에서 맺은 조약이며, ❷_____에 대해 막대한 전쟁 배상금을 규정하였다.

❶1차 ❷독일

5

(가)에 들어갈 기구로 옳은 것은?

> **역사 신문**
>
> 제○○○호   2022년 ○○월 ○○일
>
> **핀란드·스웨덴, _____(가)_____ 에 가입을 고려 중**
>
> 러시아의 우크라이나 침공이 이루어지자, 군사적으로 비동맹주의를 가지고 있던 핀란드와 스웨덴은 _____(가)_____ 에 가입할 것을 고려하고 있다.
> _____(가)_____ 은/는 냉전 시기 미국의 주도로 영국 등 자본주의 진영에서 군사적인 지원을 위해 설치한 기구이다.

① 코민포름

② 마셜 계획

③ 바르샤바 조약 기구(WTO)

④ 북대서양 조약 기구(NATO)

⑤ 경제 상호 원조 회의(코메콘)

Tip

마셜 계획은 미국 ❶ [ ] 대통령이 ❷ [ ] 주의의 세력 확대를 막기 위한 선언을 하고 서유럽에 이루어진 경제적인 지원이다.

❶ 트루먼 ❷ 공산

6

교사의 질문에 대한 답변으로 옳은 것을 | 보기 |에서 모두 고른 것은?

〈헤어스타일로 보는 독일의 역사〉

(가) 1980년대   (나) 1990년대

> (가)에서 (나)로 바뀌면서 동서독으로 분할되었던 독일을 나타낸 화면은 하나로 합쳐집니다. 이렇게 화면이 상징적으로 나타내는 변화에 영향을 미친 배경은 무엇일까요?

┌─ 보기 ─
ㄱ. 소련이 베를린을 봉쇄하였다.
ㄴ. 동유럽에서 민주화가 진행되었다.
ㄷ. 소련에서 개혁·개방 정책을 추진하였다.
ㄹ. 미국과 소련이 쿠바 미사일 기지 건설 문제로 대립하였다.
└─

① ㄱ, ㄴ   ② ㄱ, ㄷ   ③ ㄴ, ㄷ

④ ㄴ, ㄹ   ⑤ ㄷ, ㄹ

Tip

(가)에서 (나)로의 변화는 분단된 동독과 서독이 ❶ [ ] 하는 것에 해당된다. 독일의 통일은 ❷ [ ] 체제의 해체 과정에서 이루어졌다.

❶ 통일 ❷ 냉전

7

다음은 동아시아의 근대화 운동과 관련된 자료이다. 자료를 보고 물음에 답하시오.

> (가) 일본은 _____ ㉠ _____ 을/를 통해 지방 분권적인 막부 체제를 해체하기 시작하였다. 지방 다이묘가 지배하던 번을 폐지하고 중앙 정부로 권력을 집중하였다. 신분제도를 폐지하고 징병제를 실시하여 평민도 입대할 수 있게 하였다. 또한 무사들이 가지고 있는 특권을 폐지하여 평등한 국민을 탄생시켰다.
>
> (나) 캉유웨이는 청일 전쟁에서 청이 패배한 이유를 서양의 군사 기술만 모방하던 양무운동에 한계가 있었기 때문이라고 진단하였다. 이에 일본이 실시한 _____ ㉠ _____ 을/를 모델로 삼아 개혁을 추진해야 한다고 생각하였다.

(1) ㉠에 해당하는 운동의 명칭을 쓰시오.

_____

(2) (나)의 근대화 운동 명칭을 쓰고, 그 내용을 서술하시오.

_____

_____

Tip
양무 운동은 ❶ , 증국번 등의 한인 신사층이 주도한 근대화 운동이다. ❷ 론을 바탕으로 중국의 전통을 토대로 서양의 군사 기술만 수용하고자 했으며, 금릉 기기국 등의 군수 공장을 설립하는 노력을 하였다.

❶ 이홍장 ❷ 중체서용

8

제시된 자료를 읽고 물음에 답하시오.

> 2월 혁명으로 수립된 공화국은 우리의 공화국이 아닙니다. ㉠이 정부가 수행하고 있는 전쟁은 우리의 전쟁이 아닙니다. 우리에게는 …… 노동자, 농민, 소비에트 이외에 그 어떤 정부도 필요 없습니다. 우리에게 필요한 것은 '프롤레타리아 독재'뿐입니다.

– ㉡ 레닌의 상트페테르부르크 연설, 1917 –

(1) ㉠에 해당하는 전쟁을 쓰시오.

_____

(2) 자료의 연설 이후 ㉡이 추진한 혁명을 쓰고, 혁명 이후 ㉡이 ㉠과 관련하여 한 일을 쓰시오.

_____

_____

Tip
러시아 2월 혁명은 노동자, 병사의 ❶ 가 주도한 혁명이다. 혁명으로 성립한 임시 정부는 러시아 제정이 참전하였던 ❷ 세계 대전을 중지하고 개혁을 추진하여야 했으나 이를 이행하지 않고 전쟁을 지속하였다.

❶ 소비에트 ❷ 제1차

1 ㉠~㉤에 해당하는 것으로 옳지 <u>않은</u> 것은?

> ㉠ 모든 사람은 평등하게 태어났으며, ㉡ 창조주로부터 빼앗을 수 없는 권리를 부여받았다. 그 중에는 ㉢ 생명과 자유, 행복을 추구할 권리가 포함되어 있다. …… ㉣ 이 정부의 정당한 권력은 인민의 동의로부터 유래한다. 또 ㉤ 어떠한 형태의 정부이든 본래의 목적을 파괴했을 때, 인민은 언제든지 정부를 바꾸거나 무너뜨릴 권리가 있다.

① ㉠ – 평등권 　　　② ㉡ – 천부인권
③ ㉢ – 자유권 　　　④ ㉣ – 왕권신수설
⑤ ㉤ – 저항권

2 자료의 상황에서 발생한 혁명의 내용으로 옳은 것은?

> 제3 신분은 특권 계층이 이행하려 하지 않는 의무를 도맡아 하고 있다. 명예롭고 영리적인 자리들은 오직 특권 신분만이 장악하고 있다. …… 제3 신분은 무엇을 요구하고 있는가? 그들에게 적절한, 무엇인가가 되기를 요구한다.
> 　　　　　　　　　– 시에예스, 『제3 신분이란 무엇인가?』 –

① 크롬웰이 독재 정치를 실시하였다.
② 메리와 윌리엄 공동왕이 즉위하였다.
③ 국민 의회를 세우고 '인권 선언'을 발표하였다.
④ 권리 장전을 통해 입헌 군주제가 확립되었다.
⑤ 영국으로부터 독립하여 민주 공화국을 세웠다.

3 (가)에 들어갈 사건으로 옳은 것은?

오늘 _____(가)_____ 에 대해 배운 내용을 아는 대로 이야기해 볼까요?

샤를 10세가 의회를 해산하고 선거권을 제한하는 것이 배경이 되었어요.

그래서 루이 필리프가 즉위하고 입헌 군주제가 수립되었어요.

① 7월 혁명 　　　② 2월 혁명
③ 차티스트 운동 　　　④ 러다이트 운동
⑤ 브나로드 운동

4 (가) 나라에 대한 설명으로 옳은 것은?

가리발디가 주도한 의용대인 붉은 셔츠단의 활동은 _____(가)_____ 의 통일에 크게 기여하였습니다.

① 항해법과 곡물법을 폐지하였다.
② 비스마르크가 철혈 정책을 실시하였다.
③ 카보우르가 중·북부 지역을 통일하였다.
④ 알렉산드르 2세가 '농노 해방령'을 내렸다.
⑤ 선거법을 개정하여 부패 선거구 문제를 해결하였다.

5 그림과 관련된 유럽의 정책 사례를 ㅣ보기ㅣ에서 고른 것은?

┌─ 보기 ┐
ㄱ. 영국이 3C 정책을 추진하였다.
ㄴ. 프랑스가 횡단 정책을 실시하였다.
ㄷ. 관세 동맹을 통해 경제적 통일 기반을 마련하였다.
ㄹ. 노동자의 선거권 확대를 요구하는 차티스트 운동을 실시하였다.
└─────────────────────────┘

① ㄱ, ㄴ   ② ㄱ, ㄷ   ③ ㄴ, ㄷ
④ ㄴ, ㄹ   ⑤ ㄷ, ㄹ

7 지도에 나타난 상황을 해결하기 위해 실시한 개혁을 ㅣ보기ㅣ에서 고른 것은?

┌─ 보기 ┐
ㄱ. '탄지마트'라는 근대적 개혁을 실시하였다.
ㄴ. 수에즈 운하를 건설하여 경제적 자립을 시도하였다.
ㄷ. 미드하트 파샤를 중심으로 서양식 의회를 개설하였다.
ㄹ. 이슬람교 본래의 순수성을 되찾으려는 운동을 추진하였다.
└─────────────────────────┘

① ㄱ, ㄴ   ② ㄱ, ㄷ   ③ ㄴ, ㄷ
④ ㄴ, ㄹ   ⑤ ㄷ, ㄹ

6 사진의 유물로 인해 나타난 변화를 ㅣ보기ㅣ에서 고른 것은?

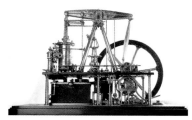

┌─ 보기 ┐
ㄱ. 가내 수공업이 발달하였다.
ㄴ. 인클로저 운동이 발생하였다.
ㄷ. 교통과 통신 혁명이 이루어졌다.
ㄹ. 자본주의 경제 체제가 발달하였다.
└─────────────────────────┘

① ㄱ, ㄴ   ② ㄱ, ㄷ   ③ ㄴ, ㄷ
④ ㄴ, ㄹ   ⑤ ㄷ, ㄹ

8 제시된 탐구 활동 계획서에 들어갈 수 없는 주제는?

┌─────────────────────────┐
〈탐구 활동 계획서〉

• 탐구 주제: 인도의 국민 국가 수립 운동
• 탐구 활동
 － ① 1모둠: 플라시 전투에서 영국의 승리가 인도에 미친 영향을 알아본다.
 － ② 2모둠: 세포이의 항쟁이 일어나게 된 이유를 알아본다.
 － ③ 3모둠: 담배 불매 운동이 이루어지게 된 배경을 조사한다.
 － ④ 4모둠: 벵골 분할령의 발표 이후 반영 운동의 내용을 알아본다.
 － ⑤ 5모둠: 인도 국민 회의의 성격이 변화된 이유를 조사한다.
└─────────────────────────┘

9 (가)에 들어갈 내용으로 가장 적절한 것은?

> **〈모둠 탐구 활동지〉**
>
> 주제: 동아시아의 근대화 운동
> 탐구 주제
> • 1모둠: 중국 - 천조전무 제도에서 태평천국이 실시하고자 한 개혁 내용을 분석해본다.
> • 2모둠: 일본 - _____ (가) _____
> • 3모둠: 한국 - 갑오개혁에 반영된 동학 농민 운동의 주장을 찾아본다.

① 양무 운동과 태평천국 운동의 차이점을 비교한다.

② 신축조약을 보고 의화단 운동의 결과를 정리한다.

③ 온건 개화파와 급진 개화파가 나뉜 배경을 조사한다.

④ '14개조 개혁 정강'에서 갑신정변의 개혁 내용을 분석해본다.

⑤ 메이지 유신의 신분제 폐지, 징병제 실시 목적을 정리해본다.

10 밑줄 친 '이 인물'로 옳은 것은?

> **[역사① 퀴즈 대회]**
> 1단계 : 중국 동맹회를 조직하였다.
> 2단계 : 삼민주의를 강령으로 제시하였다.
> 3단계 : 신해혁명에서 임시 대총통으로 추대되었다.

3단계 힌트까지 모두 나왔습니다. '이 인물'은 누구일까요?

① 쑨원 　　② 홍수전 　　③ 김옥균

④ 이홍장 　　⑤ 캉유웨이

11 (가), (나) 사이에 일어난 사건으로 옳은 것은?

(가)	(나)
○○ 신문　19△△년 상제회의 홍수전은 천조전무제도를 통해 남녀가 평등하고 집마다 토지를 균등하게 분배하는 개혁을 실시하겠다고 이야기했다.	△△ 신문　19△△년 청일전쟁의 패배로 드러난 양무운동의 한계점을 비판하면서, 캉유웨이와 량치차오 등은 메이지 유신을 모델로 의회를 개설하고 헌법을 제정하자는 주장을 하였다.

① 8개국 연합국에 의해 진압되었다.

② 쑨원이 중국 동맹회를 조직하였다.

③ 청이 멸망하고 중화민국이 수립되었다.

④ 베이징에 외국 군대가 주둔하게 되었다.

⑤ 중체서용을 바탕으로 서양 군사 기술을 받아들였다.

12 자료는 영국 혁명의 과정에서 나온 것이다. 자료를 보고 물음에 답하시오.

> • 국왕은 의회의 동의 없이 법의 효력과 집행을 정지할 수 없다.
> • 국왕은 의회의 승인 없이 과세할 수 없다.
> • 국왕은 의회의 동의 없이 평상시에 군대를 징집·유지할 수 없다.
> • 의회의 선거는 자유로워야 한다.
>
> ─ 『권리장전』 ─

(1) 자료와 관련된 사건을 쓰시오.

_____

(2) 자료로 인해 만들어진 정치 체제의 명칭과 특징을 쓰시오.

_____

_____

13 다음 글을 읽고 물음에 답하시오.

> 시모노세키 조약의 결과 일본은 청으로부터 타이완과 랴오둥반도를 할양받았다. 그러나 만주 지역으로 영향력을 확보하고자 했던 ㉠ 러시아는 일본의 진출을 막기 위해 독일과 프랑스를 끌어들였다.
> 러시아가 만주와 한반도를 향해 영향력을 확대하는 것을 견제하던 일본은 러일전쟁을 일으켰으며, 일본이 러일전쟁에서 승리한 이후 러시아와 ㉡ 포츠머스 조약을 체결하였다.

(1) ㉠에 해당하는 사건을 쓰시오.

_____

(2) ㉡의 내용을 한반도 상황과 관련 지어 서술하시오.

_____

_____

14 제시된 지도의 전쟁이 유럽에 미친 영향 두 가지를 서술하시오.

_____

_____

15 지도를 보고 물음에 답하시오.

(1) 지도의 내용을 담은 명령의 이름을 쓰시오.

_____

(2) 지도의 명령 이후 이루어진 운동의 내용을 서술하시오.

_____

_____

1 제시문의 특징이 나타나게 된 전쟁으로 옳은 것은?

> "날 놓아줘. 날 내보내 줘. 밖으로 나갈거야."
> 신병은 아무 말도 듣지 않고 마구 발버둥을 친다. 그는 무슨 말인지 알 수 없는 뜻 모를 말을 마구 내뱉는다. 참호병이 도진 것이다. 여기서는 질식할 것 같은 느낌이라서 그는 밖으로 나가고 싶은 한 가지 충동밖에 알지 못한다.
> — 에리히 마리아 레마르크, 『서부 전선 이상 없다.』 —

① 국공 내전   ② 6·25 전쟁
③ 베트남 전쟁   ④ 제1차 세계 대전
⑤ 제2차 세계 대전

2 (가) 인물에 대한 설명으로 옳은 것은?

> 포스터는 _____(가)_____ 시기에 추진된 산업화 포스터이다. _____(가)_____ 은/는 산업을 국유화하고 경제 개발 5개년 계획을 통해 소련의 공업화를 추진하였고 경제 성장을 이끌어냈다.

① 코민테른을 조직하였다.
② 집단 농장을 설치하였다.
③ 농노 해방령을 발표하였다.
④ 의회(두마) 설치를 약속하였다.
⑤ 독일과 강화 조약을 체결하였다.

3 (가) 조약에 대한 설명으로 옳은 것은?

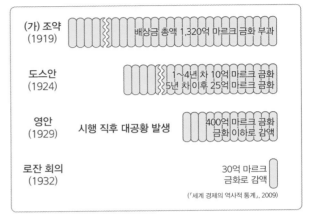

(「세계 경제의 역사적 통계」, 2009)

① 소련의 대일전 참전이 결정되었다.
② 한국의 독립 문제 논의가 이루어졌다.
③ 분쟁 해결 수단으로서 전쟁을 포기하였다.
④ 워싱턴에서 해군 주력함 비율을 조정하였다.
⑤ 독일의 식민지 상실과 무장 해제가 이루어졌다.

4 ㉠의 사상과 비슷한 사례를 l보기l에서 찾아 고른 것은?

> 이 장면은 로마를 점령하고 ㉠ 파시스트 정권을 세운 무솔리니와 검은 셔츠단의 모습입니다.

┌ 보기 ┐
ㄱ. 나치즘   ㄴ. 군국주의
ㄷ. 제국주의   ㄹ. 공산주의

① ㄱ, ㄴ   ② ㄱ, ㄷ   ③ ㄴ, ㄷ
④ ㄴ, ㄹ   ⑤ ㄷ, ㄹ

5 (가)에 들어갈 주제로 가장 적절한 것은?

사진으로 보는 역사

주제: (가)

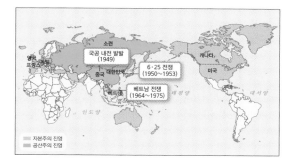

▲ 서독의 동방 정책   ▲ 동·서독 유엔 동시 가입

① 탈냉전의 역사 속 장면
② 전쟁 범죄와 인권 유린
③ 전체주의 국가의 정권 장악 과정
④ 무너지는 사회주의권 국가의 여러 모습들
⑤ 세계화 과정에 놓여 있는 이주민들의 삶

6 제시된 지도의 전쟁이 일어난 공통적인 배경으로 가장 적절한 것은?

▲ 소련
영국 동독
프랑스 서독
국공 내전 발발 (1949)
중국 대한민국
6·25 전쟁 (1950~1953)
베트남 전쟁 (1964~1975)
베트남
태평양
인도양
캐나다
미국
쿠바
대서양
□ 자본주의 진영
■ 공산주의 진영

① 베를린 장벽이 붕괴되었다.
② 중국과 소련 사이에 국경 분쟁이 있었다.
③ 자본주의와 공산주의 진영이 대립하였다.
④ 고르바초프가 개혁·개방 정책을 추진하였다.
⑤ 프랑스가 북대서양 조약 기구를 탈퇴하였다.

7 지도에 표시된 국가들에 대한 옳은 설명을 |보기|에서 고른 것은?

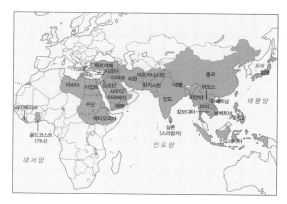

┌ 보기 ┐
ㄱ. '평화 10원칙'을 채택하였다.
ㄴ. 비동맹 중립 노선을 취하였다.
ㄷ. 정보 기구로 코민포름을 두었다.
ㄹ. 마셜 계획을 통해 경제적 지원을 받았다.

① ㄱ, ㄴ   ② ㄱ, ㄷ   ③ ㄴ, ㄷ
④ ㄴ, ㄹ   ⑤ ㄷ, ㄹ

8 자료의 영향으로 나타난 사건으로 옳지 <u>않은</u> 것은?

• 미국은 앞으로 베트남 전쟁과 같은 군사적 개입을 피한다.
• 미국은 '태평양 국가'로서 그 지역에서 중요한 역할을 계속하지만 직접적·군사적·정치적 과잉 개입은 하지 않는다.
              – '닉슨 독트린'(1969) –

① 미국이 중국과 국교를 맺었다.
② 서독이 동방 정책을 추진하였다.
③ 동독과 서독이 유엔에 동시 가입하였다.
④ 미국과 소련이 전략 무기 제한 협정을 맺었다.
⑤ 미국과 소련이 쿠바 미사일 기지 건설로 대립하였다.

9 (가)에 들어갈 인물로 옳은 것은?

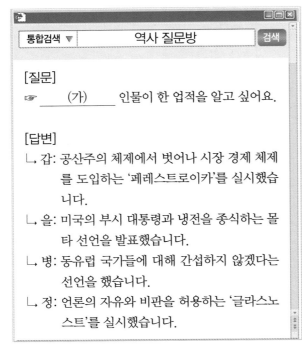

통합검색 ▼   역사 질문방   검색

[질문]
☞ _____(가)_____ 인물이 한 업적을 알고 싶어요.

[답변]
└ 갑: 공산주의 체제에서 벗어나 시장 경제 체제를 도입하는 '페레스트로이카'를 실시했습니다.
└ 을: 미국의 부시 대통령과 냉전을 종식하는 몰타 선언을 발표했습니다.
└ 병: 동유럽 국가들에 대해 간섭하지 않겠다는 선언을 했습니다.
└ 정: 언론의 자유와 비판을 허용하는 '글라스노스트'를 실시했습니다.

① 옐친   ② 트루먼   ③ 마오쩌둥
④ 덩샤오핑   ⑤ 고르바초프

10 (가)에 들어갈 내용으로 옳은 것을 ⌐보기⌐에서 고른 것은?

사회에서 이루어지는 흑인과 백인에 대한 인종 차별을 해결하기 위해 어떤 노력들을 했을까요?

(가)

⌐보기⌐
ㄱ. 마틴 루서 킹이 민권 운동을 주도했어요.
ㄴ. 낙태 금지법을 반대하고 가정 폭력을 공론화했어요.
ㄷ. 권위주의적 대학 교육에 반대하는 시위를 벌였어요.
ㄹ. 넬슨 만델라가 아파르트헤이트 반대 운동을 주도했어요.

① ㄱ, ㄷ   ② ㄱ, ㄹ   ③ ㄴ, ㄷ
④ ㄴ, ㄹ   ⑤ ㄷ, ㄹ

11 지도의 흐름이 나타나게 된 배경으로 가장 적절한 것은?

대서양
태평양
인도양

주요 이동 경로
(1990~2013)
→ 노동자

① 세계화가 진행되었다.
② 제3 세계가 형성되었다.
③ 동독과 서독이 통일하였다.
④ 트루먼 독트린이 발표되었다.
⑤ 소련이 개혁·개방 정책을 추진하였다.

12 그림을 보고 물음에 답하시오.

(1) (가), (나)의 관계를 나타내는 말을 각각 쓰시오.

(2) 그림의 상황을 배경으로 일어난 전쟁을 쓰고, 전쟁 이후 평화 분위기를 만들기 위한 노력을 쓰시오.

13 사진을 보고 물음에 답하시오.

나는 세 종류의 일을 할 줄 알고, 세 개의 언어를 구사하고, 3년간 전쟁에 참여하였으며, 세 명의 자녀가 있다. 그리고 3개월 동안 실업 상태이다. 하지만 나는 오직 일자리 하나만을 원한다.

(1) 사진과 같이 실업자가 발생하게 된 배경 사건을 쓰시오.

(2) 사진의 문제를 해결하기 위한 각 나라의 해결 노력을 서술하시오.

14 자료를 읽고 물음에 답하시오.

> 오늘날 전 세계의 거의 모든 나라는 두 가지 생활 방식 중 하나를 선택해야 합니다. …… 나는 모든 민족이 자유로운 상황에서 운명을 스스로 결정할 수 있도록 우리가 도와야 한다고 믿습니다. 그래서 무엇보다 재정적인 지원을 염두에 두고 있습니다.
>
> – '트루먼 독트린(1947)' –

(1) 자료와 관련하여 형성된 국제 질서를 가리키는 말을 쓰시오.

(2) (1)의 의미를 쓰고, 이와 관련된 역사적 사례(사건)를 한 가지 제시하시오.

15 ㉠에 해당하는 개념을 쓰고, ㉠이 등장하게 된 배경을 서술하시오.

> 영국과 미국 등에서는 ㉠ 정부의 경제 활동 개입과 규제를 줄이고 민간과 시장에 자유를 보장하는 정책을 실시하였다. 복지 예산의 축소, 세금 감면, 기업의 자유로운 활동을 보장하는 정책 등이 이에 해당한다.

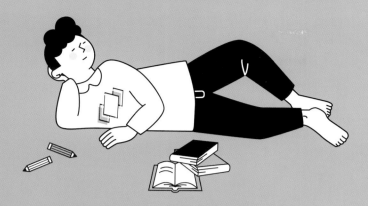

포기와
시작

누군가는 **포기**하는 시간

누군가는 **시작**하는 시간

코앞으로 다가온 시험엔
최단기 내신·수능 대비서로 막판 스퍼트!

7일 끝 (중·고등)

10일 격파 (고등)

book.chunjae.co.kr

교재 내용 문의	··················	교재 홈페이지 ▶ 중학 ▶ 교재상담
교재 내용 외 문의	····················	교재 홈페이지 ▶ 고객센터 ▶ 1:1문의
발간 후 발견되는 오류	·············	교재 홈페이지 ▶ 중학 ▶ 학습지원 ▶ 학습자료실

중간고사 기말고사
고득점을 예약하자!

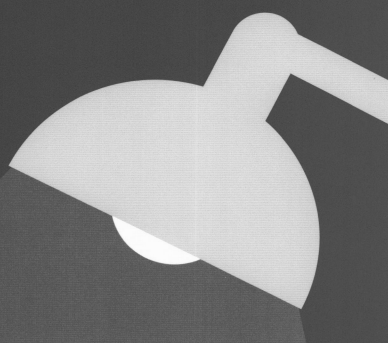

중학전략
역사①
BOOK 3 정답과 해설

천재교육

역사전략

중학전략
역사①
BOOK 1

정답과 해설

1주 문명의 발생과 고대 세계의 형성 ~ 이슬람 문화의 형성과 확산

1일 개념 돌파 전략 ❶

8~11쪽

1강_문명의 발생과 고대 세계의 형성

Q1 카스트제   **Q2** 호민관

1-1 ㉠ (가), ㉡ (다)   **1-2** ①

2-1 포에니   **2-2** ④

2강_불교 및 힌두교 문화의 형성과 확산~이슬람 문화의 형성과 확산

Q1 아소카왕 **Q2** 율령 체제 **Q3** 칼리프

3-1 마우리아 왕조, 아소카왕 **3-2** ③

4-1 (가) 부병제, (나) 조·용·조 **4-2** ⑤

5-1 우마이야   **5-2** ②

1강_문명의 발생과 고대 세계의 형성

1-1 문명의 발생

제시된 지도는 고대 문명이 발생되었던 지역을 표시한 것으로, (가)는 이집트 문명, (나)는 메소포타미아 문명, (다)는 인도 문명, (라)는 중국 문명에 해당한다. 이집트 문명의 사람들은 영혼 불멸과 내세를 믿었기에 파라오를 미라로 만들어 피라미드에 안치했고 스핑크스를 만들어 파수꾼 역할을 담당하게 하였다. 한편 중앙아시아 일대의 아리아인은 인더스강 유역으로 대거 이주해 원주민을 정복하고 갠지스강 유역까지 진출하였다. 그들은 엄격한 신분제인 카스트제를 만들어 신분에 맞는 직업과 행동 규범을 규정하였다.

자료 분석 세계 각지의 문명

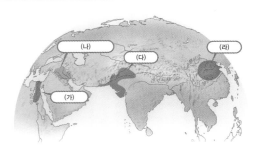

→ 세계 각지의 문명은 공통적으로 큰 강 유역에서 발생하였다. 최초로 발생한 문명은 메소포타미아 문명으로, 티그리스강과 유프라테스강 유역에서 발생하였다.

1-2 메소포타미아 문명의 쐐기 문자

각 문명은 세금을 징수하거나 법률을 만들기 위해 문자를 발명하였다. 그 중 (나)에 해당하는 메소포타미아 문명에서는 쐐기 문자를 고안하였다. 쐐기 문자는 말랑한 점토판에 끝이 뾰족한 도구로 눌러 쓴 글자로서 메소포타미아 지역의 여러 민족에게 전승되었다.

더 알아보기 고대 문명의 문자

메소포타미아	쐐기 문자	
페니키아	표음 문자	(a)Aloph (b)Beth (g)Gimel (d)Daleth (h)He
이집트	상형 문자	
중국	갑골문	
인도	그림 문자	

2-1 포에니 전쟁

기원전 3세기 로마는 이탈리아를 통일한 이후 지중해의 패권을 장악하기 위해 북아프리카의 카르타고와 세 차례의 포에니 전쟁을 치루었다. '포에니'는 라틴어로 페니키아인을 가리키는데, 카르타고가 페니키아의 식민지였기 때문이다. 포에니 전쟁의 결과 로마가 승리하게 되었고 막대한 토지를 얻게 되었다. 그러나 참전의 보상을 제대로 받지 못한 자영농의 몰락은 가속화되었다.

2-2 그라쿠스 형제의 개혁

포에니 전쟁 이후 자영농이 몰락하여 로마는 사회적 불안을 맞게 되었다. 기원전 2세기 말 호민관이 된 그라쿠스 형제는 농민들에게 토지를 재분배하려는 개혁인 농지법과 싼 가격에 곡물을 공급하는 곡물법을 실시하려 했으나, 귀족들의 반대로 실패하게 되었다.

> **2강_불교 및 힌두교 문화의 형성과 확산~이슬람 문화의 형성과 확산**

3-1 마우리아 왕조

제시된 지도에 표시된 나라는 인도 지역 대부분을 장악했다는 점, 파탈리푸트라가 수도라는 점 등을 통해 마우리아 왕조임을 알 수 있다. 마우리아 왕조의 전성기를 이끈 왕은 아소카왕이다.

3-2 대승 불교

대승 불교의 '대승'은 많은 사람을 구제하여 태우는 큰 수레라는 뜻으로, 선행을 통해 모든 중생을 구제하는 것을 강조하는 종교였다. 쿠샨 왕조 때에 발전하였으며 간다라 양식과 함께 비단길(사막길)을 통해 중앙아시아를 거쳐 중국으로 전해졌고 이후 한국, 일본까지 전해졌다.

4-1 균전제, 조·용·조, 부병제

당은 농민에게 토지를 지급하고 그 대가로 조·용·조와 군역을 부과하여 국가의 재정과 군사력을 확보하고 유지하였다. 이후 균전제가 붕괴하면서 조·용·조는 양세법으로, 부병제는 모병제로 바뀌었다.

> **더 알아보기** 당의 통치 제도 변화

균전제	성인 남자에게 일정 면적의 토지를 분배했던 제도		장원제	귀족이 장원을 확대하여 농민이 땅을 잃고 소작농으로 전락함
조·용·조	토지를 분배받은 농민에게 조(곡물), 용(노동력), 조(특산물)를 내게 한 제도	⇨	양세법	실제 재산 소유에 따라 여름과 가을에 세금을 냄
부병제	토지를 분배받은 농민에게 농한기에 훈련을 시키고 유사시 병사로 복무하도록 한 제도		모병제	급료를 받고 복무하는 직업 군인을 고용한 제도

4-2 3성 6부제

제시된 자료는 중앙 관제인 3성 6부제를 도식화한 것이다. 3성 6부제는 수·당대에 정비된 제도이다.

> **자료 분석** 3성 6부제와 주현제

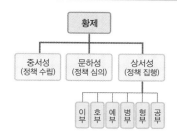

→ 중앙 관제의 중심은 3성 6부였다. 국가 정책의 근원인 황제의 명령은 중서성에서 초안을 작성하고 문하성이 심의하여 결정하였다. 문하성의 심의를 통과한 명령은 상서성으로 전달되어 6부가 집행하였다. 당은 이처럼 정책 수립-심의-집행을 분리하여 황제 권력의 독주를 막았다. 한편 주현제를 통해 지방 행정을 조직하였는데, 전국을 300여 개의 주로 나누고 그 밑에 1500여 개의 현을 두어 지방관을 보내 행정 업무를 맡게 하였다.

5-1 우마이야 왕조

4대 칼리프인 알리가 살해되고 우마이야 가문에서 칼리프 지위를 세습하면서 우마이야 왕조가 성립되었다. 우마이야 왕조는 북아프리카, 이베리아반도까지 영토를 확장시켰다. 그러나 아랍인 중심 정책을 펼쳐 비아랍인을 차별하였다. 이에 불만을 가진 비아랍인과 아바스 가문이 우마이야 왕조를 무너뜨리고 아바스 왕조를 개창하였다.

5-2 아바스 왕조

아바스 왕조는 우마이야 왕조의 아랍인 중심 정책에 불만을 가졌던 세력의 도움을 받아 건국되었다. 아바스 왕조는 비아랍인도 군인이나 관료로 등용하고 세금에서의 차별을 없애는 등 아랍인 우대 정책을 폐지하였다. 또한 탈라스 전투의 승리를 바탕으로 비단길(사막길)을 통한 동서 교역을 주도하여 경제적으로 번영할 수 있었다.

> **1일** 개념 돌파 전략 ❷　　　12~13쪽
>
> **1** ②　　**2** ③　　**3** ①　　**4** ②　　**5** ①　　**6** ③

1 이집트 문명의 특징

대화에서 피라미드나 파라오가 언급되는 것을 통해 (가)가 이집트임을 알 수 있다. 이집트 문명의 사람들은 영혼 불멸과 내세를 믿었다. 시신을 미라로 만든 후 미라와 함께 사후 세계의 안내서인 「사자의 서」를 넣는다거나 파라오가 죽은 후 머물 곳으로 피라미드를 만드는 것이 이와 관련 있다.

선택지 분석

① 쐐기 문자를 고안하였다. (×)
 → 메소포타미아 문명에 대한 설명이다.

② 영혼 불멸과 내세를 믿었다. (○)

③ 인더스강 유역에서 발생하였다. (×)
 → 인도 문명에 대한 설명이다.

④ 내세보다는 현세를 중시하였다. (×)
 → 메소포타미아 문명에 대한 설명이다.

⑤ 엄격한 신분제인 카스트제를 만들었다. (×)
 → 인도 문명에 대한 설명이다.

2 진 왕조

춘추 전국 시대의 여러 나라 중 하나였던 진은 법가 사상을 바탕으로 부국강병에 성공하여 나머지 여섯 나라를 무너뜨리고 중국을 통일하였다. 진시황제는 전국을 군으로 나누고 그 밑에 현을 설치하여 관리를 파견하는 군현제를 시행하였고, 각지에서 다양하게 사용되던 문자·화폐·도량형을 통일하였다.

3 솔론의 개혁

아테네는 활발한 해상 활동으로 해외 무역과 상공업이 발달하였고 이 과정에서 재산을 모은 평민이 늘어났다. 부유해진 평민이 전쟁에 참여하면서 정치 참여 요구도 높아졌다. 솔론은 재산에 따라 참정권을 차등적으로 부여하여 평민의 정치 참여를 일부 허용하였다.

더 알아보기 아테네 민주 정치의 발전 과정

솔론	• 기원전 6세기 전반에 활약 • 귀족과 평민의 '조정자' 역할을 함 • 재산에 따른 정치 참여를 허용함
클레이스 테네스	• 기원전 6세기 말 민주적 개혁 단행 • 평민의 정치 참여 확대, 도편 추방제 마련
페리클레스	• 민주 정치의 전성기, 기원전 5세기 중반 활약 • 민회가 입법, 행정, 사법의 주요 권한을 장악함 • 아테네 성인 남자 시민의 직접 민주 정치 실현

4 굽타 왕조

굽타 왕조 대에 인도의 고유 종교인 힌두교가 등장하였으며, 산스크리트어 문학이나 굽타 양식 등 인도 고유의 색채가 강조된 인도 고전 문화가 완성되었다.

5 수 왕조

남북조로 나누어 대립하던 중국을 통일한 나라는 수다. 수는 과거제를 실시하여 능력에 따른 인재 등용을 꾀하였고, 남북을 잇는 대운하를 건설해 물자를 원활히 공급하고자 하였다.

오답 피하기 ㄷ. 안사의 난 이후 당은 균전제가 붕괴되면서 조·용·조의 수취 체제도 그대로 유지할 수 없었기에, 양세법으로 수취 방식을 바꾸었다.
ㄹ. 북위 효문제에 대한 설명이다.

6 이슬람교의 특징

메카의 상인 출신인 무함마드는 '알라'를 유일신으로 하는 이슬람교를 창시하였다. 알라 앞에 모든 사람은 평등하다고 강조하여 하층민들의 많은 지지를 얻었으나, 메카 귀족에게는 박해받았다. 무함마드는 그들을 피해 신자들을 이끌고 메디나로 이동하였는데 이를 '헤지라'라고 한다.

2일	필수 체크 전략 ❶		14~17쪽
1-1 ⑤	1-2 ②	2-1 ④	2-2 ①
3-1 ①	3-2 ③	4-1 ③	4-2 ③

1-1 고대 문명의 발상지

고대 문명은 큰 강 유역에서 발생하였다. 이집트 문명은 나일강, 메소포타미아 문명은 유프라테스강과 티그리스강, 인도 문명은 인더스강, 중국 문명은 황허강, 창장강 유역에서 발생하였다.

1-2 문명 발생의 공통점

문명은 큰 강 유역에서 발생하였으며, 청동기를 제작하는 단계에서 발생하였다. 각 문명은 세금을 징수하거나 법률을 만들기 위해 문자를 발명하였는데, 인도 문명의 그림 문자, 메소포타미아 문명의 쐐기 문자, 중국 문명의 갑골문 등이 이에 해당한다.

2-1 고대 서아시아 지역의 통일 왕조

아시리아는 피지배 민족을 강압적으로 통치하여 전국에서 반란이 일어나 멸망하였다. 반면 아케메네스 왕조 페르시아는 피지배 민족의 문화나 종교 등을 존중하는 관용 정책을 펼쳐 갈등을 줄이고 오랫동안 통일 왕조를 유지할 수 있었다.

쌍둥이 문제 2

㉠, ㉡에 들어갈 국가로 옳은 것은?

> 고대 서아시아 지역의 통일 왕조
> 1) [㉠] : 서아시아 지역을 최초로 통일함
>   피정복민을 강압적으로 통치함
> 2) [㉡] : 다른 민족의 문화와 종교를 포용함
>   다리우스 1세 때 전성기를 맞음

	㉠	㉡
①	아케메네스 왕조 페르시아	아시리아
②	사산 왕조 페르시아	아케메네스 왕조 페르시아
③	아시리아	아케메네스 왕조 페르시아
④	아시리아	사산 왕조 페르시아
⑤	아케메네스 왕조 페르시아	사산 왕조 페르시아

해설 서아시아 지역을 최초로 통일하였으나 피정복민을 가혹하게 통치하여 멸망한 나라는 아시리아이다. 이후 아케메네스 왕조 페르시아가 서아시아 지역을 재통일하고, 피정복민의 문화와 종교를 포용하는 관용 정책을 펼쳤다.
답 ③

2-2 다리우스 1세

다리우스 1세는 정복 활동을 활발히 펼쳐 이집트에서 인더스강에 이르는 대제국을 건설해 전성기를 이루었다. 넓은 제국을 다스리기 위해 '왕의 길'을 건설하였고, 각 지역을 다스리는 총독은 '왕의 귀'를 보내어 감시하였다.

3-1 진시황제와 한 무제

진시황제와 한 무제는 군현제를 실시하는 등 넓은 영토와 백성을 다스리기 위해 각종 중앙 집권 정책을 실시하였다는 공통점이 있다.

3-2 장건의 서역 파견

한 무제는 흉노를 견제하기 위해 장건을 대월지에 파견하여 동맹을 맺고자 하였다. 사마천은 역사서 『사기』를 저술하였다.

더 알아보기 한 무제와 장건, 비단길

▲ 서역으로 떠나는 장건을 배웅하는 한 무제

한 고조가 흉노에 패배하여 한동안 한에서는 흉노에 공물과 공주를 보내었다. 그러나 한 무제가 즉위한 이후, 한은 흉노를 대대적으로 공격하였다. 한 무제는 대월지와 손잡고 흉노를 공격하고자 장건을 서쪽에 파견하였다. 비록 군사 동맹은 성사되지 못하였지만, 장건의 여행을 계기로 서역으로 통하는 길을 알게 되었다. 한은 전쟁 끝에 흉노를 쫓아내고 서역으로 가는 길을 확보하였다. 비단이 이 길을 통해 유럽에 알려졌다 하여 이 길을 '비단길'이라고 부르게 되었다.

4-1 아테네 민주 정치의 발전 과정

아테네 성립 초기에는 소수의 귀족이 정치를 주도하였으나, 평민들의 참정권 요구가 받아들여져 점차 평민들의 정치 참여가 확대되었다. 기원전 6세기 말 클레이스테네스는 참주의 출현을 막기 위해 도편 추방제를 도입하는 등 민주 정치의 기틀을 마련하였다. 기원전 5세기 페리클레스 시기에는 귀족 회의의 권한은 축소되고 민회가 입법, 행정, 사법의 주요 권한을 장악하여 민주 정치의 전성기를 맞이하였다.

4-2 페리클레스

페리클레스 시기 아테네의 민회가 입법, 행정, 사법의 주요 권한을 장악하면서 시민이 직접 국가의 주요 정책을 결정하는 직접 민주 정치의 전성기를 맞이하였다. 그리스-페르시아 전쟁에서 승리하여 델로스 동맹을 주도하게 되면서 경제적으로도 부유해진 아테네는 모든 공직을 추첨으로 뽑고 그들에게 공무 수당을 지급하여 가난한 시민의 정치 참여를 보장하였다.

2일 필수 체크 전략 ❷ 18~19쪽

1 ⑤	2 ①	3 ③	4 ②	5 ①	6 ②

1 구석기 시대의 생활상
제시된 도구는 긁개와 주먹도끼로 돌을 깨뜨려 날카롭게 만든 뗀석기이다. 뗀석기를 사용했던 시대는 구석기 시대이다. 구석기인은 무리지어 이동 생활을 하였으며 동굴 벽화 등을 남겼다.

오답 피하기 ㄱ, ㄴ 신석기 시대 이후에 해당하는 설명이다.

2 인도 문명의 특징
제시된 자료는 인도 문명의 카스트제이다. 기원전 1500년경에는 중앙아시아의 유목민이었던 아리아인이 인더스강 유역으로 침입해 들어왔다. 아리아인은 철기를 사용해 각지를 정복하고 동쪽의 갠지스강 유역까지 진출하였다. 아리아인은 원주민을 지배하기 위해 엄격한 신분 제도인 카스트제를 만들었다. 또 이들은 태양, 물, 불, 바람 등 자연 현상을 신격화한 브라만교를 믿었다.

선택지 분석
① 브라만교가 성립되었다. (○)
② 쐐기 문자를 사용하였다. (×) → 메소포타미아 문명에 해당
③ 서아시아 지역을 최초로 통일하였다. (×) → 아시리아에 해당
④ 영혼 불멸을 믿어 피라미드를 건설하였다. (×) → 이집트 문명에 해당
⑤ 카르타고 등 많은 식민 도시를 건설하였다. (×) → 페니키아에 해당

3 아케메네스 왕조 페르시아
제시된 자료는 아케메네스 왕조 페르시아의 왕 키루스 2세의 원통형 인장에 새겨진 비문이다. 비문에 새겨진 대로 아케메네스 왕조 페르시아는 피정복민의 전통과 종교를 존중하는 포용 정책을 실시하였다. 아케메네스 왕조 페르시아의 전성기를 이룬 다리우스 1세는 '왕의 길'을 건설하였다.

오답 피하기 ①, ② 사산 왕조 페르시아, ④ 메소포타미아 문명의 바빌로니아 왕국, ⑤ 아시리아에 대한 설명이다.

4 제자백가
(가)는 유가, (나)는 법가이다. 유가는 '인'과 '예'를 강조하였으며 법가는 엄격한 법 적용을 강조하였다. 진은 법가 사상을 바탕으로 전국을 통일하였으나 지나치게 엄격한 법 적용으로 민심을 잃었다.

5 그리스-페르시아 전쟁
(가)에 들어갈 폴리스는 아테네이다. 아테네는 그리스-페르시아 전쟁 이후 델로스 동맹을 주도하였으며, 동맹의 본거지를 아테네로 옮기고 동맹 자금도 아테네를 위해 사용하였다. 이를 기반으로 직접 민주 정치를 더욱 발전시켰다.

오답 피하기 ㄷ, ㄹ. 스파르타에 대한 설명이다.

6 옥타비아누스의 업적
(가)는 옥타비아누스다. 카이사르의 후계자 옥타비아누스는 내전에서 승리하여 권력을 잡은 후 반대파를 안심시키기 위해 로마의 공화정 체제를 유지하였다. 그러나 호민관, 원로원 의장, 집정관, 군사령관 등을 겸임하여, 로마의 행정권과 군통수권을 모두 장악하여 사실상 황제로 등극하였다. 이후 제정 시대가 시작되었다.

선택지 분석
① 크리스트교를 공인하였다. (×) → 콘스탄티누스 대제
② 사실상의 제정을 시작하였다. (○)
③ 제국을 4분할하여 통치하였다. (×) → 디오클레티아누스
④ 콘스탄티노폴리스로 수도를 옮겼다. (×) → 콘스탄티누스 대제
⑤ 자영농을 육성하기 위해 개혁을 시도하였으나 실패하였다. (×)
　 → 그라쿠스 형제

3일 필수 체크 전략 ❶			20~23쪽
1-1 ③	1-2 ②	2-1 ②	2-2 ⑤
3-1 ⑤	3-2 ②	4-1 ①	4-2 ②

1-1 마우리아 왕조
인도의 마우리아 왕조에 대한 설명을 고르는 문제이다. 마우리아 왕조는 기원전 3세기경 아소카왕 때 전성기를 맞이하였다. 아소카왕은 불경을 정리하고 산치 대탑 등 탑과 사원을 전국에 세우는 등 적극적으로 불교를 장려하였다. 이에 개인의 해탈을 강조하는 상좌부 불교가 발전하여 실론 등 동남아시아에 전파되었다.

오답 피하기 ㄴ, ㄷ은 쿠샨 왕조에 대한 설명이다.

1-2 대승 불교
많은 사람을 구제하여 태우는 큰 수레를 '대승'이라고 하며, 이처럼 중생의 구제를 목표로 하는 불교를 대승 불교라 한다. 대승 불교는 쿠샨 왕조 때에 발전하였고 비단길(사막길)을 거쳐 동북아시아 지역에 전파되었다.

2-1 효문제

수도를 뤄양으로 옮겨 개혁의 기반을 다지고 한화 정책을 펼친 인물은 북위의 효문제이다. 선비족이 세운 북위가 화북 지역을 통일하면서 북위의 황제였던 효문제는 한족과 선비족을 융합시키기 위해 한화 정책을 추진하였다. 한화 정책은 한족의 문화를 적극 받아들이고 선비족 고유의 언어나 풍습을 금지하는 정책이었다.

북위 효문제에 대한 설명으로 옳은 것만을 ㅣ보기ㅣ에서 고른 것은?

ㅣ보기ㅣ
ㄱ. 수도를 뤄양으로 옮겼다.
ㄴ. 남북을 잇는 대운하를 건설하였다.
ㄷ. 과거제를 실시해 관리를 등용하였다.
ㄹ. 선비족 고유의 언어와 풍습을 금지시켰다.

① ㄱ, ㄴ   ② ㄱ, ㄷ   ③ ㄱ, ㄹ
④ ㄴ, ㄹ   ⑤ ㄷ, ㄹ

해설 효문제는 수도를 평성에서 뤄양으로 옮겨서 평성에 세력 기반을 둔 선비족 상층부의 힘을 약화시키고 한족의 중심지로 나아갔다. 또 선비족 고유의 언어와 풍습을 금지시키고 한족의 문화를 강제하는 한화 정책을 실시하였다.
ㄴ, ㄷ은 수에 대한 설명이다.
답 ③

2-2 수의 특징

제시된 자료는 수의 대운하를 표시한 지도이다. 수는 중앙 집권 체제인 3성 6부제를 도입하여 중앙 집권 체제를 강화하였다. 또 대운하를 건설해 물자의 유통과 사회 통합에 노력하였다.

3-1 당의 국제적 문화

제시된 글은 당이 대외 개방 정책을 펼치며 주변국과 활발한 외교 관계를 맺게 된 점, 장안에 각지의 외국인들이 활동하여 다양한 문화권을 접할 수 있게 된 환경을 언급하고 있다. 이를 통해 당의 문화가 국제적인 특징을 지니게 된 배경을 이해할 수 있다.

3-2 동아시아 문화권의 공통 요소

동아시아 문화권의 공통 요소로 한자, 율령, 불교, 유교를 들 수 있다.
오답 피하기 ㄴ. 힌두교는 굽타 왕조 때에 등장한 인도 고유의 종교로, 동아시아 문화권과는 관련이 없다.

ㄷ. 경교는 당에 전래된 기독교의 일파 중 하나인 네스토리우스교로, 동아시아 문화권과는 관련이 없다.

4-1 메카와 메디나

비잔티움 제국과 사산 왕조 페르시아가 대립하면서 기존의 동서 무역로가 막히게 되었다. 이를 대신하여 아라비아반도의 교역로가 활성화되었고, 아라비아반도 연안에 있는 도시인 메카, 메디나가 발달하였다. 무함마드는 메카에서 이슬람교를 창시하였으나 메카 귀족의 탄압을 피해 메디나로 이동하였다. 이를 '헤지라'라 한다.

4-2 정통 칼리프 시대

무함마드가 죽은 후 그의 후계자이자 이슬람 세계의 지도자를 선출하여 '칼리프'라고 불렀다. 무함마드 사후 4대에 이르는 칼리프가 합의를 통해 선출된 시기를 정통 칼리프 시대라고 한다. 이 시기 칼리프를 중심으로 이슬람 세계가 결집하여 왕성한 정복 활동을 벌였는데, 사산 왕조 페르시아를 멸망시킨 것이 대표적이다. 그러나 4대 칼리프 알리가 암살당하면서 정통 칼리프 시대는 막을 내리게 되었다.

선택지 분석

ㄱ. 아랍인 중심 정책을 펼쳤다. (×) → 우마이야 왕조
ㄴ. 사산 왕조 페르시아를 멸망시켰다. (○)
ㄷ. 이슬람교가 시아파와 수니파로 분열되었다. (×)
    → 우마이야 왕조가 성립되는 과정에서 알리를 정통으로 인정하는 시아파와 알리의 후손이 아니더라도 능력에 따라 후계자의 혈통이 바뀔 수 있다고 주장하는 수니파로 분열되었음

3일 필수 체크 전략 ②   24~25쪽

1 ③   2 ②   3 ⑤   4 ④   5 ④   6 ②

1 간다라 양식과 쿠샨 왕조

제시된 불상은 간다라 불상이다. 쿠샨 왕조의 간다라 지방에서는 헬레니즘 문화의 영향을 받아 불상이 제작되었다. 간다라 불상은 그리스 조각상처럼 이목구비가 뚜렷하고 옷 주름이 입체적인 특징을 보인다. 쿠샨 왕조는 1세기경 쿠샨족이 인도 서북부에서부터 중앙아시아에 이르는 영토를 차지하고 건국한 왕조로, 카니슈카왕 때 전성기를 맞았다.

ㄱ. 상좌부 불교가 발전하였다. (x) → 마우리아 왕조
ㄴ. 1세기경 쿠샨족이 세운 왕조이다. (O)
ㄷ. 카니슈카왕 때 전성기를 맞이하였다. (O)
ㄹ. 인도 고유의 색채가 강한 굽타 양식이 발달하였다. (x)
　　 → 굽타 왕조

2 힌두교
제시된 자료의 신은 브라흐마, 비슈누, 시바로 힌두교의 많은 신 중 대표적인 신이다. 힌두교는 굽타 왕조 대에 성립된 인도 고유의 종교로 기존의 브라만교를 중심으로 하여 다양한 민간 신앙, 불교가 결합된 다신교 종교이다. 특정 창시자나 체계적인 교리가 없다.
오답 피하기 ㄴ. 크리스트교, 이슬람교 등에 대한 설명이다.
ㄹ. 대승 불교에 대한 설명이다.

3 수의 특징
수는 남북조를 통일하였다. 통일된 제국을 다스리기 위해 과거제, 3성 6부제 등 각종 개혁을 추진하여 중앙 집권 체제를 강화하였다. 이후 대운하를 건설하여 강남과 화북의 물자 교류를 원활히 하려 하였다. 그러나 대운하 건설과 같은 대규모 토목 공사, 고구려 침략 실패 등은 민심을 돌아서게 하였고, 결국 수는 건국된지 얼마 되지 않아 멸망하고 말았다.
오답 피하기 ㄱ. 북위 효문제에 대한 설명이다.

4 나라 시대
헤이조쿄로 수도를 옮긴 이후부터 헤이안쿄로 수도를 옮기기 전까지의 시대를 나라 시대라고 한다(710~794). 나라 시대에는 『고사기』와 『일본서기』 등의 역사서가 편찬되었으며, 『만엽집』 등의 시가집이 편찬되었다. 또 견당사와 견신라사를 파견하여 당과 신라의 선진 문물을 수입하였고, 국가 차원에서 불교를 적극 장려하여 도다이사 등 대규모의 사원이 건립되었다.

5 부병제
부병제는 북조의 북주 때 처음 실시되어 수, 당대에 이르러 더욱 정비된 제도로, 균전제를 통해 균전을 받은 농민을 부병으로 하여, 농한기에 훈련을 시키고 전쟁 시 군사로 복무하게 한 군사 제도이다.

6 이슬람 세계의 발전
무함마드가 죽은 후 무함마드의 후계자이자 이슬람 세계의 지도자인 칼리프는 합의를 통해 선출되었다. 이 시기 활발한 정복 활동을 통해 사산 왕조 페르시아를 멸망시키고 비잔티움 제국을 위협하였다. 그러나 4대 칼리프 알리가 암살된 후 우마이야 가문이 칼리프 지위를 세습하여 다마스쿠스를 수도로 우마이야 왕조를 개창하였다.

더 알아보기 한눈에 살펴보는 이슬람 세계의 발전

정통 칼리프 시대	· 칼리프 선출 · 시리아와 이집트 점령, 사산 왕조 페르시아 정복
우마이야 왕조	· 우마이야 가문의 칼리프 세습 · 아시아, 아프리카, 유럽에 걸친 대제국 건설 · 아랍인 우대 정책
아바스 왕조	· 탈라스 전투에서 승리 → 동서 교역로 장악 · 수도 바그다드가 국제도시로 성장 · 민족 차별 정책 폐지

4일 **교과서 대표 전략 ❶**　　26~29쪽

1 ①	2 ⑤	3 ③	4 ④	5 ④
6 ⑤	7 ①	8 ③	9 ⑤	10 ②
11 ④	12 ②	13 ③		

1 역사의 두 가지 의미
역사는 '기록으로서의 역사'와 '사실로서의 역사'라는 두 가지 의미가 있다. '사실로서의 역사'는 과거에 일어난 사실 그 자체를 가리키기에 변함이 없고 객관적이라는 특징을 지닌다. 그러나 '기록으로서의 역사'는 역사가가 과거에 일어난 사실 중 의미 있는 것을 골라 기록한 것이기 때문에 역사가의 관점에 따라 달라질 수 있어 주관적이다.

2 이집트 문명
지도에 표시된 문명은 나일강 유역에서 발생한 문명이므로 이집트 문명에 해당한다. 이집트 문명은 사막과 바다로 둘러싸여 있어 폐쇄적인 지형이라 외부로부터 침입이 적었다. 따라서 오랫동안 통일을 유지할 수 있었다.

① 태음력과 60진법을 사용하였다. (✕) → 메소포타미아 문명

② 유일신 신앙이 특징인 유대교를 믿었다. (✕) → 헤브라이

③ 카스트제라는 엄격한 신분제가 형성되었다. (✕) → 인도 문명

④ 알파벳의 기원이 되는 표음 문자를 고안하였다. (✕) → 페니키아

⑤ 외부로부터 침입이 적어 오랫동안 통일을 유지하였다. (○)

3 진시황제

제시된 자료는 진의 문자, 화폐, 도량형 통일에 대한 자료이다. 이는 진시황제의 업적으로 전국을 통일한 후 제각각이었던 문자와 화폐, 도량형을 통일하여 단일한 국가로서 지배력을 강화하고 사람들의 불편을 해소하였다. 한편 시황제는 북쪽으로부터 흉노가 침입하는 것을 막기 위해 만리장성을 축조하였다. 그리고 아방궁, 병마용 갱 등 대규모 토목 공사를 벌였다.

오답 피하기 ㄴ. 균전제는 북위의 효문제가 실시한 이후 수, 당이 보완·계승하였다. ㄷ. 한 무제에 대한 설명이다.

4 한 무제

한은 무제에 이르러 전성기를 맞았다. 무제는 적극적인 정복 활동에 나서 흉노를 밀어내고 베트남 북부를 공략하였으며 고조선을 멸망시키고 군을 설치하였다. 이러한 대외 원정으로 국가 재정이 부족해지자 무제는 소금과 철, 술의 판매를 국가가 독점하는 제도인 전매 제도를 시행하여 재정을 확보하였다.

① 군국제를 시행했어요. (✕) → 한 고조

② 한화 정책을 추진했어요. (✕) → 북위 효문제

③ 종이를 만드는 기술을 개량했어요. (✕) → 채륜

④ 고조선을 멸망시키고 군을 설치했어요. (○)

⑤ 분서갱유를 통해 반대 세력을 억눌렀어요. (✕) → 진시황제

5 폴리스의 발전과 쇠퇴 과정

그리스-페르시아 전쟁이 일어나자(B.C. 492, ㄷ) 아테네를 중심으로 그리스 폴리스가 결집하여 페르시아에 대항하였다. 결국 전쟁을 승리로 이끈 아테네는 페르시아의 침입에 대비해 델로스 동맹을 주도하여 결성하였다.(B.C. 477, ㄱ) 아테네의 세력이 커지자 스파르타 등의 폴리스들이 반발하여 펠로폰네소스 전쟁이 일어났고, 그 결과 스파르타가 승리하였다(B.C. 404, ㄴ).

6 알렉산드로스

제시된 지도는 알렉산드로스 제국의 영역으로, 이를 차지한 인물은 알렉산드로스이다. 알렉산드로스는 원정에 나선지 10년만에 이집트와 페르시아를 정복하고 인더스강까지 진격하여 대제국을 건설하였으며, 정복 지역에 '알렉산드리아'라는 그리스식 도시를 건설하고 그리스 문화를 전파하였다. 이와 함께 페르시아 등 동방의 문화를 수용하고 페르시아인을 관리로 등용하는 등 동서 융합 정책을 펼쳤다.

더 알아보기 알렉산드로스의 동서 융합 정책

그리스 철학자 아리스토텔레스의 제자인 알렉산드로스는 그리스 문화에 심취해 있었다. 그는 원정에 학자를 대동하여 각지를 탐험하였고 호메로스의 시를 좋아하여 원정 때 책을 가지고 다닐 정도였다. 그는 정복지 곳곳에 알렉산드리아라는 그리스식 도시를 건설하고 그리스의 상인, 학자, 예술가들을 대거 이주시켰다. 이 과정에서 그리스어와 그리스 문화가 동방으로 전파되었다.
한편 알렉산드로스는 페르시아의 정치 체제인 전제 군주정을 받아들여 제국을 통치하는 데 이용하고, 왕에게 무릎을 꿇는 페르시아식 예법을 도입하였다. 스스로 페르시아 공주와 결혼하였을 뿐만 아니라 80명의 고위 관료와 1만여 명의 병사를 페르시아 여성들과 결혼시키기도 하였다.

7 그라쿠스 형제의 개혁

자료에 제시된 티베리우스 그라쿠스 연설문은 포에니 전쟁 이후 발생한 극심한 빈부 격차와 자영농의 몰락에 대해 비판하고 있다. 포에니 전쟁 이후 로마의 영토는 넓어졌으며, 귀족은 막대한 공유지를 보유하고 노예를 이용한 대농장(라티푼디움)을 운영하여 많은 부를 축적하였다. 그러나 평민은 참전을 하고도 제대로 된 보상을 받지 못하였으며 점령 지역에서 값싼 곡물이 들어와 경쟁력을 잃고 몰락하게 되었다. 이 문제를 해결하고자 호민관이 된 그라쿠스 형제(티베리우스 그라쿠스, 가이우스 그라쿠스)는 농지법과 곡물법을 제정하여 개혁 운동을 전개하였지만 귀족의 반대에 부딪혀 실패하였다. 자영농이 몰락하고 귀족과 평민의 갈등이 커지며 로마 공화정의 위기가 가속화되었다.

8 아소카왕의 업적

마우리아 왕조의 전성기를 이끌었다는 점, 칼링가 전투 등을 통해 (가)에 들어갈 왕이 아소카왕임을 알 수 있다. 아소카왕은 칼링가 전투 이후 정복 전쟁을 벌인 것을 참회하며 불교를 적극적으로 장려하였다. 이로 인해 상좌부 불교가 발달하게 되었고, 산치 대탑 등 많은 탑과 절이 건립되었다.

9 당의 통치 제도

균전제는 국가가 농민에게 일정 면적의 토지를 나누어 주었던 제도를 말한다. 균전을 받은 농민은 조(곡물)·용(노동력)·조(특산물)를 국가에 납부하였으며, 병사가 되어 훈련을 받거나 전쟁에 나갔다. 그러나 안사의 난 이후 균전제가 붕괴하여 귀족이 장원을 확대하고 농민이 소작농으로 전락하게 되자 균전을 기반으로 한 조·용·조를 걷기 어려워지면서 양세법이 새롭게 등장하였다.

쌍둥이 문제 9

당의 통치 제도와 그 설명이 올바르게 연결된 것은?

① 균전제 – 귀족이 장원을 확대하고 농민을 소작농으로 삼았던 제도

② 조·용·조 – 농민에게 일정한 면적의 토지를 분배하는 제도

③ 부병제 – 급료를 받고 복무하는 직업 군인을 고용하는 제도

④ 양세법 – 농민에게 실제 재산 소유에 따라 여름, 가을에 세금을 부과하는 제도

⑤ 모병제 – 균전을 받은 농민이 농한기에 훈련을 받고 전쟁 때 병사로 복무하는 제도

해설 양세법은 실제 재산 소유에 따라 여름과 가을에 두 번 세금을 내는 제도로, 안사의 난 이후 당 후반기에 운영되었다.
답 ④

10 동아시아 문화권의 공통 요소

당이 제국으로 발전하고 주변국과의 교류가 늘어나면서 당의 문화가 한반도, 일본, 베트남 등에 수용되어 한자, 율령, 유교, 불교 등의 문화 요소를 공유하는 동아시아 문화권이 형성되었다.
한자는 동아시아 문화권 내 일종의 공용 문자 역할을 하였을 뿐 아니라 한반도의 이두, 일본의 가나, 베트남의 쯔놈 문자가 만들어지는 데 큰 영향을 끼쳤다.
율령은 각국의 왕권 강화와 중앙 집권 체제 정비에 이용되었다. 유교는 정치, 사회적 이념이 되었고 불교는 왕실의 권위를 높이고 민심을 통합하는 역할을 하여 왕실의 보호하에 동아시아 각국에서 성장하였다.

11 무함마드

이슬람교를 창시한 사람은 무함마드이다. 무함마드는 알라에 대한 절대 순종과 알라 앞에 모든 사람이 평등함을 주장하였다. 메카의 귀족들은 그를 박해하였고, 622년 그는 귀족의 탄압을 피해 신자들을 이끌고 메디나로 이동했는데 이를 '헤지라'라고 한다.

12 우마이야 왕조

다마스쿠스를 수도로 하며 북아프리카와 이베리아반도까지 영토를 확장시킨 왕조는 우마이야 왕조이다. 우마이야 왕조는 아랍인 중심 정책을 펼쳐 새로운 정복지 주민에게 세금을 더 걷고 관직 진출도 막는 차별 정책을 폈다.
오답 피하기 ㄴ, ㄷ. 아바스 왕조에 대한 설명이다.

13 이슬람의 건축과 과학

이슬람 세계에서는 돔과 뾰족한 탑이 특징인 모스크가 발달하였고 태양과 별들의 고도를 관측하여 방향과 시간을 확인하는 아스트롤라베가 발달하였다.
오답 피하기 ㄱ. 마우리아 왕조의 산치 대탑이다.
ㄴ. 아라베스크 무늬로, 모스크 내부를 장식했던 무늬이다.
ㅁ. 로마의 콜로세움이다.
ㅂ. 당의 당삼채이다.

4일 교과서 대표 전략 ❷				30~31쪽
1 ①	2 ④	3 ③	4 ③	5 ③
6 ②	7 ①	8 ③		

1 메소포타미아 문명

제시된 법전은 함무라비 법전으로 메소포타미아 문명의 바빌로니아에서 정비된 것이다. 메소포타미아 문명은 쐐기 문자를 사용하였다.

선택지 분석

① 쐐기 문자를 사용하였다. (○)

② 유일신 신앙이 발달하였다. (✕) → 헤브라이

③ 수학이 발달하고 10진법을 사용하였다. (✕) → 이집트

④ 모헨조다로, 하라파 등의 계획도시를 건설하였다. (✕) → 인도

⑤ 사막과 바다로 둘러싸인 폐쇄적인 지형 조건을 갖추고 있었다. (✕) → 이집트

2 다리우스 1세

아케메네스 왕조 페르시아의 전성기를 이끈 다리우스 1세는 넓은 영토를 효과적으로 다스리기 위해 수도에서 국경 지역에 이르는 '왕의 길'을 건설하였다. 이를 통해 왕의 명령이 지방까지 효과적으로 전달될 수 있었다. 또 화폐와 도량형을 통일해 중앙 집권적 통치 체제를 확립하였다.

오답 피하기 ㄴ. 조로아스터교를 국교로 삼은 것은 사산 왕조 페르시아 때의 일이다.

3 춘추 전국 시대

지도에서 표시하고 있는 시대는 춘추 전국 시대이다. 춘추 전국 시대에는 철기가 보급되어 여러 사회·경제적 변화가 나타났다. 철제 농기구가 보급되면서 농업 생산량이 증가하였고, 철제 무기가 사용되어 전쟁이 활발해졌다. 전쟁에서 승리하고 부유한 나라를 이루기 위해 각국이 개혁을 추진하였으며, 이에 따라 혈통이나 신분과 관계없이 능력 있는 사람이 등용되어 자신의 사상을 현실 정치에 반영할 수 있었다. 이를 제자백가라고 한다.

오답 피하기 ㄴ. 진에 대한 설명이다. ㄷ. 주에 대한 설명이다.

4 헬레니즘 문화

헬레니즘 시기 미술에서는 조각 분야가 특히 발달하였다. 「밀로의 비너스」, 「라오콘 군상」과 같이 인체의 아름다움을 생동감 있게 표현한 작품이 만들어졌다.

오답 피하기 ㄴ. 로마의 유산이다.
ㄷ. 그리스 아테네의 유산이다.

더 알아보기 밀로의 비너스, 라오콘 군상

「밀로의 비너스」	「라오콘 군상」
밀로스 섬의 아프로디테 신전에서 발견된 조각으로 인체의 아름다움을 우아하게 표현하고 있다. 오른손은 왼쪽 다리께로 내려지고 왼손은 팔을 앞으로 내밀어 젖혀진 손바닥에 사과를 들고 있었을 것으로 추정되고 있다.	포세이돈 신에게 노여움을 산 신관 라오콘과 두 아들이 뱀에 물려 고통스럽게 죽어 가는 모습을 생생하게 표현하였다.

5 로마 제국의 발전과 쇠퇴

포에니 전쟁에서 로마가 최종 승리하였으나 귀족에게 많은 부와 토지가 집중되면서 평민은 참전의 보상도 제대로 받지 못한 채 몰락하게 되었다. 이러한 공화정의 위기를 극복하기 위해 티베리우스 그라쿠스와 가이우스 그라쿠스가 개혁을 시도하였으나 반대파에 의해 죽임을 당하게 된다. 이후 평민파와 귀족파의 갈등이 심해지는 가운데, 내전에서 승리한 옥타비아누스가 아우구스투스라는 칭호를 획득하며 제정 시대를 열었다. 로마 제정은 약 200년간 평화를 맞았으나 2세기 말부터 내부 혼란, 외부 침입으로 인해 위기에 봉착하였고 4세기 초 콘스탄티누스 대제는 수도를 로마에서 비잔티움으로 옮겨 나라의 부흥을 꾀하였다.

6 쿠샨 왕조

제시된 지도에 표시된 나라는 쿠샨 왕조이다. 쿠샨 왕조 시기 간다라 지방에서는 인도의 불교문화와 알렉산드로스 원정으로 그리스인이 남긴 헬레니즘 문화가 융합된 간다라 양식이 탄생하였다.

선택지 분석

① 힌두교가 성립하였다. (×) → 굽타 왕조
② 간다라 양식이 탄생하였다. (○)
③ 아소카왕 때 전성기를 맞았다. (×) → 마우리아 왕조
④ 상좌부 불교를 동남아시아 등지로 전파하였다. (×)
　→ 마우리아 왕조
⑤ 찬드라굽타 2세가 중앙 집권적 제도를 정비하였다. (×)
　→ 굽타 왕조

7 수 왕조

남북조를 통일한 나라는 수이다. 수는 3성 6부제를 도입하여 중앙 통치 조직을 정비하였다. 이는 당대에도 그대로 유지되었다.

8 이슬람교의 특징

제시된 자료는 이슬람교도의 의무인 5행 중 일부이다. 7세기 무렵 무함마드는 알라를 유일신으로 섬기는 이슬람교를 창시하였다. 이슬람교는 알라 앞에 모든 사람이 평등하다는 교리를 내세워 하층민들의 지지를 받았으나 메카 귀족에게는 박해받았다.

누구나 합격 전략

32~33쪽

1 ⑤	2 ⑤	3 ④	4 ⑤	5 ④
6 ③	7 ②	8 ④		

1 이집트 문명

제시된 사진은 피라미드로, 이집트 문명의 대표적인 유적지이다. 피라미드는 이집트의 왕인 파라오를 안치했던 무덤을 가리킨다. 파라오는 이집트의 최고 통치자로 신의 아들로 간주받았으며 정치와 종교를 모두 장악하는 막강한 권력을 갖고 있었다.

선택지 분석

① 브라만교가 성립하였다. (×) → 인도 문명

② 표음 문자를 고안하였다. (×) → 페니키아

③ 지구라트라는 신전을 지었다. (×) → 메소포타미아 문명

④ 식민 도시인 카르타고를 건설하였다. (×) → 페니키아

⑤ 파라오가 정치와 종교를 모두 장악하였다. (○)

2 진시황제의 업적

(가)에는 진시황제의 업적이 들어가야 한다. 진시황제는 전국을 36군으로 나누고 그 밑에 현을 두어 직접 관리를 파견하여 다스리는 군현제를 시행하였다. 또한 화폐, 도량형, 문자를 통일하였으며 흉노를 북쪽으로 몰아내고 만리장성을 쌓았다.

오답 피하기 ④ 진시황제는 법가 이외에 다른 사상, 특히 유가를 탄압하였다.

3 한 고조의 정책

한 고조는 수도와 그 주변은 군현제를 실시해 황제가 다스리고, 그 외의 지역은 제후를 임명해 다스리는 군국제를 실시하였다. 진이 멸망한 이후 전국 시대의 제후 왕국이 부활되었는데 한 왕조가 세워진 이후에도 한 고조는 일단 이들의 세력을 인정하였다. 그러나 시간이 지남에 따라 점차 제후왕을 제거해나가며 황제의 통치 범위를 넓혀나갔으며, 결국 한 무제 때 전면적인 군현제를 실시하게 되었다.

4 알렉산드로스

마케도니아의 왕 알렉산드로스는 동방 원정에 나서 이집트, 페르시아를 정복하고 인더스강까지 진출하였다. 그는 정복 지역에 그리스 문화를 전파하면서 동시에 동방 문화를 수용하는 동서 융합 정책을 펼쳤다.

5 크리스트교

크리스트교는 유일신 사상과 우상 숭배 금지 교리를 갖고 있는 종교로, 밀라노 칙령으로 로마에서 합법화되었다. 크리스트교는 로마의 지배를 받던 팔레스타인 지방에서 예수가 창시한 종교로, 예수를 믿으면 누구나 구원을 받을 수 있다는 가르침을 전하며 로마 전역으로 퍼져나갔다. 유일신 사상과 우상 숭배 금지 교리 때문에 황제 숭배를 거부해 로마의 탄압을 받았으나 교세가 무시할 수 없을 정도로 늘어나자 콘스탄티누스 대제는 밀라노 칙령을 내려 크리스트교를 합법적인 종교로 인정하였다.

6 굽타 양식과 굽타 왕조

제시된 자료는 아잔타 제1 석굴의 연화수 보살 벽화와 사르나트 지역의 초전법륜상으로, 섬세하게 몸의 윤곽선을 강조한 굽타 양식이 잘 나타난 작품이다. 굽타 양식은 굽타 왕조에서 등장한 미술 양식으로, 인도 고유의 색채가 강조되고 있다는 점이 특징적이다.

더 알아보기 간다라 양식과 굽타 양식의 불상 비교

간다라 양식 불상	굽타 양식 불상
• 옷이 신체의 굴곡을 가리며 옷의 주름이 깊게 표현되어 있음 • 머리카락이 구불거리게 표현되어 있음 • 헬레니즘의 영향을 받아 서구적인 이목구비를 갖춤	• 옷이 얇아 인체의 윤곽이 그대로 드러남 • 머리 부분이 소라껍데기처럼 말린 모양의 나발 형식으로 표현되어 있음

7 양세법

8세기 중엽 당은 안사의 난으로 큰 위기를 맞았다. 수년간의 전란으로 화북 지방은 황폐해지고 백성들의 삶은 피폐해졌다. 이 시기 균전제가 붕괴되고 장원이 확대됨에 따라 균전제를 기반으로 하는 조·용·조는 더이상 운영될 수가 없었다. 따라서 실제 재산 소유에 따라 세금을 내는 양세법으로 수취 체제가 전환되었다.

8 헤이안 시대

헤이안 시대는 794년 헤이안 천도 이후부터 미나모토노 요리토모가 가마쿠라 막부를 개설한 1185년까지의 일본 정권을 가리킨다. 이 시기에는 당의 쇠퇴로 견당사 파견을 중단하였으며, 이러한 가운데 일본의 독자적 문화인 국풍 문화가 발달하였다. 일본의 고유 문자인 '가나'가 사용되었으며 주택이나 의복에도 일본만의 독특함이 반영되었다.

쌍둥이 문제 8

(가)에 해당하는 시대에 대한 설명으로 옳은 것만을 |보기|에서 고른 것은?

> 8세기 초 야마토 정권이 헤이조쿄를 세워 천도한 이후, 헤이안쿄로 천도하기 전까지의 시대를 (가) 시대라고 합니다.

┌ 보기 ┐
ㄱ. 도다이사가 건립되었다.
ㄴ. 국풍 문화가 발달하였다.
ㄷ. 『고사기』, 『일본서기』가 편찬되었다.
ㄹ. 일본의 고유 문자인 '가나'가 사용되었다.

① ㄱ, ㄴ　　　② ㄱ, ㄷ　　　③ ㄴ, ㄷ
④ ㄴ, ㄹ　　　⑤ ㄷ, ㄹ

해설 (가)는 나라 시대이다. 나라 시대에는 도다이사를 비롯한 많은 사찰이 건립되었고, 『고사기』, 『일본서기』 등의 역사책과 『만엽집』 등의 시가집이 편찬되었다.
답 ②

창의·융합·코딩 전략 | 34~35쪽

1 ⑤	2 ②	3 ③	4 ④	5 ①
6 ②	7 ⑤	8 ①		

1 신석기 시대의 도구

학생이 신석기 시대 사용되었던 도구에 대한 이미지 검색을 하고 있는 모습이다. 따라서 (가)에 들어갈 내용은 신석기 시대에 사용했던 도구에 해당한다. 인류는 신석기 시대에 빙하기가 끝나고 기후가 따뜻해지면서 번성한 작고 빠른 동물을 사냥하기 위해 정교하게 돌을 갈아서 만든 간석기를 사용하게 되었다. 또 농사를 짓기 시작하면서 수확한 곡식을 조리하고 저장하기 위해 토기를 사용하기도 하였다. ㄷ은 갈돌과 갈판, ㄹ은 간 돌도끼로, 모두 간석기에 해당한다.
오답 피하기 ㄱ. 주먹도끼로 뗀석기에 해당한다.
ㄴ. 빌렌도르프의 비너스로 구석기 시대 풍요와 번성을 기원하며 만들어진 조각상이다.

2 메소포타미아 문명

쐐기 문자를 사용하고 태음력과 60진법을 사용하는 문명, 다신교를 믿으며 지구라트라는 신전을 지은 문명은 메소포타미아 문명이다. b. 메소포타미아 문명은 서아시아의 티그리스강과 유프라테스강 사이 '비옥한 초승달 지대'에서 발생하였다.
오답 피하기 a. 이집트 문명이다. c. 인도 문명이다. e. 중국 문명이다.

3 페르시아 문화의 국제성

제시된 페르세폴리스 궁전은 안내원의 설명대로 그리스, 아시리아 등 다양한 나라의 영향을 받아 만들어졌음을 확인할 수 있다. 이를 통해 페르시아의 문화가 주변 지역의 문화를 융합한 국제적인 성격임을 도출할 수 있다. 페르시아는 피지배 민족의 문화를 존중하는 관용 정책과 활발한 대외 교류의 영향으로 그리스, 인도, 이집트 등 다양한 문화가 융합되었다.

더 알아보기 국제적인 페르세폴리스의 유적

페르세폴리스는 아케메네스 왕조의 수도로, '세계 문화의 전시장'이라고 불렸다. 다리우스 1세가 자신의 권위를 드러내기 위해 제국 전역의 예술가들을 동원하고 곳곳에서 건축 재료들을 들여와 건설하였다. 특히 궁전 입구의 '만국의 문'에는 인간의 머리를 한 황소상이 있는데 이는 아시리아의 양식이다. 기둥 머리는 그리스와 이집트 양식이 혼재되어 있다.

4 진 왕조

제시된 만화에서는 진시황제가 이사의 건의를 받아들여 실용 서적 이외에 책, 특히 유가 서적을 불태우는 '분서'의 상황이 표현되어 있다. 따라서 진 왕조에 대한 설명을 고르는 문제이다. 진은 전국을 통일하고 각지에서 다양하게 사용되던 문자, 화폐, 도량형을 통일하여 불편함을 개선하였다.

선택지 분석

① 봉건제를 시행하였다. (×) → 주
② 고조선을 멸망시켰다. (×) → 한
③ 제자백가가 등장하기 시작하였다. (×) → 춘추 전국 시대
④ 문자, 화폐, 도량형을 통일하였다. (○)
⑤ 황건적의 난을 계기로 멸망하였다. (×) → 한

5 헬레니즘의 미술

(가)에는 헬레니즘 시대에 제작된 생동감 있는 작품의 사진이 들어가야 한다. ㄱ.「밀로의 비너스」와 ㄴ.「라오콘 군상」은 헬레니즘 시기를 대표하는 조각으로, 인체의 아름다움을 생생하게 표현한 작품들이다.

오답 피하기 ㄷ. 프리마 포르타의 아우구스투스상으로, 로마 제정 시대 초창기 때에 만들어진 것으로 추정한다.
ㄹ. 간다라 불상이다.

6 불교의 성장 배경

불교의 성장 배경을 탐구한 탐구 활동 보고서로, (가)에는 당시 바이샤와 크샤트리아의 지지를 얻을 수 있었던 요인이 들어가야 한다. 기원전 7세기경 농업 생산력이 향상하고 상업과 수공업이 발달하여 바이샤(농민, 상인 계급)가 성장하게 되었으며, 인도 북부 각국 사이에 전쟁이 잦아지며 크샤트리아(왕과 전사 계급)가 성장하게 되었다. 그러나 인도 사회를 지배하던 브라만교는 브라만을 중심으로 엄격한 카스트제를 강조하였기에 크샤트리아와 바이샤의 불만은 커지고 있었다. 이러한 상황 속에서 등장한 불교는 만인이 평등하다고 주장하였기에 당시 카스트제에 불만을 가졌던 크샤트리아와 바이샤의 지지를 받을 수 있었다.

7 남조의 귀족 문화

남조에서는 서예, 회화 등 귀족 문화가 발달하였다. 제시된 고개지의 「여사잠도」에서는 남조 귀족의 화려한 생활상을 확인할 수 있다. 문장의 대구를 중시하는 4·6 변려체가 유행하였으며 세속을 떠나 자유로운 정신 세계를 추구하는 위, 진 이래의 청담 사상이 계속 유행하였다. 불교는 남북조 모두 유행하였는데 특히 북조에서는 왕실이 주도하여 윈강, 룽먼 등지에 대규모 석굴 사원을 만들었다.

8 아바스 왕조

아랍인이 아니어도 주요 관직을 허용한다는 점, 세금 제도에서의 차별을 폐지한다는 점을 통해 (가)에 들어갈 왕조가 아바스 왕조임을 알 수 있다. 아바스 왕조는 탈라스에서 당과 전투를 벌여 승리하였으며, 이 결과 비단길을 통한 동서 교역을 주도하게 되었다. 한편 이 전투에서 포로로 잡힌 중국의 제지 기술자에 의해 제지술이 이슬람 세계로 전파되었다.

쌍둥이 문제 8

다음 설명에 해당하는 이슬람 왕조는?

• 아랍인 우대 정책 폐지
• 바그다드를 수도로 삼음
• 탈라스 전투에서 당에게 승리를 거둠

① 우마이야 왕조   ② 후우마이야 왕조
③ 파티마 왕조   ④ 아바스 왕조
⑤ 셀주크 튀르크

해설 바그다드를 수도로 삼은 이슬람 왕조로, 아랍인을 우대했던 우마이야 왕조의 정책을 폐지하고 비아랍인도 관료로 등용하고 세금 제도에서의 차별을 없앴으며, 탈라스 전투에서 당에게 승리한 왕조는 아바스 왕조이다.
답 ④

2주 크리스트교 문화의 형성과 확산
~ 신항로 개척과 유럽 지역 질서의 변화

1일 개념 돌파 전략 ①
40~43쪽

1강_크리스트교 문화의 형성과 확산~몽골 제국과 문화 교류

Q1 주종 관계 Q2 왕안석

1-1 (가) 주종제, (나) 장원제 1-2 ③

2-1 전시 2-2 ④

2강_동아시아 지역 질서의 변화~신항로 개척과 유럽 지역 질서의 변화

Q1 양명학 Q2 술레이만 1세
Q3 중상주의 정책

3-1 은 3-2 ④

4-1 지즈야 4-2 ③

5-1 왕권신수설, 절대 왕정 5-2 ①

1강_크리스트교 문화의 형성과 확산~몽골 제국과 문화 교류

1-1 중세 서유럽 봉건제의 구조

제시된 자료는 중세 서유럽 봉건제의 구조를 나타낸 구조도이다. (가)는 주종제로, 기사들이 자신보다 세력이 강한 기사를 주군으로 삼아 충성과 봉사를 서약하고, 주군은 그 대가로 봉토를 주고 봉신으로 삼았다. 한편 봉신이 받은 봉토는 장원의 형태로 운영되었으며 봉신은 장원의 영주가 되었다. 장원 농민의 대부분은 농노로, 이들은 영주에게 부역과 세금을 내고 지배와 보호를 받았다. 이를 장원제라 하며, (나)에 해당한다.

더 알아보기 중세 서유럽 봉건 사회의 구조

▲ 서유럽 봉건 사회의 구조

서유럽의 봉건제는 정치적으로 주종 관계, 경제적으로는 장원제에 기초하였다. 주종 관계는 지배층인 기사 간 맺는 관계로, 주군은 봉신에게 봉토를 수여하고 봉신은 주군에게 충성을 서약하고 군사적 봉사를 해야 했다. 주군과 봉신은 쌍무적 계약 관계로 어느 한쪽이 일방적으로 의무를 다하지 않으면 그 계약은 언제든지 파기될 수 있었다. 한편 봉신은 자신의 봉토 안에서 국왕이나 주군의 간섭 없이 영주로서 재판권과 과세권 등을 행사할 수 있었다.

1-2 서유럽 봉건 사회의 주종 관계

프랑크 왕국의 분열과 노르만족의 침입 등으로 유럽 세계가 혼란을 겪는 가운데 무력을 갖춘 기사들이 서로 주종 관계를 맺고 장원의 영주로서 농민을 지배한 사회를 봉건 사회라고 한다. 봉신은 주군에게 충성과 군사적 의무를 다하고, 주군은 봉신에게 봉토를 주었는데 봉신은 자신의 봉토 내에서는 주군의 간섭 없이 통치권을 행사할 수 있었다.

2-1 송의 전시 도입

송은 과거제를 대폭 개혁하였다. 지방에서 1차 시험을 치르고, 중앙에서 2차 시험을 치렀다. 여기서 합격하면 3차 시험(전시)을 치른 후 관리로 뽑았다. 전시에서는 황제가 직접 시험관으로 참여하여 합격자의 순위를 결정하였다. 최종 합격자는 관료가 될 뿐만 아니라 자신을 선발해 준 황제와 스승과 제자의 관계를 맺었기 때문에 황제에 대한 관료의 충성심을 높일 수 있었다.

2-2 전시 도입 결과

과거제 중 황제가 직접 주관하는 전시가 도입된 결과를 묻는 문제이다. 과거 시험의 최종 단계인 전시에서는 황제가 직접 시험관으로 참여하여 합격자의 순위를 결정하였다. 전시의 성적은 관료의 임명과 승진에 큰 영향을 주었기에, 최종 합격자는 자신을 선발해 준 황제에게 충성심을 가질 수 있었다. 이는 황제의 권한 강화와 연결되었다. 한편 과거를 통과한 관료들을 중심으로 유교 지식을 갖춘 사대부가 새로운 지배층으로서 등장하게 되었다.

2강_동아시아 지역 질서의 변화~신항로 개척과 유럽 지역 질서의 변화

3-1 은의 유통

제시된 지도에서 명, 청이 비단, 차, 도자기를 수출하고 그 대가로 (가)를 받는다는 점, 아메리카나 유럽 등지에서 유입되고 있다는 점 등을 통해 (가)가 은임을 알 수 있다. 16~17세기 유럽과 이슬람 세계에서는 중국의 도자기, 차, 비단 등이 인기가 많았다. 중국에서 은의 가치는 유럽보다 2배 정도 높았기 때문에 결제 대금을 은으로 내는 것이 유리하였다. 그 결과 일본과 아메리카에서 생산된 대량의 은이 중국으로 유입되기 시작하였다.

3-2 은 유통의 결과

유럽인이 아시아로 진출하면서 유럽의 상인들은 인기가 많았던 중국의 도자기와 차, 비단 등을 은으로 사게 되었고, 그 결과 전 세계 은의 약 3분의 1 가량이 중국으로 흘러들어왔다. 이에 따라 명·청대에 은이 널리 사용되면서 세금을 은으로 내는 일조편법이나 지정은제가 실시되었다.

더 알아보기 일조편법과 지정은제

일조편법	• 명 말기 장거정이 전국적인 토지 조사를 토대로 확대 실시한 조세 제도 • 여러 종목의 세금을 통합하여 각호의 토지와 성년 남자 수에 따라 은으로 납부하게 함
지정은제	• 청대에 실시된 수취 제도 • 정세(인두세)를 지세(토지세)에 포함시켜 은으로 징수하게 하였음

4-1 오스만 제국의 관용 정책

오스만 제국에서는 정복지의 주민들이 각자의 종교별로 공동체인 밀레트를 구성하고 그 안에서 자치를 누릴 수 있었다. 각 종교 공동체들은 종교적인 자유를 얻는 대신 인두세를 납부해야 했는데 이를 '지즈야'라고 한다.

4-2 오스만 제국

비이슬람교도도 지즈야를 내면 자치적인 공동체를 이루어 언어, 종교, 풍속을 유지하게 해주고 예니체리를 두어 크리스트교 소년에게 정부 고위직에 오를 수 있는 기회를 제공한 왕조는 오스만 제국이다.

더 알아보기 예니체리

예니체리(yeniceri)는 '새로운 군대'라는 뜻이다. 처음에는 오스만 제국에 정복당한 발칸반도의 기독교도 청소년을 징집하는 데브쉬르메 제도를 통해 예니체리를 구성하였다. 이후 예니체리 출신이 정부 고위직에 다수 오르게 되자 1700년 무렵부터는 튀르크족 출신 이슬람교도의 비중이 늘어나게 되었다. 예니체리는 황제의 친위대 겸 국가 상비군이었기 때문에 규율이 아주 엄격하였으며, 소수 정예만 엄선하여 모집하였다. 그러나 무라드 3세 이후 예니체리에 대한 인기가 더 커지면서 그 숫자가 10만 명을 넘었고, 군기가 문란해서 횡포가 심해졌다. 결국 1826년 예니체리는 폐지되었다.

5-1 절대 왕정

16~18세기 유럽에서는 국왕을 중심으로 중앙 집권적 통치가 강화된 절대 왕정이 나타났다. 절대 왕정의 군주는 국왕의 권력은 신으로부터 주어졌다는 왕권신수설을 제시하여 권력을 정당화하였다.

5-2 표트르 대제

러시아의 절대 군주이자, 서유럽의 문물을 적극 수용하고 수도 상트페테르부르크를 건설한 사람은 표트르 대제이다. 표트르 대제는 본인이 직접 서유럽을 순방하며 서유럽의 기술과 제도, 문화에 큰 관심을 가졌다. 그는 스웨덴과의 북방 전쟁을 벌여 영토를 확장하였다. 이를 통해 발트해 연안 지역을 병합함으로써 발트해와 부동항을 확보할 수 있었다. 또 서구화된 계획 도시인 상트페테르부르크를 건설하여 수도로 삼았다.

1일 개념 돌파 전략 ❷ 44~45쪽

1 ②	2 ①	3 ⑤	4 ⑤	5 ④	6 ①

1 중세 서유럽의 농노

중세 서유럽 농노의 처우와 맞지 않는 내용을 고르는 문제이다. 중세 서유럽의 농노는 고대의 노예와 달리 집이나 토지 등 약간의 재산을 소유할 수 있었다. 그러나 영주에게 예속된 존재라 다른 지역으로 이사를 갈 수 없었다. 일주일의 2~4일을 영주의 직영지에서 일해야 했으며, 장원 내 여러 시설물의 사용료를 비롯한 각종 세금을 부담해야 했다.

더 알아보기 고대의 노예와 중세의 농노

구분	고대 노예	중세 농노
인신 지배 여부	주인에게 완전히 예속된 주인의 소유물	영주에게 예속되어 거주 이전의 자유가 없고 경제 외적 강제를 강요받음
재산 소유 여부	가족과 재산을 가질 수 없음	가족과 약간의 재산을 가질 수 있음

2 왕안석의 개혁

제시된 글은 거란과 서하 등 북방 민족의 군사적 위협을 받아 비단과 은 등 물자를 제공하게 되면서 송의 재정 상태에 무리가 갔던 상황이 적혀 있다. 이를 해결하기 위해 개혁을 추진했던 사람은 왕안석이다. 왕안석은 균수법, 청묘법 등 민생 안정과 부국강병을 위한 개혁을 추진하여 위기를 극복하려 하였으나 보수파 관료들의 반발로 실패하였다.

03 신사

명·청 시대의 지배층으로 유교적 소양을 지녔고 향촌에서 지방관에게 협조하였던 계층은 신사다. 신사는 학생, 과거 합격자, 관직 경험자 등 유교적인 소양을 갖춘 인물이었다. 이들은 향촌 지주로서 지방관에게 적극적으로 협조하여 향촌의 질서를 유지하는 역할을 하였다. 또한 향촌의 여론을 조정하는 역할도 하였다. 이들은 부역을 면제받거나 가벼운 형벌을 면책받는 등의 특권을 누렸다.

04 명·청대 은의 유입

제시된 자료는 명·청대에 세계의 은이 중국에 유입되는 과정을 설명한 글이다. 유럽 상인들이 중국의 물품을 수입하고 그 대가를 은으로 지불하면서, 명·청대에는 은을 널리 사용하게 되었다. 이를 통해 일조편법, 지정은제와 같이 은으로 세금을 내는 제도가 등장하게 되었음을 탐구할 수 있다.

05 오스만 제국

이스탄불이 수도인 점, 아시아, 유럽, 아프리카 세 대륙에 영토가 걸쳐 있다는 점 등을 통해 제시된 지도에 표시된 국가가 오스만 제국임을 알 수 있다. 오스만 제국은 술레이만 1세 때 전성기를 맞이하였으며, 광대한 영토를 효율적으로 다스리기 위해 다양한 이민족들에게 관용적인 정책을 실시하였다.

선택지 분석

ㄱ. 몽골 제국의 부흥을 내세우며 건국되었다. (×) → 티무르 왕조

ㄴ. 술레이만 1세 때 전성기를 맞이하였다. (○)

ㄷ. 이민족에게 관용 정책을 실시하였다. (○)

ㄹ. 힌두·이슬람 문화가 유행하였다. (×) → 무굴 제국

06 펠리페 2세

에스파냐의 절대 군주라는 점, 무적함대를 창설했다는 점, 레판토 해전 등을 통해 펠리페 2세임을 추측할 수 있다. 펠리페 2세는 관료제를 확립하며 가장 먼저 유럽에서 절대 왕정을 확립하였다. 그는 아메리카 대륙에서 들여온 금과 은을 기반으로 무적함대를 육성하여 해상 무역을 장악하였다. 이 무적함대와 로마 교황청, 베네치아, 제노바 등이 연합하여 신성 동맹을 결성하였고, 오스만 제국과의 레판토 해전에서 승리를 거두었다.

2일 필수 **체크 전략 ①**　46~49쪽

1-1 ⑤	1-2 ⑤	2-1 ⑤	2-2 ②
3-1 ③	3-2 ②	4-1 ④	4-2 ⑤

1-1 유스티니아누스 황제

비잔티움 제국의 전성기를 이루고, 로마 시대의 법을 체계적으로 정리한 『유스티니아누스 법전』을 만든 사람은 유스티니아누스 황제이다. 이 외에도 그는 성 소피아 대성당을 세웠으며 신분보다는 능력을 중시해 인재를 선발하고, 교회에도 영향력을 미치는 강력한 황제권을 확립하였다.

1-2 비잔티움 제국의 특징

비잔티움 제국은 유럽과 아시아를 연결하는 동서 무역의 중심지인 콘스탄티노폴리스(비잔티움)를 수도로 번영하였다. 비잔티움 제국의 황제는 정치, 군사적으로도 막강한 권한을 가졌으며 동시에 교회에도 막강한 영향력을 행사하였다. 비잔티움 제국의 황제인 레오 3세는 성상 숭배 금지령을 내렸으며, 이는 서방 교회와의 갈등을 야기하였다.

`오답 피하기` ㄴ. 지방 분권적 봉건제는 서유럽 세계에서 발달하였으며, 비잔티움 제국의 황제는 교회에도 영향을 미칠 정도로 그 권력이 강력하였다.

2-1 십자군 전쟁

11세기 말 셀주크 튀르크가 예루살렘을 점령하자 성지 회복을 외치는 교황의 호소에 유럽의 제후, 기사와 상인, 농민 등이 호응하면서 십자군 전쟁이 시작되었다. 그러나 십자군 원정은 시간이 갈수록 성지 회복보다 세속적, 상업적 이익이 중시되어 결국 실패하였으며, 이를 주도했던 교황의 권위가 크게 추락하였다. 이에 상대적으로 국왕의 권한이 강해졌다. 십자군 전쟁 과정에서 동방 교역이 활발해져 유럽에서는 상공업이 발달하고 도시가 번성하였다.

2-2 중세 말 서유럽 사회의 변화

중세 말 상업과 도시의 발달로 화폐가 널리 사용되자 영주는 농노에게 부역과 현물 대신 화폐를 요구하였다. 농노는 영주에게 돈을 지급하고 해방되기도 하였다. 또 14세기 중엽에 흑사병이 유행하여 인구가 크게 줄어 노동력이 부족해지자 영주들은 농민의 처우를 개선하기도 했으며 장원은 점차 해체되었다. 일부 영주들은 농민에 대한 속박을 강화하였으나 농민들이 반란을 일으켜 자신들의 처지를 개선하고자 하였다.

영주의 속박에 대한 반란의 대표적 사례가 '자크리의 난'이다. 자크리는 당시 농민의 대표적 이름이었던 '자크'를 집합 명사화시킨 호칭이다. 프랑스의 보배지(Beauvaisis)에서 시작된 자크리의 난은 순식간에 북프랑스 대부분 지역으로 퍼졌다. 그 당시 유럽은 흑사병의 유행과 기근, 전란 등으로 매우 힘든 시기였다. 자크리의 난은 노르망디·샹파뉴 지방의 농민이 힘든 노동력과 불공평한 세금 징수 등으로 인한 고통 때문에 일으킨 것이었다.

3-1 알프스 이북 르네상스의 특징

이탈리아에서 시작된 르네상스는 16세기 이후 알프스 이북으로 확산되었다. 알프스 이북의 르네상스는 부패한 교회와 불합리한 현실을 비판하는 경향이 강했다. 네덜란드의 에라스뮈스는 『우신예찬』에서 부패한 교회를 비판하였고, 영국의 토마스 모어는 『유토피아』를 통해 당시 사회를 비판하고 이상적인 사회를 제시하였다.

3-2 칼뱅의 종교 개혁

인간의 구원이 예정되어 있다는 주장을 통해 (가) 인물이 칼뱅임을 알 수 있다. 칼뱅은 신의 구원을 믿고 자신의 직업에 근면 성실하게 임해야 한다고 주장하였다. 인간의 현실적인 삶을 강조하고 이윤을 추구하는 것을 정당화한 그의 주장은 도시 상공업자들의 지지를 받았다. 칼뱅의 주장으로 사람들은 상공업을 천시하였던 관습에서 벗어날 수 있었으며, 이를 통해 상공업 발달의 정신적 토대가 마련되었다.

선택지 분석

① 95개조 반박문을 발표하였다. (×) → 루터

② 경제적 이윤 추구를 정당화하였다. (○)

③ 지구가 태양의 둘레를 돈다고 주장하였다. (×) → 코페르니쿠스

④ 아우크스부르크 화의를 통해 종교적 자유를 얻었다. (×) → 루터파

⑤ 자신의 이혼을 교황이 허락하지 않자 종교 개혁을 추진하였다. (×) → 헨리 8세

쌍둥이 문제 **3**

(가) 인물에 대한 설명으로 옳은 것은?

"교황 레오 10세의 면벌부 판매는 부당합니다. 진실로 회개한 크리스트교도는 면벌부 없이도 벌이나 죄에서 해방될 수 있습니다."

(가)

① '95개조 반박문'을 발표하였다.

② 경제적 이윤 추구를 정당화하였다.

③ 지구가 태양의 둘레를 돈다고 주장하였다.

④ 베스트팔렌 조약이 체결되면서 종교적 자유를 얻었다.

⑤ 자신의 이혼을 교황이 허락하지 않자 종교 개혁을 추진하였다.

해설 성 베드로 성당을 증축하기 위한 비용을 마련하기 위해 면벌부를 판매한 교황 레오 10세를 비판한 사람은 루터이다. 루터는 「95개조 반박문」을 발표해 면벌부 판매를 비판하고 교황의 절대적 권위를 부정하였으며 신앙의 근거가 '성서'임을 명백히 하였다.

답 ①

4-1 북방 민족의 중국 지배

북위는 효문제 때 적극적인 한화 정책을 통해 한족의 문화와 제도를 적극 수용하여 한족과 선비족의 융합을 추구하였다. 요와 금은 거란 문자, 여진 문자 같은 고유 문자를 사용하여 자신들의 전통을 지키고자 하였으며, 자신의 부족은 고유의 부족제로, 한족은 군현제로 다스리는 이중 통치 체제를 채택하였다. 원은 몽골인 제일주의를 내세워 각 민족을 차별 대우하는 정책을 펼쳤다. 따라서 몽골인이 고위 관직을 독점하였으며 한족은 철저히 차별하였다. 청은 소수의 만주족으로 다수의 한족을 지배하기 위해 강경책과 회유책을 함께 사용하였다.

4-2 청의 중국 지배

한족의 나라인 명이 쇠약해진 틈을 타, 만주족이 후금을 세운 후 나라 이름을 청으로 바꿨다. 이후 명이 멸망하자 청은 베이징을 수도로 삼아 중국 전역을 장악하였다. 한족의 반발이 거센 상태에서 소수의 만주족으로 절대 다수의 한족을 다스려야 했기에, 강경책과 회유책을 적절히 사용하였다.

2일 **필수 체크 전략 ②** 50~51쪽

| 1 ② | 2 ④ | 3 ③ | 4 ⑤ | 5 ④ | 6 ⑤ |

1 유스티니아누스 황제

제시된 지도는 6세기경 유스티니아누스 황제 때 비잔티움 제국의 영역을 표시한 것이다. 따라서 (가)는 유스티니아누스 황제이다. 유스티니아누스 황제는 여러 형태로 번잡하게 전해지던 로마 시대의 법을 체계적으로 정리하여 『유스티니아누스 법전』으로 완성하였으며, 성 소피아 대성당을 세웠다. 오답 피하기 ㄴ. 비잔티움 제국의 황제 레오 3세에 대한 설명이다. ㄹ. 프랑크 왕국의 카롤루스 대제에 대한 설명이다.

2 중세 서유럽 문화의 특징

중세 서유럽 문화는 크리스트교를 중심으로 발전하였다. 이 시기에는 라틴어를 공용어로 사용하였으며, 모든 학문의 으뜸은 신학이었다. 특히 신앙과 이성의 조화를 강조하는 스콜라 철학이 주류를 이루었는데, 토마스 아퀴나스는 이를 집대성하여 『신학대전』을 편찬하였다. 건축도 교회나 수도원을 중심으로 발달하였는데, 돔형 천장과 반원 아치를 특징으로 하는 로마네스크 양식과 첨탑, 스테인드글라스를 특징으로 하는 고딕 양식이 발달하였다. 비잔티움 양식은 비잔티움 제국의 건축 양식에 속하므로 중세 서유럽 문화와는 거리가 멀다.

3 중앙 집권 국가의 등장 배경

십자군 전쟁의 실패로 교황의 권위가 떨어지고 봉건 영주들의 세력이 약화되는 가운데, 왕은 관료제와 상비군을 바탕으로 시민 계층으로부터 경제적인 지원을 받아 세력을 키웠다. 백년 전쟁과 장미 전쟁으로 봉건 영주가 몰락하자 왕권이 더욱 강화되어 중앙 집권 국가가 등장하였다.

더 알아보기 백년 전쟁과 장미 전쟁

구분	백년 전쟁	장미 전쟁
발단	프랑스 내 영국령 문제, 프랑스 왕가의 왕위 계승권 문제, 플랑드르 지방의 모직물 공업에 관한 지배권 문제 → 영국과 프랑스의 충돌	왕위 계승권을 둘러싸고 영국의 랭커스터 가문과 요크 가문 사이에 일어난 내란
경과	• 전쟁 초반: 영국이 우세 • 전쟁 후반: 잔 다르크의 활약으로 프랑스 승리	랭커스터 가문의 헨리 튜더가 요크 가문의 에드워드 4세의 딸 엘리자베스와 결혼하며 끝남, 헨리 7세의 튜더 왕조 성립
영향	프랑스, 영국에서 통일된 국가를 토대로 한 중앙 집권 국가 성장	

4 루터

제시된 자료는 루터의 95개조 반박문 중 일부이다. 교황 레오 10세는 성 베드로 성당 증축에 필요한 비용을 마련하기 위해 면벌부를 판매하였다. 루터는 이를 비판하며 95개조 반박문을 발표하였다. 루터는 인간의 구원은 면벌부가 아닌 믿음과 신의 은총으로만 가능하다고 주장하였다.

선택지 분석

① 구원은 신에 의해 예정되어 있다고 주장하였다. (×) → 칼뱅

② 베스트팔렌 조약을 체결해 종교의 자유를 획득하였다. (×) → 칼뱅파

③ 인간의 사랑과 자연의 아름다움을 서정시로 표현하였다. (×) → 페트라르카 등 르네상스 시대와 관련 있음

④ 교황이 자신의 이혼을 허락하지 않자 가톨릭으로부터 독립하였다. (×) → 헨리 8세

⑤ 인간의 구원은 오직 신앙과 은총으로만 가능하다고 주장하였다. (○)

5 송~명대의 정치적 변천

ㄷ. 왕안석의 개혁은 북송대인 1069년부터 시작되었다. 민생 안정과 부국강병을 위해 추진되었으나 보수파 관료들의 반발로 실패하였다.

ㄴ. 송은 화북 지방을 금에게 빼앗기고 창장강 이남으로 쫓겨나 임안(항저우)으로 천도하였다(1127).

ㄱ. 쿠빌라이 칸은 수도를 대도(베이징)로 옮기고 국호를 원으로 고쳤다(1271).

ㄹ. 정화는 영락제의 명령을 받아 동남아시아, 인도, 아프리카 동해안 등지까지 대규모 항해를 이끌었다(1405) 순이다.

6 원대의 민족 분류 및 통치 방식

제시된 그림을 통해 원의 민족 분포 및 신분 구조를 알 수 있다.

최상위층을 구성하는 (가)는 몽골인으로 정치와 군사를 담당하였으며, (나)는 색목인(튀르크인, 이란인, 유럽인 등)으로 재정과 경제 분야의 실무를 담당하였다.

(다)는 한인(금 지배하 한족, 거란인, 여진인 등), (라)는 남인(옛 남송에 속해 있던 한족)으로 최하위층에 속하여 천시 받았다. 특히 마지막까지 원에게 저항했던 남인은 가장 심한 차별을 받았다.

3일 필수 체크 전략 ❶

1-1 ⑤	1-2 ②	2-1 ⑤	2-2 ④
3-1 ⑤	3-2 ⑤	4-1 ②	4-2 ①

1-1 명의 특징

(가)에 들어갈 국가는 명이다. 명의 영락제는 환관 정화에게 여러 차례에 걸친 대항해를 명령하였다. 정화는 1405년부터 1433년까지 7차례 인도양을 넘어 아프리카까지 항해하였고, 그 결과 조공-책봉 관계로 이루어지는 명 중심의 국제 질서를 확대하는 데 크게 기여하였다.

선택지 분석

① 홍건적의 난이 일어나 멸망하였다. (×) → 원

② 몽골 제일주의를 내세워 통치하였다. (×) → 원

③ 과거제에 전시를 처음으로 도입하였다. (×) → 송

④ 러시아와 네르친스크 조약을 체결하였다. (×) → 청

⑤ 정화의 항해로 30여 개의 국가와 조공 – 책봉 관계를 맺었다. (○)

1-2 화이론의 변화

명이 멸망하고 청이 중국을 새롭게 지배하면서, 조선과 청, 일본에서는 지난 200여년간 명 중심의 조공 질서를 지탱하던 화이론에 대한 문제의식이 나타나기 시작하였다. 송시열은 조선이 중화의 유일한 계승자라고 주장하였고, 청의 옹정제는 북방 민족이어도 천명을 받으면 중원을 지배할 수 있다고 주장하며 만주족의 중국 지배를 합리화하였다. 일본에서도 자국 중심적인 국제 관계를 주장하였다. 공통적으로 조선, 청, 일본 모두 각자 스스로를 중화라고 여기기 시작하였다.

2-1 임진왜란의 결과

도요토미 히데요시가 조선을 침략하여 일으킨 전쟁, 명이 지원군을 보내며 동아시아 국제 전쟁으로 확대된 전쟁은 임진왜란이다. 임진왜란의 결과 중국에서는 명이 전쟁으로 재정이 악화되어 국력이 쇠약해졌고, 이 틈을 타 여진이 급격히 성장해 후금을 건국하게 되었다. 일본에서는 도요토미 히데요시 정권이 무너지고 에도 막부가 들어섰다.

오답 피하기 ㄱ. 임진왜란과 조선의 멸망은 관련이 없다.

2-2 에도 막부의 특징

밑줄 친 이 시대는 에도 막부 시대이다. 에도 시대에는 상공업과 도시가 발달하면서 조닌이 도시의 중산층으로 성장하였고, 이들을 중심으로 하는 조닌 문화가 발달하였다. 한편 일본 고유의 문화에 대한 관심이 높아져 국학이 발달하였다.

3-1 아우랑제브 황제

남인도를 정복하여 무굴 제국 최대의 영토를 확보한 황제는 아우랑제브 황제이다. 그는 이슬람 제일주의를 내세워 인두세를 다시 부과하고 다른 종교의 사원을 파괴하는 등 힌두교도와 시크교도를 탄압하였다. 그 결과 각지에서 반란이 일어나 무굴 제국은 점차 쇠퇴하였다.

더 알아보기 **아크바르 황제와 아우랑제브 황제**

	아크바르 황제	아우랑제브 황제
정책	• 비이슬람교도에게 신앙의 자유를 허용함 • 비이슬람교도에 대한 인두세를 폐지함	• 비이슬람교도에게 인두세를 다시 부과함 • 비이슬람교 사원을 파괴함
결과	힌두 문화와 이슬람 문화의 융합	비이슬람교도의 반란과 무굴 제국의 쇠퇴

3-2 힌두·이슬람 문화

무굴 제국 시기에는 인도에 이슬람 세력이 진출하면서 힌두 문화와 이슬람 문화가 융합된 독특한 힌두·이슬람 문화가 성립하였다. 이는 종교와 언어, 건축 등 다양한 요소에서 나타났다. 시크교, 우르두어, 타지마할과 같이 힌두 양식과 이슬람 양식이 혼합된 건축물 등이 대표적 사례이다. ⑤ 술탄 아흐메트 사원은 오스만 제국이 건립한 사원으로, 비잔티움 양식을 도입한 이슬람 사원이다. 사원 내부가 푸른색 타일로 장식되어 '블루 모스크'라고도 불린다.

4-1 신항로 개척의 전개

(가)는 아메리카 남단을 돌아 태평양과 인도양을 거쳐 세계 일주를 하는 항로이다. 이를 통해 해당 항로가 마젤란 함대의 항로임을 알 수 있다.

쌍둥이 문제 **4**

(가) 국가에 대한 설명으로 옳은 것은?

> 마젤란 함대는 (가) 의 지원을 받아 최초의 세계 일주에 성공하였습니다.

① 가장 먼저 절대 왕정을 확립하였다.

② 스웨덴과의 북방 전쟁에서 승리하였다.

③ 르네상스가 가장 먼저 시작된 곳이었다.

④ 무적함대를 격파하고 해상권을 장악하였다.

⑤ 베르사유 궁전을 지어 강한 왕권을 과시하였다.

> 해설 마젤란 함대를 지원했던 국가인 (가)는 에스파냐이다. 에스파냐는 신항로 개척을 주도하며 얻은 부를 바탕으로 가장 먼저 절대 왕정을 확립하였다. ②는 러시아, ③은 이탈리아, ④는 영국, ⑤는 프랑스에 대한 설명이다.
>
> 답 ①

4-2 신항로 개척의 결과

신항로 개척 이전에는 무역 중심지가 지중해였으나, 대서양 항로가 속속 개척되면서 유럽 무역 중심지가 지중해에서 대서양으로 옮겨가게 되었다. 유럽 상인이 그동안 이슬람 상인을 통해 간접적으로 참여하던 동방 무역에 직접 참여하게 되면서 아시아의 차, 면직물, 향신료 등이 이전보다 싼 값에 유럽으로 들어왔다. 아메리카 대륙의 작물도 유럽으로 유입되었으며, 이로 인해 유럽인의 생활이 크게 변화되었다. 유럽인이 아프리카의 흑인 노예를 아메리카 대농장에 보내어, 노예 노동으로 생산한 아메리카의 은, 담배, 설탕 등을 유럽으로 가져오는 삼각 무역을 진행하였다. 한편 아메리카 대륙으로부터 막대한 양의 금과 은이 유입되면서 물가가 크게 올랐는데 이를 가격 혁명이라 한다.

3일 필수 체크 전략 ❷

56~57쪽

| 1 ⑤ | 2 ⑤ | 3 ④ | 4 ④ | 5 ③ | 6 ③ |

1 홍무제의 업적

과거제를 부활시키고 재상제를 폐지하였으며, 이갑제를 실시하고 『어린도책』을 작성한 황제는 명을 세운 홍무제이다. 홍무제는 중앙과 지방의 권력을 황제에게 집중하는 정책을 시행하였다. 재상제를 폐지하고 행정과 군사 등 모든 권력을 황제에게 집중하였으며 효율적으로 향촌을 통치하기 위해 이갑제를 실시하였다. 또 한족의 전통을 회복하기 위해 과거제를 정비하였다.

2 명·청 시대의 사회와 문화

명·청 시대에 사회를 주도한 지배층은 신사이다. 신사는 학생, 전현직 관료 등 유교적 소양을 지닌 계층으로 지방관에게 적극적으로 협조하여 향촌의 질서를 유지하는 역할을 담당하였다. 명대에는 이론과 형식에 치우친 성리학에 반발하여 올바른 지식과 행위의 일치를 강조한 양명학이 등장하였다. 청대에는 문헌을 실증적으로 연구하는 고증학이 등장하였다. 한편 명·청대에는 상공업의 발달로 서민의 지위가 향상됨에 따라 서민 문화가 더욱 발달하였다. 이에 서민을 위한 소설이나 연극, 경극 등이 발달하였다.

3 에도 막부의 특징

인공섬 데지마를 만들어 예외적으로 네덜란드 상인에게만 교역을 허락한 막부는 일본의 에도 막부이다. 네덜란드인을 통해 일본에 들어온 서양의 포술, 의학, 천문학과 같은 학문을 난학이라고 하였는데 이를 통해 일본인은 서양에 대한 정보와 이해를 넓힐 수 있었고 이는 이후 일본의 근대화에 영향을 주었다. 한편 에도 시대에는 농업 생산력이 향상되었고, 면화, 담배, 차 등 상품 작물의 재배가 활발해졌다. 에도 막부는 다이묘에게 영지를 주어 지방 통치를 인정하고 쇼군은 직할지만 다스렸다. 그러나 산킨코타이 제도를 통해 지방의 다이묘를 정기적으로 에도에 머무르게 하여 다이묘들을 통제하였다.

> 오답 피하기 ㄱ은 무로마치 막부, ㄷ은 가마쿠라 막부에 대한 설명이다.

더 알아보기 역대 막부 정권

가마쿠라 막부	• 성립: 미나모토노 요리토모가 가마쿠라에 막부 개창(1185), 최초의 무사 정권 • 쇼군: 막부 최고 권력자, 무사들과 주종 관계 형성(봉건제) • 천황: 상징적인 존재로 전락함 • 13세기 후반 원의 침공을 막아 내었으나 쇠퇴하게 됨
무로마치 막부 ~ 도요토미 정권	• 성립: 아시카가 다카우지가 교토에 개창(1336) • 15세기 초부터 명과 감합 무역 전개 • 쇠퇴: 쇼군의 후계자 분쟁으로 세력 약화 → 전국 시대 시작 → 도요토미 히데요시가 통일, 임진왜란
에도 막부	• 성립: 도요토미 히데요시 사망 이후 도쿠가와 이에야스가 에도에 막부 개창(1603) • 통치 체제: 산킨코타이 제도 실시(다이묘 통제), 엄격한 신분제 실시(병농 분리) • 대외 정책: 쇄국 정책 실시(네덜란드 상인만 교역 허용), 중국, 조선과는 교역함 • 문화: 조닌 문화 발달, 난학 발달

4 오스만 제국

비잔티움 제국을 멸망시키고 콘스탄티노폴리스를 수도로 삼은 나라는 오스만 제국이다. 오스만 제국은 술탄의 친위 부대인 예니체리를 양성하는 등 군사력을 강화하여 영토 확장에 주력하였다. 예니체리는 '새로운 군대'라는 뜻으로, 정복 지역의 크리스트교도 소년들을 징집하여 이슬람교로 개종시킨 후 엄격한 훈련을 통해 술탄의 호위 부대로 삼았다. 이들 중 능력이 있는 사람은 이민족이어도 정부의 고위 관직에 발탁될 수 있었다.

선택지 분석

① 이슬람 제일주의를 내세웠다. (×) → 무굴 제국의 아우랑제브 황제

② 힌두·이슬람 문화가 발달하였다. (×) → 무굴 제국

③ 티무르의 후손 바부르가 건국하였다. (×) → 무굴 제국

④ 술탄의 친위 부대인 예니체리를 양성하였다. (○)

⑤ 수도인 사마르칸트는 국제적 상업 도시로 번성하였다. (×)
　　→ 티무르 왕조

5 아크바르 황제와 아우랑제브 황제

(가)는 북인도 전체와 아프가니스탄에 이르는 영토를 확보한 아크바르 황제, (나)는 남인도까지 장악한 아우랑제브 황제이다. 아크바르 황제는 넓은 영토를 다스리기 위해 관용 정책을 펼쳤다. 비이슬람교도에 대한 인두세를 폐지하고 종교의 자유를 인정해 주었다. 반면 아우랑제브 황제는 인두세를 부활하고 힌두 사원 등을 파괴하는 등 지나친 이슬람화 정책을 펼쳐 힌두교도를 비롯한 이교도의 반발을 샀다.

선택지 분석

① (가) – 타지마할을 건축하였다. (×) → 샤자한

② (가) – 무굴 제국을 건국하였다. (×) → 바부르

③ (가) – 비이슬람교도에게 관용 정책을 실시하였다. (○)

④ (나) – 힌두교 왕비와 결혼하였다. (×) → 아크바르

⑤ (나) – 힌두교 사원을 짓는 등 힌두교를 지원하였다. (×)
　　→ 아우랑제브 황제는 힌두교 사원을 파괴하였다.

6 신항로 개척의 배경

마르코 폴로의 『동방견문록』이 유럽에서 인기를 끌면서, 유럽인의 동방에 대한 호기심이 커졌다. 캐러벨선처럼 바람의 저항을 덜 받으며 항해할 수 있는 배가 만들어지는 등 조선술이 발달하였으며 바람의 방향 등이 표시된 바다의 지도인 해도가 발명되었다.

나침반과 해도를 이용한 항해술의 발달은 원거리 항해를 가능하게 하였다. 기존의 동방과의 교역로는 지중해 항로로 이루어지고 있었으므로, 지중해 무역에서 소외된 나라를 중심으로 새로운 항로를 개척하려는 움직임이 일어났다.

4일 교과서 대표 전략 ❶				58~61쪽
1 ②	2 ④	3 ③	4 ②	5 ⑤
6 ②	7 ④	8 ②	9 ②	10 ③
11 ③	12 ③	13 ①	14 ②	

1 프랑크 왕국의 카롤루스 대제

서로마 제국 영토의 많은 부분을 차지하였으며, 크리스트교를 전파하여 800년 서로마 황제로 교황에게 임명받았다는 점을 통해 밑줄 친 '나'는 카롤루스 대제임을 알 수 있다. 프랑크 왕국은 카롤루스 대제 때 전성기를 맞이하였다. 그는 정복 활동을 통해 옛 서로마 제국 영토의 많은 부분을 회복하였으며 정복지에 교회를 세워 크리스트교를 전파하였다. 이 공로를 인정하여 로마 교황은 카롤루스 대제에게 서로마 황제의 관을 씌워 주었다. 카롤루스 대제 이후 로마 문화와 크리스트교, 게르만 문화가 융합되어 중세 서유럽 문화의 기틀이 마련되었다.

2 비잔티움 제국의 특징

그리스 정교를 바탕으로 그리스·로마 문화와 헬레니즘 문화가 융합된 독특한 문화를 만든 나라는 비잔티움 제국이다. 거대한 돔과 화려한 모자이크를 특징으로 하는 비잔티움 양식의 대표적인 건축물은 성 소피아 대성당이다. 비잔티움 제국은 서유럽의 국가들과는 달리 강력한 황제권을 바탕으로 황제 중심 중앙 집권 체제를 유지하였다. 특히 황제는 교회에도 막강한 영향력을 행사하여 교회의 우두머리 역할을 담당하였다.

선택지 분석

① 프랑크족이 건국하였다. (×) → 프랑크 왕국

② 신항로 개척을 주도하였다. (×) → 포르투갈, 에스파냐

③ 게르만족 출신 용병에 의해 멸망하였다. (×) → 서로마 제국

④ 황제가 교회의 우두머리 역할을 담당하였다. (○)

⑤ 왕위 계승 문제를 둘러싸고 영국과 백년 전쟁을 전개하였다. (×)
　　→ 프랑스

3 르네상스의 발생 배경

봉건 사회의 질서가 흔들리고 교회의 권위가 쇠퇴하면서 14세기부터 서유럽에서는 르네상스라는 새로운 문예 부흥 운동이 일어났다. 르네상스가 가장 먼저 발생한 곳은 이탈리아였다. 이탈리아는 지중해 무역으로 경제적 번영을 누리고 있었으며 고대 그리스·로마의 유산이 많이 남아 있고 십자군 전쟁과 교역을 통해 그리스·로마 고전을 접할 기회가 많았기 때문이었다. 아울러 비잔티움 제국의 많은 학자들이 이주하여 고전 문화의 연구가 활발하기도 하였다.

4 송·원대의 서민 문화

송과 원대에는 서민의 사회, 경제적 지위가 향상되면서 도시를 중심으로 하는 서민 문화가 발달하였다. 도시 곳곳에 공연장이 세워져 만담, 곡예, 인형극, 동물 서커스 등 서민들이 즐길만한 오락거리가 유행하였다. 또 『삼국지』, 『수호지』 등 구어체 소설이 유행하였다.

선택지 분석

① 고증학이 유행하였다. (×) → 청

② 서민 문화가 발달하였다. (○)

③ 봉건제를 전국적으로 시행하였다. (×)
　　→ 주에서 봉건제를 시행함

④ 몽골 제일주의를 내세워 통치하였다. (×) → 원

⑤ 사대부가 사회의 지배층으로 등장하였다. (×) → 송

5 북방 민족의 성장

거란족은 10세기 초 요를 세우고 만리장성 남쪽의 농경 지대인 연운 16주를 차지하여 송과 대립하였다. 11세기에는 티베트 계통의 탕구트족이 서하를 건국하였다. 서하는 비단길을 통한 동서 무역의 이익을 장악해 경제적 번영을 누렸다. 이후 12세기 초 여진족은 금을 세워, 송과 연합해 요를 멸망시킨 후 이어 송을 공격하였다. 송은 화북 지방을 금에 빼앗기고 강남으로 쫓겨나 임안(항저우)으로 도읍을 옮겼다.

6 영락제

자금성을 건설하고 베이징으로 수도를 옮겼다는 점, 정화의 항해를 명령하였다는 점 등을 통해 학생이 떠올리는 인물이 영락제임을 알 수 있다. 영락제는 적극적인 대외 정책을 추진

하여 몽골을 여러 차례 공격하였으며 베트남을 일시적으로 정복하였다. 그는 정화에게 대규모 항해를 명하였는데, 이를 통해 동남아시아와 인도, 아프리카 동해안까지 진출하여 명 중심의 국제 질서를 확대할 수 있었다.

7 강희제

삼번의 난을 진압하고 타이완의 반청 세력을 진압하는 등 국내의 반청 세력을 진압해 청의 통치를 안정시킨 사람은 청의 4대 황제 강희제이다. 강희제는 시베리아에 진출한 러시아와 네르친스크 조약을 맺어 국경을 확정하였다. 이는 중국 역사상 최초의 근대적 조약이었다.

쌍둥이 문제 7

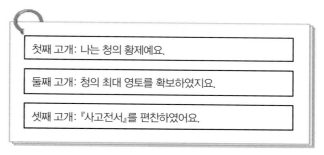

다음 스무고개의 정답은?

> 첫째 고개: 나는 청의 황제예요.
>
> 둘째 고개: 청의 최대 영토를 확보하였지요.
>
> 셋째 고개: 『사고전서』를 편찬하였어요.

① 건륭제　　② 옹정제　　③ 강희제

④ 영락제　　⑤ 홍무제

[해설] 건륭제는 청의 제6대 황제로, 몽골의 남은 세력을 정복하고 최대 영토를 확보하였다. 이는 오늘날 중국 영토와 거의 일치한다. 또한 건륭제는 『사고전서』를 편찬하여 중국의 전통문화를 집대성하는 등 문화 사업도 활발히 펼쳤다.

답 ①

8 명·청대의 사회 문화

명·청대에는 신사가 사회를 주도하였다. 사대부가 지배층으로 성장한 시대는 송대이다. 유교적 소양을 갖춘 지식인인 신사는 지방관에게 협조해 향촌 사회의 안정과 질서 유지를 돕는 역할을 하였다. 한편 명 중기 해금 정책이 완화되자 서양 상인들과 함께 선교사가 중국에 들어오기 시작하였다. 명대의 마테오 리치는 「곤여만국전도」를 만들어 동아시아인의 세계관에 영향을 주었고, 청대의 아담 샬은 역법을 제정하고 천문 기구를 맡았다.

9 에도 막부

도쿠가와 이에야스가 세운 막부는 에도 막부이다. 에도 막부는 다이묘를 에도에 정기적으로 머무르게 하며 통제하는 산킨코타이 제도를 실시하여 중앙 집권적 봉건 체제를 강화하였다. 또 임진왜란 이후 끊겼던 조선과의 국교를 회복하고 통신사 파견을 요청하여 선진 문물을 수용하였다.

오답 피하기 ㄴ. 가마쿠라 막부, ㄹ. 무로마치 막부 말기부터 시작된 전국 시대에 대한 설명이다.

10 조닌 문화의 특징

발표 주제에 핵심적인 자료로 가부키 공연 장면을 그린 그림, 우키요에를 보낸 것을 통해 학생들이 준비하는 발표의 주제가 에도 막부 시기의 조닌 문화임을 알 수 있다. 에도 막부 시기에 상공업과 도시가 발달하면서 조닌이 도시의 중산층으로 성장하였다. 이들을 중심으로 하는 조닌 문화가 발달하였는데, 노래와 춤, 연기가 어우러진 연극인 가부키나 일상생활이나 풍경 등을 묘사한 다색 목판화인 우키요에가 발달하였다.

자료 분석 조닌 문화

→ 가부키의 한 장면을 나타낸 그림이다. 가부키는 노래, 춤, 연기 등이 어우러진 일본의 고전 연극으로 조닌 문화의 대표적 사례 중 하나이다.

→ 풍경을 묘사한 우키요에로, 가쓰시카 호쿠사이의 「가나가와 해변의 높은 파도 아래」라는 작품이다. 우키요에에는 일본의 풍속화로, 서민들이 값싸게 구입할 수 있도록 목판화로 제작되었다.

11 술레이만 1세

제시된 인물은 오스만 제국의 술레이만 1세이다. 술레이만 1세는 오스만 제국의 전성기를 이루었는데, 헝가리를 정복하고 오스트리아의 수도 빈을 공격하였다. 또 유럽의 연합 함대를 격파하고 지중해를 장악한 후 북아프리카에도 세력을 확대하였다. 이로써 오스만 제국은 서아시아, 북아프리카, 동유럽에 걸친 광대한 대제국을 건설하였다.

오답 피하기 ㄴ, ㄷ. 메흐메트 2세에 대한 설명이다.

12 티무르 왕조

몽골 제국의 재건을 내걸고 건국되었으며 동서 교역을 활발히 하고 사마르칸트를 수도로 삼았던 나라는 티무르 왕조이다. 칭기즈 칸의 후예로 자처한 티무르는 활발한 정복 활동을 통해 중앙아시아에서 서아시아에 이루는 대제국을 건설하였다. 수도 사마르칸트는 중앙아시아의 문화 중심지이자 국제적인 상업 도시로 발전하여 '동방의 진주'라고도 불렸다.

13 힌두 · 이슬람 문화의 사례

인도에 이슬람 세력이 진출하면서 무굴 제국 시기에는 힌두 문화와 이슬람 문화가 융합된 힌두 · 이슬람 문화가 발전하였다. 힌두교와 이슬람교가 합쳐진 종교인 시크교, 돔이나 뾰족한 아치 문 등의 이슬람 양식과 연꽃 문양, 벽돌 장식 등의 인도 양식이 융합된 건축물인 타지마할이 대표적이다.

오답 피하기 ㄷ. 굽타 왕조, ㄹ. 오스만 제국과 관련 있다.

14 엘리자베스 1세

영국의 절대 군주 엘리자베스 1세는 에스파냐의 무적함대를 격파하여 해상권을 장악하고 해외 시장 개척에 적극적으로 나섰다. 또 북아메리카에 식민지를 건설하고 동인도 회사를 설립해 인도 진출의 발판을 마련하였다. 그리고 모직물 공업 등 상공업을 육성하였다.

선택지 분석

① 계몽 전제 군주를 자처했습니다. (✕) → 프리드리히 2세
② 에스파냐의 무적함대를 격파했습니다. (○)
③ 장미 전쟁에서 승리해 왕위에 올랐습니다. (✕) → 헨리 7세
④ 유럽에서 가장 먼저 절대 왕정을 구축했습니다. (✕) → 펠리페 2세
⑤ 콜베르를 등용해 중상주의 정책을 실시했습니다. (✕) → 루이 14세

4일 교과서 대표 전략 ② 62~63쪽

| 1 ⑤ | 2 ④ | 3 ③ | 4 ① | 5 ③ |
| 6 ⑤ | 7 ④ | | | |

1 카롤루스 대제

로마 고전 문화의 부활과 크리스트교를 장려하였다는 점, 아헨시가 유럽 통합에 공헌한 인물을 선정하여 그의 이름을 딴 상을 수여하고 있다는 점 등을 통해 (가)에 들어갈 인물이 카

롤루스 대제임을 알 수 있다. 카롤루스 대제는 프랑크 왕국의 전성기를 이룬 인물로, 정복지 곳곳에 크리스트교를 장려한 공로를 인정받아 로마 교황에게 서로마 황제의 관을 수여받았다. 그는 로마 고전 문화의 부활을 장려해 수도원 성직자에게 고전을 그대로 옮겨 적게 하는 등 문화 발전에 힘썼다. 이러한 그의 노력을 바탕으로 로마 문화와 크리스트교, 게르만 문화가 융합되어 중세 서유럽 문화의 기틀이 마련되었다.

선택지 분석

① 프랑크 왕국을 건국하였다. (×) → 클로비스

② 성 소피아 대성당을 세웠다. (×)
   → 비잔티움 제국의 유스티니아누스 황제

③ 성상 숭배 금지령을 내렸다. (×) → 비잔티움 제국의 황제 레오 3세

④ 카노사성의 교황을 찾아가 용서를 빌었다. (×)
   → 신성 로마 제국의 하인리히 4세

⑤ 서로마 황제의 관을 로마 교황에게 수여받았다. (○)

2 십자군 전쟁
제시된 그림은 클레르몽 공의회(1095)의 모습을 묘사한 것으로, 교황 우르바누스 2세가 십자군 전쟁에 동참할 것을 호소하고 있는 장면이다. 예루살렘이 셀주크 튀르크에 의해 점령되자 비잔티움 제국의 황제는 로마 교황에게 도움을 요청하였다. 이에 로마 교황의 호소에 호응한 제후, 기사, 상인, 농민 등이 십자군을 구성하여 전쟁에 임하였다. 한때 십자군은 예루살렘을 회복하기도 하였으나, 시간이 갈수록 성지 회복이라는 본래의 목적에서 벗어나 세속적 이익을 추구하며 변질되었으며 결국 실패로 끝났다. 이를 주도하였던 교황의 권위는 추락하게 되었다.

오답 피하기 ㄴ. 유럽 인구의 3분의 1이 감소한 것은 14세기 중엽 흑사병의 유행과 관련이 있다.

3 송의 특징
제시된 지도의 (가) 왕조는 송이다. 송대에는 경제 발전과 과학 기술의 발달로 해상 교역이 활발히 이루어졌다. 조선술이 발달하여 방수 칸막이가 설치된 대형 선박이 만들어졌고, 나침반, 지도 등을 사용해 원거리 항해가 가능해졌다. 이로써 요, 고려, 일본뿐 아니라 동남아시아, 아라비아와도 교역이 가능하였고, 동남 해안을 중심으로 광저우, 취안저우 등 국제 무역항이 성장하였다. 송은 이곳에 시박사를 두어 해상 무역을 관리하였

다. 한편 송은 문치주의 정책을 실시하여 절도사 세력을 견제하였으며, 그 결과 황제권은 강화되었으나 군사력이 약화되어 북방 민족의 위협을 받게 되었다.

오답 피하기 ㄷ. 명에 대한 설명이다.

4 홍무제의 정책
이갑, 『어린도책』 등을 통해 밑줄 친 '황제'가 홍무제임을 알 수 있다. 홍무제는 홍건적 출신으로 반원 세력을 모아 난징에 명을 세우고 황제의 자리에 올랐다(1368). 그는 재상제를 폐지하고 황제권을 강화하였다. 그리고 농촌에서는 조세 징수의 기초 자료가 되는 토지 대장인 『어린도책』을 작성하게 하고 이를 바탕으로 이갑제를 실시하였다.

5 가마쿠라 막부
제시된 그림은 가마쿠라 막부 시대 원의 일본 원정 장면을 그린 『몽고습래회사』의 일부이다. 12세기 말 미나모토노 요리토모는 최초의 무사 정권인 가마쿠라 막부를 세웠다. 가마쿠라 막부는 13세기 말 원의 침략을 막아 내는 과정에서 쇠퇴하였다. 이후 14세기 중엽 아시카가 다카우지가 무로마치 막부를 창설하였다.

자료 분석　원의 일본 원정

→ 『몽고습래회사』는 원의 일본 원정 당시에 원정군과 일본 무사들과의 싸움을 그림과 글로 기록한 것으로, 2권의 두루마리로 구성되어 있다. 가마쿠라 막부 시기의 고케닌인 다케자키 스에나가의 주문으로 그려졌다. 전편은 원의 1차 일본 원정에 스에나가가 참전해 싸우는 모습과 그 이후의 논공행상에 대해 그리고 있고, 후편은 스에나가가 2차 일본 원정에 참전한 모습을 묘사하고 있다.

6 아크바르 황제
제시된 글은 무굴 제국의 아크바르 황제가 아불 파즐에게 명령하여 자신의 일생에 대해 남긴 책인 『아크바르나마』의 내용 중 일부이다. 신앙이 다른 사람들에 대해 박해하고 개종시키려 한 것을 후회하는 내용을 통해 아크바르의 관용 정책이

실시된 배경을 파악할 수 있다. 아크바르는 북인도에서 아프가니스탄에 이르는 대제국을 세웠다. 그리고 넓은 영토를 다스리기 위해 이슬람교 이외의 사람들에게 신앙의 자유를 허용하고 인두세를 폐지하는 등 관용 정책을 펼쳐 화합을 추진하였다.

7 루이 14세

제시된 자료는 콜베르의 편지의 내용 중 일부이다. 콜베르를 등용한 절대 군주는 프랑스의 루이 14세이다. 그는 콜베르를 등용하여 중상주의 정책을 펼쳐 국가 재정을 확보하였다. 이를 기반으로 상비군과 관료제를 운영하였고 베르사유 궁전을 지어 왕권을 과시하였다.

누구나 합격 전략   64~65쪽

1 ④	2 ②	3 ③	4 ②	5 ③
6 ③	7 ④	8 ⑤		

1 카노사의 굴욕

신성 로마 제국의 하인리히 4세가 등장하는 점, 그가 교황과 서임권을 놓고 갈등을 빚고 있다는 점, 황제가 파문되어 교황에게 용서를 비는 점 등을 통해 제시된 연극 대본의 주제가 카노사의 굴욕임을 알 수 있다. 교황 그레고리우스 7세는 세속 군주의 성직자 임명권을 금지하였고, 하인리히 4세가 이에 반발하였다가 파문당하였다. 신성 로마 제국의 제후와 주교들이 파문당한 하인리히 4세를 인정하지 않자, 하인리히 4세는 카노사성에 있는 교황을 찾아가 추운 겨울에 3일 동안 맨발로 용서를 비는 굴욕을 당하였다. 이를 '카노사의 굴욕'(1077)이라고 한다.

2 백년 전쟁

프랑스의 왕위 계승과 플랑드르 지방 지배권을 둘러싸고 영국과 프랑스가 백년 전쟁을 벌였다(1337~1453). 전쟁 초기에는 영국이 우세하였으나 잔 다르크의 활약으로 프랑스가 전쟁에서 승리하였다. 이후 프랑스는 통일된 국토를 토대로 중앙 집권 국가로 성장하였다.

3 송대의 과학 기술 발전

송대에는 과학 기술의 발전이 두드러졌다. 인쇄술의 발전으로 다양한 책이 출판되었고, 이는 지식의 보급에 이바지하였다. 또 화약을 활용해 제작된 새로운 무기가 전쟁에 사용되었다. 자석의 성질이 있는 금속으로 나침반을 만들어 원거리 항해에 활용하였다. 이러한 발명품은 이슬람 상인을 통해 유럽에도 전해졌고, 유럽 사회의 변화와 발전에 큰 영향을 주었다.

더 알아보기 중국의 4대 발명품

화약	• 송대에는 화약과 화약 무기를 전문적으로 생산하여 전쟁에 사용함 • 이슬람 세계를 통해 유럽에 전파되어 기사 계급의 몰락을 촉진함
나침반	• 자석의 성질이 있는 금속을 이용하여 나침반을 만듦 • 이슬람 상인을 통해 유럽에 전해져 원거리 무역의 발달과 신항로 개척에 영향을 줌
활판 인쇄술	• 점토 활자를 한 글자씩 새겨 구운 활자를 판위에 배열하여 인쇄하는 기술이 송대에 발달함 • 지식 보급에 이바지함
제지술	• 후한의 채륜이 제지술을 개량하여 종이의 보급 및 학문과 사상의 발전에 기여함 • 탈라스 전투를 통해 이슬람 세계에 전파됨

4 강희제의 업적

청의 4대 황제 강희제는 삼번의 난을 진압하고 타이완의 반청 세력을 진압하여 청의 통치를 안정시켰다. 또 시베리아에 진출한 러시아와 네르친스크 조약을 체결하여 국경을 확정하였다.

선택지 분석

① 군기처를 설치하였다. (×) → 옹정제

② 삼번의 난을 진압하였다. (○)

③ 나라 이름을 청으로 바꿨다. (×) → 홍타이지(태종)

④ 청 최대의 영토를 확보하였다. (×) → 건륭제

⑤ 조선을 침략해 군신 관계를 맺었다. (×) → 홍타이지(태종)

5 가마쿠라 막부

헤이안 시대 후반에 치안이 악화되자 무사가 등장하였다. 12세기 말 미나모토노 요리토모는 무사 세력을 규합하여 귀족 세력을 제압하고 최초의 무사 정권인 가마쿠라 막부를 열었다. 이때부터 19세기까지 일본에서는 쇼군을 수장으로 한 무사 정권인 막부가 실질적인 지배권을 행사하였으며, 천황은 형식적인 지위만 유지하게 되었다.

쌍둥이 문제 5

(가)에 해당하는 시대에 대한 설명으로 옳은 것은?

군사를 일으켜 귀족 세력을 제압하고 [(가)]을/를 여셨어요. 기존의 통치와 차별화된 부분을 소개해 주세요.

천황은 이제 형식적인 지위만 유지하게 되었고, 실질적인 통치는 무사 정권의 수장인 저, '쇼군'이 담당합니다.

① 명과 감합 무역을 시작하였다.
② 일본의 독자적 문화인 국풍 문화가 발달하였다.
③ 산킨코타이 제도를 실시해 다이묘를 통제하였다.
④ 전국 시대의 혼란을 수습하고 일본을 통일하였다.
⑤ 고려-몽골 연합군의 침입을 막아 낸 후 재정 부담으로 쇠퇴하였다.

[해설] (가)는 가마쿠라 막부 시대이다. 가마쿠라 막부는 13세기 말 몽골과 고려 연합군의 두 차례에 걸친 침입을 막아 낸 후 재정 부담으로 쇠퇴하였다. 이후 아시카가 다카우지가 무로마치 막부를 세웠다.

답 ⑤

6 오스만 제국

예니체리는 오스만 제국의 술탄을 지키는 직속 친위 부대이다. 정복지의 크리스트교 소년을 징집하여 이슬람교로 개종시킨 후 엄격한 훈련을 통해 술탄을 호위하도록 하였다. 이들 중 유능한 자는 고위 관료로 등용되어 최고위직에 오르기도 하였다.

7 무굴 제국

타지마할, 인도-이슬람 문화의 발달, 시크교 등장 등을 통해 (가)에 들어갈 나라는 무굴 제국임을 알 수 있다. 무굴 제국 시기에는 인도(힌두) 문화와 이슬람 문화가 융합되어 독특한 인도-이슬람 문화가 성립하였는데, 힌두교와 이슬람교를 절충한 시크교, 힌두어에 페르시아어가 혼합된 우르두어, 인도 양식과 이슬람 양식이 융합된 타지마할, 페르시아의 세밀화와 인도의 회화 기법이 융합된 무굴 회화 등이 대표적 사례이다.

8 신항로 개척의 결과

신항로 개척의 결과 아메리카 곳곳에 유럽인이 몰려들면서 기존의 아메리카 문명인 아스테카, 잉카 문명이 급속히 파괴되었다. 아메리카 원주민들은 금, 은광, 사탕수수 대농장 등에 끌려가 가혹한 노동 착취를 당하였고 그 결과 인구가 급격히 감소하였다. 유럽인은 노동력을 대체하고자 아프리카의 흑인 노예를 총, 직물 등과 교환하였고 이 과정에서 유럽-아프리카-아메리카를 잇는 삼각 무역이 형성되었다. 이 과정에서 감자, 옥수수 등 아메리카 농작물이 유럽에 전해지기도 하였다. 또 무역의 중심지가 지중해에서 대서양으로 이동하였다.
⑤ 기존의 지중해 중심 동방 무역을 주도했던 나라는 이탈리아이며, 이후의 신항로 개척을 주도하였던 것은 포르투갈과 에스파냐이다.

창의·융합·코딩 **전략**				66~69쪽
1 ⑤	2 ④	3 ③	4 ②	5 ⑤
6 ④	7 ③	8 ④		

1 중세 서유럽 봉건 사회의 특징

중세 서유럽 봉건 사회의 구조와 특징에 대해 묻는 문제이다. 당시 봉건 사회는 기사 계급끼리 맺는 주종 관계와, 봉신이 주군에게 받은 봉토를 장원으로 운영하며 장원의 농노와 봉신인 영주로 구성되는 장원제로 구성되어 있었다. 장원의 농노는 노예와 달리 집을 소유할 수 있었고, 약간의 재산도 소유할 수 있었다. 다만 영주의 허락 없이 거주지를 옮길 수는 없었으며, 일주일에 2~4일을 영주 직영지에서 일하고 각종 세금을 부담해야 했다.

쌍둥이 문제 1

㉠~㉤ 중 옳지 않은 내용이 포함된 것은?

◎ 중세 서유럽 봉건 사회의 특징
1) 주종 관계
㉠ 기사들이 자신보다 세력이 강한 기사를 주군으로 삼고, 주군이 충성을 약속한 기사에게 봉토를 주어 봉신으로 삼음
㉡ 쌍무적 계약 관계: 어느 한쪽이 의무를 다하지 않으면 계약이 파기됨
㉢ 주군은 봉신의 영토 내 재판에 관여하는 등 봉신에게 준 봉토를 관리할 수 있었음
2) 장원제
㉣ 봉신이 주군에게 받은 봉토는 장원으로 운영되었으며, 봉신은 장원의 영주가 됨
㉤ 농노: 집과 재산 소유 가능, 결혼 가능, 거주 이전의 자유 제한

① ㉠   ② ㉡   ③ ㉢   ④ ㉣   ⑤ ㉤

[해설] 주군은 봉신의 영토에 대해 관여할 권리가 없었다. 봉신은 자신의 영지 내에 세금을 징수하고 재판을 단독으로 진행하였다. 그 결과 서유럽 지역을 중심으로 지방 분권적인 봉건 사회가 형성되었다.
답 ③

2 유스티니아누스 황제

산비탈레 성당에는 유스티니아누스 황제의 모자이크화가 있다. 황제의 왼쪽에는 군인과 관료, 오른쪽에는 성직자가 그려져 있어, 정치와 종교 모두를 관장하는 비잔티움 제국 황제의 위치를 잘 보여 주고 있다. 유스티니아누스 황제는 로마 시대의 법을 체계적으로 정리한 『유스티니아누스 법전』을 완성하여 유럽 근대의 법 발전에 큰 영향을 주었다.

선택지 분석

① 십자군 전쟁을 주도하였다. (×) → 교황 우르바누스 2세
② 성상 숭배 금지령을 내렸다. (×) → 레오 3세
③ 유럽 최초로 절대 왕정을 수립하였다. (×) → 에스파냐의 펠리페 2세
④ 『유스티니아누스 법전』을 완성하였다. (○)
⑤ 셀주크 튀르크의 공격을 받아 소아시아 지역을 빼앗겼다. (×) → 로마누스 4세

3 르네상스 시대의 예술 작품

ㄱ은 브뤼헐의 「농민들의 춤」, ㄹ은 반 에이크의 「아르놀피니 부부의 초상」으로 알프스 이북 르네상스의 대표작이다. 알프스 이북의 르네상스는 사람들의 일상생활을 생생히 묘사한 작품이 발달하였다. ㄴ은 보티첼리의 「봄」, ㄷ은 레오나르도 다 빈치의 「모나리자」로 이탈리아 르네상스의 대표작이다. 이탈리아 르네상스는 인체의 아름다움을 표현한 그림이나 조각이 발달하였다.

자료 분석 르네상스 시대의 예술품

→ 브뤼헐의 「농민들의 춤」: 네덜란드 화가 브뤼헐은 '농민의 브뤼헐'이라 불릴 정도로 농민들의 일상생활을 많이 그렸다. 농촌의 소박한 즐거움을 표현하였으며 인물들의 표정을 다채롭게 묘사하였다.

→ 보티첼리의 「봄」: 이탈리아의 화가 보티첼리의 그림으로 중앙에 사랑의 여신인 비너스와 큐피드가 묘사되어 있다. 중세의 그림과 달리 인체의 아름다움을 그대로 묘사한 것이 특징이다.

→ 레오나르도 다빈치의 「모나리자」: 르네상스 시대를 대표하는 이탈리아의 화가 레오나르도 다빈치의 대표작으로, 피렌체의 부호 프란치스코 델 조콘다의 부인을 그린 그림이다. 신비롭고 아름다운 미소로 유명한 작품이다.

→ 반 에이크의 「아르놀피니 부부의 초상」: 네덜란드의 화가 반 에이크의 작품으로, 사실적이고 세부적인 묘사와 색채감 등이 잘 묘사되어 있으며 결혼의 성스러움을 예술적으로 표현하였다.

4 원의 특징

원의 군사 조직이자 행정 조직인 천호제, 원 황제 쿠빌라이 칸, 몽골 제국의 광대한 영토를 원활하게 통치하기 위해 정비한 역참, 원 쇠퇴의 계기를 제공했던 홍건적의 난 등을 통해 (가) 왕조가 원임을 알 수 있다. 몽골 제국은 교통의 요지에 역참을 설치하여 동서 교류를 활발히 진행하였다. 이에 상업이 발달하였으며 화폐 사용이 늘어났다. 원으로 국호를 바꾼 쿠빌라이 칸은 즉위하자마자 교초를 발행하여 교초를 활발히 유통시켰다.

5 영락제의 업적

명의 영락제는 자신의 근거지였던 베이징으로 수도를 옮기고 제시된 자료에 등장하는 자금성을 지었다. 그는 적극적인 대외 정책을 추진하였는데 직접 군대를 이끌고 몽골을 공격하였으며, 베트남을 일시적으로 정복하기도 하였다. 명 중심의 조공-책봉 관계를 확대하기 위해 정화의 함대를 동남아시아와 인도양에 파견하였다.

오답 피하기 ㄱ, ㄴ. 홍무제에 대한 설명이다.

6 일본의 막부 정권

15세기 후반에 일어난 내분을 계기로 무로마치 막부가 쇠퇴하고 약 100년간 다이묘들이 세력을 다투는 전국 시대가 지속되었다. 이를 도요토미 히데요시가 통일하였다. 그는 명을 정벌하겠다는 명분을 내세워 조선을 침략하여 임진왜란을 일으켰다. 도요토미 히데요시가 죽으면서 임진왜란은 끝났으며, 이후 도쿠가와 이에야스가 정권을 차지하였다.

7 오스만 제국의 특징

오스만 제국의 메흐메트 2세는 콘스탄티노폴리스를 함락하여 비잔티움 제국을 멸망시켰다(1453). 이후 콘스탄티노폴리스는 이스탄불로 이름을 바꾸고 오스만 제국의 수도가 되었다. 오스만 제국은 술레이만 1세 때 전성기를 맞아 서아시아, 북아프리카, 동유럽에 걸친 광대한 제국을 건설하였다.

8 표트르 대제

러시아의 절대 군주이자, 서유럽식 개혁을 하는 과정에서 수염세를 매긴 군주, 상트페테르부르크를 건설한 사람은 러시아의 표트르 대제이다. 그는 직접 서유럽의 나라를 시찰하면서 선진 문화와 제도를 적극적으로 도입하였는데, 근대화된 서유럽인이 수염을 기르지 않는 것을 보고 귀족들의 긴수염을 자르도록 명령하였고, 수염을 기르고 싶으면 수염세를 내도록 조치하였다. 한편 그는 스웨덴과의 북방 전쟁을 승리로 이끌어 발트해 연안에 수도 상트페테르부르크를 건설하였다.

신유형 · 신경향 · 서술형 전략			72~75쪽

1 ②   2 해설 참조   3 ②   4 ③   5 ①
6 해설 참조   7 ②   8 ⑤

1 메소포타미아 문명의 특징

고대 메소포타미아 문명 VR체험관이므로, 메소포타미아 문명에서 확인할 수 있는 모습을 고르는 문제이다. 메소포타미아 문명의 수메르인은 여러 도시의 중심에 흙벽돌을 계단식으로 만든 지구라트라는 신전을 만들어 수호신을 섬겼다. 내세보다는 현세를 중시하였으며, 다양한 신을 숭배하는 다신교의 전통이 있었다.

선택지 분석
① 유일신 여호와에게 예배를 드리는 모습 (×) → 유일신 신앙이 특징인 유대교를 믿었던 헤브라이에서 볼 수 있던 모습
② 흙벽돌을 쌓아 지구라트를 만들고 있는 모습 (○)
③ 글자가 새겨진 갑골을 놓고 점을 치는 왕의 모습 (×)
  → 중국 문명의 상 왕조
④ 죽은 사람의 관에 '사자의 서'를 넣고 장례를 치르는 모습 (×)
  → 이집트 문명
⑤ 노동을 하는 수드라를 거만한 눈으로 쳐다보며 지나가는 크샤트리아의 모습 (×) → 인도 문명

2 아시리아와 아케메네스 왕조 페르시아

답 (1) (가)는 아시리아, (나)는 아케메네스 왕조 페르시아이며, (가)는 피정복민에 대한 강압적인 통치, (나)는 관용적인 통치 방식을 보이고 있다. (2) 아시리아는 강압적인 통치로 각지에서 반란이 일어나 곧 멸망하였으나, 아케메네스 왕조 페르시아는 관용 정책으로 약 200년 동안 통일 왕조를 유지하며 번영하였다.

해설 (가)는 정복지의 사원과 유적, 유물을 잔인하게 파괴하고 있는 점, 아슈르바니팔이 엘람 왕국을 정복하였다는 점 등을 통해 아시리아에서 기록한 것임을 알 수 있다. (나)는 피정복민의 요구를 들어주고 관용을 베풀었다는 점, 키루스왕이 바빌론을 점령했다는 점 등을 통해 아케메네스 왕조 페르시아에서 기록한 것임을 알 수 있다. 아시리아는 피정복민을 강압적으로 통치한 결과 각지에서 반란이 발생해 멸망하였다. 그러나 아케메네스 왕조 페르시아는 피정복민을 가혹하게 대하는 대신 종교와 관습을 존중하는 관용 정책을 펼쳐 약 200년간 통일 왕조를 유지하였다.

핵심 단어 (1) 아시리아, 아케메네스 왕조 페르시아, 강압적 통치, 관용 정책 (2) 강압적 통치, 곧 멸망, 관용 정책, 통일 왕조 유지

채점 기준	구분
핵심 단어를 모두 사용하여 두 왕조를 대조하여 서술한 경우	상
핵심 단어 중 일부만 사용하여 두 왕조를 대조하여 서술한 경우	중
한 왕조에 대해서만 서술한 경우	하

3 진의 특징

제시된 글은 진나라 상앙의 변법 내용 중 일부이다. 상앙은 진의 모든 가구를 5가 단위로 편성하고, 이 단위별로 세금과 병역의 의무를 부과하였다. 또한 이 단위 가구에서 범죄가 발생했는데도 고발을 안 하면 연좌제로 엄격하게 처벌하였으며, 포상도 단위 가구에 똑같이 시행했다. 이는 엄격한 법가 사상에 기초한 정책으로, 모든 백성을 실질적으로 감시하고 통제하도록 기능하였다. 본래 춘추 전국 시대의 여러 나라 중 하나였던 진은 이러한 법가 사상을 바탕으로 국력을 키워 중국을 최초로 통일하는 데 성공하였다.

4 로마 공화정의 전개

그라쿠스 형제의 개혁 실패 이후 평민파와 귀족파의 갈등이 커졌다. 군인 정치가들이 등장해 내전을 치르는 가운데 카이사르, 크라수스, 폼페이우스의 제1차 삼두 정치가 진행되었다. 이후 카이사르가 강력한 군사력을 바탕으로 정권을 장악하였으나 반대파에게 암살당하였다. 이후 옥타비아누스, 안토니우스, 레피두스의 제2차 삼두 정치가 시작되었고, 안토니우스를 악티움 해전에서 물리친 옥타비아누스가 최종 승리자가 되어 로마의 지배권을 장악하였다.

5 이슬람교의 특징

하느님을 믿는다는 점, 돼지고기를 먹지 않는다는 점을 통해 이슬람교의 경전인 『쿠란』의 일부임을 알 수 있다. 이슬람교를 창시한 무함마드가 상인이었기 때문에, 이슬람교에서는 상업 활동을 긍정적으로 여기고 지원하였다.

선택지 분석

① 상업 활동을 긍정적으로 여겼다. (○)

② 로마 제국의 국교로 지정되었다. (×) → 크리스트교

③ 개인의 해탈보다는 중생의 구제를 강조하였다. (×) → 대승 불교

④ 아후라 마즈다와 그의 상징인 불을 숭배하였다. (×)
  → 조로아스터교

⑤ 브라만교를 바탕으로 불교와 민간 신앙이 융합되었다. (×)
  → 힌두교

6 십자군 전쟁

답 (1) 십자군 전쟁 (2) 전쟁을 주도한 교황의 권위는 추락하였고, 전쟁에 참여한 제후와 기사는 몰락하였으나 국왕의 권한은 상대적으로 강화되었다. 또 전쟁 과정에서 동방과의 교역이 활발해져 상공업과 도시가 번성하게 되었다.

해설 제시된 지도는 교황을 중심으로 한 서유럽의 로마 가톨릭 세력이 십자군을 형성해 여러 차례 이슬람교 세력권을 공격하는 모습으로, 십자군 전쟁의 전개 과정을 나타낸다.

핵심 단어 교황, 제후와 기사, 약화, 국왕, 강화, 동방, 도시, 교역, 발달

채점 기준	구분
핵심 단어를 모두 사용하여 교황과 제후, 기사, 국왕의 권력 관계를 정확하게 서술하고, 상공업과 도시의 발달에 대해서도 서술한 경우	상
핵심 단어를 일부만 사용하였으나, 교황과 제후, 기사, 국왕의 권력 관계를 서술하고, 상공업과 도시의 발달에 대해서도 서술한 경우	중
교황과 제후, 기사, 국왕의 권력 관계와 상공업과 도시의 발달 중 하나만 서술한 경우	하

7 송의 특징

제시된 「청명상하도」는 중국의 명절인 청명절을 앞둔 카이펑의 활기찬 거리 풍경을 생생히 묘사한 그림이다. 카이펑은 북송의 수도이다. 북송은 지나친 문치주의 정책을 실시한 결과 군사력이 약화되어 북방 민족의 공격을 많이 받았다.

자료 분석 「청명상하도」

→ 장택단의 「청명상하도」는 수도 카이펑을 흐르는 변하를 사이에 두고 교외, 시내, 성문, 시가 등이 순서대로 보이고, 술집, 상점, 노점, 상인, 우마차 및 군중 등이 배치되는 형식으로 이루어졌다. 원근법을 이용하여 사진처럼 정확하고 사실적인 풍경을 재현해냈다. 이를 통해 당시 북송 시대에 도시와 상업이 상당한 수준으로 발전하였음을 확인할 수 있다.

8 무굴 제국

타지마할을 만든 왕조는 무굴 제국으로, 아크바르와 아우랑제브는 무굴 제국의 황제이다. 아크바르 황제는 넓은 영토를 다스리기 위해 관용 정책을 펼쳤다. 비이슬람교도에 대한 인두세를 폐지하고 종교의 자유를 인정해 주었다. 반면 아우랑제브 황제는 인두세를 부활하고 힌두 사원 등을 파괴하는 등 지나친 이슬람화 정책을 펼쳐 힌두교도를 비롯한 이교도의 반발을 샀다.

적중 예상 **전략** | 1회

76~79쪽

| 1 ⑤ | 2 ③ | 3 ④ | 4 ① | 5 ① | 6 ① | 7 ⑤ | 8 ② | 9 ② | 10 ③ |
| 11 ④ | 12 ③ | 13 해설 참조 | | 14 해설 참조 | | 15 해설 참조 | | 16 해설 참조 | |

1 역사의 두 가지 의미

│보기│ 중 '기록으로서의 역사'의 성격이 강한 서술만을 고른 것은?

┌─ 보기 ─────────────────────────────┐
ㄱ. 1170년 무신 정변이 일어났다.
ㄴ. 다리우스 1세는 '왕의 길'을 건설하였다.
ㄷ. 분서갱유를 단행한 진시황은 희대의 폭군이었다.
ㄹ. 신라의 삼국 통일은 외세인 당의 도움을 받았기에 불완전
　한 통일이다.
└──────────────────────────────────┘

① ㄱ, ㄴ　　　　② ㄱ, ㄷ　　　　③ ㄱ, ㄹ

④ ㄴ, ㄹ　　　　⑤ ㄷ, ㄹ

출제 의도 파악하기

역사의 두 가지 의미인 '사실로서의 역사'와 '기록으로서의 역사'의 성격을 구분할 수 있다.

문제 해결 Point 쏙쏙

• 사실로서의 역사: 과거에 있었던 사실 그 자체, 객관적

• 기록으로서의 역사: 기록하는 과정에서 역사가의 개인적인 사상이나 의견이 반영된 것, 주관적

용어 무신 정변: 고려 의종 때 일어난 무신들의 정변

개념 사실로서의 역사는 과거부터 현재까지 인간이 살아온 과정에서 일어난 모든 사실 그 자체를 가리키기에 객관적이다. 따라서 누가 어떤 관점에서 보더라도 달라지는 바가 없다. 반면 기록으로서의 역사는 역사를 바라보는 사람의 관점에 따라 다르게 해석될 수 있다. 인물이나 사건에 대한 평가를 내리는 성격의 서술이 이에 해당할 수 있다.

2 메소포타미아 문명의 바빌로니아 왕국

(가)~(마) 중 다음과 같은 법전을 제작했던 문명은?

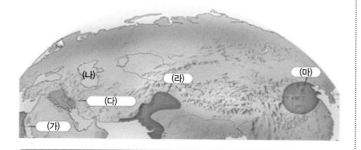

┌──────────────────────────────────┐
196조 귀족의 눈을 상하게 하면 그의 눈도 상하게 한다.
197조 다른 사람의 뼈를 부러뜨린 자는 그의 뼈도 부러뜨린
　　　다.
198조 귀족이 평민의 눈을 상하게 하거나 뼈를 부러뜨렸다
　　　면 은화 1미나를 바쳐야 한다.
└──────────────────────────────────┘

① (가)　　　　② (나)　　　　③ (다)

④ (라)　　　　⑤ (마)

출제 의도 파악하기

『함무라비 법전』의 내용을 파악하고, 메소포타미아 문명에 속하는 바빌로니아 왕국의 법전임을 알 수 있다.

문제 해결 Point 쏙쏙

• (가): 나일강 유역의 이집트 문명

• (다): 티그리스강, 유프라테스강 유역의 메소포타미아 문명

• (라): 인더스강 유역의 인도 문명

• (마): 황허강 유역의 중국 문명

개념 『함무라비 법전』은 바빌로니아의 6대 왕 함무라비왕 때 완성된 성문법으로 총 282개 조항에 달하며 형벌, 계약, 혼인, 상속 등에 관한 규정을 담고 있다.
이를 통해 바빌로니아 왕국의 통치 체제가 정비되었다. 함무라비왕이 죽은 후 바빌로니아는 이민족의 침입으로 쇠퇴하였다가, 철제 무기를 사용한 히타이트인에게 멸망하였다.

3 인도 문명

다음 설명에 해당하는 문명은?

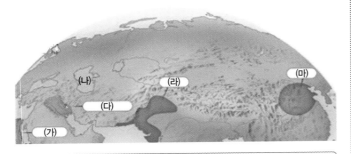

- 엄격한 신분 제도인 카스트제가 성립되었다.
- 태양, 물, 불, 바람 등 자연 현상을 신격화한 브라만교가 등장하였다.

① (가) 　　　② (나) 　　　③ (다)
④ (라) 　　　⑤ (마)

출제 의도 파악하기

인도 문명의 특징을 파악한다.

문제 해결 Point 쏙쏙
- (가): 나일강 유역의 이집트 문명
- (다): 티그리스강, 유프라테스강 유역의 메소포타미아 문명
- (라): 인더스강 유역의 인도 문명
- (마): 황허강 유역의 중국 문명

용어 신격화: 어떤 대상을 신으로 모시는 일

개념 인도 문명에서는 기원전 1500년경 중앙아시아에서 아리아인이 침입해 점차 갠지스강까지 진출하였다. 이 과정에서 원주민들을 지배하기 위해 카스트라는 엄격한 신분 제도를 만들고, 브라만교를 믿었다.

4 한 무제

(가) 황제에 대한 설명으로 옳은 것만을 | 보기 | 에서 고른 것은?

보기
ㄱ. 유교를 통치 이념으로 삼았다.
ㄴ. 소금, 철, 술을 국가가 독점하여 판매하게 하였다.
ㄷ. 추천으로 관리를 선발하는 9품중정제를 실시하였다.
ㄹ. 만리장성, 아방궁 축조 등 대규모 토목 사업을 진행하였다.

① ㄱ, ㄴ 　　　② ㄱ, ㄷ 　　　③ ㄱ, ㄹ
④ ㄴ, ㄹ 　　　⑤ ㄷ, ㄹ

출제 의도 파악하기

한 무제의 정책을 이해한다.

문제 해결 Point 쏙쏙
- 장건의 서역 파견: 한 무제가 흉노를 정벌하기 위해 대월지와 군사 동맹을 맺고자 장건을 서역에 파견함
  → 군사 동맹에는 실패하였으나 동서 교역로인 비단길 개척의 계기가 됨
- 염철주 전매제: 대외 원정으로 국가 재정이 부족해지자 소금, 철, 술을 국가가 독점 생산, 판매하여 재정을 확보함. 한 무제의 정책

개념 제시된 만화는 흉노를 견제하기 위해 대월지와 동맹을 맺으려 장건을 파견하는 한 무제의 모습을 다루고 있다. 한 무제는 동중서의 건의를 받아들여 유교를 국가의 기본 통치 사상으로 삼았으며, 소금과 철, 술을 전매하여 재정을 확보하였다.

선택지 바로 알기
ㄷ. 추천으로 관리를 선발하는 9품중정제를 실시하였다.
위진 남북조 시대 관리 선발 제도로, 위의 문제가 처음으로 시행하였다.
ㄹ. 만리장성, 아방궁 축조 등 대규모 토목 사업을 진행하였다.
진의 시황제에 대한 설명이다.

5 콘스탄티누스 대제

(가)에 들어갈 내용으로 가장 적절한 것은?

> 기자: 비잔티움으로 수도를 옮기시고 도시 이름을 폐하의 이름을 따서 콘스탄티노폴리스라 명명하셨습니다. 수도를 옮기신 이유는 무엇일까요?
>
> 콘스탄티누스 대제: 게르만족의 이동으로 로마가 위협받기도 하고 있고, 새로운 시대를 연다는 마음가짐으로 천도하기로 하였습니다.
>
> 기자: 그렇군요. 그 외에 황제께서 이 자리를 통해 강조하고 싶으신 업적이 있으실까요?
>
> 콘스탄티누스 대제: _____(가)_____

① 밀라노 칙령을 내려 크리스트교를 공인하였습니다.

② 농지법과 곡물법을 제정하여 자영농을 육성하려 하였습니다.

③ 로마의 법을 체계적으로 정리하여 『로마법 대전』을 편찬하였습니다.

④ 성상 숭배 금지령을 내려 신 외에 우상을 숭배하는 것을 금지하였습니다.

⑤ 로마 공화정의 혼란을 수습하여 원로원에게 '아우구스투스'라는 칭호를 부여받았습니다.

6 마우리아 왕조와 쿠샨 왕조

(가), (나) 왕조에 대한 설명으로 옳은 것은?

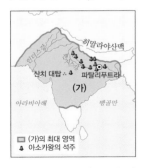

① (가) - 아소카왕 때 전성기를 맞이하였다.

② (가) - 고타마 싯다르타가 태어난 왕조이다.

③ (가) - 선행을 통한 만인의 구제를 강조하는 불교가 발전하였다.

④ (나) - 상좌부 불교가 발전하였다.

⑤ (나) - 산치 대탑 등 많은 탑과 절이 건립되었다.

7 수의 특징

(가) 시기 중국의 상황을 |보기|에서 고른 것은?

```
┌─────────────┐      ┌─────────┐      ┌─────────┐
│ 북위가 서위와  │  ⇨  │  (가)   │  ⇨  │ 당 건국  │
│ 동위로 분열함  │      │         │      │         │
└─────────────┘      └─────────┘      └─────────┘
```

┌─ 보기 ─────────────────────────────┐
ㄱ. 효문제가 한화 정책을 실시하였다.
ㄴ. 진(晉)에 의해 중국이 통일되었다.
ㄷ. 남북을 잇는 대운하를 건설하였다.
ㄹ. 과거제로 관리를 뽑기 시작하였다.
└────────────────────────────────┘

① ㄱ, ㄴ   ② ㄱ, ㄷ   ③ ㄱ, ㄹ

④ ㄴ, ㄹ   ⑤ ㄷ, ㄹ

출제 의도 파악하기

위진 남북조 시대에서 수의 통일, 당 건국으로 이어지는 과정을 파악한다.

문제 해결 Point 쏙쏙

• 북위가 동위와 서위로 분열함(534): 남북조 시대 북조인 북위에서 일어난 일로 고환과 우문태의 갈등에서 비롯됨
• 수(581~618): 남북조를 통일함(589), 대규모 토목 공사 및 무리한 원정으로 곧 멸망함
• 당 건국(618): 수 멸망 후 선비족 계통의 이연이 장안을 수도로 당을 건국함

개념 수는 과거제를 도입해 능력에 따른 인재 등용을 꾀하였다. 그리고 대운하를 건설하여 강남의 풍부한 물자가 화북 지역으로 원활히 이동할 수 있도록 하였다. 그러나 대규모 토목 공사와 무리한 대외 원정으로 백성들의 반발을 샀다. 특히 고구려 원정 실패를 계기로 반란이 일어나 수는 건국된지 얼마되지 않아 멸망하였다.

선택지 바로 알기

ㄱ. 효문제가 한화 정책을 실시하였다.
북위의 분열 이전의 상황이다.
ㄴ. 진(晉)에 의해 중국이 통일되었다.
북위의 분열 이전의 상황이다.

8 당의 통치 제도

당의 조세 제도에 대해 학생들이 대화를 나누었다. 옳은 내용만을 말한 학생들을 있는 대로 고른 것은?

┌────────────────────────────────────┐
민주: 균전제는 귀족이 장원을 확대하고, 농민들을 장원의 소작농으로 만들어 경작시켰던 제도를 말해.
정혁: 장원제는 수나라의 제도를 그대로 계승하여 만든 제도야.
연수: 조·용·조는 순서대로 곡물, 노동력, 특산물을 의미해. 땅을 받은 대가로 이를 내게 했지.
준호: 부병제는 토지를 받은 농민이 병사가 되어 훈련을 받거나 전쟁에 나간 제도를 말해.
└────────────────────────────────────┘

① 민주, 정혁

② 연수, 준호

③ 민주, 정혁, 연수

④ 정혁, 연수, 준호

⑤ 민주, 정혁, 연수, 준호

출제 의도 파악하기

당의 조세 제도의 특징을 파악하고 변화 양상을 이해한다.

문제 해결 Point 쏙쏙

• 균전제: 성인 남자에게 일정한 면적의 토지를 분배하는 제도, 안사의 난 이후 붕괴되어 장원제가 성행하게 되었음
• 부병제: 병농일치에 기초하여 토지를 받은 농민이 병사가 되어 훈련을 받거나 전쟁에 나간 제도

개념 균전제는 농민에게 일정 면적의 토지를 분배했던 제도를 말하며, 장원제는 안사의 난 이후 당이 혼란을 겪으며 균전제가 무너지며 생긴 제도로, 수의 제도를 계승한 것이 아니다.

9 동아시아 문화권의 공통 요소

제시문의 빈칸에 공통으로 들어갈 내용으로 옳은 것은?

> 당이 세계 제국으로 발전하고 주변의 한국, 일본, 베트남 등과 교류가 활발해지면서 당의 문화가 동아시아 각국에 전해졌다. 이러한 문화 교류를 통해 공통 요소를 갖는 동아시아 문화권이 생겨났다. 이 공통 요소 중 하나는 □□□□인데, 각국의 왕권 강화와 중앙 집권 체제 정비에 이용되었다. 수·당 때 완성된 법 체제를 뜻하는 것으로, □□□□에 의해 3성 6부제, 과거제, 균전제 등이 규정되었다. 이러한 □□□□ 체제는 동아시아 각국에 전해져 통치 제도를 정비하는 데 큰 영향을 주었다.

① 불교 ② 율령 ③ 힌두교
④ 유교 ⑤ 한자

출제 의도 파악하기

동아시아 문화권의 공통 요소를 구체적인 사례를 통해 파악할 수 있다.

문제 해결 Point 쏙쏙

- 동아시아 문화권: 당이 세계 제국으로 발전하고 주변의 한국, 일본, 베트남 등과 교류하면서 발달시킨 문화권으로 한자, 율령, 유교, 불교를 공통 요소로 함
- 율령: 수·당 때 완성된 법 체제, 각국의 왕권 강화와 중앙 집권 체제 정비에 이용됨

용어 3성 6부제: 수·당대에 발전한 중앙 통치 조직, 중서성, 문하성, 상서성의 3성과 그 성 아래에 이, 호, 예, 병, 형, 공의 6부로 이루어진 체제

개념 동아시아 문화권의 공통 요소로 불교, 율령, 유교, 한자를 꼽을 수 있는데 이 중 율령은 동아시아 각국의 통치 체제 정비에 영향을 주었다.

10 일본 고대 국가의 발전 과정

제시된 (가)~(라)를 일어난 순서대로 나열한 것은?

> (가) 일본의 독자적 문화인 국풍 문화가 유행하였다.
> (나) 야마토 정권이 등장하여 주변 소국을 통합하였다.
> (다) '일본'이라는 국호와 '천황'이라는 칭호가 널리 사용되기 시작하였다.
> (라) 다이카 개신을 단행하여 국왕 중심의 정치 체제가 정비되기 시작하였다.

① (가) → (나) → (다) → (라)
② (나) → (가) → (라) → (다)
③ (나) → (라) → (다) → (가)
④ (라) → (나) → (가) → (다)
⑤ (라) → (다) → (나) → (가)

출제 의도 파악하기

일본에서 발전한 고대 국가의 변천에 대해 설명할 수 있다.

문제 해결 Point 쏙쏙

- 야마토 정권: 4세기 무렵 주변 소국을 통합하며 성장함, 7세기 중엽에는 다이카 개신으로 당의 율령 체제를 모방하여 국왕 중심 중앙 집권 체제를 정비함
- 나라 시대: 일본이라는 국호와 천황이라는 칭호를 널리 사용함
- 헤이안 시대: 국풍 문화 발달, 고유 문자 '가나' 사용

개념 (나)는 4세기 무렵, (라)는 7세기 중엽, (다)는 7세기 말엽, (가)는 9세기 말엽에 해당한다.

11 이슬람 제국의 형성과 발전

다음은 보검이가 작성한 중학 역사 OX퀴즈의 답안지이다. 보검이가 받게 될 점수로 옳은 것은?

〈이슬람교 성립과 이슬람 제국〉

※ 각 문항의 내용이 맞으면 ○표, 틀리면 X표 하시오.

(문항당 25점)

번호	내용	답
1	무함마드가 이슬람교를 창시한 것을 가리켜 '헤지라'라고 한다.	○
2	정통 칼리프 시대에 사산 왕조 페르시아를 멸망시켰다.	○
3	시아파는 알리의 후손이 아니더라도 능력에 따라 후계자의 혈통은 바뀔 수 있다고 주장하는 이슬람의 다수파 세력이다.	X
4	아바스 왕조는 비아랍인에 대한 각종 차별을 폐지하였다.	○

① 0점　　　　② 25점　　　　③ 50점

④ 75점　　　　⑤ 100점

출제 의도 파악하기

이슬람교의 등장과 이슬람 제국의 팽창 과정을 이해할 수 있다.

문제 해결 Point 쏙쏙

• 헤지라: 무함마드가 이슬람교 창시 후, 귀족의 탄압을 피해 신자들을 이끌고 메디나로 이동한 것(622)

• 시아파: 알리와 그의 후손만을 정통으로 보고 다른 칼리프의 존재를 인정하지 않는 이슬람교의 소수파 세력(알리의 후손이 아니어도 후계자가 될 수 있다고 보는 다수파 세력은 수니파라 함)

개념 정통 칼리프 시대는 무함마드 사후 4대에 이르는 칼리프를 합의를 통해 선출했던 시대로, 활발한 정복활동을 펼쳐 사산 왕조 페르시아를 멸망시키고 비잔티움 제국을 위협하였다. 이후 성립된 우마이야 왕조가 비아랍인에 대한 차별 정책을 펼치자, 이에 반발한 세력의 도움을 받아 아바스 가문이 아바스 왕조를 세웠다.

12 우마이야 왕조

다음 설명에 해당하는 이슬람 왕조는?

• 북인도, 중앙아시아, 아라비아반도, 북아프리카, 이베리아반도까지 영역을 확대하였다.

• 아랍인 중심 정책을 펼쳐, 아랍인이 아닌 피정복민을 차별하였다.

① 아바스 왕조

② 티무르 왕조

③ 우마이야 왕조

④ 셀주크 튀르크

⑤ 후우마이야 왕조

출제 의도 파악하기

우마이야 왕조의 영역과 비아랍인 차별 정책에 대해 파악한다.

문제 해결 Point 쏙쏙

• 아랍인 중심 정책: 우마이야 왕조가 채택한 정책, 비아랍인에게 세금을 더 걷고 관직 진출을 막았으며 아랍인 위주로 나라를 운영함

용어 이베리아반도: 유럽의 남서부 대서양과 지중해 사이에 있는 반도로 현재는 에스파냐와 포르투갈 2개국이 분할하고 있음.

개념 우마이야 왕조는 활발한 정복 활동을 통해 동쪽으로는 북인도와 중앙아시아, 서쪽으로는 이베리아반도까지 영역을 확장하였다. 그러나 아랍인 우대 정책을 펼쳐 비아랍인들의 불만을 샀다.

13 진시황제

다음 글을 읽고 물음에 답하시오.

> ____(가)____ 이/가 이사의 건의를 승인하고 시, 서 및 백가의
> 저서를 몰수하여 불태우고[분서] .... (이듬해) 법령을 어긴 것
> 으로 판명된 460여 명을 붙잡아 모두 센양(함양)에 파묻어 죽
> 였다[갱유].
> – 사마천, 「사기」 –

(1) (가)에 들어갈 황제를 쓰시오.

답 진시황제

(2) (가) 황제가 실시했던 정책을 <u>두 가지</u> 이상 서술하시오.

모범답안 전국을 36군으로 나누고 그 밑에 현을 두어 직접 관리를 파견하는
군현제를 시행하였다. 각지에서 다양하게 사용하던 화폐, 도량형, 문자를 통일하
였다. 흉노가 침입하는 것을 막기 위해 만리장성을 축조하였다. 광둥 지방과 베트
남 북부까지 영토를 넓혔다. 등

출제 의도 파악하기

분서갱유가 진시황제 때 일어난 사건임을 파악하고, 진시황제
의 정책에 대해 구체적으로 이해한다.

문제 해결 Point 쏙쏙

- 분서갱유: 실용 서적 이외에 책, 특히 유가 서적을 불태우고
  (분서), 법령을 어긴 유생을 파묻어 죽인(갱유) 사건으로, 진
  시황의 사상 탄압에 해당함
- 이사: 진시황의 신하로, 전국 시대 6국을 소멸시키고 중국을
  통일하는 데 큰 역할을 하였으며, 통일 이후에도 중앙 집권
  체제를 강화시키는 여러 방안을 제안함. 군현제, 분서갱유 등
  을 건의함

개념 진시황제는 늘어난 영토와 백성을 다스리기 위해 각종 중앙 집
권 정책을 추진하였다. 전국을 군으로 나누고 그 밑에 현을 설치
해서 관리를 파견해 황제가 직접 지방을 통치하는 군현제를 실
시하였고, 각지에서 다양하게 사용되어 불편함이 있던 화폐, 도
량형, 문자를 통일하였다.

14 아테네의 민주 정치

다음 글을 읽고 물음에 답하시오.

> 권력이 소수의 수중에 있지 않고 전 시민에게 있기 때문에
> <u>우리</u>의 정치 제도를 민주 정치라고 부릅니다. …… 공직에 임
> 명할 때 그것은 그가 어느 특정한 계층에 속해 있기 때문이
> 아니라, 그가 갖고 있는 실질적인 능력 때문입니다. 국가에
> 대하여 유익한 봉사를 할 수 있는 자라면 누구든지 빈곤 때문
> 에 정치적으로 햇빛을 보지 못하는 일이 없습니다. …… <u>우리</u>
> 는 민회에서 정책을 결정하거나 적절한 토론에 부칩니다.
> – 투키디데스, 「역사」 –

(1) 밑줄 친 '우리'에 해당하는 폴리스는?

답 아테네

(2) 밑줄 친 '우리'의 민주 정치와 현대 사회의 민주 정치의 차
이점을 <u>두 가지</u> 이상 서술하시오.

모범답안 아테네의 민주 정치는 시민이 정치에 참여하는 직접 민주 정치이나,
현대의 민주 정치는 투표를 통해 정치에 참여할 대표를 뽑는 간접 민주 정치이다.
또 아테네의 민주 정치는 20세 이상의 남성만 참여할 수 있으나, 현대에는 일정
나이 이상의 남녀 국민 모두가 정치에 참여할 수 있다.

출제 의도 파악하기

아테네의 민주 정치와 현대 사회의 민주 정치의 차이점을 비
교하여 설명할 수 있다.

문제 해결 Point 쏙쏙

- 전 시민에게 권력이 있는 민주 정치: 아테네의 민주 정치의 특
  징을 잘 나타내고 있는 부분, 아테네의 시민은 누구나 민
  회에 출석하여 국가의 중요 정책을 토론과 투표로 결정
  할 수 있었음
- 민회: 시민들이 직접 참여하여 폴리스의 중요 사안을 논
  의하고 결정하던 정치 기구

개념 아테네의 시민은 누구나 직접 정치에 참여할 수 있었다. 페리클
레스는 펠로폰네소스 전쟁 전사자에 대한 추도 연설에서 이와
같은 아테네의 민주 정치를 자랑스럽게 여겼다. 이는 투표를 통
해 정치에 참여할 대표를 뽑은 간접 민주 정치의 형태를 보이는
오늘날의 민주 정치와는 다른 부분이다. 그러나 아테네에서의
시민은 20세 이상의 남성으로 한정지었기 때문에 여성, 외국인,
노예 등은 정치에 참여할 수 없었다.

15 불교의 등장

다음 글을 읽고 물음에 답하시오.

> 고타마 싯다르타는 기원전 563년 인도의 한 작은 왕국의 왕자로 태어났다. 그는 왕자로서 풍족하게 생활했지만 궁궐 밖으로 나가 병에 들어 괴로워하는 사람과 늙어서 기운이 없는 사람, 죽어서 화장터로 옮겨지는 사람들을 보고 생로병사의 고통을 깨닫게 되었다.
>
> 결국 그는 인간을 괴롭히는 고통에서 벗어나기 위해 수행을 떠났고 보리수 나무 아래에서 깨달음을 얻게 되었다. 이후 그는 ___(가)___ 을/를 창시하였다.

(1) (가)에 들어갈 종교를 쓰시오.

[답] 불교

(2) (가) 종교를 크샤트리아와 바이샤가 지지했던 이유를 (가) 종교의 교리와 연관지어 서술하시오.

[모범답안] 불교는 권위주의와 신분 차별에 반대하고 평등과 자비를 강조하였다. 이러한 교리는 카스트제와 브라만교의 권위주의에 불만을 품고 있던 크샤트리아와 바이샤 계급의 지지를 받았다.

[출제 의도] [파악하기]

불교가 크샤트리아와 바이샤의 지지를 얻은 이유를 교리와 연관지어서 파악한다.

[문제 해결] **Point 쏙쏙**

- 고타마 싯다르타: 불교의 창시자, 인도 북부의 샤카족이 세운 작은 나라의 왕자로 윤회의 맥을 끊고 해탈하고자 속세를 떠나 출가하였음. 당시 출가자의 수행 방법이었던 고행을 통해 깨달음을 얻으려 했지만 실패함. 보리수 나무 아래에서 49일 동안 명상을 한 끝에 스스로 진리를 깨달음.
- 크샤트리아: 카스트 제도의 제2 계급, 왕족과 무사 계급으로 정치와 군사 업무를 담당하였음. 인도 북부의 각국 사이에 전쟁이 잦아지면서 지위가 올라갔으나 제1 신분인 브라만 위주의 사회에 불만이 있었음
- 바이샤: 카스트 제도의 제3 계급, 평민으로 농업, 상공업에 종사함. 당시 인도에서 농업 생산력이 향상하고 상업과 수공업이 발달하며 성장하였으나 엄격한 카스트제에 대한 불만이 커짐

[용어] 생로병사: 태어나고, 늙고, 병들고, 죽음. 불교에서 말하는 사람이 반드시 겪게 되는 네 가지 고통

[개념] 고타마 싯다르타가 인간의 고통은 욕심에서 비롯되며 누구나 욕심을 버리고 수행하면 고통에서 벗어날 수 있다고 깨달아 창시한 종교는 불교이다. 불교는 인간 평등을 주장했기 때문에 카스트제와 브라만교에 불만을 가졌던 바이샤와 크샤트리아의 지지를 얻을 수 있었다.

16 아라베스크 무늬와 이슬람교

다음에 제시된 무늬의 명칭을 쓰고, 이와 같은 무늬가 이슬람 문화권에서 발달한 까닭을 이슬람교의 교리와 연관지어 서술하시오.

[모범답안] 아라베스크 무늬이다. 이슬람교는 우상 숭배를 금지하였기 때문에 장식 안에 인간이나 동물 등의 형상을 피해야만 했다. 따라서 기하학적 모양이나 식물 모양의 아라베스크 무늬가 발달하였다.

[출제 의도] [파악하기]

아라베스크 무늬를 통해 이슬람교의 교리를 이해한다.

[문제 해결] **Point 쏙쏙**

- 아라베스크 무늬: 이슬람 미술에서 흔히 볼 수 있는 복잡한 장식 무늬, 특히 덩굴과 같은 식물이 뒤얽힌 모양을 아름답게 구성한 무늬라든가 복잡한 기하학적 무늬, 아라비아 글자를 아름답게 무늬화하여 꾸민 것들이 이에 해당함. 모스크의 장식 무늬나 책표지, 공예품 등에 사용되었음

[개념] 이슬람 문화권에서는 우상 숭배의 위험성을 이유로 인간과 동물의 형상을 조각이나 그림으로 남기는 등의 행위를 엄격히 금지하였다. 이에 따라 특별히 어떤 대상을 그린 것처럼 보이지 않도록 기하학적 문양, 식물 덩굴 모양, 글자 등을 형상화하여 장식하는 아라베스크 무늬를 사용하였다.

1 ⑤	**2** ④	**3** ②	**4** ②	**5** ②	**6** ②	**7** ①	**8** ⑤	**9** ②	**10** ②
11 ⑤	**12** 해설 참조		**13** 해설 참조		**14** 해설 참조		**15** 해설 참조		

1 농노의 신분

(가)에 들어갈 신분에 대한 설명으로 옳은 것만을 ⌐보기⌐에서 고른 것은?

봄	여름	가을	겨울

▲ 쟁기질과 포도 나무 가지치기	▲ 밀 수확과 양 털 깎기	▲ 포도 수확	▲ 나무하기

이처럼 (가) 은/는 각 달마다 해야 할 노동이 각각 정해져 있었습니다.

┌ 보기 ┐
ㄱ. 집을 소유하거나 결혼할 수 없었다.
ㄴ. 자신보다 세력이 강한 농노를 주군으로 삼았다.
ㄷ. 영주에게 예속되어 거주 이전의 자유가 없었다.
ㄹ. 장원 내 여러 시설의 사용료를 비롯한 세금을 부담하였다.

① ㄱ, ㄴ   ② ㄱ, ㄷ   ③ ㄱ, ㄹ
④ ㄴ, ㄹ   ⑤ ㄷ, ㄹ

출제 의도 파악하기

중세 서유럽 농노 신분의 특징을 파악한다.

문제 해결 Point 쏙쏙

• 농노의 의무: 제시된 그림 속 영주의 성과 그 옆에 딸린 직영지에서 일하는 농민의 모습을 통해 중세 서유럽 농노임을 추측할 수 있음. 농노는 일주일에 2~4일을 영주 직영지에서 일해야 하고, 영주가 주도하는 각종 건축에 동원되기도 하였음. 곡물이나 치즈, 돼지고기 등의 현물 지대를 내고 인두세와 상속세 등 세금을 내야 했음. 공용 맷돌이나 화덕, 방앗간 등을 강제로 사용하고 사용료를 내야 했음

용어 거주 이전의 자유: 각자가 원하는 장소에 거주하고, 이를 자유롭게 옮길 수 있는 자유

개념 장원의 농민은 대부분 농노였다. 농노는 고대의 노예와 달리 집을 소유하고 결혼할 수 있었다. 그러나 이들은 영주에게 예속되어 거주 이전의 자유가 없었고 각종 세금 및 장원 내 시설 사용료를 내야 했다.

선택지 바로 알기

ㄱ. 집을 소유하거나 결혼할 수 없었다.
고대 노예에 대한 설명이다.

2 카노사의 굴욕

다음 교서가 직접적인 배경이 되어 발생한 사건은?

> 그레고리우스 7세의 교서
>
> 9. 군주들은 오직 교황에게만 그 발에 입 맞춘다.
> 11. 교황직은 세계에서 유일한 것이다.
> 12. 교황은 황제를 파문할 권리를 가진다.
> 19. 어느 누구도 교황을 재판할 수 없다.

① 백년 전쟁

② 아비뇽 유수

③ 십자군 전쟁

④ 카노사의 굴욕

⑤ 동서 교회의 분열

카노사의 굴욕이 일어난 배경을 파악한다.

문제 해결 Point 쏙쏙

• 그레고리우스 7세: 로마 교황의 권위를 강화시킨 인물, 교회 개혁 운동에 앞장서고 있던 클뤼니 수도원에서 교육을 받았으며 세속 권력에 대한 교황권 우월, 교회 통일, 성직자 규율 확립, 세속 권력의 성직자 임명권 엄금 등의 개혁 조치를 취함. 황제권의 위협을 느낀 신성 로마 제국의 하인리히 4세와 대치하여 '카노사의 굴욕' 사건을 이끌어 냄

용어 파문: 가톨릭 신도로서의 자격을 빼앗고 교회 공동체에서 내쫓는 일

개념 교황 그레고리우스 7세가 세속 군주의 성직자 임명권을 인정하지 않음으로서 신성 로마 제국의 황제 하인리히 4세와 갈등하였으나, 하인리히 4세가 교황에게 용서를 빌며(카노사의 굴욕) 마무리되었다.

3 십자군 전쟁의 배경

(가), (나)에 들어갈 나라에 대한 설명으로 옳은 것은?

> 11세기 말 이슬람 세력인 [(가)]이/가 예루살렘을 점령한 후 [(나)]을/를 위협하자, [(나)]의 황제는 로마 교황에게 도움을 요청하였다. 교황은 클레르몽 공의회에서 성지 예루살렘을 탈환해야 한다고 호소하였고, 제후와 기사, 상인, 농민 등이 호응하면서 십자군 전쟁이 시작되었다.

① (가) – 몽골 제국의 재건을 내걸고 건국되었다.

② (가) – 아바스 왕조로부터 '술탄'이라는 칭호를 받았다.

③ (나) – 13세기 후반 오스만족이 소아시아 지역에서 건국하였다.

④ (나) – 카롤루스 대제 때 전성기를 맞이하였다.

⑤ (나) – 첨탑과 스테인드글라스를 특징으로 하는 고딕 양식이 유행하였다.

출제 의도 파악하기

십자군 전쟁의 배경을 파악한다.

문제 해결 Point 쏙쏙

• 셀주크 튀르크((가)에 해당함): 아바스 왕조가 약화되면서 성장했던 이슬람 세력, 11세기경 바그다드를 점령하고 '술탄'이란 칭호를 받음. 예루살렘을 정복하고 비잔티움 제국을 위협하여 십자군 전쟁을 유발함.

• 비잔티움 제국((나)에 해당함): 로마가 동서로 분열된 후, 서로마 제국은 게르만족에 의해 멸망되었으나 동로마 제국은 후 약 천 년간 지속되었는데 이를 비잔티움 제국이라고 함. 11세기 말 셀주크 튀르크의 침입으로 소아시아 지역을 빼앗김

• 클레르몽 공의회: 1095년 11월 18일 '제1회 십자군' 계획을 위해 로마 교황 우르바누스 2세가 소집한 회의

개념 셀주크 튀르크는 아바스 왕조로부터 '술탄'이라는 칭호를 받고 정치적 권한을 위임받아 이슬람 세계를 통합하였다.

선택지 바로 알기

① (가) – 몽골 제국의 재건을 내걸고 건국되었다.

티무르 제국에 대한 설명이다.

③ (나) – 13세기 후반 오스만족이 소아시아 지역에서 건국하였다.

오스만 제국에 대한 설명이다.

④ (나) – 카롤루스 대제 때 전성기를 맞이하였다.

프랑크 왕국에 대한 설명이다.

⑤ (나) – 첨탑과 스테인드글라스를 특징으로 하는 고딕 양식이 유행하였다.

중세 서유럽 세계에 대한 설명이다.

4 금의 성장

(가), (나)에 대한 설명으로 옳은 것은?

① (가) – 거란족의 야율아보기가 세운 나라이다.

② (가) – 요를 멸망시킨 후 송을 공격하였다.

③ (나) – 재정과 경제 분야의 실무를 색목인에게 담당시켰다.

④ (나) – 홍건적의 난으로 쇠퇴하였다.

⑤ (가), (나) – 모두 북방 민족이 건국한 나라이다.

출제 의도 파악하기

금의 영역과 남송의 영역을 파악하고, 요, 금, 송, 원 등 중국의 왕조를 구분할 수 있다.

문제 해결 Point 쏙쏙

• 금((가)에 해당): 여진족이 건국한 나라로, 중도(베이징, 연경)를 수도로 하였음. 송과 동맹을 맺어 요를 멸망시키고 이후 송을 공격해 화북 지방을 차지함

• 남송((나)에 해당): 송이 화북 지방을 금에 빼앗기고 강남으로 쫓겨났던 시기, 임안(항저우)을 수도로 삼음

개념 금은 여진족의 아구타가 세운 나라로 송과 연합해 요를 공격하여 멸망시킨 후 송을 공격하였다. 이후 중국 전체를 차지한 원은 몽골 제일주의를 내세워 여러 민족을 지배하였는데, 몽골인과 색목인을 우대하고 한인과 남인을 차별하였다.

선택지 바로 알기

① (가) – 거란족의 야율아보기가 세운 나라이다.

요에 대한 설명이다.

④ (나) – 홍건적의 난으로 쇠퇴하였다.

원에 대한 설명이다.

⑤ (가), (나) – 모두 북방 민족이 건국한 나라이다.

송은 한족이 세운 나라이다.

5 원의 중국 지배

쿠빌라이 칸과의 가상 인터뷰 내용이다. 빈칸에 들어갈 내용으로 옳은 것만을 |보기|에서 고른 것은?

기자: 북방 민족으로서는 최초로 중국 전역을 지배하셨어요. 중국 내 다양한 민족을 어떤 방식으로 지배하셨는지 궁금합니다.

쿠빌라이 칸: [   ]

보기

ㄱ. 몽골 제일주의를 내세워 여러 민족을 지배했어요.

ㄴ. 이갑제를 실시하여 향촌 사회 내 민족들을 통치했어요.

ㄷ. 마지막까지 저항했던 남송 지배하의 한족을 남인으로 분류했어요.

ㄹ. 적극적인 한화 정책을 실시해 한족과 융합될 수 있도록 하였어요.

① ㄱ, ㄴ   ② ㄱ, ㄷ   ③ ㄱ, ㄹ

④ ㄴ, ㄹ   ⑤ ㄷ, ㄹ

출제 의도 파악하기

원이 중국을 지배했던 방식을 이해한다.

문제 해결 Point 쏙쏙

• 북방 민족으로서 최초로 중국 전역 지배: 쿠빌라이 칸의 업적으로, 1276년 남송을 멸망시키고 중국을 통일하여 한족이 아닌 북방 민족으로서는 최초로 중국 전역을 지배함

• 쿠빌라이 칸: 몽골 제국 5대 칸이자 원의 시조, 칭기즈 칸의 손자, 수도를 대도(베이징)로 옮기고 국호를 원으로 고침

개념 중국을 차지한 원은 몽골 제일주의를 내세워 여러 민족을 차등적으로 대우하며 지배하였다. 특히 마지막까지 원에 저항했던 남송의 한족을 가장 차별하였다.

선택지 바로 알기

ㄴ. 이갑제를 실시하여 향촌 사회 내 민족들을 통치했어요.

명에 대한 설명이다.

ㄹ. 적극적인 한화 정책을 실시해 한족과 융합될 수 있도록 하였어요.

북위에 대한 설명이다.

6 명의 특징

(가)에 들어갈 왕조에 대한 설명으로 옳은 것은?

(가) 왕조가 기존에 고수하던 해금 정책을 완화하자, 서양 선교사들이 중국에 들어오기 시작했습니다. 대표적인 선교사인 마테오 리치는 (가) 말기에 여러분이 보시는 이 세계 지도인 『곤여만국전도』를 만들었습니다.

① 누르하치가 여진족을 통일하고 세운 나라이다.
② 이갑제를 실시해 지방 향촌 사회를 통치하였다.
③ 다수의 한족을 다스리기 위해 회유책과 강압책을 병행하였다.
④ 우주의 원리와 인간의 본성을 연구하는 성리학이 등장하였다.
⑤ 유교 지식을 갖춘 사대부가 지배층으로서 사회를 주도하였다.

명대의 대외 교류 내용, 특히 마테오 리치의 『곤여만국전도』를 알고 명의 특징을 파악할 수 있다.

문제 해결 Point 쏙쏙

• 마테오 리치: 이탈리아의 예수회 선교사로 중국에 최초로 선교한 인물임. 중국에서 전교하기 위해서 서양의 학술을 중국어로 번역하였음. 저서인 『천주실의』는 한국의 천주교 성립에 결정적인 영향을 주었음
• 『곤여만국전도』: 마테오 리치가 1602년 이지조와 함께 중국에서 제작해 목판으로 찍어 낸 세계 지도, 중국이 세계의 중심이라고 믿었던 중국인에게 커다란 충격을 주었음

개념 명은 홍무제 때 이갑제를 실시하여 향촌을 통치하였다. 이갑제는 110호(집)를 1리로 묶고 그중 10호를 이장호, 100호를 갑수호로 삼아 이장이 돌아가면서 세금 징수와 치안 유지의 책임을 졌다.

선택지 바로 알기

① 누르하치가 여진족을 통일하고 세운 나라이다.
후금(청)에 대한 설명이다.

③ 다수의 한족을 다스리기 위해 회유책과 강압책을 병행하였다.
청에 대한 설명이다.

④ 우주의 원리와 인간의 본성을 연구하는 성리학이 등장하였다.
송에 대한 설명이다.

⑤ 유교 지식을 갖춘 사대부가 지배층으로서 사회를 주도하였다.
송에 대한 설명이다.

7 명·청 교체와 화이론의 변화

동아시아 각국의 세계관이 다음과 같이 변하게 된 계기로 옳은 것은?

> • 오직 우리나라만이 한쪽 구석에 치우쳐 있어서 홀로 예를 간직한 나라가 되었으니, …… 공자께서 다시 태어나면 반드시 뗏목을 타고 동쪽 우리나라로 올 것이다.
>
> – 송시열, 「송자대전」 –
>
> • 중원에 태어났다고 하여 중화가 되는 것이 아니며 변방에 태어났다고 하여 중화가 될 수 없는 것도 아니다. …… 그러하니 태어난 곳이 중원이냐 아니냐를 가지고 중화인과 오랑캐를 구별할 수 있겠는가.
>
> – 옹정제, 「대의각미록」 –

① 명이 멸망하고 청이 발전하였다.

② 고려가 멸망하고 조선이 건국되었다.

③ 도요토미 히데요시가 일본을 통일하였다.

④ 청이 최초의 근대적 조약인 네르친스크 조약을 맺었다.

⑤ 명이 정화의 원정을 통해 명 중심의 국제 질서를 확대하였다.

출제 의도 **파악하기**

명·청 교체 이후 동아시아 각국의 세계관이 변화한 양상을 알 수 있다.

문제 해결 **Point 쏙쏙**

• 공자께서 … 우리나라로 올것이다: 조선인 송시열이 조선이 중화의 계승자임을 주장하는 부분으로, 명의 멸망 이후 소중화주의가 조선에서 싹트고 있음을 확인할 수 있음

• 변방에 태어났다고 하여 중화가 될 수 없는 것은 아니다: 오랑캐라고 하더라도 천명을 받으면 중화가 될 수 있다고 주장하며 만주족의 중국 지배를 합리화하고 있음

용어 **중화**: 세계 문명의 중심이란 뜻으로 중국인(한족)이 자기 나라를 이르는 말

개념 청이 중국을 지배하게 되면서 동아시아 각국이 각자 자신의 나라가 중화라고 여기게 되었다. 조선에서는 명이 멸망하였으므로 진정한 중화는 조선밖에 없다고 여겼으며, 청은 혈통 중심의 화이사상을 부정하고 만주족이 중화가 될 수 있음을 주장하였다. 일본에서도 정권의 안정을 기반으로 자국을 세계의 중심에 두는 일본형 화이사상이 등장하였다.

8 막부 정권의 발전

(가) 시기에 있었던 일을 ┃보기┃에서 고른 것은?

| 천황이 수도를 헤이안쿄로 옮겼다. | ⇨ | (가) | ⇨ | 전국 시대가 시작되었다. |

┌ 보기 ┐

ㄱ. 다이카 개신이 단행되었다.

ㄴ. 나가사키를 개방해 네덜란드 상인과 교역하였다.

ㄷ. 무로마치 막부와 명이 책봉─조공 관계를 맺었다.

ㄹ. 천황은 형식적 지위만 유지하고 쇼군이 실질적 통치자가 되었다.

① ㄱ, ㄴ   ② ㄱ, ㄷ   ③ ㄱ, ㄹ

④ ㄴ, ㄹ   ⑤ ㄷ, ㄹ

출제 의도 **파악하기**

일본 막부 정권의 변천 과정을 이해한다.

문제 해결 **Point 쏙쏙**

• 헤이안쿄 천도: 일본이 수도를 헤이조쿄에서 헤이안(교토)쿄로 옮기면서, 헤이안 시대가 시작되었음

• 전국 시대: 무로마치 막부가 내분으로 쇠퇴하면서 각 지방의 다이묘들이 서로 세력을 다투었던 시대

개념 (가)는 헤이안 시대 이후부터 전국 시대 이전까지를 가리킨다. 이 시기에는 쇼군이 실질적 통치자가 되는 막부 정권이 등장하였다. 최초의 막부인 가마쿠라 막부가 쇠퇴한 후 무로마치 막부가 등장해 명과 외교 관계를 맺었다.

선택지 **바로 알기**

ㄱ. 다이카 개신이 단행되었다.

헤이안 시대 이전의 일이다.

ㄴ. 나가사키를 개방해 네덜란드 상인과 교역하였다.

전국 시대 이후인 에도 막부 시대의 일이다.

9 에도 막부의 특징

(가) 막부에 대한 설명으로 옳은 것을 | 보기 |에서 고른 것은?

 이 그림은 일본에 간 조선 통신사를 그린 것이다. 막부의 쇼군이 바뀔 때마다 파견된 통신사는 일본의 입장에서 보면 쇼군의 지위를 국제적으로 인정받을 뿐 아니라 조선의 선진 문물을 받아들일 수 있는 좋은 기회였다. 조선 통신사는 임진왜란 때 잠시 중단되었으나, (가) 막부가 세워진 후 일본이 국교 재개를 요청하며 다시 파견되었다. 조선 입장에서는 임진왜란 이후 일본의 군사적 동태를 살필 수 있는 기회였다. 260여 년간 10여 회에 걸쳐 꾸준히 전개된 조선 통신사 외교는 평화적 한일 관계를 보여 주는 좋은 사례라고 할 수 있다.

| 보기 |

ㄱ. 산킨코타이 제도를 실시하여 다이묘를 통제하였다.
ㄴ. 『고사기』, 『일본서기』 등의 역사서가 편찬되었다.
ㄷ. 교토와 오사카를 중심으로 조닌 문화가 발달하였다.
ㄹ. 일본 고유의 색채를 띤 귀족적인 국풍 문화가 발달하였다.

① ㄱ, ㄴ ② ㄱ, ㄷ ③ ㄴ, ㄷ
④ ㄴ, ㄹ ⑤ ㄷ, ㄹ

출제 의도 파악하기

에도 막부의 정치와 문화의 특징을 파악한다.

문제 해결 Point 쏙쏙

• 조선 통신사: 조선에서 일본에 파견한 외교 사절, 조선 태종 때 처음 파견하였으나 임진왜란 이후 끊어졌고 도쿠가와 이에야스가 에도 막부를 세우며 외교 관계가 재개되면서 다시 파견되었음. 조선 통신사는 막부의 새로운 쇼군을 축하하는 사절의 역할을 하였음. 일본은 쇼군이 바뀔 때마다 정통성을 과시하기 위해 통신사 파견을 요청하였으며, 조선은 통신사를 통해 일본의 군사적 동태를 파악하고 외교 관계를 잘 정립해 평화를 유지하려 하였음

개념 에도 막부는 지방의 다이묘에게 정기적으로 직접 쇼군을 알현하고 그 가족을 인질로 에도에 머물도록 하는 산킨코타이 제도를 실시하여 다이묘를 통제하였다. 다이묘들이 에도와 영지를 왕래하면서 중앙과 지방의 교류가 활성화되고 교통로의 정비와 상업의 발달이 촉진되기도 하였다. 상공업과 도시가 발달하면서 조닌(도시에 거주하는 상공업자)을 중심으로 하는 조닌 문화가 발달하였다.

선택지 바로 알기

ㄴ. 『고사기』, 『일본서기』 등의 역사서가 편찬되었다.
나라 시대에 대한 설명이다.

ㄹ. 일본 고유의 색채를 띤 귀족적인 국풍 문화가 발달하였다.
헤이안 시대에 대한 설명이다.

10 오스만 제국

밑줄 친 '이 제국'에 대한 설명으로 옳은 것은?

> 수많은 유대인들이 16세기에 <u>이 제국</u>에 정착하였다. 또 정통 교회의 박해를 피한 비정통 크리스트교 집단들도 <u>이 제국</u>의 영토에서 피난처를 찾았다. 제국에서는 이들 비이슬람교도들에게 일정한 세금을 내면 공동체 생활을 유지하도록 허용하였다. 그 영향으로 제국의 지배가 끝날 때까지 발칸의 여러 민족들은 자신의 종교, 언어, 문화 등을 유지할 수 있었다.
> – 버나드 루이스, 「중동의 역사」 –

① 예루살렘을 정복하였다.
② 비잔티움 제국을 멸망시켰다.
③ 힌두·이슬람 문화가 발달하였다.
④ 이란 지역에 이스마일 1세가 건국한 나라다.
⑤ 수도 사마르칸트가 동서 무역의 중심지로 번영하였다.

출제 의도 파악하기

오스만 제국의 관용 정책을 파악한다.

문제 해결 Point 쏙쏙

• 비이슬람교도들에게 세금을 내면 공동체 생활을 유지하도록 허용함: 오스만 제국의 관용 정책에 해당함. 오스만 제국은 밀레트 제도를 시행하여 이슬람교도가 아니어도 인두세만 내면 그들의 신앙을 인정해 주고 자치 공동체를 허용하였음

개념 오스만 제국은 메흐메트 2세 때 비잔티움 제국을 멸망시키고 콘스탄티노폴리스(이스탄불)를 오스만 제국의 수도로 삼았다 (1453).

선택지 바로 알기

① 예루살렘을 정복하였다.
셀주크 튀르크에 대한 설명이다.

③ 힌두·이슬람 문화가 발달하였다.
무굴 제국에 대한 설명이다.

④ 이란 지역에 이스마일 1세가 건국한 나라다.
사파비 왕조에 대한 설명이다.

⑤ 수도 사마르칸트가 동서 무역의 중심지로 번영하였다.
티무르 왕조에 대한 설명이다.

11 신항로 개척의 결과

'신항로 개척의 결과'를 주제로 한 수업의 노트 필기이다. ㉠~㉤ 중 역사적 사실과 맞지 <u>않는</u> 내용이 포함된 것은?

> 신항로 개척의 결과
> • 유럽 사회에 ㉠ 아메리카 대륙의 새로운 작물이 전래됨
>   → 대표적인 예: ㉡ 감자, 고구마, 토마토 등
> • ㉢ 유럽인이 아메리카 대륙에 진출하여 대농장을 운영함
>   → ㉣ 아메리카에 아프리카 흑인 노예를 유입해 노동시킴
> • ㉤ 아메리카 금, 은이 유럽에 유입되어 물가 하락을 초래함

① ㉠   ② ㉡   ③ ㉢   ④ ㉣   ⑤ ㉤

출제 의도 파악하기

신항로 개척의 결과를 이해한다.

문제 해결 Point 쏙쏙

• 아메리카에 아프리카 흑인 노예를 유입: 아메리카에 진출한 유럽인이 대농장과 광산을 아메리카 원주민 노동력을 활용해 경영하였으나, 가혹한 노동과 전염병 등으로 원주민의 인구가 크게 감소하자 아프리카 대륙의 흑인 노예를 데려와 대신 노동시킴. 이로써 유럽, 아메리카, 아프리카를 잇는 삼각 무역이 성립함
• 아메리카 금, 은이 유럽에 유입: 아메리카 대륙에서 채굴된 금과 은이 유럽에 들어옴에 따라 화폐 가치가 하락하는 결과를 가져왔고 이로 인해 유럽의 물가가 급격히 상승하게 되었음

개념 유럽에서는 아메리카 대륙으로부터 막대한 양의 금과 은이 유입되어 물가가 크게 상승하였는데 이를 가격 혁명이라 한다. 이에 따라 상공업과 금융업이 크게 발달하였고 주식회사와 같은 근대적 기업이 등장하였다. 이는 유럽의 자본주의가 발달할 수 있는 토대가 되었다. 이를 상업 혁명이라고 한다.

12 프랑크 왕국의 특징

지도에 표시된 민족 중 왕국을 가장 오래 유지한 민족을 쓰고, 그 이유를 서술하시오.

모범답안 프랑크족, 원래 거주지로부터 이동거리가 짧았으며 클로비스가 크리스트교로 개종해 로마 교회의 지지를 얻을 수 있었기 때문이다.

모범답안 이탈리아에는 고대 로마의 유산이 많이 남아 있었기 때문이야. 이탈리아는 지중해 무역으로 경제적 번영을 누렸기 때문이야. 비잔티움 제국의 많은 학자가 이주하여 고전 문화 연구가 활발했기 때문이야. 등

13 르네상스의 발생 배경

다음을 보고 제시된 물음에 답하시오.

(가)에서 발생한 르네상스의 대표작이야. 인체의 아름다움을 사실적으로 묘사한 것이 아주 인상적이야.

그러고 보니 고대 그리스, 로마의 인간 중심적 문화를 연구하여 부흥시키려 했던 르네상스 운동의 시작지가 바로 (가)(이)라지? 왜 (가)에서 시작된 걸까?

그 이유는 (나)

(1) (가)에 들어갈 나라를 쓰시오.

답 이탈리아

(2) (나)에 들어갈 내용을 두 가지 이상 서술하시오.

출제 의도 파악하기

게르만족 중 프랑크족이 세운 프랑크 왕국이 오래 유지되었던 이유를 파악한다.

문제 해결 Point 쏙쏙

• 훈족: 중앙아시아 초원 지대에 거주하고 있었던 튀르크계열로 추정되는 민족, 유럽으로 이동해 게르만족을 압박하여 동고트족을 시작으로 한 게르만족의 대규모 이동을 유발하였음. 이 과정에서 서로마 제국이 멸망함
• 프랑크족: 게르만족 중 하나로, 예전 거주지를 버리지 않고 팽창, 발전하는 형태를 취하며 이동함. 또한 아리우스파가 아닌 로마 가톨릭으로 개종하여 로마인과 로마 교회의 지지를 얻을 수 있었음. 메로빙거 왕조의 클로비스가 통일 왕권을 수립해 프랑크 왕국을 건설함

개념 게르만족 중 하나인 프랑크족이 갈리아 지방에 세운 프랑크 왕국은 게르만의 다른 왕족과 달리 오래 유지되었다. 원래 거주지에서 멀지 않은 지역에 정착했을 뿐더러 일찍부터 크리스트교를 받아들여 로마인과 융합하고 로마 교회의 협력을 얻을 수 있었기 때문이다. 카롤루스 마르텔, 피핀 등이 로마 교회를 지지하고 보호하며 교황과 좋은 관계를 유지했으며, 카롤루스 대제는 로마 교황에게 서로마 황제의 관을 받기도 하였다.

출제 의도 파악하기

르네상스가 이탈리아에서 시작된 배경을 설명할 수 있다.

문제 해결 Point 쏙쏙

• 미켈란젤로의 『다비드상』: 르네상스 시대를 대표하는 이탈리아의 예술가 미켈란젤로의 대리석 조각 작품, 골리앗에 대적하는 소년 영웅 다비드를 표현한 작품. 육체의 아름다움과 힘을 생생히 표현하였음
• 레오나르도 다빈치의 『모나리자』: 르네상스 시대를 대표하는 이탈리아의 화가 레오나르도 다빈치의 대표작으로 피렌체의 부호 프란치스코 델 조콘다의 부인을 그렸음. 신비롭고 아름다운 미소로 유명함

개념 르네상스는 '부활', '재생'을 뜻하는 말로, 고대 그리스·로마 문화의 가치를 재발견하려는 문예 부흥 운동이었다. 이탈리아는 고대 로마의 유산이 많이 남아 있었고, 지중해 무역으로 경제적 번영을 누렸으며, 비잔티움 제국의 학자들이 이주하였기 때문에 고전 문화의 연구가 활발하여 르네상스가 발달하였다.

14 북방 민족의 고유 문자

다음과 같이 고유 문자를 만들어 사용했던 북방 민족을 두 개 이상 쓰고, 고유 문자를 사용했던 이유를 서술하시오.

모범답안 거란, 여진, 서하, 몽골 등이 있으며, 고유 문자를 사용한 이유는 한족 문화에 동화되는 것을 막고 독자적인 문화와 풍속을 유지하기 위함이었다.

출제 의도 파악하기

고유 문자를 사용했던 북방 민족을 파악하고, 고유 문자를 사용했던 이유를 설명한다.

문제 해결 Point 쏙쏙

· 거란 문자: 거란어를 표현하기 위해 요가 만든 문자, 한자의 모양과 원리를 참고해서 만든 거란의 고유 문자로 한족 문화와 대등한 거란의 문화를 세우고자 하는 취지에서 만들어짐
· 서하 문자: 서하가 탕구트인의 언어인 서하어를 표기하기 위해 만든 고유 문자로 한자의 영향을 받았음
· 여진 문자: 금이 여진어를 표현하기 위해 만든 고유 문자로 기본적으로는 한자 모양을 본뜨고 거란 문자를 참조하여 만듦

개념 제시된 문자는 왼쪽에서부터 거란 문자, 서하 문자, 여진 문자이다. 북방 민족은 자신만의 문자를 만들어 사용함으로서 한족에게 동화되지 않고 독자적인 문화와 풍속을 유지하고자 하였다.

15 엘리자베스 1세

다음 가상 인터뷰를 읽고 물음에 답하시오.

> 기자: 오늘은 영국의 대표적인 절대 군주로 손꼽히는 분을 모셨습니다. 안녕하세요?
> (가) : 안녕하세요.
> 기자: '짐은 영국과 결혼하였다!'라는 인상 깊은 말씀을 남기셨죠. 정말 평생을 영국을 위해서 헌신하셨습니다. 에스파냐의 무적함대를 격파하시고 강한 영국을 만드셨구요. 또 이외에 폐하께서 특별히 언급하고 싶은 업적이 있으신가요?
> (가) : 여러 가지가 있지만, 특히 (나)

(1) (가)에 들어갈 인물을 쓰시오.

답 엘리자베스 1세

(2) (나)에 들어갈 내용을 두 가지 이상 서술하시오.

모범답안 모직물 공업 등 상공업을 육성하였습니다. 북아메리카 식민지를 건설하였습니다. 동인도 회사를 설립하여 인도 진출의 발판을 마련하였습니다. 등

출제 의도 파악하기

엘리자베스 1세의 업적을 파악한다.

문제 해결 Point 쏙쏙

· 짐은 영국과 결혼하였다: 영국의 절대 군주 엘리자베스 1세가 남긴 말, 아내와 여자로서의 행복보다는 영국에 전념하여 강력한 영국을 만들겠다는 의지가 담겨 있음
· 무적함대 격파: 펠리페 2세가 육성한 대함대인 무적함대를 수적으로 열세였던 영국 함대가 격파한 사건, 엘리자베스 1세 때의 일이었음. 이를 계기로 에스파냐의 해상 무역권이 영국으로 넘어가고 네덜란드가 독립하게 됨

개념 영국의 엘리자베스 1세는 에스파냐의 무적함대를 격파하며 해상권을 장악하고 해외 시장 개척에 적극적으로 나섰다. 북아메리카에 식민지를 건설하였으며, 동인도 회사를 설립해 인도 진출의 발판을 마련하였다. 또 중상주의 정책을 실시하여 모직물 공업 등 상공업을 육성하였다.

중학전략
역사①
BOOK 2

정답과 해설

정답과 해설 BOOK 2

1주 Ⅳ 제국주의 침략과 국민 국가 건설 운동

1일 개념 돌파 전략 ❶ 8~11쪽

1강_시민혁명 ~ 자유주의와 민족주의

Q1 구제도의 모순 **Q2** 차티스트 운동

1-1 ㉠ 구제도 ㉡ 제3 **1-2** ②

2-1 비스마르크, (가) **2-2** ③

2강_산업혁명과 제국주의~동아시아의 국민 국가 건설 운동

Q3 사회 진화론 **Q4** 세포이의 항쟁 **Q5** 삼민주의

3-1 ㉠ – 자본, ㉡ – 마르크스 **3-2** ③

4-1 ㉠ – 『쿠란』, ㉡ – 와하브 **4-2** ⑤

5-1 A – 공행, B – 삼각, C – 아편 **5-2** ②

1강_시민혁명 ~ 자유주의와 민족주의

1-1 프랑스 혁명의 배경

제시된 왼쪽의 그림은 프랑스의 신분제인 구제도의 모순을 풍자하는 그림이며, 오른쪽은 당시 프랑스의 신분제를 보여주는 구조도이다. 프랑스는 제1, 2신분이 특권층으로서 세금을 면제받는 면세 특권을 가지고 있었고 정치적으로 참여할 수 있는 권리를 가지고 있었다. 반면 제3신분은 경제적으로 세금을 납부하는 계층이었으나 정치에 참여할 수 있는 권리를 부여받지 못한 상황이었다. 특히 삼부회는 신분별 투표의 의사결정 구조를 가지고 있었기 때문에, 제1, 2신분, 즉 특권층의 의사만 반영되었고 제3 신분의 의사는 반영되지 못하였다. 이러한 구제도의 모순에 반발하여 제3 신분을 중심으로 프랑스 혁명을 일으켰다.

1-2 프랑스 혁명의 과정

구제도의 모순이 원인이 되어 일어난 혁명은 프랑스 혁명이다. 프랑스 혁명은 테니스코트의 서약으로 국민의회가 성립하면서 시작되었다. 국민의회 시기에는 권력의 압제의 상징으로 통한 바스티유 감옥을 습격한 사건이 일어났으며, '인간과 시민에 대한 권리 선언(인권 선언)'을 발표하였다. 이후 국민공회 시기에는 급진파에 해당하는 로베스피에르가 권력을 잡고 공안 위원회와 혁명 재판소를 바탕으로 반혁명 세력을 탄압하는 공포 정치를 실시하였다.

② 보스턴 차 사건은 미국 혁명에 대한 내용이다.

2-1 독일의 통일

지도의 (가)는 독일, (나)는 이탈리아에 해당한다.

비스마르크는 프로이센의 재상으로 독일의 통일을 주도하였던 인물이다. 비스마르크는 자유주의 운동의 영향을 받아 성립된 프랑크푸르트 의회의 통일 방안과 달리 군사를 통한 통일이 중요하다고 판단하였다. 이에 군사비를 늘려 군사력을 확충하는 철혈 정책을 실시하고자 하였다. 강해진 군사력을 바탕으로 프로이센은 오스트리아와의 전투를 통해 북독일 연방을 결성하였고, 프랑스와의 전쟁을 통해 독일 제국을 수립하여 독일의 통일을 완수하게 되었다.

2-2 이탈리아의 통일

지도의 (나) 지역은 이탈리아에 해당한다. 이탈리아의 통일은 카보우르와 가리발디를 중심으로 진행되었다. 카보우르는 사르데냐의 수상으로 북부와 중부 이탈리아의 통일을 주도하였고, 가리발디는 의용군을 중심으로 남부 이탈리아의 통일을 주도하였다.

오답 피하기

ㄱ. 크롬웰은 청교도 혁명 당시 의회파의 수장으로, 찰스 1세의 처형 이후 공화정을 수립하고 독재 정치를 실시하였던 인물이다.

ㄹ. 로베스피에르는 국민 공회에서 급진파를 이끌었던 인물로 반혁명 세력을 탄압하는 공포 정치를 실시하였다.

2강_산업혁명과 제국주의 ~ 동아시아의 국민국가 건설운동

3-1 산업혁명의 영향과 문제점

산업혁명은 가내 수공업에서 공장제 기계 공업으로 생산 양식이 획기적으로 바뀐 현상을 의미한다. 산업혁명이 진행됨에 따라 자본가와 노동자의 계급 분화가 일어났으며, 시장에 의해 수요와 공급, 가격이 결정되는 자본주의 경제 체제가 발달하였다. 이 과정에서 자본가와 노동자 사이의 빈부 격차가 대두되었고, 이를 해결하기 위한 대안으로 마르크스 등이 중심이 되어 생산 수단을 공동으로 소유하고 분배하는 내용의 사회주의 사상이 제시되었다.

3-2 사회주의

마르크스, 오언 등은 자본주의의 노동문제, 빈부 격차 문제 등을 해결하기 위한 대안으로서 사회주의를 제시하였다. 사회주의에서는 생산 수단을 소수의 자본가가 독점함으로써 빈부 격차가 생겨난다고 보았으며, 이러한 빈부 격차의 문제를 해결하기 위해서는 생산 수단을 공동으로 소유하고 생산되는 이익을 공동으로 분배하는 것이 필요하다고 주장하였다.

더 알아보기 | 사회주의 사상

초기 사회주의자 (오언 등)	• 협동 정신에 바탕을 둔 새로운 사회 건설 강조 • 오언(작업 공동체 '뉴 라나크' 건설)
마르크스	• 자본가와 노동자 사이의 계급 투쟁 강조 • 사유 재산 제도가 없는 사회의 건설 주장

4-1 와하브 운동

와하브 운동은 이븐 압둘 와하브를 중심으로 전개된 운동으로, 이슬람교의 경전인 『쿠란』의 가르침을 토대로 이슬람교 본래의 순수성을 회복하고자 한 운동이다. 와하브 운동은 아랍 민족주의와 결합하면서 오스만 제국의 지배로부터 벗어나고자 하는 저항 운동으로 발전하기도 하였다.

4-2 이란의 민족 운동

지도의 지역은 이란 지역이다. 이란의 카자르 왕조는 국가의 재정 문제를 해결하기 위해 이란의 담배 독점 판매권을 영국에게 넘겨주었다.

이에 종교 등의 지도자들을 중심으로 이권을 회수하려는 움직임을 보이게 되었다. 이 과정에서 영국이 독점한 담배 판매권을 회수하기 위해 담배 불매 운동을 전개하였다.

이후 이란에서는 카자르 왕조의 전제 정치에 반발하여 입헌 혁명을 일으켜 의회를 설립하고 헌법을 제정하였다. 그러나 보수 세력의 반발과 영국과 러시아의 개입이 있으면서 실패하였고 이후 영국과 러시아가 이란의 영토를 분할 점령하게 되었다.

5-1 제1차 아편 전쟁의 배경

A는 공행, B는 삼각, C는 아편이다. 영국과 중국의 무역은 19세기 이전의 편무역과 19세기 이후의 공행 무역으로 나뉜다. 영국은 공행 무역으로 인해 무역 적자가 심해진 상황이었으며, 이를 해결하기 위한 방법으로 식민지 인도의 아편을 청에 수출하고 인도로 은이 흘러들어오게 하였다. 이후 인도에 영국산 면직물을 판매함으로써 그 이익을 영국이 흡수하는 삼각

무역을 실시하였다.

청은 아편으로 인해 은 유출이 심각해졌으며, 아편으로 인한 피해가 증가하면서 아편 단속을 하게 되었고, 임칙서의 아편 단속을 계기로 영국과의 제1차 아편 전쟁이 발발하게 되었다.

5-2 양무 운동

양무 운동은 이홍장, 증국번 등의 한인 신사층을 중심으로 이루어진 중국의 근대화 운동이다. 이홍장, 증국번 등은 태평천국 운동을 진압하는 과정에서 향용을 운용하였으며, 서양 군대들이 태평천국 운동을 진압하는 과정에서 사용한 무기의 우수성을 실감하였다. 이에 서양의 군사 기술을 수용하되 중국의 제도와 전통을 유지하는 중체서용론을 바탕으로 운동을 추진하였다.

1일	개념 돌파 전략 ❷	12~13쪽

1 ①	2 ③	3 ④	4 ③	5 ②
6 ④				

1 청교도 혁명

제시문이 설명하는 사건은 영국 혁명 중 청교도 혁명에 해당한다. 찰스 1세 당시 의회는 국왕을 견제하기 위해 국왕이 마음대로 세금을 매기는 것을 막는 권리청원을 제출하였고 국왕이 이를 받아들였다. 그러나 이후 스코틀랜드와의 전쟁 비용을 마련하는 것을 두고 의회와 마찰이 생겼고, 크롬웰 중심의 의회파가 국왕을 처형하여 공화정을 수립하였다.

더 알아보기 | 영국 혁명과 정치 체제

공화정	• 국왕이 아닌 국민에 의해 선출된 대표가 통치하는 정치 체제 • 청교도 혁명 이후 크롬웰의 집권으로 성립한 정치 체제
입헌 군주제	• 국왕의 권력이 의회가 정한 법에 의해 제한되는 정치 체제 • 명예혁명 과정에서 메리와 윌리엄 공동왕이 권리 장전을 수용하면서 확립된 정치 체제
의원 내각제	• 의회의 다수당 대표가 수상이 되어 국정 전반에 대한 책임을 지는 정치 체제 • 하노버 왕조의 조지 1세가 즉위한 이후 성립한 정치 체제

2 미국 혁명의 배경

지도의 보스턴 차 사건과 독립 선언문 발표는 미국 독립 전쟁,

즉 미국 혁명의 과정에 있는 사건이다. 따라서 문제에서 요구하는 시민혁명이 일어난 배경은 미국혁명의 배경에 해당한다. 미국혁명은 영국이 아메리카 식민지에 중상주의 정책을 적용한 것과 인지세법을 적용한 것이 배경이 되어 일어났다. 인지세법에 대한 반발이 크자, 영국은 차에만 세금을 부과하는 것으로 입장을 바꾸었다. 그러나 이에도 반발한 식민지 사람들이 보스턴 차 사건을 일으키면서 영국과 식민지 사이의 관계가 더욱 악화되었고, 대륙 회의를 거치면서 독립 전쟁이 발발하였다.

3 7월 혁명의 배경

샤를 10세는 빈 체제가 성립한 이후 왕정이 복고된 프랑스에서 즉위한 왕이다. 샤를 10세는 의회를 해산하고 언론을 탄압함으로써 전제 정치를 실시하고자 하였다. 이에 반발한 시민들이 들고 일어나 샤를 10세를 추방하고 루이 필리프를 왕으로 추대하였다. 이를 프랑스 7월 혁명이라고 한다.

> **자료 분석** 들라크루아, 민중을 이끄는 자유의 여신
>
>
>
> • 민중을 이끄는 자유의 여신은 들라크루아가 프랑스 7월 혁명을 기념하기 위해 그린 그림이다. 자유의 여신이 들고 있는 삼색기는 프랑스 혁명의 이념인 '자유, 평등, 우애'를 상징하며, 여러 계급의 사람들의 참여를 묘사하고 있다.

4 제국주의 국가의 아프리카 침략

그림은 파쇼다 사건을 풍자하는 만화이다. 파쇼다 사건은 영국과 프랑스의 제국주의 정책이 충돌한 사건이다. 영국은 제국주의 정책으로서 3C 정책을 추진하였고, 그 중 아프리카에서는 이집트의 카이로와 케이프타운을 연결하는 종단 정책을 추진하였다. 반면 프랑스는 모로코를 시작으로 마다가스카르를 연결하는 횡단 정책을 추진하였다.

5 인도의 민족 운동

인도인의 말풍선에 들어있는 영국 상품 불매, 스와데시(국산품 애용), 스와라지(자치)는 인도 국민 회의가 내세운 4대 강령의 내용에 해당한다. 인도 국민 회의는 창립 당시 영국에 협조적인 입장을 가지고 있었으나 벵골 분할령을 발표한 것을 계기로 반영 운동을 추진하였다. 따라서 그림의 상황처럼 운동이 벌어지게 된 배경은 '벵골 분할령'이 발표된 것이라 할 수

있다.

> **선택지 분석**
>
> ① 수에즈 운하를 개통하였다. (×)
> → 이집트가 경제적 자립을 목표로 개통한 운하이지만, 건설 자금으로 빌린 많은 빚으로 인해 열강의 내정 간섭을 받게 되었다.
>
> ② 벵골 분할령이 발표되었다. (○)
>
> ③ 세포이의 항쟁이 일어났다. (×)
> → 동인도 회사의 통치에 불만을 가진 인도인과 세포이들이 일으킨 운동으로 자료의 상황 이전에 일어난 사실이다.
>
> ④ 와하브 운동이 추진되었다. (×)
> → 아라비아에서 추진한 운동으로 이슬람교의 순수성을 되찾고자 한 운동이다.
>
> ⑤ 담배 불매 운동을 추진하였다. (×)
> → 이란에서 영국이 담배 독점 판매권을 차지한 것에 반발하여 일어난 운동이다.

6 중국의 근대화 운동

전족은 작은 발을 만들기 위해 여자 아이가 어릴 때부터 착용시킨 중국의 압박 신발로, 여성에 대한 억압을 상징하는 악습이었다. 이를 폐지하고 남녀평등을 이루고 토지를 균등 분배하며 청을 무너뜨리고 한족의 국가를 세우고자 했던 운동은 태평천국 운동에 해당한다.

2일 필수 체크 전략 ❶			14~17쪽
1-1 ①	1-2 ②	2-1 ②	2-2 ⑤
3-1 ③	3-2 ⑤	4-1 ①	4-2 ②

1-1 청교도 혁명

(가)는 크롬웰이다. 스코틀랜드와의 전쟁 비용을 마련하는 문제로 왕당파와 의회파의 내전이 일어난 상황에서 의회파를 이끌었던 인물이다. 의회파가 승리하고 찰스 1세를 처형한 뒤 공화정을 선포하면서 청교도 혁명을 주도하였다. 이후 호국경을 자처하면서 독재 정치를 실시하기도 하였다.

1-2 미국 혁명의 과정

영국의 중상주의 정책을 배경으로 하며, 보스턴 차 사건이 한 과정으로 있는 혁명은 미국 혁명에 해당한다. 대륙 회의를 개최하면서 식민지 대표들은 조지 워싱턴을 총사령관으로 추대하고 독립 선언서를 발표하면서 영국과 독립 전쟁을 시작하였다.

① 권리 장전 제출 (✕) → 영국의 명예 혁명
② 독립 선언서 발표 (○)
③ 노예 해방령 발표 (✕) → 미국의 남북 전쟁
④ 루이 16세의 처형 (✕) → 프랑스 혁명 중 국민 공회 시기
⑤ 테니스코트의 선언 (✕) → 프랑스 혁명 중 국민 의회 시기

더 알아보기 **미국 남북 전쟁**

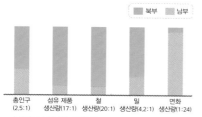

▲ 남부와 북부의 산업 구조

북부 지역을 중심으로 미국의 공업화가 이루어졌기 때문에 산업 구조의 차이가 나타남.

배경	• 남부(면화 산업 중심)와 북부(상공업 중심)의 산업 구조 차이 • 노예제에 대한 입장 차이: 남부(찬성) ↔ 북부(반대)
과정	링컨의 대통령 당선 → 남부 7주의 연방 탈퇴 → 노예 해방령 발표 → 북부의 승리

2-1 국민 의회의 활동

자료는 '인간과 시민의 권리 선언'이며 '인권 선언'으로도 부르는 사료이다. 인권 선언은 국민 의회 시기 발표되었으며 인간으로서 누려야 할 자유와 평등, 행복 추구권, 국민 주권의 이념 등을 포함하고 있다.

자료의 발표 시기에 일어난 사실로 옳은 것은?

> 제1조 인간은 자유롭게 그리고 평등한 권리를 가지고 태어났다.
> 제3조 모든 주권은 국민에게 있다. 어떤 개인이나 단체도 국민으로부터 나오지 않은 권력을 행사할 수 없다.
> – 『인간과 시민의 권리 선언(인권 선언)』 –

① 루이 16세가 처형되었다.
② 오스트리아에 선전 포고를 하였다.
③ 봉건적 특권의 폐지 선언이 발표되었다.
④ 로베스피에르가 공포 정치를 실시하였다.
⑤ 나폴레옹이 국민투표를 통해 황제로 즉위하였다.

[해설] 자료는 인권 선언이며, 프랑스 혁명 중 국민 의회 시기에 발표되었다. 국민 의회 시기에는 봉건적 특권의 폐지 선언이 발표되기도 하였다. ②는 입법 의회 시기, ①, ④는 국민 공회 시기에 해당한다.
답 ③

2-2 나폴레옹 전쟁

나폴레옹은 쿠데타를 일으켜 총재 정부를 무너뜨리고 제1통령으로 즉위하여 통령 정부를 수립하였다. 그리고 국민투표를 통해 황제에 즉위하였고, 제1제정 시기에 유럽에서 정복 전쟁을 진행하였다. 유럽의 대부분의 지역을 점령하여 위성국으로 두거나 협력국을 만들었으나 영국을 정복하지 못하였다. 이에 영국을 굴복시키기 위한 목적에서 대륙 봉쇄령을 내렸고, 이를 어긴 러시아를 응징하기 위한 러시아 원정을 실시하였다. 따라서 제시문의 내용이 이루어진 시기는 나폴레옹이 권력을 잡은 이후인 통령 정부 이후 시기가 가장 적절하다.

3-1 영국의 자유주의 운동

제시된 자료는 인민 헌장으로 차티스트 운동을 주도했던 사람들이 제출한 문서이다. 차티스트 운동은 제1차 선거법 개정 이후 노동자에게 선거권을 부여해 줄 것을 요구하며 열린 시위이다. 차티스트 운동에서 제출한 인민 헌장에는 보통선거, 평등선거, 직접선거, 비밀선거의 원칙이 반영되어 있다.

3-2 이탈리아와 독일의 통일 과정

(가)의 가리발디는 이탈리아의 통일 과정에서 활동한 인물로 공화정을 지향하였으며, 붉은 셔츠단 의용대를 이끌고 남부 이탈리아를 통일하였다. (나)에 나오는 프랑크푸르트 의회는

독일의 통일 과정에서 자유주의 운동의 영향을 받아 만들어진 의회이며, 이곳에서 독일의 통일 방안이 논의되었다. 따라서 해당하는 나라로는 각각 (가)는 이탈리아, (나)는 독일이라 할 수 있다.

4-1 산업혁명의 영향

(가)의 증기선은 배의 동력원으로 증기 기관을 활용하여 이동 거리와 시간을 획기적으로 변화시킨 교통수단이다. 증기선, 증기 기관차 등의 새로운 교통수단이 등장하는 현상은 교통 혁명이다. 한편 (나)는 전화 실험 장면으로 유선 전신, 전화 등의 새로운 통신 수단이 등장하는 통신 혁명의 모습을 보여준다. 교통 혁명과 통신 혁명은 산업 혁명의 영향으로 나타난 현상이다. 반대로 교통 혁명과 통신 혁명의 배경을 산업 혁명이라 할 수도 있다.

4-2 제국주의 국가의 아프리카 침략

(가)는 제국주의 정책인 종단 정책을 전개한 영국이며, (나)는 제국주의 정책인 횡단 정책을 전개한 프랑스에 해당한다. 종단 정책과 횡단 정책이 충돌한 사건은 파쇼다 사건에 해당한다.

선택지 분석

① 모로코 사건 (×)
→ 프랑스의 식민지인 모로코에 영향력을 확대하려는 독일과 프랑스가 충돌한 사건.

② 파쇼다 사건 (○)

③ 베를린 회의 (×)
→ 유럽의 제국주의 국가들이 아프리카 식민지 분할 원칙을 정하기 위해 개최한 회의.

④ 플라시 전투 (×)
→ 영국과 프랑스가 벵골 지방의 통치권을 둘러싸고 벌인 전투로 영국이 승리하면서 벵골 지방의 통치권을 장악하였음.

⑤ 세포이의 항쟁 (×)
→ 영국의 동인도 회사의 지배에 불만을 가진 인도인과 용병인 세포이가 영국의 지배에 저항한 사건.

2일 필수 체크 전략 ❷   18~19쪽

1 ④   2 ⑤   3 ③   4 ⑤   5 ③

1 미국 혁명의 영향

미국 혁명의 결과 아메리카 식민지가 영국으로부터 독립을 하여 민주 공화국을 수립하게 되었다. 미국 혁명의 사례는 권력자에 저항하여 새로운 사회를 만들 수 있는 것으로 프랑스에

영향을 미쳤다. 또한 미국의 성장 과정에서 먼로 대통령은 라틴 아메리카에 미국의 영향력을 확대하기 위한 의도에서 '먼로 선언'을 발표하였다. '먼로 선언'에서는 미국이 유럽의 일에 간섭하지 않는 것처럼 유럽도 아메리카의 일에 간섭하지 않는 것을 제안하고 있다. 이는 라틴 아메리카가 독립하는 데에 영향을 미치게 된다.

오답 피하기

ㄱ. 빈 체제의 붕괴는 프랑스 2월 혁명의 영향으로 나타났다. 2월 혁명의 영향으로 오스트리아에서는 3월 혁명이 일어났으며 빈 체제를 주도하던 인물인 메테르니히가 오스트리아에서 추방당하게 되었다. 이로 인해 빈 체제가 무너지게 되었다.

ㄷ. 루이 필리프가 왕위에서 추방된 사건은 프랑스 2월 혁명이다. 프랑스 2월 혁명은 노동자의 선거권 확대 요구를 루이 필리프의 7월 왕정이 수용하지 않는 것을 발단으로 일어났으며, 2월 혁명의 결과 루이 필리프가 추방되고 프랑스에는 공화정이 수립되었다.

더 알아보기 **라틴아메리카의 독립**

배경	미국 혁명과 프랑스 혁명의 영향
과정	• 아이티(1804): 라틴 아메리카 최초의 독립국 수립 • 볼리바르: 베네수엘라, 콜롬비아, 볼리비아 등을 독립 • 산마르틴: 아르헨티나 등을 독립 • 이달고 신부: 멕시코의 독립 투쟁 지원 • 브라질: 포르투갈 왕의 아들의 독립 선언으로 독립
확산	• 미국의 '먼로 선언' • 영국의 지지: 새로운 상품 시장 확보를 위한 목적

2 국민 공회의 활동

사진은 루이 16세의 처형 장면이며, 이와 관련된 프랑스 혁명의 시기는 국민 공회 시기이다. 루이 16세가 도주를 시도하다가 붙잡힌 것을 이후로 왕권이 정지가 되었으며, 새로 국민 공회가 구성되었다. 그리고 국민공회에서 공화정을 선포하고 루이 16세를 처형할 것을 결정하고 처리하였다. 국민 공회에서는 로베스피에르의 급진파 세력이 집권하였으며, 로베스피에르는 반혁명 세력을 탄압하는 공포 정치를 실시하였다.

선택지 분석

① 혁명 전쟁을 시작하였다. (×) → 입법 의회

② 인권 선언을 발표하였다. (×) → 국민의회

③ 봉건적 특권의 폐지를 선언하였다. (×) → 국민의회

④ 나폴레옹이 제1통령으로 집권하였다. (×) → 통령 정부

⑤ 로베스피에르가 공포 정치를 실시하였다. (○)

3 민족주의 운동

(가)는 이탈리아, (나)는 독일이다. 이탈리아는 사르데냐의 재상인 카보우르가 중·북부 지역을, 가리발디가 남부 지역을 통일하고 이후 가리발디가 점령지를 헌납함으로써 통일을 이루게 되었다. 이 때 이탈리아는 왕국을 수립하였다.

독일은 프로이센의 주도로 관세 동맹을 맺고 독일의 경제적 통일 기반을 마련하였다. 그리고 프랑크푸르트 의회 이후 비스마르크가 재상으로 선출되고 군사력 증강 정책인 철혈 정책을 추진하면서 독일의 통일 작업을 주도하였다.

4 산업 혁명의 배경

왼쪽은 가내 수공업의 장면, 가운데는 제임스 와트가 개량한 증기 기관, 오른쪽은 공장제 기계 공업을 보여주는 자료이다. 방적기(실 짜는 기계), 방직기(천 짜는 기계)가 개발되고, 동력으로 증기 기관이 활용되면서 공장제 기계 공업으로의 전환이 이루어졌다. 생산 양식의 급격한 변화가 나타난 이 현상은 산업혁명이다. 산업혁명은 인클로저 운동으로 나온 풍부한 노동력, 많은 식민지, 영국 내 풍부한 자원을 바탕으로 산업 혁명이 발달하였다. 또한 명예혁명 이후 정치적 안정이 이루어지면서 정치 운영과 과학 기술의 발명, 산업의 육성이 일관성 있게 이루어지는 환경이 조성되었다. 이를 배경으로 영국에서 산업혁명이 발달하였다. 증기선, 증기 기관차의 발명은 교통 혁명에 해당하며 산업혁명의 영향으로 나타난 현상이다.

더 알아보기 인클로저 운동

의미	지주들이 공동 경작지, 미개간지에 울타리를 설치함으로써 자신들의 소유권을 주장한 운동
과정	• 1차: 모직물 산업의 발달 → 양모 사육지 증가로 인한 농민 경작지 축소 • 2차: 공업화 → 곡물 수요 증가 → 곡물 경작지 확대 과정에서 농민들의 농경지 축소
영향	경작지를 잃은 농민들이 도시로 이주 → 공장에서 값싼 노동력 제공

5 제국주의

(가)는 제국주의이다. 그림의 비누 광고는 유럽의 백인이 아시아·아프리카 지역의 유색 인종보다 우월하다는 백인 우월주의, 즉 인종주의를 유럽 열강의 사람들이 가지고 있었음을 보여준다. 제국주의는 식민지를 확보함으로써 값싼 원료 공급지와 상품 판매 시장으로서 활용하고자 하였다. 제국주의 정책이 확대되는 과정에서 영국과 프랑스가 충돌한 파쇼다 사건 등이 일어나기도 하였다. ③ 민족의 통일, 독립 등을 중요하게 생각한 이념은 민족주의에 해당한다.

3일 필수 체크 전략 ❶   20~23쪽

1-1 ①	1-2 ⑤	2-1 ③	2-2 ③
3-1 ④	3-2 ②	4-1 ④	4-2 ③

1-1 플라시 전투

(가)는 플라시 전투이다. 플라시 전투는 벵골 지방의 통치권, 그 중에서도 세금을 징수하는 권리인 징세권을 두고서 영국과 프랑스가 벌인 전투이다. 전투의 결과 영국이 승리하면서 인도 침략에서의 우위를 확보하였고, 벵골 지방의 통치권을 차지하였다.

1-2 벵골 분할령

지도는 벵골 분할령의 내용을 보여준다. 영국은 표면적으로는 넓은 벵골 지역을 효율적으로 통치하기 위한 목적에서 명령을 발표하였다. 그러나 실제로는 당시 인도인들은 이슬람교도와 힌두교도 사이의 종교 갈등을 통해 인도의 민족 운동을 분열시키고 약화시키기 위한 목적에서 내린 명령으로 판단하였다. 이 명령의 발표 이후 인도 국민 회의가 4대 강령을 발표하고 반영 운동을 주도하였다. 벵골 분할령 이후 인도 국민 회의의 단체 성격이 변화했던 사실을 고려하였을 때, 벵골 분할령이 내려진 시기는 인도 국민 회의가 창립된 이후 시기인 ⑤의 시기가 가장 적절하다.

2-1 이집트의 수에즈 운하 건설

이집트는 근대화 운동을 추진하면서 여러 사회 간접 자본을 건설하였다. 사회 간접 자본을 건설함으로써 경제적 자립을 이루고자 시도하였으며, 이를 위해 철도와 수에즈 운하를 건설하였다. 그러나 수에즈 운하를 건설하는 과정에서 이집트는 많은 빚을 지게 되었고, 이로 인해 이집트는 유럽 열강들로부터 경제적인 내정 간섭을 받게 되었다.

2-2 서아시아의 민족 운동

(가)는 와하브 운동, (나)는 담배 불매 운동이다. (가)의 와하브 운동은 아라비아 지역을 중심으로 전개된 이슬람교 본래의 순수성을 되찾고자 한 운동이며, 아랍 민족주의와 결합하여 외세에 저항하는 운동으로 발전하였다. (나)의 담배 불매 운동은 이란의 카자르 왕조가 영국에 넘긴 담배 독점 판매권을 회수하기 위해 전개한 운동이다.

3-1 제1차 아편 전쟁

제시된 자료는 난징 조약으로, 제1차 아편 전쟁의 결과 맺은 조약이다. 제1차 아편 전쟁은 임칙서의 아편 밀무역 단속을 두고 빚어진 청과 영국간의 충돌이 발단이 되었다. 이 전쟁의 결과 청의 독점 상인 조합인 공행 제도가 폐지되었으며, 중국이 열강에 개항을 하게 되었다.

3-2 삼민주의

제시된 민족주의, 민생주의, 민권주의를 모두 포괄하여 삼민주의로 부르며, 삼민주의는 쑨원이 중국 동맹회를 결성하면서 제시한 강령에 해당한다. 쑨원은 민족주의를 통해 만주족의 청을 무너뜨리고 한족의 국가를 세우고자 하였으며, 제정을 무너뜨리고 민권을 지킬 수 있는 정치 체제로 공화정을 수립하고자 하였으며 이를 민권주의로 정리하였다. 그리고 백성의 경제적 생활 기반을 보장해주는 민생주의를 제시하였다.

4-1 메이지 유신

에도 막부를 무너뜨리고 수립된 메이지 정부는 중앙 집권 체제를 강화하고 근대적 체제로 전환하기 위한 개혁을 실시하였다. 이를 메이지 유신이라 한다. 메이지 정부는 다이묘가 다스리는 번을 폐지하고 직접 지방관을 파견하는 현을 설치하였다. 토지와 조세 제도 개혁을 통해 정부의 수입을 확보하였으며, 서양식 교육 제도를 도입하여 소학교 교육을 의무화시켰다. 이와쿠라 사절단을 파견하여 서양 사정을 파악하고 그에 따라 개혁을 추진하였다.

쌍둥이 문제 4

(가) 정부의 개혁에 대한 설명으로 옳은 것은?

에도 막부를 무너뜨리고 성립한 _____(가)_____ 정부는 근대 교육 제도를 도입하여 그림과 같이 전통적 테라코야를 소학교로 전환하고 의무교육을 실시하였다.

① 이와쿠라 사절단을 파견하였다.
② 개혁 정강 14개조를 발표하였다.
③ 헌의 6조를 통해 의회 설립을 합의하였다.
④ 천조전무제도에 따라 토지를 균등 분배하였다.
⑤ 중체서용에 따라 서양 군사 기술을 수용하였다.

해설 (가) 정부는 메이지 정부이다. 메이지 정부는 이와쿠라 사절단을 파견하여 서양의 사정과 문물을 파악하고 이를 바탕으로 개혁을 실시하고자 하였다.
답 ①

4-2 일본의 제국주의화

(가)는 삼국 간섭, (나)는 청일 전쟁, (다)는 을사늑약 체결, (라)는 러일 전쟁에 해당한다. (나) 동학 농민 운동을 계기로 청일 양군이 파견되면서 조선의 주도권을 둘러싸고 청일 전쟁이 발발되었다. (가) 그 결과 일본이 승리하면서 시모노세키 조약에서 청으로부터 랴오둥 반도를 할양받았으나, 만주와 한반도 지역으로 세력을 확장하고자 했던 러시아가 독일, 프랑스를 끌어들여 랴오둥 반도의 반환을 강요하였다. (라) 이후 한반도의 주도권을 둘러싸고 러시아와 일본 사이의 전쟁이 벌어졌으며, 여기에서 일본이 승리하면서 한반도에 대한 독점적 지위를 확보하게 되었다. (다) 이후 조선을 식민지로 만들기 위한 과정으로 대한 제국의 외교권을 박탈하는 을사늑약을 강제로 체결하였다. 따라서 순서는 (나) → (가) → (라) → (다)로 정리할 수 있다.

3일 필수 체크 전략 ❷				24~25쪽
1 ③	2 ①	3 ④	4 ④	5 ②
6 ③				

1 벵골 분할령 이후 인도의 민족 운동

지도와 같은 상황을 초래한 명령은 벵골 분할령이다. 인도 국민 회의는 벵골 분할령을 통해 민족 간 갈등을 유도하고 민족 운동을 약화시키려 하는 의도가 있다고 판단하였으며, 이에 영국에 저항하는 운동을 주도하였다. 이 때 4대 강령을 발표하였으며, 4대 강령에는 스와라지(자치), 스와데시(국산품 애용), 영국 상품 불매, 국민 교육 실시가 있다. ③ 영국의 담배 판매 독점에 저항한 운동은 이란의 담배 불매 운동에 해당한다.

2 와하브 운동

(가)는 와하브 운동이다. 이븐 압둘 와하브가 주도하여 실시한 운동으로 이슬람교의 경전인 쿠란의 가르침을 토대로 이슬람교 본래의 순수성을 되찾고자 한 운동이었다. 와하브 운동은 사우드 가문의 지원을 받았으며, 와하브 운동을 계기로 아라비아 지역에는 사우디아라비아 왕국이 수립되었다.

선택지 분석

① 이슬람교 본래의 순수성을 되찾고자 하였다. (○)

② 청년 튀르크당을 중심으로 헌법을 부활시켰다. (×)

　→ 오스만 제국

③ 오스만 제국과의 전쟁으로 이집트의 자치권을 얻었다. (×)

　→ 이집트, 무함마드 알리

④ 무함마드 알리를 중심으로 근대화 개혁을 추진하였다. (×)

　→ 이집트

⑤ 영국의 담배 독점 판매권에 저항하여 담배를 불매하였다. (×)

　→ 이란, 담배 불매 운동

3 이집트의 근대화 운동

(가)는 수에즈 운하이다. 수에즈 운하의 건설로 재정 문제를 겪은 이집트는 열강의 내정 간섭을 받았다. 아라비 파샤를 중심으로 열강의 내정 간섭으로부터 벗어나기 위해 헌법 제정과 의회 설립 등의 개혁을 요구하며 혁명 운동을 일으켰으나 영국에 의해 진압되었다. 이후 이집트는 영국의 보호국이 되었다.

4 중국의 근대화 운동

자료는 캉유웨이가 저술한 『무술주고』이며, 캉유웨이는 변법자강을 이끌었던 대표적인 인물이다. 캉유웨이 등의 변법자강 운동의 추진 세력은 청일 전쟁을 계기로 서양의 군사 기술 수용을 넘어서 정치 제도의 개혁이 필요하다고 생각하였고 이를 위해 의회의 설립과 입헌 군주제 도입을 추진하였다.

자료 분석 캉유웨이, 「무술주고」

> 중국이 부강한 나라를 이룩하려면 서양의 제도를 배워야 한다. 서양의 의회 제도는 군주와 백성이 하나가 되고 윗사람과 아랫사람이 한마음이 되자는 것이지, 황제의 권력에 손상이 가는 것이 아니다.

『무술주고』에서 캉유웨이는 서양의 의회 제도의 도입을 주장한다. 의회 제도를 도입하고 백성의 정치 참여 기회를 부여하고 법을 제정하여 입헌 군주국을 수립하는 것을 캉유웨이는 개혁 방향으로 생각하였다. 이는 일본의 메이지 유신의 개혁을 실시하고, 의회 제도를 도입하고 헌법을 제정한 것을 모델로 삼은 것이다.

5 신해혁명

지도는 신해혁명의 전개 과정이다. 쑨원은 중국 동맹회를 결성하여 공화정 수립을 위한 혁명 활동을 한 인물이다. 철도 국유화 반대 운동으로 우창 신군이 봉기를 일으킨 것을 시작으로 혁명이 일어나자 쑨원은 임시 대총통으로 추대되었고, 청조를 타도하고 중화민국을 수립하는 신해혁명을 이끌었다.

선택지 분석

① 중체서용론을 토대로 개혁을 하였다. (×) → 양무 운동

② 쑨원이 임시 대총통으로 추대되었다. (○)

③ 천조전무 제도를 통한 개혁을 추진하였다. (×)

　→ 태평천국 운동에 해당

④ 의회 개설, 입헌 군주제 도입을 추진하였다. (×) → 변법자강 운동

⑤ '청을 도와 서양 세력을 몰아내자.'는 구호를 내세웠다. (×)

　→ 의화단 운동

6 일본의 근대화 개혁

자료는 일본 제국 헌법이다. 일본 제국 헌법이 제정되기 이전 일본 국내에서는 자유 민권 운동이 추진되었다. 메이지 정부가 권력을 독점하고 독재하는 것에 반대하여 의회를 설립하고 언론의 자유를 보장할 것을 요구하는 등 국민 참정권을 요구하는 운동으로 자유 민권 운동이 추진되었다. 메이지 정부는 이 운동을 탄압하였으나 의회와 헌법의 필요성을 느끼고 일본 제국 헌법을 제정하였다.

4일 교과서 **대표 전략 ❶** 　　26~29쪽

1 ④	2 ⑤	3 ②	4 ③	5 ③
6 ①	7 ①	8 ②	9 ④	10 ⑤
11 ①	12 ①	13 ⑤	14 ②	

1 청교도 혁명

그림의 찰스 1세 처형 장면은 청교도 혁명과 관련되어 있다. 찰스 1세의 전제 정치에 반대한 의회파가 일으킨 혁명이 청교도 혁명이며, 그 결과 공화정이 수립되고 의회파의 중심인 크롬웰이 호국경에 취임하여 독재 정치를 실시하였다.

선택지 분석

① 의원 내각제가 수립되었다. (×) → 명예혁명 이후 조지 1세
② 입헌 군주제가 성립하였다. (×) → 명예혁명
③ 의회가 권리 청원을 제출하였다. (×) → 찰스 1세의 처형 이전
④ 크롬웰이 독재 정치를 실시하였다. (○)
⑤ 메리와 윌리엄 공동왕이 즉위하였다. (×) → 명예 혁명

2 미국 혁명의 특징

자료는 미국 헌법으로 미국 혁명의 결과 영국으로부터 독립하면서 제정된 것이다. 미국 헌법의 제1조는 입법권, 제2조는 행정권, 제3조는 사법권에 대한 조항이며, 이는 국가 권력을 3개로 나누어 견제하는 삼권분립 원칙을 반영한 것이다. 행정권은 국민의 투표를 통해 선출된 대표인 대통령에게 주어지며 이를 통해 국왕이 아닌 대표에 의해 다스려지는 공화주의가 반영됨을 알 수 있다. 또한 각 주의 독자성을 인정하면서도 연방 정부에 강력한 권한을 부여하는 연방주의를 채택하였음을 파악할 수 있다.

3 나폴레옹 시대

밑줄 친 '이 인물'은 나폴레옹이다. 브뤼메르 쿠데타를 통해 권력을 잡은 나폴레옹은 제1통령이 되어 통령정부를 세웠다. 나폴레옹은 황제가 된 이후 영국을 탄압하기 위해 대륙 봉쇄령을 내렸다. 그러나 러시아가 이를 위반하면서 나폴레옹은 이를 응징하기 위한 러시아 원정을 단행하였다.

선택지 분석

① 공안위원회를 설치하였다. (×) → 국민 공회
② 러시아 원정을 단행하였다. (○)
③ 봉건적 특권을 폐지하였다. (×) → 국민의회
④ 바스티유 감옥을 습격하였다. (×) → 국민의회
⑤ 테니스코트의 서약을 발표하였다. (×) → 국민의회

4 차티스트 운동

㉠은 제1차 선거법 개정의 결과 확대된 유권자의 집단, ㉡은 제2차 선거법 개정의 결과 확대된 유권자 집단을 가리킨다. ㉠에서 ㉡으로의 변화는 유권자가 재산이 적은 소시민과 노동자까지 확대되었다는 것을 의미한다. 영국에서 노동자가 선거권을 부여받을 수 있었던 계기로는 차티스트 운동이 있다. 제1차 선거법 개정 이후 노동자들은 보통 선거, 평등 선거 등의 원칙을 제안하며 차티스트 운동을 추진하였다. 당시 운동은 진압되었으나 이를 계기로 이후 선거권 대상에서 노동자들이 포함되었다.

오답 피하기

① 공장법을 제정하였다. → 산업혁명의 문제 중 여성과 아동의 장시간 노동 문제를 해결하기 위해 제정하였다.
④ 사회주의 사상이 등장하였다. → 자본주의 경제 체제의 문제점인 빈부격차의 문제를 해결하기 위한 방안으로 제안되었다.
⑤ 기계 파괴 운동이 이루어졌다. → 러다이트 운동에 대한 설명으로 노동 문제를 해결하기 위한 노동자들의 저항에 해당한다.

쌍둥이 문제 **4**

다음 요구 사항이 제시된 계기로 옳은 것은?

- 21세 이상 남성의 선거권 인정
- 의원 출마자의 재산 자격 폐지
- 인구 비례에 따른 선거구 설치
- 비밀 투표제 실시

① 기계 파괴 운동이 일어났다.
② 사회주의 사상이 등장하였다.
③ 차티스트 운동이 발생하였다.
④ 프랑크푸르트 의회가 개최되었다.
⑤ 샤를 10세의 전제 정치에 저항하였다.

해설 문제에 제시된 요구 사항은 '인민 헌장'의 내용으로, '인민 헌장'은 차티스트 운동 과정에서 제출된 문서이다.
답 ③

5 독일의 통일 과정

문제에 제시된 장면은 베르사유 궁전에서 이루어진 독일 제국 선포식이다. 독일에서는 프로이센 주도로 관세 동맹을 맺고 경제적 통일을 도모하였으며, 이후 자유주의 운동의 영향을 받아 프랑크푸르트 의회가 개최되어 독일의 통일 방안이 논의되었다. 비스마르크가 프로이센의 재상으로 집권하면서 군사력 증강을 위한 철혈 정책을 추진하였고 이를 바탕으로 프로이센-오스트리아 전쟁에서 승리하여 북독일 연방을 결성하였다.

③ 가리발디는 남부 이탈리아를 통일한 인물로 독일의 통일과

관련이 없다.

6 교통 혁명

(가)에서 (나)로 변화하면서 교통수단으로는 기차, 증기선이 등장하였고 이동 시간은 획기적으로 짧아지는 결과가 나타난다. 이러한 변화는 교통 혁명을 보여준다. 따라서 (가)에서 (나)로 변화한 이유를 설명하기에 교통 혁명이 발생하였다는 내용이 가장 적절하다.

7 제국주의

자료는 영국의 제국주의 정책을 풍자하는 그림이다. 문제에서 가리키는 유럽 여러 나라의 정책은 제국주의 정책에 해당하며, 제국주의 정책을 뒷받침하는 사상을 ╎보기╎에서 찾으면 인종주의와 사회 진화론을 찾을 수 있다. 인종주의는 백인이 유색 인종보다 우월하다고 생각하는 사상이며, 사회 진화론은 스펜서 등이 다윈의 진화론에서 제시한 적자생존 개념을 활용하여 강대국이 약소국가를 지배할 수 있다는 논리로 활용한 것이다.

8 영국의 인도 침략

그래프는 인도와 영국의 면 수출량 변화를 보여준다. (가) 시기에는 인도의 면 수출량은 감소하며, 영국의 수출량은 급증하고 있다. 이러한 변화는 영국이 인도를 식민지화하면서 면화 생산지 즉, 원료 공급지와 영국의 면직물을 소비하는 상품 시장으로 삼고자 하면서 나타난 변화이며, 영국의 이런 정책으로 인해 인도의 면직물 산업은 쇠퇴하게 되었다. 따라서 (가) 시기의 변화 이유는 영국이 인도의 대부분을 식민지로 삼았던 것으로 설명하는 것이 가장 적절하다.

9 이집트의 근대화 운동

이집트는 수에즈 운하의 건설 이후 재정 문제로 유럽의 열강들에게 간섭을 당하게 되었다. 이러한 상황에서 벗어나기 위해 아라비 파샤를 비롯한 혁명 세력이 헌법 제정을 요구하며 무장 혁명을 일으켰으나 영국에게 진압되었고 이집트는 영국의 보호국화가 되었다.

10 자유 민권 운동

메이지 정부의 독재에 반대하여 국민 참정권을 요구하고 의회 개설과 헌법 제정 등을 요구한 '이 운동'은 자유 민권 운동에 해당한다.

11 일본의 제국주의화

(가)는 청일 전쟁(1894~95), (나)는 러일 전쟁(1904~05)의 전개 과정이다. 청일 전쟁의 결과 일본은 랴오둥 반도를 얻었으나, 러시아 주도의 삼국 간섭(1895)으로 인해 이를 중국에 반환하였다. 이후 러시아와 일본은 한반도 주변의 주도권을 두고 충돌하게 되었고 러일 전쟁으로 이어지게 된다.

> **선택지 분석**
>
> ① 삼국 간섭이 발생하였다. (○)
> ② 류큐 왕국을 병합하였다. (×) → (가) 이전
> ③ 이와쿠라 사절단을 파견하였다. (×) → (가) 이전
> ④ 대한 제국에 을사늑약을 강요하였다. (×) → (나) 이후
> ⑤ 일본이 미국의 페리 함대에 의해 개항되었다. (×) → (가) 이전

12 쑨원의 삼민주의

제시된 자료는 삼민주의이다. 쑨원은 청 왕조를 타도하고 한족 중심의 국가를 세우고자 하였으며(민족주의), 제정 대신 공화정을 세움으로 민권을 신장하고자 하였다(민권주의). 또한 토지 소유권의 분배를 통해 민생을 안정시키고자 하였다(민생주의).

더 알아보기 쑨원의 삼민주의

민족주의	만주족이 세운 청을 없애고, 한족의 국가를 수립하는 것
민권주의	공화제 국가를 수립하는 것
민생주의	토지를 균등 분배하는 등의 제도 개혁을 통한 민생 안정을 추구하는 것

13 메이지 정부의 개혁

그림은 폐번치현의 조서를 공포하는 모습이다. 막번 체제에서 다이묘들이 실권을 가지고 다스린 번을 폐지하고 정부가 중앙에서 지방관을 파견함으로써 중앙 집권 체제를 확립하고자 했던 조치가 '폐번치현'이다. 이를 토대로 그림과 관련된 개혁은 메이지 유신임을 유추할 수 있다. 메이지 유신에서는 중앙집권화와 불평등 조약 체제 해소를 목표로 근대화 개혁을 추진하였다. 이에 소학교 의무 교육, 무사 특권 폐지, 징병제 등을 통해 국민을 양성하고자 하였고, 이와쿠라 사절단의 파견을 통해 유럽의 사정과 문물을 파악하고자 하였다. ⑤ 중체서용에 따라 개혁을 실시하고자 했던 운동은 청의 양무 운동이다.

14 제1차 아편 전쟁

밑줄 친 전쟁은 제1차 아편 전쟁이다. 영국이 무역 적자를 해소하기 위해 삼각 무역을 실시하고, 이 과정에서 아편을 판매함으로써 청의 은 유출이 심각해지는 문제가 발생하였다. 이

에 아편의 유입을 막고자 청 정부에서는 임칙서를 중심으로 아편 밀매를 단속하였고, 이를 계기로 제1차 아편 전쟁이 발발하였다.

더 알아보기 | **중국의 개항**

제1차 아편 전쟁	• 배경: 영국의 아편 밀무역 → 임칙서의 아편 몰수 • 결과: 난징 조약 체결(상하이, 광저우 등 5개 항구 개항, 홍콩을 영국에 할양, 공행 무역 폐지)
제2차 아편 전쟁	• 발단: 애로호 사건 • 과정: 영·프 연합군과 청과의 전쟁 • 결과: 톈진 조약, 베이징 조약 체결(추가 개항, 외국 공사의 베이징 주재 허용, 크리스트교 포교 허용)

선택지 분석

① 중화민국이 수립되었다. (×) → 신해혁명
② 공행 무역이 폐지되었다. (○)
③ 중국 내륙 무역이 허용되었다. (×)
→ 제2차 아편 전쟁(톈진·베이징 조약)
④ 외국 군대가 베이징에 주둔하였다. (×) → 의화단 사건(신축조약)
⑤ 타이완과 랴오둥 반도가 할양되었다. (×)
→ 청일 전쟁(시모노세키 조약)

쌍둥이 문제 14

다음 조약의 체결이 이루어지게 된 사건에 대한 설명으로 옳은 것은?

> • 상하이 등 5개 항구를 개항한다.
> • 홍콩을 영국에게 넘긴다.
> • 공행 제도를 폐지한다.

① 영·프 연합군이 청과 벌인 전쟁이다.
② 임칙서의 아편 몰수를 계기로 발생하였다.
③ 남녀 평등, 토지 균등 분배 등을 주장하였다.
④ 부청멸양을 내세워 서양 세력을 공격하였다.
⑤ 철도 국유화 명령에 반대하여 봉기를 일으켰다.

[해설] 자료의 조약은 난징 조약이며, 난징 조약은 제1차 아편 전쟁의 결과 체결되었다. 제1차 아편 전쟁은 임칙서의 아편 몰수가 계기가 되어 청과 영국이 충돌한 사건이다.
답 ②

4일 **교과서 대표 전략 ②** | 30~31쪽

1 ④	2 ①	3 ①	4 ②	5 ④
6 ①	7 ④	8 ①		

1 미국 혁명의 과정
토머스 페인의 『상식』은 미국 혁명의 과정에서 지어진 글이다. 따라서 밑줄 친 ㉠은 미국의 독립에 해당한다. 삼부회의 표결 방식에 변경을 요구한 것은 프랑스 혁명에 해당하는 설명이다.

2 나폴레옹 시대
(가)는 나폴레옹이다. 나폴레옹은 쿠데타를 통해 통령 정부를 세웠으며, 국민 투표를 통해 황제에 즉위하여 제1제정을 수립하였다. 나폴레옹은 정복 전쟁 과정에서 영국을 굴복시키기 위한 대륙 봉쇄령을 내리기도 하였다.

3 프랑스 2월 혁명
그림은 프랑스 2월 혁명의 상황을 보여준다. 2월 혁명은 프랑스의 산업화가 진행되던 시기를 배경으로 7월 왕정에서 선거권을 요구한 것이 발단이 되어 시작된 혁명이다. 노동자의 선거권 확대 요구를 루이 필리프의 7월 왕정은 거부하였고, 이에 시민들이 혁명을 일으켜 루이 필리프를 추방하였고 공화정을 수립하였다.

선택지 분석

① 공화정을 수립하였다. (○)
② 입헌 군주제 헌법을 제정하였다. (×) → 프랑스 7월 혁명의 결과
③ 샤를 10세가 전제 정치를 실시하였다. (×)
→ 프랑스 7월 혁명의 배경
④ 선거법을 개정하여 부패 선거구를 없앴다. (×)
→ 영국의 제1차 선거법 개정
⑤ 그리스가 오스만 제국으로부터 독립하였다. (×)
→ 빈 체제가 흔들리게 되는 계기

4 산업 혁명 시기의 문제점
자료의 인터뷰는 아동 노동, 장시간 노동 문제의 실태를 보여준다. 따라서 제시문의 문제는 산업혁명 시기의 노동 문제이자 자본주의 경제 체제의 문제에 해당한다. 공장법 제정은 아동 노동과 부녀자의 노동 시간을 제한함으로써 산업 혁명의 노동 문제를 해결하고자 보인 노력에 해당한다. 러다이트 운동은 노동 문제를 해결하기 위해 노동자들이 벌인 기계 파괴 운동에 해당한다. 사회주의 사상은 자본주의 체제에서 나타나

는 빈부격차의 문제를 해결하기 위해 모색한 대안 사상에 해당한다. 차티스트 운동은 참정권의 문제와 관련 있으며 노동 문제나 자본주의 체제의 문제 해결 노력과는 상대적으로 거리가 있다고 볼 수 있다.

5 산업 혁명 시기의 문제점

조사 자료는 아동 노동과 환경 문제를 보여준다. 산업 혁명으로 인해 공장과 도시가 들어서면서 도시에서는 공장의 매연으로 인한 환경 문제가 발생하였으며, 낮은 임금으로 인해 성인 남성의 노동 임금으로만 생계를 유지하기가 어려워지면서 아동과 부녀자 등 약자의 노동 참여가 이루어지는 노동 문제가 발생하였다. 제시된 조사 자료를 모두 포괄할 수 있는 주제 (가)로는 산업혁명으로 나타난 문제점이 가장 적절하다.

6 오스만 제국의 탄지마트

(가)는 탄지마트이다. 오스만 제국이 민족과 종교의 차별을 폐지하고 서구식 군사 제도, 교육 제도 등을 도입하는 것을 그 내용으로 한다. 오스만 제국은 제국의 중앙 집권화를 목적으로 근대적 개혁인 '탄지마트'를 추진하였다.

7 태평천국 운동

천조전무제도는 태평천국 운동 과정에서 제시된 토지제도이자 개혁 방안이다. 토지제도의 개혁 내용에서 남녀 구분을 두지 않고 토지를 동등하게 나눈다는 내용을 통해 남녀평등의 내용을 유추할 수 있으며 토지 균분의 개혁 내용을 확인할 수 있다. 따라서 자료의 천조전무제도와 관련된 중국의 근대화 운동은 태평천국 운동이라 할 수 있다.

8 일본의 제국주의화

(가) 조약은 청일전쟁의 결과 맺은 시모노세키 조약이다. 시모노세키 조약의 결과 일본은 타이완과 랴오둥 반도를 얻었으며, 청은 조선에 대한 영향력을 상실하였다.

자료 분석 **시모노세키 조약**

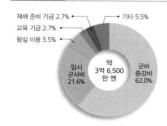

재해 준비 기금 2.7%　기타 5.5%
교육 기금 2.7%
왕실 비용 5.5%
임시 군사비 21.6%　약 3억 6,500만 엔　군비 증강비 62.0%

일본은 시모노세키 조약으로 얻은 배상금의 대부분을 군비 확장비, 임시 군비 등의 군사비로 투입하였다. 이를 바탕으로 대외 팽창을 추진하였으며, 군사력 증강에 따라 군수 공업이 발전하였고, 제철 산업 또한 발달하게 되었다.

(가) 조약이 맺어진 배경 사건으로 옳은 것은?

> • 청은 조선이 완전한 자주국임을 인정할 것
> • 청은 랴오둥반도와 타이완 전체, 그리고 그 부속 여러 섬을 일본에게 넘겨줄 것
> • 청은 일본에 배상금으로 은 2억 냥을 이자와 함께 지급할 것
>
> ─　(가)　조약 ─

① 청일 전쟁　　　　　② 러일 전쟁
③ 의화단 운동　　　　④ 제1차 아편 전쟁
⑤ 제2차 아편 전쟁

해설 (가) 조약은 시모노세키 조약이며, 청일 전쟁의 결과 맺어진 조약이다.
답 ①

누구나 합격 전략　　　　32~33쪽

| 1 ① | 2 ③ | 3 ② | 4 ④ | 5 ② |
| 6 ⑤ | 7 ⑤ | 8 ④ | | |

1 미국 혁명의 배경

미국 혁명은 영국의 중상주의 정책에 대한 반발을 배경으로 하여 시작되었다. 중상주의 정책을 바탕으로 식민지에 적용하는 인지세법을 제정하였으나, 식민지인들의 반발이 극심하자 차에 대한 세금을 부과하는 것으로 대상을 축소하였다. 그러나 식민지 차 상인들이 타격을 입게 되고, 차세에 대한 세금에 반발한 식민지 사람들이 보스턴 차 사건을 일으킨다. 보스턴 차 사건을 계기로 대립이 격화되었고, 독립 전쟁으로 이어지게 된다.

쌍둥이 문제 **1**

(가) 혁명에 대한 설명으로 옳은 것은?

> 왼쪽의 우표는 영국이 아메리카 식민지에 붙인 인지를 풍자하기 위해 만든 것이다. 영국의 인지세법에 대한 반발로부터 _____(가)_____ 혁명이 시작되었다.

① 구제도의 모순이 원인이 되었다.

② 세계 최초로 민주 공화국이 수립되었다.

③ 찰스 1세를 처형하고 공화정을 수립하였다.

④ 노예 제도에 대한 입장 차이가 배경이 되었다.

⑤ 메리와 윌리엄 공동왕이 '권리장전'을 수용하였다.

[해설] ①은 프랑스 혁명, ③은 청교도 혁명, ④는 미국 남북 전쟁, ⑤는 명예혁명에 대한 설명이다. (가) 혁명은 미국 혁명이며, 혁명 결과 최초의 민주 공화국이 수립되었다.
답 ②

2 국민 의회

(가)는 국민 의회이다. 삼부회의 신분별 투표 방식에 불만을 가진 제3 신분은 신분별 투표에서 머릿수 표결 방식으로 투표 방식을 변경할 것을 요구하였다. 그러나 머릿수 표결 방식 변경의 요구가 들어지지 않자 제3 신분을 중심으로 테니스코트에서 새로운 의회를 세우겠다는 선언을 하게 되었고, 이를 계기로 국민 의회가 성립하였다.

3 이탈리아의 통일

(가)는 카보우르이다. 카보우르는 산업 육성과 외교 정책을 통해 통일을 추진할 수 있는 환경과 힘을 만들고자 하였다. 그리고 외교 정책과 산업 육성 정책을 바탕으로 여건을 갖춘 사르데냐는 프랑스와의 전투를 거치면서 중부와 북부 이탈리아를 통일시켰다.

4 산업 혁명의 영향

자료는 교통 혁명의 사례 중 하나인 철도망 확산 모습을 보여 준다.

[오답 피하기] ② 산업 혁명은 교통 혁명의 배경에 해당한다. 따라서 철도망 확산과 관련된 현상으로 산업 혁명을 직접 언급하기에는 거리가 있다. ③ 통신 혁명은 교통 혁명과 함께 나타난 산업혁명의 영향이다. 그러나 통신 혁명은 유선 전신, 전화 등 통신 수단의 발달을 가리키는 말이다.

5 인도의 민족 운동

스와데시는 인도 국민 회의가 반영 운동 과정에서 제시한 4대 강령 중 하나에 해당한다. 인도 국민 회의의 반영 운동은 영국이 벵골 분할령을 발표한 것을 계기로 이루어졌다. 따라서 스와데시 운동의 배경은 벵골 분할령의 발표가 된다.

6 청년 튀르크당의 혁명

사진과 관련된 운동은 청년 튀르크당의 혁명이다. 탄지마트를 비롯한 근대화 개혁의 실패와 러시아와의 전쟁에서 패배로 인해 술탄은 헌법을 폐지하고 전제 정치를 시도하고자 하였다. 이에 반발하여 장교, 관료, 지식인 등의 사람들이 청년 튀르크당을 조직하여 헌법을 부활시키고자 무장 혁명을 일으켰다.

[선택지 분석]

① 아랍 문화 부흥 운동이 전개되었다. (×) → 아라비아

② 무함마드 알리가 근대화 개혁을 추진하였다. (×) → 이집트

③ 탄지마트라 불리는 근대화 개혁을 실시하였다. (×)
→ 오스만 제국, 청년 튀르크당 혁명 이전

④ 벵골 분할령을 계기로 반영 운동을 실시하였다. (×)
→ 인도 국민 회의

⑤ 술탄의 전제 정치에 반대하여 혁명을 일으켰다. (○)

7 양무운동

이홍장은 양무운동을 주도했던 인물이다. 양무운동은 중체서용론에 따라 이루어진 개혁으로 중국의 전통을 유지하면서, 서양의 군사기술만을 받아들이고자 하였다. 실제로 금릉 기기국 등의 군수 공장을 건설하였다.

8 메이지 유신

㉠은 메이지 유신에 해당한다. 메이지 유신은 밑줄 친 부분과 같이 메이지 정부가 들어서고 그 이후에 이어서 추진된 개혁을 모두 가리키는 용어로 사용된다. 메이지 유신이 진행되면서 도쿄의 긴자 거리 등을 서양식 벽돌 건물로 새로 지었으며 이외에도 서양의 모습을 모델로 삼아 교육 제도를 도입하는 등의 근대화 개혁을 실시하였다.

창의·융합·코딩 **전략**				34~37쪽
1 ①	2 ③	3 ⑤	4 ④	5 ③
6 ①	7 ④	8 ③		

1 영국 혁명

1번 – 명예혁명에서 메리와 윌리엄 공동왕은 의회가 제출한 '권리 장전'을 승인하였다. 권리 장전은 의회의 동의 없이 국왕이 마음대로 통치하는 것을 제한하고 있으며, 의회가 정한 법에 따라 통치할 것을 요구하는 내용을 담고 있다. 이는 곧 입헌 군주제의 전통을 확립하는 데에 영향을 미친다.(○)

2번 – 청교도 혁명으로 찰스 1세가 처형되고 공화정이 수립되었다. 이후 크롬웰이 호국경으로 독재 정치를 실시하였다.(○)

3번 – 찰스 1세의 전제 정치에 불만을 가진 의원들은 권리 장전이 아닌 '권리 청원'을 제출하여 국왕이 마음대로 세금을 매기는 것을 제한하고자 하였다.(×)

2 프랑스 혁명의 전개 과정

봉건적 특권의 폐지 선언은 국민의회, 공안 위원회 설치는 국민공회, 나폴레옹이 황제에 즉위하고 러시아 원정을 실시한 것은 프랑스 제1제정 시기에 해당한다. 따라서 일어난 순서대로 잠금 해제 패턴을 그릴 경우 순서대로 ←/↓/→의 방향으로 패턴을 그릴 수 있다.

3 프랑스의 자유주의 운동

첫 번째 스토리 장면은 샤를 10세의 전제 정치로 7월 혁명의 배경에 해당한다. 세 번째 루이 필리프의 추방은 2월 혁명의 결과에 해당한다. 따라서 (가)에는 7월 혁명의 과정부터 2월 혁명의 과정에 해당하는 내용이 들어갈 수 있다. 따라서 2월 혁명의 배경에 해당하는 선거권을 요구하는 노동자들의 모습이 (가)에 들어가기 가장 적절하다.

4 제국주의

그림은 유럽의 열강들이 군사력을 바탕으로 아프리카에 침략하여 식민지를 만들고 식민지 사람들을 착취하는 모습을 표현하고 있다. 유럽의 열강이 군사와 자본을 바탕으로 식민지를 만드는 팽창 정책은 '제국주의'에 해당한다.

5 인도의 민족 운동

(가)는 플라시 전투, (나)는 벵골 분할령이다. 플라시 전투 이후 영국은 인도에 지배권을 확대시켜 나갔으며 세포이의 항쟁 이후 무굴 제국을 멸망시키고 식민지로 삼는다. 벵골 분할령을 통해 인도의 민족 운동을 약화시키고자 하였으나, 이를 계기로 인도 국민 회의는 반영 운동을 주도하였다.

6 서아시아의 국민 국가 수립 운동

(가): 오스만 제국은 탄지마트를 통해 정치 제도의 개혁을 시도하였으며, 미드하트 파샤를 중심으로 서양식 의회를 개설하고 헌법을 제정하는 개혁을 실시하였다. (다): 아랍 문화 부흥 운동은 해외 작품을 아랍어로 번역하고, 아랍 고전을 연구하는 운동이다. (라): 수에즈 운하 건설로 인한 빚으로 영국의 간섭을 받는 상황이었다. 이에 저항하며 일어난 아라비 파샤 주도의 민족 운동이 영국에게 진압당하게 되면서 이집트는 영국의 보호국이 되었다.

7 동아시아의 근대화 운동

의회 설립을 추진했던 운동은 조선의 갑신정변, 일본의 자유 민권 운동, 중국의 변법자강 운동에 해당한다. 이 중 캉유웨이, 량치차오 등이 주도하여 추진한 운동은 중국의 변법자강 운동에 해당한다.

8 메이지 유신

일본의 메이지 유신과 그 이후의 개혁과 관련해서 제시할 수 있는 내용은 이와쿠라 사절단의 파견이 해당된다.

오답 피하기 ①은 천조전무제도로 태평천국 운동과 관련된다. ②는 1880년대 조선 정부의 개화 정책으로 별기군 창설에 해당하며, ④는 동학 농민 운동의 지도자였던 전봉준의 압송 장면, ⑤는 양무 운동 당시 설치된 군수 공장인 금릉 기기국이다.

더 알아보기 **조선의 국민 국가 수립 운동**

갑신정변	김옥균 등의 급진 개화파 주도 → 개혁 정강 14개조를 발표(근대적 의회 설립 등의 개혁 시도) → 청에 의해 진압됨
동학 농민 운동	전봉준 등의 농민 중심으로 지배층에 저항하고(반봉건), 일본 등의 외세에 저항(반외세)한 운동 → 폐정 개혁안 발표를 통해 개혁 시도
갑오개혁	신분제와 과거제 폐지, 왕실과 국가 재정 분리 등의 개혁 실시
광무개혁	군사 제도 개혁, 상공업 진흥 정책, 근대적 교육 시설 확립 등의 개혁 실시

2주 V. 세계 대전과 사회 변동 ~ VI. 현대 세계의 전개와 과제

1일 개념 돌파 전략 ❶ `40~43쪽`

1강_제1차 세계 대전 ~ 제2차 세계 대전

Q1 사라예보 사건　　**Q2** 신경제 정책　　**Q3** 뉴딜 정책

1-1 ㉠ 무제한 잠수함　㉡ 미국

1-2 ㉠: 참호전, ㉡: 총력전, ㉢: 신무기의 등장(신무기전)

2-1 10월 혁명, 볼셰비키　　　　**2-2** ④

3-1 ㉠: 프랑스, ㉡: 블록 경제　　**3-2** 태평양 전쟁

2강_냉전 체제 ~ 탈권위주의 운동

Q4 트루먼 독트린　　**Q5** 고르바초프　　**Q6** 세계화

4-1 냉전 체제　　　　**4-2** ④

5-1 ㉠: 고르바초프, ㉡: 글라스노스트　　**5-2** 닉슨 독트린

6-1 지역화　　　　**6-2** 신자유주의

1강_제1차 세계 대전 ~ 제2차 세계 대전

1-1 제1차 세계 대전의 과정
사진은 미국의 상선인 루시타니아 호의 침몰 장면이다. 루시타니아 호는 독일의 무제한 잠수함 작전으로 인해 공격을 받아 침몰하였다. 독일의 무제한 잠수함 작전은 영국이 독일의 해상 보급로를 차단한 것에 대응하여 영국으로 접근하는 모든 선박에 무차별적으로 공격을 실시한 작전이다.

1-2 제1차 세계 대전의 특징
제1차 세계 대전이 전개되면서 이전과 다른 새로운 전쟁의 특징이 등장하였다. 탱크, 기관총, 독가스 등의 새로운 무기가 등장한 것으로 인해(신무기의 등장), 공격을 피하기 위해 구덩이를 파 장기간 대치하는 전쟁 형태인 참호전이 등장하게 되었다. 이에 전쟁의 진척이 더뎌지게 되면서 전쟁에 더 많은 인원이 필요하게 되었다. 전방에 군인이 대규모로 투입이 되고, 후방에서 전방을 지원하기 위한 노동력이 동원되면서 국가 전체가 전쟁에 동원되는 총력전의 모습이 나타나게 되었다.

2-1 러시아 10월 혁명
러시아 2월 혁명의 결과 제정이 무너지고 임시 정부가 수립되었다. 임시 정부는 제1차 세계 대전의 참전을 끝내고, 러시아 내부의 문제를 개혁하는 과제를 해결해야 했으나 전쟁을 지속하고 개혁을 실시하지 않았다. 이에 불만을 가진 레닌과 볼셰비키를 중심으로 임시 정부를 무너뜨리는 무장 혁명을 일으켰다. 이것이 러시아 10월 혁명이다.

2-2 레닌의 정책
러시아 10월 혁명 이후 소비에트 혁명 정부를 수립한 레닌은 사회주의 정책을 실시하였다. 더불어 사회주의 확산을 위하여 유럽의 노동 운동과 아시아, 아프리카 지역의 민족 운동을 지원하기 위한 국제 공산당 조직으로 코민테른을 결성하였다.

> **오답 피하기** ① 미국의 루스벨트 대통령이 대공황으로 인한 실업 문제를 해결하기 위해 실시한 정책이다. ⑤ 경제 개발 5개년 계획은 스탈린이 추진한 경제 정책이다.

3-1 대공황
지도는 대공황에 대응하기 위해 본국과 식민지를 하나의 통화권, 경제권으로 묶는 블록 경제 정책에 해당한다. 식민지가 많은 국가인 영국과 프랑스에서 주로 실시하였다. 본국에 쌓인 상품 재고를 식민지에 판매함으로써 재고 누적의 문제를 해소하고 수입을 확보하고자 하였다.

3-2 제2차 세계 대전의 과정
일본이 미국의 하와이 진주만을 기습 공격함으로써 시작된 전쟁은 태평양 전쟁이다. 당시 일본은 물자 확보를 위해 다른 국가들의 식민지가 있는 동남아시아를 침공하는 상황이었다. 이를 제재하기 위해 미국은 다른 국가가 일본에 석유를 수출하는 것을 금지하는 조치를 내렸고, 이에 일본은 미국의 진주만을 기습 공격하였다. 이를 기점으로 제2차 세계 대전 중 태평양 전쟁이 시작되었다.

2강_냉전 체제 ~ 탈권위주의 운동

4-1 냉전 체제
지도는 전 세계적으로 자본주의 진영과 공산주의 진영이 나뉘어져 있음을 보여준다. 이처럼 자본주의 진영과 공산주의 진영이 직접 전쟁을 하지 않지만 정치적, 경제적, 군사적으로 체제 경쟁과 대립을 벌이고 유지하는 상황을 냉전 체제라 지칭한다.

4-2 냉전 체제(자본주의 진영)
트루먼 독트린은 공산주의의 확대를 막고자 트루먼 대통령이

발표한 연설이다. 트루먼 독트린의 발표 이후 마셜 계획을 통해 서유럽 재건을 위한 경제적 지원이 이루어졌으며, 집단 방어를 위한 군사 기구로서 북대서양 조약 기구를 결성하게 되었다.

5-1 소련의 해체

인물 카드의 내용에 해당하는 인물은 고르바초프이다. 고르바초프는 소련의 경제 침체 문제를 해결하기 위해 서유럽의 자본을 유치하고자 하였으며, 안정적인 자본 유치를 위해 소련의 체제를 개혁하고 개방하는 정책을 추진하였다. 페레스트로이카(개혁) 정책을 통해 시장 경제 요소를 도입하였으며, 글라스노스트(개방) 정책을 통해 언론의 자유와 공산당에 대한 비판 등을 허용하고자 하였다.

쌍둥이 문제 5

자료를 발표한 인물로 옳은 것은?

> 페레스트로이카 정책은 소련과 같은 사회주의 국가가 새로운 질적 상태로의 전환, 즉 권위주의적이고 관료주의적인 체제에서 인간적이고 민주적인 사회로 평화롭게 이행하는 유일한 길이라고 생각합니다.

① 옐친　　　　② 바웬사　　　　③ 트루먼
④ 고르바초프　　⑤ 빌리 브란트

해설 자료는 소련의 개혁 정책인 페레스트로이카에 대한 연설 내용이다. 페레스트로이카는 고르바초프가 실시한 정책에 해당한다. 따라서 자료를 발표한 인물은 고르바초프이다.
답 ④

5-2 닉슨 독트린

1969년 미국의 닉슨 대통령은 미국이 아시아에 군사적으로 개입하는 것을 축소하겠다는 선언을 발표하였다. 이것이 닉슨 독트린이며, 닉슨 독트린을 발표한 것을 계기로 사회주의권 국가와의 대립이 완화되었다.

6-1 지역화

지도는 지역별로 형성된 협력 기구를 보여주고 있다. 세계화로 인하여 국가 간 장벽이 낮아지고 사람, 상품, 자본 등의 이동이 활발해졌다. 이와 함께 국가의 이익을 지키고, 무역 관계의 다변화 등을 목적으로 인접 지역 간의 정치, 경제 등의 협력체를 구성하였다. 이러한 현상을 지역화라고 한다.

6-2 신자유주의

1970년대 석유 파동 등으로 인해 경제 불황을 해결하기 위한 노력이 미국과 영국 등에서 이루어진다. 이 당시 영국과 미국 등지에서는 경제 불황의 원인을 정부의 과도한 시장 개입과 투자 때문인 것으로 진단하였다. 이에 민간 기업의 자율성을 보장하고 정부의 개입을 축소하고 규모를 작게 만듦으로써 경제 성장을 유도하고자 하였다. 이러한 정책을 신자유주의 경제 정책이라고 한다.

1일　개념 돌파 전략 ②　　44~45쪽

1 ⑤　　2 ①　　3 ②　　4 ②　　5 ③
6 ①

1 제1차 세계 대전의 전개 과정

(가) 이전의 사건은 사라예보 사건에 해당하며, (가) 이후의 사건은 독일의 항복을 의미한다. 사라예보 사건을 발단으로 시작된 전쟁은 제1차 세계 대전에 해당한다. 따라서 (가)는 제1차 세계 대전의 과정에 해당하는 내용이 들어가야 한다. 그러므로 (가) 시기에는 독일이 무제한 잠수함 작전을 실시한 내용이 가장 적절하다.

2 러시아 혁명

2월 혁명은 제정 러시아가 제1차 세계 대전을 계속함으로써 인명 피해 등의 부담을 가중시킨 것이 원인이 되어 일어난 사건이다. 2월 혁명에서는 노동자와 병사 소비에트가 혁명을 주도하여 제정을 무너뜨리고 임시 정부를 수립하였다. 한편 10월 혁명은 임시정부가 전쟁 중지와 개혁의 요구를 충족하지 못하자 볼셰비키를 중심으로 사회주의 혁명 정부를 수립한 혁명이다.

3 제2차 세계 대전의 과정

그림은 독소 불가침 조약에 대한 풍자화이다. 독소 불가침 조약 이후 벌어진 전쟁은 제2차 세계 대전에 해당한다. ② 제2차 세계 대전의 종전 이후 전쟁 방지와 평화 유지를 위한 목적으로 국제 연맹을 계승하여 세워진 국제 기구는 국제 연합에 해당한다.

그림은 독소 불가침 조약에 대한 풍자화로, 전체주의 국가인 독일과 공산주의 국가인 소련이 허니문 관계를 형성한 것으로 표현하여 우스꽝스럽게 나타냈다. 이를 통해 두 나라의 조약 체결을 비판하였다.

쌍둥이 문제 **3**

(가) 조약의 명칭으로 옳은 것은?

이 그림은 독일의 히틀러와 소련의 스탈린이 결혼한 모습을 표현한 풍자화로, 당시 두 나라가 체결한 _____(가)_____ 를 비판하기 위해 그린 것이다. 조약의 체결 이후 히틀러는 제2차 세계 대전을 일으키게 되었다.

① 부전 조약
② 베르사유 조약
③ 로카르노 조약
④ 독소 불가침 조약
⑤ 샌프란시스코 강화 조약

해설 (가) 조약은 독소 불가침 조약이다. 독소 불가침 조약의 체결 이후 히틀러는 폴란드를 침공하면서 제2차 세계 대전을 일으켰다.
답 ④

4 냉전 체제

㉠의 공산주의 진영과 자본주의 진영의 대립 상황은 냉전 체제에 대한 설명이다. 냉전 체제를 배경으로 일어난 사건은 베트남 전쟁과 쿠바 미사일 위기(쿠바 미사일 기지 사건)에 해당된다. 베트남 전쟁은 미국이 남베트남, 소련이 북베트남을 지원하면서 충돌하였고, 쿠바 미사일 위기는 미국과 소련이 직접 충돌하는 양상으로 나타났다.

5 탈권위주의 운동

인종 차별에 대한 비판을 바탕으로 전개된 운동은 민권 운동이다. 마틴 루서 킹, 맬컴 엑스는 모두 미국 내 흑인 인권 운동을 주도했던 지도자이다. 마틴 루서 킹이 온건적인 운동을 추진한 것에 반해 맬컴 엑스는 급진적, 공격적인 노선을 선택하였다.

6 세계화

제시된 사례는 시간과 공간에 상관없이 서로 연결되어 있는 모습에 해당하며 이는 전 세계를 활동 범위로 하여 상호 연결된 세계화의 사례에 해당한다.

2일 필수 체크 전략 ❶			46~49쪽
1-1 ④	1-2 ②	2-1 ③	2-2 ②
3-1 ①	3-2 ①	4-1 ⑤	4-2 ④

1-1 제1차 세계 대전의 배경

지도는 발칸반도에서 범슬라브주의와 범게르만주의가 대립하는 상황을 보여준다. 발칸반도에서 범슬라브주의와 범게르만주의의 충돌은 제1차 세계 대전의 배경이 되었다.

1-2 제1차 세계 대전 이후 전후 처리

(가)는 워싱턴 회의, (나)는 부전 조약에 해당한다. 워싱턴 회의에서는 전쟁 방지와 군비 축소를 위한 논의가 이루어졌으며, 그 결과 열강들 사이에서 해군의 주력함 비율이 조정되었다. 한편 부전 조약에서는 국가 간 갈등의 해결 방식에서 전쟁을 사용하지 않고 포기할 것을 선언하였으며, 이를 통해 평화 분위기를 조성하고자 하였다.

2-1 러시아 혁명의 전개 과정

제시문의 사건은 러시아 10월 혁명에 해당한다. 10월 혁명의 결과 소비에트 혁명 정부가 수립되었기 때문에, 임시 정부의 수립과 소비에트 정부 수립 사이 시기에 10월 혁명의 내용을 넣는 것이 가장 적절하다.

2-2 소련의 발전

스탈린은 집단 농장을 운영하고, 경제 개발 5개년 계획을 통한 국가 주도의 계획 경제를 실시함으로써 본격적인 사회주의 경제 정책을 추진하였다.

3-1 뉴딜 정책

사진은 테네시 강에 댐을 공사하는 장면으로 이는 테네시 강 유역 개발 공사라는 공기업을 설립하여 추진한 것이다. 정부가 직접 일자리를 마련하고 경제에 개입한 정책은 뉴딜 정책이며, 뉴딜 정책이 추진된 배경은 경제 대공황이다.

3-2 전체주의

(가)는 전체주의이다. 국가가 개인의 생활을 통제하는 독재 체

제이며 이탈리아의 파시즘, 독일의 나치즘, 일본의 군국주의가 대표적인 사례이다. 히틀러는 나치즘을 바탕으로 권력을 잡았으며, 이는 독일에 해당한다. 따라서 (나)는 독일이다.

4-1 제2차 세계 대전의 전개 과정
지도의 전쟁은 태평양 전쟁이다. 무장 해제를 위한 영토의 분할 점령은 독일의 전후 처리 내용에 해당하며, 이 당시 독일은 미국, 영국, 프랑스, 소련의 4개국에 의해 분할 점령당하였다.

4-2 제2차 세계 대전의 전개 과정
사진의 사건은 노르망디 상륙 작전에 해당한다. 노르망디 상륙 작전 이후 전세는 연합국에게 유리해졌으며, 연합국이 파리를 탈환하고 독일이 연합국에 항복함으로써 제2차 세계 대전의 유럽 전선이 정리되었다. 따라서 노르망디 상륙 작전 발생 시기는 스탈린그라드 전투와 독일의 항복 사이 시기가 적절한 시기가 된다.

2일 **필수 체크 전략 ❷** [50~51쪽]

| 1 ② | 2 ① | 3 ① | 4 ⑤ | 5 ③ |

1 제1차 세계 대전의 배경
조사된 자료는 삼국 협상과 삼국 동맹, 발칸반도에서 범게르만주의와 범슬라브주의가 충돌하고 있는 상황을 묘사한 지도이다. 이 둘은 모두 제1차 세계 대전의 배경에 해당한다.

2 국제 연맹
국제 연맹은 제1차 세계 대전 이후 조직된 국제 기구이며, 미국의 제안으로 창설되었으나 미국은 국제 연맹에 참여하지 못하였다. 이 상황을 보여주는 것이 문제에 제시된 만평이다. 따라서 (가)는 1차, (나)는 국제 연맹이라 할 수 있다.

자료 분석 **국제 연맹의 한계**

만평의 왼쪽의 팻말에는 '이 국제 연맹 다리는 미국이 설계하였다.'는 내용이 적혀 있으며, 다리의 돌에는 국제 연맹에 참여한 나라들이 적혀 있다. 그러나 가장 중요한 키스톤에 해당하는 미국의 돌은 끼워져 있지 않다. 이를 통해 당시 미국 등 강대국이 참여하지 않았던 국제 연맹의 태생적 한계를 알 수 있다.

3 대공황
(가) 시기는 실업률이 급증하는 시기로 대공황이 일어난 시기이다. 재고 누적과 고용 감소, 실업자 급증 등의 악순환으로 인해 나타난 주가 폭락과 경제 불황의 현상이 대공황에 해당되며 이를 해결하기 위해 미국에서는 뉴딜 정책을 실시하였다. 뉴딜 정책은 대규모 공공사업의 실행을 통해 실업자를 감소시키고 구매력을 복원시키는 것을 목표로 삼았다.

4 제2차 세계 대전의 과정
위의 글은 독소 불가침 조약, 아래의 글은 제2차 세계 대전의 종전을 의미한다. 따라서 찢어진 부분에는 제2차 세계 대전의 과정에 해당하는 스탈린그라드 전투, 노르망디 상륙 작전이 들어가야 한다.

오답 피하기

ㄱ. 사라예보 사건은 제1차 세계 대전의 발단에 해당한다.

ㄴ. 국제 연맹은 제1차 세계 대전 이후 전후 처리 과정에서 전쟁 방지와 평화 유지를 위한 목적에서 조직한 국제 기구이다.

5 제2차 세계 대전의 과정
국제 연합은 제2차 세계 대전 이후 결성된 국제 기구이다. 따라서 교사의 설명에서 밑줄 친 '이 전쟁'은 제2차 세계 대전에 해당한다. 제2차 세계 대전은 독일이 폴란드를 침공하고, 영국과 프랑스 등이 선전 포고를 한 것을 계기로 시작되었다.

선택지 분석

① 사라예보 사건을 계기로 발생하였다. (×) → 제1차 세계 대전

② 종단 정책과 횡단 정책이 충돌하였다. (×) → 파쇼다 사건

③ 독일이 폴란드를 침공하면서 시작되었다. (○)

④ 워싱턴 회의를 통해 군비 축소를 시도하였다. (×)
→ 제1차 세계 대전 이후 평화 노력

⑤ 베르사유 조약을 통해 독일에 대한 전쟁 책임을 물었다. (×)
→ 제1차 세계 대전

3일 필수 체크 전략 ❶ | 52~55쪽

| 1-1 ⑤ | 1-2 ④ | 2-1 ② | 2-2 ① |
| 3-1 ③ | 3-2 ② | 4-1 ⑤ | 4-2 ⑤ |

1-1 냉전 체제
말풍선의 주장은 미국 대통령인 트루먼이 발표한 것으로, 공산주의의 확대에 맞서 유럽에 재정적·군사적 지원을 약속한 트루먼 독트린에 해당한다.

1-2 베를린 봉쇄
사진의 상황은 소련의 베를린 봉쇄에 해당한다. 베를린 봉쇄는 미국, 영국, 프랑스 등의 자본주의 진영 국가의 독일 점령지에서 화폐를 통합하는 작업을 벌이자, 이에 대응하여 베를린으로의 육상 교통로를 소련이 폐쇄한 사건이다. 이는 냉전 체제에서 대립이 심화되는 과정에서 나타난 사건이기 때문에 냉전 체제가 형성된 트루먼 독트린 발표 이후 시기가 가장 적절하다고 할 수 있다.

> **쌍둥이 문제 1**
>
> **자료의 상황이 일어난 배경으로 가장 적절한 것은?**
>
>
>
> ▲ 서베를린에 물건을 운반하는 미군
>
> ① 얄타 회담이 개최되었다.
> ② 냉전 체제가 형성되었다.
> ③ 닉슨 독트린이 발표되었다.
> ④ 서독이 동방 정책을 실시하였다.
> ⑤ 전략 무기 제한 협정이 체결되었다.
>
> 해설 베를린 봉쇄는 서베를린에 대한 권리를 자본주의 진영의 국가들이 포기하도록 만들기 위해 소련이 실시한 정책으로 냉전 체제의 대립 과정에서 발생한 사건이다.
> 답 ②

2-1 탈냉전의 배경
자본주의 진영의 중심인 미국과 공산주의 진영의 중심인 소련의 양극 체제가 약해지고, 서독, 일본, 프랑스, 중국 등 여러 세력이 등장하기 시작하였다. 이를 바탕으로 양극 체제에서 다극 체제로 국제 질서가 전환되었으며, 이를 배경으로 냉전이 완화되는 탈냉전 현상이 나타났다.

2-2 탈냉전의 과정
쿠바 미사일 사건은 냉전이 극에 달한 시기의 사건이며, 이를 계기로 미국과 소련 등 두 진영은 냉전 완화의 필요성을 느끼기 시작하였다. 미국과 중국의 국교 수립은 냉전이 완화된 시기에 이루어졌다. (가)에는 냉전 체제에서 탈냉전으로 변화하게 되는 계기가 들어가야 한다. 따라서 냉전이 완화될 수 있는 계기의 사건으로는 닉슨 독트린의 발표가 가장 적절하며, (가)에는 닉슨 독트린이 포함될 수 있다.

3-1 민권 운동
제시된 자료에는 흑인과 백인의 차별에 대한 저항의 의미로 벌인 시위에 대한 내용이 포함되어 있다. 이처럼 인종에 따른 차별에 저항하고 문제를 해결하기 위해 이루어진 탈권위주의 운동은 민권 운동에 해당한다.

3-2 여성 운동
여성에 대한 성 차별, 성 역할의 분리와 같이 전통적인 성 고정 관념에 문제 의식을 제기한 사례는 여성 운동에 해당한다. 제시문에서도 여성의 아름다움에 대해 일정한 기준을 두고 그 기준에 따라 재단하는 미인 대회에 대한 문제를 제기하였다.

4-1 신자유주의 정책
영국의 대처 수상, 미국의 레이건 대통령 등을 중심으로 정부의 시장 개입을 축소하는 정책을 실시하였다. 이처럼 정부의 개입을 줄이고 민간의 투자를 활성화시키기 위해 규제를 철폐하는 등 자유로운 투자 여건을 조성하고자 한 경제 정책은 신자유주의를 반영한 정책이라 할 수 있다.

4-2 지역별 경제 협력체
A는 유럽 연합, B는 아시아·유럽 정상 회의, C는 북아메리카 자유 무역 협정, D는 동남아시아 국가 연합, E는 아시아·태평양 경제 협력체이다. 자료에서 설명하고 있는 기구는 아시아·태평양 경제 협력체이므로, 이에 해당하는 기구는 E이다.

3일 필수 체크 전략 ❷ | 56~57쪽

| 1 ① | 2 ③ | 3 ⑤ | 4 ⑤ | 5 ② |
| 6 ③ |

1 냉전 체제

영국의 수상 처칠은 철의 장막 연설을 통해 유럽이 자본주의 진영과 공산주의 진영으로 나뉘어졌음을 표현하였다. 여기에서 ㉠의 철의 장막은 공산주의 진영을 가리키며, 공산주의 진영의 기구로는 경제 상호 원조 회의(코메콘), 바르샤바 조약 기구, 코민포름이 해당된다. 반면 트루먼 대통령이 발표한 트루먼 독트린에서는 서유럽에 대한 재정적인 지원을 약속하였는데 자본주의 진영에서 경제 지원의 역할을 수행한 ㉡은 마셜 계획이 해당된다.

2 냉전 체제의 전개

제시된 6·25 전쟁과 베트남 전쟁은 각각 한반도와 베트남의 자본주의 진영, 공산주의 진영에 미국과 소련이 지원하는 상황에서 벌어진 전쟁이다. 따라서 냉전 체제가 두 전쟁이 일어나게 된 배경이라 할 수 있다.

선택지 분석

① 소련이 붕괴되었다. (×) → 냉전 체제의 해체와 관련
② 제3세계가 형성되었다. (×) → 냉전 체제의 완화
③ 냉전 체제가 형성되었다. (○)
④ 데탕트의 분위기가 형성되었다. (×) → 냉전 체제의 완화
⑤ 독일, 일본, 이탈리아가 추축국을 형성하였다. (×)
→ 제2차 세계 대전 이전, 전체주의 국가의 대두

3 탈냉전

'닉슨 독트린'의 발표 이후 미국과 중국 간의 관계 개선이 이루어졌다. 자본주의 진영과 공산주의 진영의 대립이 완화되었으며 이는 탈냉전, 데탕트의 분위기 형성에 영향을 미쳤다.

4 소련의 해체

소련의 붕괴는 고르바초프가 소련의 경제 문제를 해결하기 위해 추진하였던 개혁·개방 정책, 즉 페레스트로이카, 글라스노스트 정책이 배경이 되어 촉진되었다.

5 68운동

"금지하는 것을 금지한다."는 프랑스 68운동에서 등장한 구호이다. 68운동은 학생 운동의 한 사례로 권위주의적 대학 교육에 반대한 운동이다. 이 운동은 베트남 전쟁을 반대하고 정부에 저항하는 운동으로도 이어지게 된다.

선택지 분석

① 아파르트헤이트 정책에 반대하였다. (×)
→ 넬슨 만델라, 아파르트헤이트 반대 운동(민권 운동)
② 권위주의적 대학 교육에 반대하였다. (○)
③ 여성의 신체적 자기 결정권을 주장하였다. (×) → 여성 운동
④ 전쟁과 대량 살상 무기의 개발에 반대하였다. (×) → 반전 운동
⑤ 남성 중심의 가부장적 사회 체제에 도전하였다. (×) → 여성 운동

6 신자유주의

(가)는 신자유주의이다. 신자유주의 정책에서는 국가의 경제 개입을 축소하고자 하였으며 이 과정에서 국영 기업을 민영화하는 조치를 실시하였다.

선택지 분석

① 테네시강 개발 공사를 설립하였다. (×) → 뉴딜 정책(미국)
② 본국과 식민지를 하나의 통화권으로 묶었다. (×)
→ 블록 경제(영국, 프랑스)
③ 국영 기업을 민영화하는 정책을 실시하였다. (○)
④ 사회주의 경제 체제에 자본주의적 요소를 도입하였다. (×)
→ 신경제 정책(소련, 레닌)
⑤ 공산주의의 확산을 막기 위해 유럽을 경제적으로 지원하였다. (×)
→ 마셜 계획

4일 교과서 대표 전략 ❶				58~61쪽
1 ③	2 ②	3 ④	4 ②	5 ①
6 ④	7 ③	8 ②	9 ⑤	10 ④
11 ①	12 ③	13 ⑤	14 ⑤	15 ②

1 제1차 세계 대전의 배경

사라예보 사건으로 일어난 전쟁은 제1차 세계 대전에 해당된다. 제1차 세계 대전에서는 이전 전쟁과 달리 참호전, 총력전, 신무기전 등의 특징이 나타났다. 제1차 세계 대전 과정에서 해상을 봉쇄한 영국에 대응하기 위해 독일은 무제한 잠수함 작전을 실시하였다. 또한 러시아에서 10월 혁명이 발생하였고, 이후 권력을 잡은 레닌이 독일과 강화 조약을 맺음으로써 전쟁을 중지하고 제1차 세계 대전의 전선에서 이탈하였다.

2 제1차 세계 대전의 전개 과정

사진은 미국의 상선인 루시타니아 호의 침몰 장면이다. 이는 독일의 무제한 잠수함 작전으로 인해 벌어진 사건이다. 따라

서 연표에서 무제한 잠수함 작전이 실시되기 시작한 시점 이후 시기에 해당하므로, ②의 시기가 가장 적절하다.

3 제1차 세계 대전의 전후 처리

(가)는 워싱턴 회의이다. 워싱턴 회의에서는 중국과 태평양 지역에 대한 이해관계 그리고 해군 보조함의 비율을 조정하고자 하였다. 이 과정에서 일본이 중국에 요구한 21개조의 요구 일부가 철회되기도 하였다.

4 제1차 세계 대전의 전후 처리

지도의 공화국이 생겨난 지역은 독일 제국과 오스트리아·헝가리 제국이 해체되고 독립한 지역, 그리고 독일과 러시아의 강화 조약 체결로 러시아가 상실한 지역이다. 제1차 세계 대전 이후 동맹국의 제국들이 해체되었고, 파리 강화 회의에서 미국 대통령 윌슨이 주창한 민족 자결주의의 영향을 받아 독립한 나라들은 공화정의 정치 체제를 채택하였다.

5 소련의 발전

포스터는 경제 개발 5개년 계획과 관련된 것으로, 이 정책은 스탈린이 추진한 정책이다. 스탈린은 사회주의 경제 정책을 전면적으로 추진하였으며, 이러한 상황 속에서 농업 부문에서는 집단 농장을 설치하였다.

> **선택지 분석**
>
> ① 집단 농장을 설치하였다. (○)
> ② 두마 설치를 약속하였다. (×) → '피의 일요일' 사건
> ③ 뉴딜 정책을 추진하였다. (×) → 미국, 루스벨트
> ④ 신경제 정책을 실시하였다. (×) → 레닌
> ⑤ 소비에트 사회주의 공화국 연방을 수립하였다. (×) → 레닌

6 전체주의

㉠ 아돌프 히틀러는 나치당을 중심으로 독일에서 권력을 잡은 인물이다. 히틀러가 내세운 나치즘은 전체주의의 한 사례에 해당한다. 따라서 ㉠이 가진 이념은 전체주의에 해당하며, 전체주의와 관련된 설명으로 |보기|에서 찾아야 한다. 전체주의에 해당하는 사례는 이탈리아의 파시즘, 일본의 군국주의가 있다.

7 태평양 전쟁의 전개 과정

㉠은 일본의 진주만 공습을 의미한다. 일본의 진주만 공습을 시작으로 제2차 세계 대전의 태평양 전선, 즉 태평양 전쟁이 시작되었다. ③ 중국 정부에 일본이 21개조 요구를 강요한 것은 제1차 세계 대전 이후의 내용이다.

8 국제 연합

(가)는 국제 연합에 해당한다. 국제 연합은 국제 연맹의 한계점을 보완하여 계승하였으며, 대서양 헌장을 바탕으로 얄타 회담에서의 합의를 통해 창설되었다.

> **더 알아보기** **제2차 세계 대전 전후 처리 회담**
>
> | 카이로 회담 | • 미국, 영국, 중국 참가
• 일본의 처리 문제와 한국의 독립 문제 합의 |
> | --- | --- |
> | 얄타 회담 | • 미국, 영국, 소련 참가
• 전후 독일 문제 처리와 소련의 대일전 참전 결정 |
> | 포츠담 회담 | • 미국, 영국, 소련 참가
• 독일을 비롯한 유럽 전후 문제 논의 |

9 냉전 체제

제시된 자료는 냉전 체제에 대한 풍자화이다. 냉전 체제는 자본주의 진영과 공산주의 진영이 정치, 경제 등 다양한 방면에서 직접적인 군사적 충돌 없이 경쟁하는 국제 질서를 의미한다. 냉전 체제는 트루먼 독트린의 발표 이후 본격화되었다.

> **선택지 분석**
>
> ① 평화 10원칙을 채택하였다. (×) → 반둥 회의(제3 세계)
> ② 덩샤오핑이 흑묘백묘론을 제시하였다. (×) → 중국
> ③ 베르사유 조약 체결 이후의 체제이다. (×) → 베르사유 체제
> ④ 방공 협정을 맺고 추축국을 형성하였다. (×)
> → 독일, 일본, 이탈리아 등의 전체주의 국가
> ⑤ 트루먼 독트린을 계기로 본격화되었다. (○)

> **더 알아보기** **마오쩌둥과 덩샤오핑**
>
> | 마오쩌둥 | • 대약진 운동: 마오쩌둥이 추진한 농촌 중심의 사회주의 경제 정책
• 문화 대혁명: 대약진 운동의 실패 → 홍위병 등을 동원하여 반대파 탄압, 마오쩌둥의 독재 권력 강화 |
> | --- | --- |
> | 덩샤오핑 | • 실용주의 노선 채택하여 개혁·개방 정책 추진(흑묘백묘론) → 선전 등 경제 특구 지정
• 톈안먼 사건: 민주화 요구 시위를 무력으로 진압한 사건 |

10 탈냉전

전략 무기 제한 협정은 냉전 체제의 완화 과정에 해당하는 사례이다. 냉전 체제의 완화와 관련된 사례로는 닉슨 독트린의 발표와 동·서독 유엔 동시 가입이 해당된다.

11 민권 운동

제시문은 미국 내 흑인과 백인의 인종 차별 정책의 사례이다. 이를 계기로 인종 차별에 저항하는 민권 운동이 미국 내에서 일어났다.

더 알아보기 **미국 내 민권 운동**

마틴 루서 킹	1960년대 민권 운동을 위한 대중적인 시위를 조직. 1963년 워싱턴 행진 등을 주도
민권법	1964년 제정. 공무와 직장에서의 인종 차별을 금지한 법안 제정
투표권법	흑인에 대한 투표권을 보장해주는 법안

12 여성 운동

『이갈리아의 딸들』은 당시 여성 운동에서 다룬 쟁점과 여성 운동의 역사를 정리한 책으로, 탈권위주의 운동의 유형 중 여성 운동의 사례에 해당한다.

13 사회주의권 국가의 붕괴

지도는 동유럽 사회주의권의 붕괴를 보여준다. 고르바초프가 동유럽에 간섭하지 않겠다는 불간섭 선언을 하자 동유럽 지역에서 민주화 운동이 발생하였고, 동유럽 내에서 사회주의 정권이 붕괴되고 민주 정권이 들어서게 되었다. 따라서 동유럽 사회주의권의 붕괴 배경은 고르바초프의 동유럽 불간섭 선언이라 할 수 있다.

14 신자유주의 정책

(가)는 영국의 대처 수상이다. 대처 수상은 영국의 경제 불황, 즉 고질적인 '영국병'의 원인을 지나친 복지 정책으로 분석하였다. 이에 '영국병'의 해결을 위해 복지 비용을 줄이고 민영화를 실시하였으며, 정부의 개입을 최소화하고 민간 기업에 자율성을 부여하는 신자유주의 정책을 실시하였다.

15 지역별 경제 협력체

(가)는 유럽 연합, (나)는 북아메리카 자유 무역 협정(NAFTA)에 해당한다. 유럽 연합은 유럽 석탄·철강 공동체에서 발전한 유럽 공동체를 계승하여 성립된 지역 협력체이며, 마스트리흐트 조약이 체결된 이후에 성립하였다. 유럽 연합 지역 내에서는 유로화라는 동일 통화를 활용하며, 회원국 간의 자유로운 이동을 보장하는 등 지역 내 통합을 도모하고 있다.

자료 분석 **지역별 경제 협력체(지역화)**

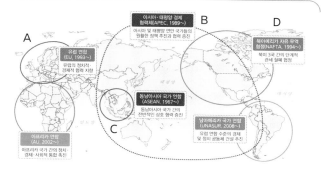

A는 유럽 연합(EU), B는 아시아·태평양 경제 협력체(APEC), C는 동남아시아 국가 연합(ASEAN), D는 북아메리카 자유 무역 협정(NAFTA)에 해당한다.

더 알아보기 **유럽 연합의 형성**

유럽 석탄 철강 공동체 (ECSC)	1952년 프랑스, 독일, 벨기에 등이 석탄, 철강의 생산과 판매를 공동으로 하기 위해 형성한 기구. 프랑스의 제안으로 시작되었음.
유럽 경제 공동체 (EEC)	유럽 국가 간 관세 장벽 철폐, 자본과 노동의 자유로운 이동 보장
유럽 공동체 (EC)	유럽 경제 공동체, 유럽 원자력 공동체, 유럽 석탄 철강 공동체 등을 통합하여 만든 기구
유럽 연합 (EU)	1992년 마스트리흐트 조약 체결 이후, 다음 해 조약이 발표되면서 출범한 국제 기구. 유로화 단일 통화 사용으로 경제 통합을 이룸

4일 교과서 대표 전략 ❷ 62~63쪽

1 ②	2 ⑤	3 ①	4 ③	5 ⑤
6 ④	7 ⑤	8 ②		

1 제1차 세계 대전의 전후 처리

제시된 조약은 제1차 세계 대전의 결과 독일과 연합국 사이에서 맺은 베르사유 조약이다. 베르사유 조약은 승전국인 연합국이 독일에게 전쟁의 책임을 지우는 보복적 성격을 지니고 있다.

자료의 조약이 체결된 배경으로 옳은 것은?

> 제119조 독일은 해외 식민지에 관한 모든 권리와 소유권을 연합국과 그 협력국에 넘겨준다.
> 제235조 독일은 연합국과 그 협력국의 최종 청구액이 확정되기 전에, 우선 200억 마르크 금화에 상당하는 돈을 지불한다.

① 제1차 세계 대전　　② 제2차 세계 대전
③ 국제 연합 창설　　④ 러시아 혁명
⑤ 대공황

해설 자료는 베르사유 조약이다. 베르사유 조약은 제1차 세계 대전의 결과 승전국과 독일이 맺은 조약이다. 따라서 조약이 체결된 배경은 제1차 세계 대전이 해당된다.
답 ①

2 러시아 2월 혁명

장면 1은 러일전쟁 시기에 발생한 피의 일요일 사건이며, 장면 3은 러시아 10월 혁명의 결과이다. (가) 시기에는 2월 혁명과 10월 혁명의 과정이 포함될 수 있다. 따라서 (가) 시기에 들어갈 내용으로는 제정이 무너지고 임시 정부가 수립된 러시아 2월 혁명의 내용이 가장 적절하다.

더 알아보기　19세기 러시아의 개혁

알렉산드르 2세	'농노 해방령' 발표, 지방 의회 구성, 군사 제도 개혁 등의 내정 개혁 실시
브나로드 운동	러시아 지식인들이 농촌 계몽을 위해 펼친 운동
알렉산드르 2세 이후	알렉산드르 2세, 급진주의자들에 의해 암살 → 전제 정치의 강화, 자유주의 운동의 탄압

3 전체주의

제시된 자료는 이탈리아의 파시즘 독트린으로, 이와 관련된 체제는 전체주의이다. 전체주의는 국가(전체)의 발전을 위해 개인의 생활을 통제해도 된다고 생각한 사상이며, 실제로 전체주의 정권에서는 개인의 생활을 통제하였다. ① 개인의 사유재산을 부정한 체제는 공산주의에 해당한다.

제시된 사상을 가리키는 말로 옳은 것은?

> 어떤 단체도 국가를 떠나서는 존재하지 않으며, 국민이 국가를 발생시키는 것이 아니라, 국가가 국민을 창조한다.
> – 무솔리니, 파시즘 독트린 –

① 공산주의　　② 자본주의　　③ 전체주의
④ 민주주의　　⑤ 자유주의

해설 무솔리니의 파시즘 독트린은 국가의 번영을 개인의 자유보다 강조한 사상으로 '전체주의'에 해당한다.
답 ③

4 제2차 세계 대전

아우슈비츠 수용소에서 벌어진 유대인 학살과 같은 인종 청소 문제와 일본군 '위안부'와 같은 전쟁 범죄가 일어난 (가) 시기는 제2차 세계 대전 시기이다. 제2차 세계 대전은 독일의 폴란드 침공으로 시작되었으며, 연합국이 스탈린그라드 전투, 노르망디 상륙 작전을 거치면서 승기를 잡았고 독일을 이길 수 있었다. 전쟁 이후 전쟁의 재발을 막기 위해 국제 연합을 수립하였다. ③ 이탈리아가 삼국 동맹에서 탈퇴한 것은 제1차 세계 대전에 대한 설명이다.

5 냉전 체제

(가)는 마셜 계획, (나)는 경제 상호 원조 회의, (다)는 북대서양 조약 기구, (라)는 바르샤바 조약 기구이며, (마)는 코민포름에 해당한다. 코민테른은 러시아 혁명 이후 레닌이 결성한 국제 공산당 조직에 해당한다.

6 탈냉전의 배경

닉슨 독트린의 발표, 동서독 유엔 동시 가입, 미국과 중국의 국교 정상화는 모두 냉전 체제의 완화 과정에서 나온 사건들이다. 따라서 냉전 체제의 완화에 해당하는 (가)에는 탈냉전이 들어가야 한다. (가)의 배경, 즉 탈냉전의 배경은 미국과 소련 중심의 양극 체제가 해체되고 다극 체제로의 전환이다. 제3세계의 등장과 프랑스의 북대서양 조약 기구(NATO) 탈퇴는 미국과 소련 중심의 양극 체제의 냉전 질서를 흔들고 다극 체제로 전환과 동시에 냉전의 완화를 가져오게 하였다.

7 반전 평화 운동

노래 가사는 전쟁에 대한 반대와 평화를 염원하는 내용이 담겨 있다. 따라서 노래 내용과 관련되어 전개된 탈권위주의 운동으로는 반전 평화 운동이 가장 적절하다.

8 세계화

우리나라의 다문화 학생 수가 증가하는 이유는 이주민이 증가하고 국제 결혼 건수가 증가하는 것이 그 배경이 된다. 이주민이 급증하게 된 이유는 세계화로 인해 노동력의 이동이 활발해진 분위기 때문이다.

쌍둥이 문제 **8**

제시된 사진의 모습이 나타나게 된 원인으로 가장 적절한 것은?

경기도 ○○시에는 공업 단지가 들어서면부터 노동자 인구가 급증하였고, 외국인 7만여명이 거주하는 다문화 특구가 되었다. 외국인 주민 센터가 설립되었으며, 외국어로 된 간판이 늘어나는 등의 변화가 나타났다.

① 소련이 붕괴되었다.
② 제3 세계가 형성되었다.
③ 세계화가 진행되고 있다.
④ 지역별 경제 협력체가 조직되었다.
⑤ 민주화 요구 시위를 무력으로 진압하였다.

해설 자료의 다문화 특구의 조성은 외국인 노동자의 이주가 원인이며, 외국인 노동자의 이주는 세계화의 진행으로 인해 노동자의 이주가 활발해졌기 때문이다.
답 ③

누구나 합격 **전략**   64~65쪽

| 1 ① | 2 ④ | 3 ④ | 4 ③ | 5 ② |
| 6 ③ | 7 ① | 8 ② | | |

1 제1차 세계 대전의 특징

(가)는 제1차 세계 대전이다. 자료에서 보여 주는 그림의 제목은 '개스드'로 독가스를 마신 상태를 의미한다. 독가스와 같은 신무기는 제1차 세계 대전에서부터 사용되기 시작하였으며, 이로 인해 신무기전이라는 이전 전쟁과는 다른 새로운 전쟁의 양상이 나타나게 되었다. ① 나치 독일이 폴란드를 침공하기 시작한 전쟁은 제2차 세계 대전이다.

쌍둥이 문제 **1**

(가) 전쟁의 배경을 보기에서 고른 것은?

이 그림은 _____(가)_____ 전쟁부터 사용하기 시작한 독가스에 군인들이 희생당한 모습을 보여준다.

보기
ㄱ. 전체주의 국가의 등장
ㄴ. 3국 협상과 3국 동맹의 대립
ㄷ. 독일과 소련의 불가침 조약 체결
ㄹ. 범게르만주의와 범슬라브주의의 충돌

① ㄱ, ㄴ   ② ㄱ, ㄷ   ③ ㄴ, ㄷ
④ ㄴ, ㄹ   ⑤ ㄷ, ㄹ

해설 자료는 독가스 등의 신무기의 등장을 보여주며, 이는 제1차 세계 대전의 특징이다. 따라서 (가)는 제1차 세계 대전이며, 제1차 세계 대전의 배경에는 ㄴ과 ㄹ이 해당된다.
답 ④

2 레닌의 집권

(가)는 러시아 10월 혁명, (나)는 스탈린의 집권에 대한 내용이다. 따라서 (가)와 (나) 사이에는 레닌의 집권 시기에 이루어진 사실이 포함되어야 한다. ④ 피의 일요일 사건은 러일 전쟁 시기에 개혁을 요구한 시위대에 무력 진압을 하면서 벌어진 사건이다.

3 제2차 세계 대전

㉠의 독일의 폴란드 침공으로 시작된 전쟁은 제2차 세계 대전이다. 제2차 세계 대전에서는 나치 독일에 의해 유대인의 대량 학살이 이루어졌다. 또한 독소 불가침 조약을 독일이 파기하게 되면서 소련과 전선을 형성하게 되었고, 스탈린그라드 전투에서 소련이 승리를 하게 되면서 독일이 전세가 불리해졌다.

오답 피하기 ㄹ. 테네시강 댐 건설에 참여하는 미국인은 뉴딜 정책의 장면에 해당하며, 제2차 세계 대전의 과정에서 볼 수 있는 모습으로는 거리가 있다.

정답과 해설 BOOK 2

4 제1차 세계 대전의 전후 처리

풍자화에서는 독일에 대해 조약의 조건을 강요하는 연합국의 모습을 표현하고 있다. 제1차 세계 대전 이후 독일에 전쟁의 책임을 묻기 위한 보복적 성격의 조약으로 베르사유 조약의 체결이 이루어졌으며, 이러한 조약의 속성을 풍자화에서 잘 표현하고 있다.

오답 피하기 ⑤ 샌프란시스코 강화 조약은 일본과 미국 사이에 맺은 조약으로 미군정이 장악하고 있던 일본의 주권을 다시 돌려주는 것을 내용으로 한다.

5 뉴딜 정책

(가)는 뉴딜 정책이다. 미국의 루스벨트 대통령은 대규모 공공 사업을 국가 주도로 제공하여 실업자를 구제하고, 근로자의 구매력을 살리고자 하였다. 이에 시장 경제에 국가가 개입하는 정책을 실시하였다.

더 알아보기 뉴딜 정책

농업 조정법	주요 농산물의 과잉 생산 제한, 농민에게 보조금 지급
국가 산업 부흥법	산업 부분의 생산 조절, 최저 가격과 노동 시간 규정
사회 보장법	노인·유족·실업자에게 수당 지급, 의료 서비스 지원 등 공공 부조 체제 시행
테네시 강 유역 개발 공사	국가 주도의 대규모 기간 시설 공사 → 실업자 구제, 시장 활성화 등을 통한 대공황 극복 시도

6 냉전 체제

지도의 전쟁은 남베트남(미국, 자본주의 진영)과 북베트남(소련, 공산주의 진영)의 베트남 전쟁이다. 냉전 체제의 국제 질서 속에서 벌어진 전쟁이기 때문에 냉전 체제가 형성된 것이 배경으로 가장 적절한 설명이다.

7 민권 운동

말풍선의 내용은 마틴 루서 킹의 연설문이다. 마틴 루서 킹은 미국 민권 운동을 이끌었던 지도자였으며, 워싱턴 행진 등을 주도하였다. 운동의 결과 민권법을 제정할 수 있게 되었다.

8 세계 무역 기구

세계 무역 기구는 '관세 및 무역에 관한 일반 협정'을 계승하여 설립된 국제 기구로, 자유 무역 촉진과 무역 분쟁을 조정하는 역할을 수행한다.

창의·융합·코딩 전략 66~69쪽

1 ③	2 ①	3 ③	4 ④	5 ①
6 ①	7 ④	8 ④		

01 제1차 세계 대전의 배경

(가) 사건은 제1차 세계 대전이다. 제1차 세계 대전은 삼국동맹과 삼국협상의 충돌, 범게르만주의와 범슬라브주의의 충돌이 배경이 되며 사라예보 사건이 발단이 되어 진행되었다. 따라서 워드 클라우드의 단어들을 조합하였을 때 (가)를 제1차 세계 대전으로 추론할 수 있으며, 제1차 세계 대전 당시에는 독일이 무제한 잠수함 작전을 전개하였다.

선택지 분석

① 도쿄 재판을 통해 전범을 재판하였다. (×)
→ 일본의 제2차 세계 대전(태평양 전쟁) 전후 처리 과정

② 나치당을 중심으로 유대인을 학살하였다. (×)
→ 제2차 세계 대전 중의 홀로코스트

③ 독일이 무제한 잠수함 작전을 실시하였다. (○)

④ 스탈린그라드 전투에서 독일이 패배하였다. (×)
→ 제2차 세계 대전

⑤ 레닌 중심의 소비에트 혁명 정부가 수립되었다. (×)
→ 러시아 10월 혁명

2 소련의 발전

(가)는 레닌, (나)는 스탈린이다. 레닌은 공산화 정책을 실시했으나 경제 침체의 문제가 나타나자 시장 경제 요소 중 일부 소유권을 인정하는 신경제 정책을 실시하였다. 스탈린은 집단 농장을 운영하는 등 전면적인 사회주의 경제 정책을 실시하였으며, 공업화를 위하여 국가 주도의 경제 개발 5개년 계획을 추진하였다.

3 제1차 세계 대전의 전후 처리

제1차 세계 대전 이후 전후 평화 분위기를 조성하기 위해 (가) 국제 연맹을 창설하였다. 이후 군비 경쟁을 완화하기 위해 (라) 워싱턴 회의에서 군비 축소 논의를 진행하였다. 또한 나라 간 분쟁 해결 수단으로 전쟁을 포기하는 선언인 (바) 부전 조약을 맺음으로써 평화의 분위기를 조성하고자 노력하였다. 따라서 미션에서 요구하는 옳은 경로는 (가) → (라) → (바)가 된다.

4 제2차 세계 대전

(가)는 제2차 세계 대전이다. 독일의 폴란드 침공으로 시작되었으며, 전쟁 과정 중에 독일이 독소 불가침 조약을 파기하기도 하였다. 이에 스탈린그라드 전투에서 독일군과 소련군이 싸우게 되었고, 여기에서 소련군이 승리하면서 독일의 전세가 불리해졌다.

5 냉전 체제의 전개

베트남 전쟁과 베를린 봉쇄는 모두 냉전의 사례로, 같은 현상으로 빙고를 만들기 위해서는 |보기|에서 냉전 시기의 사례를 고를 필요가 있다. 따라서 냉전 시기의 역사적 사례에 해당하는 트루먼 독트린의 발표와 쿠바 미사일 기지 사건을 선택해야 한다.

6 탈냉전

독일의 통일은 동독의 사회주의 정권이 붕괴되면서 서독이 흡수 통일을 하는 방향으로 이루어졌다. 동독의 사회주의 정권이 붕괴된 배경에는 소련의 개혁·개방 정책, 동유럽 지역의 민주화 등이 있다. 즉, 동독의 사회주의 정권까지 붕괴되면서 냉전이 종식되었고, 베를린 장벽의 붕괴는 냉전 체제의 종식이라는 의미와 연결된다.

7 민권 운동

민권법은 마틴 루서 킹이 주도한 민권 운동의 결과로 제정된 법으로, 인종 차별을 불법으로 규정하는 법이다. 또한 인종 차별에 반대하는 운동으로서 민권 운동에는 넬슨 만델라의 아파르트헤이트 반대 운동이 있다. 신체적 자기 결정권은 여성 운동에서 주로 다루는 대상이다.

8 지역화

아시아·태평양 경제 협력체(APEC)는 아시아와 태평양 연안 지역의 국가들이 정책 대화를 하기 위해 설치한 협의 기구이다. 아시아·유럽 정상 회의(ASEM)는 아시아와 유럽 국가 사이의 협력을 강화하고 무역 관계의 다양화를 위해 설치한 협의 기구이다.

신유형 · 신경향 · 서술형 전략　　72~75쪽

1 ①	2 ②	3 ⑤	4 ②	5 ④
6 ③	7 해설 참조		8 해설 참조	

1 국민 공회 시기의 활동

국민 공회는 루이 16세의 왕권 정지 이후 입법 의회가 해산된 뒤 새로 구성된 의회이다. 국민 공회는 공화정을 선포한 후 루이 16세를 처형하였다. 그리고 혁명 재판소와 공안 위원회를 설치하여 반혁명 세력을 탄압하는 공포 정치를 실시하였다. 따라서 해당되는 번호를 골라 조합하면 1234가 된다. 『나폴레옹 법전』 편찬은 제1제정 시기에 해당한다.

2 오스만 제국의 근대화 운동

학생의 정답이 오스만 제국이 나오기 위해서는 |보기|의 질문이 오스만 제국의 국민 국가 수립 운동과 관련된 질문이어야 한다. 오스만 제국은 영토 축소 등의 위기 상황에서 (가) 탄지마트를 추진하였으며, (다) 미드하트 파샤 등의 개혁파 관리들을 중심으로 서구식 의회를 설립하고 헌법을 제정하는 개혁을 추진하였다.

3 자유주의

A에는 7월 혁명이나 2월 혁명에 대한 설명이 포함되어야 하며, B에는 영국의 자유주의 운동, 점진적 개혁의 과정이 포함되어야 한다. 자유주의 운동 중에서 빈 체제를 붕괴시키는 데 영향을 미친 가장 직접적인 사건은 프랑스 2월 혁명에 해당한다. 따라서 C에 대한 설명이 아닌 A에 해당하는 설명으로 보아야 한다.

4 제2차 세계 대전의 전개 과정

제2차 세계 대전 중 유럽 전선은 독소 불가침 조약 → 독일의 폴란드 침공 → 독일의 파리 점령 → 스탈린그라드 전투 → 노르망디 상륙 작전 – 독일의 항복순으로 전개된다. (나)의 베를린 시내로 진입하는 소련군 탱크의 장면은 독일의 항복과 연결되는 장면이다. 따라서 (가) 독일의 파리 점령, (나) 독일의 항복 사이에 포함될 수 있는 사건을 고르면 스탈린그라드 전투를 고를 수 있다.

5 냉전 체제 – 자본주의 진영

(가)는 북대서양 조약 기구(NATO)이다. 북대서양 조약 기구는 자본주의 진영의 군사 기구로서 서유럽과 미국을 중심으로 한 집단 방어 체제에 해당한다.

6 탈냉전

(가)에서 (나)로의 변화는 독일의 통일을 의미한다. 독일의 통일이 이루어지게 된 배경은 탈냉전의 분위기 형성과 냉전의 종식이 해당된다. 따라서 소련에서 고르바초프가 추진한 개

혁·개방 정책, 동유럽의 민주화 진행이 탈냉전의 사례에 해당하므로 (가)에서 (나)로 변화하게 된 배경으로 가장 적절하다.

7 동아시아의 근대화 운동

답 (1) ㉠은 메이지 유신이다. (2) (나)는 변법자강 운동이며, 개혁의 내용은 의회를 개설하고 헌법을 제정하여 입헌 군주제로 바꾸는 것이다.

해설 ㉠은 메이지 유신이다. 메이지 유신은 에도 막부를 무너뜨리고 메이지 정부를 수립한 뒤 중앙 집권화를 위한 개혁을 추진하였다. (나)는 캉유웨이가 주도한 변법자강 운동으로, 메이지 유신을 개혁 모델로 삼아 입헌 군주제로 정치 체제를 개혁하고자 하였다.

핵심 단어 의회 개설, 헌법 제정, 입헌 군주제

채점 기준	구분
㉠의 사건과 (나) 운동의 명칭을 정확하게 적고, 핵심 단어 중 2개 이상을 사용하여 개혁 내용을 서술한 경우	상
㉠의 사건의 명칭을 적었거나, (나) 운동의 명칭이나 개혁 내용을 핵심 단어 중 1개 이상을 사용하여 서술한 경우	중
㉠이나 (나) 운동의 명칭을 적었으나, 개혁 내용을 적지 못한 경우	하

8 제1차 세계 대전과 러시아 10월 혁명

답 (1) ㉠은 제1차 세계 대전이다. (2) ㉡이 추진한 혁명은 10월 혁명이며, 10월 혁명으로 권력을 잡은 이후 레닌은 독일과 강화 조약을 맺어 전쟁을 중지하였다.

해설 2월 혁명 이후 임시정부가 수립되었으나, 임시정부는 전쟁 중지와 개혁에 대한 요구 사항을 듣지 않고 전쟁을 지속하였다. 이에 레닌의 볼셰비키를 중심으로 임시정부를 타도하는 10월 혁명을 일으켰다. 이후 권력을 잡은 레닌은 독일과 강화 조약을 맺고 제1차 세계 대전의 전선에서 빠져나왔다.

핵심 단어 제1차 세계 대전, 10월 혁명, 독일과 강화 조약

채점 기준	구분
핵심 단어를 모두 사용하여 ㉠의 명칭, 혁명의 명칭, ㉡의 활동을 모두 서술한 경우	상
핵심 단어 중 두 가지 이상을 활용하여 ㉠의 명칭, 혁명의 명칭, ㉡의 활동 중 두 가지를 서술한 경우	중
핵심 단어 중 한 가지를 활용하여 ㉠의 명칭, 혁명의 명칭, ㉡의 활동 중 한 가지를 서술한 경우	하

1 ④	**2** ③	**3** ①	**4** ③	**5** ①	**6** ⑤	**7** ②	**8** ③	**9** ⑤	**10** ①
11 ⑤	**12** 해설 참조		**13** 해설 참조		**14** 해설 참조		**15** 해설 참조		

1 미국 혁명

㉠~㉤에 해당하는 것으로 옳지 않은 것은?

> ㉠ 모든 사람은 평등하게 태어났으며, ㉡ 창조주로부터 빼앗을 수 없는 권리를 부여받았다. 그 중에는 ㉢ 생명과 자유, 행복을 추구할 권리가 포함되어 있다. …… ㉣ 이 정부의 정당한 권력은 인민의 동의로부터 유래한다. 또 ㉤ 어떠한 형태의 정부이든 본래의 목적을 파괴했을 때, 인민은 언제든지 정부를 바꾸거나 무너뜨릴 권리가 있다.

① ㉠ – 평등권
② ㉡ – 천부인권
③ ㉢ – 자유권
④ ㉣ – 왕권신수설
⑤ ㉤ – 저항권

미국 독립 선언서에 반영된 이념을 파악한다.

문제 해결 Point 쏙쏙
· 미국 혁명: 사회 계약론, 저항권 등 계몽 사상의 영향을 받았음.
· 영국의 중상주의 정책에 저항한 배경 속에서 ㉤의 저항권 사상이 반영됨.

용어 왕권신수설: 국왕의 주권은 신으로부터 부여받았다고 설명하는 이론으로, 절대 왕정의 왕권을 뒷받침하는 사상이었음.

2 프랑스 혁명의 배경

자료의 상황에서 발생한 혁명의 내용으로 옳은 것은?

> 제3 신분은 특권 계층이 이행하려 하지 않는 의무를 도맡아 하고 있다. 명예롭고 영리적인 자리들은 오직 특권 신분만이 장악하고 있다. …… 제3 신분은 무엇을 요구하고 있는가? 그들에게 적절한, 무엇인가가 되기를 요구한다.
> – 시에예스, 『제3 신분이란 무엇인가?』 –

① 크롬웰이 독재 정치를 실시하였다.
② 메리와 윌리엄 공동왕이 즉위하였다.
③ 국민 의회를 세우고 '인권 선언'을 발표하였다.
④ 권리 장전을 통해 입헌 군주제가 확립되었다.
⑤ 영국으로부터 독립하여 민주 공화국을 세웠다.

구제도의 모순이 프랑스 혁명의 배경이었음을 파악하고, 이후의 전개 과정을 설명할 수 있다.

문제 해결 Point 쏙쏙
· 구제도의 모순: 특권층인 제1, 2신분에 비해 제3신분이 경제적 부담을 부담하고 있으나 정치적인 권리가 주어지지 않은 프랑스 신분제의 문제점

개념 삼부회의 신분별 투표 방식은 특권층인 제1, 2신분에게 유리한 구조로, 제3 신분의 의사결정이 반영될 수 없는 구조이다. 시에예스의 글은 특권 신분의 권력 장악과 제3 신분의 제한된 참여 기회에 대한 비판을 하고 있다.

선택지 바로 알기
② 메리와 윌리엄 공동왕이 즉위하였다.
④ '권리 장전'을 통해 입헌 군주제가 확립되었다.
영국 혁명 중 명예혁명을 설명하는 내용이다.

3 프랑스 7월 혁명

(가)에 들어갈 사건으로 옳은 것은?

> 오늘 ___(가)___ 에 대해 배운 내용을 아는 대로 이야기해 볼까요?

> 샤를 10세가 의회를 해산하고 선거권을 제한하는 것이 배경이 되었어요.

> 그래서 루이 필리프가 즉위하고 입헌 군주제가 수립되었어요.

① 7월 혁명
② 2월 혁명
③ 차티스트 운동
④ 러다이트 운동
⑤ 브나로드 운동

프랑스 7월 혁명의 배경과 결과를 파악한다.

문제 해결 Point 쏙쏙

· 7월 혁명의 배경: 샤를 10세의 전제 정치
· 7월 혁명의 결과: 루이 필리프의 즉위, 입헌 군주제의 수립

개념 샤를 10세의 즉위는 프랑스의 왕정 복고 과정에서 이루어진 것이며, 프랑스의 왕정 체제가 복고된 것은 빈 체제의 성립 이후 프랑스 혁명 이전의 질서로 체제를 되돌리는 복고주의가 적용되었기 때문이다. 빈 체제를 배경으로 샤를 10세는 전제 정치를 시도하였다.

선택지 바로 알기

⑤ 브나로드 운동

브나로드 운동은 19세기 러시아의 지식인들이 농민들을 계몽하기 위해 실시했던 운동이다.

4 이탈리아의 통일

(가) 나라에 대한 설명으로 옳은 것은?

> 가리발디가 주도한 의용대인 붉은 셔츠단의 활동은 ___(가)___ 의 통일에 크게 기여하였습니다.

① 항해법과 곡물법을 폐지하였다.
② 비스마르크가 철혈 정책을 실시하였다.
③ 카보우르가 중·북부 지역을 통일하였다.
④ 알렉산드르 2세가 농노 해방령을 내렸다.
⑤ 선거법을 개정하여 부패 선거구 문제를 해결하였다.

이탈리아 통일 과정에서 운동가들이 추진한 내용을 알고 있는지 파악한다.

문제 해결 Point 쏙쏙

· 가리발디: 의용대인 붉은 셔츠단을 이끌고 남부 이탈리아 지역을 통일한 인물.
· 카보우르: 사르데냐 왕국의 재상으로, 외교 정책과 산업 육성을 통해 키운 국력을 바탕으로 중부와 북부 이탈리아를 통일한 인물

개념 가리발디는 남부 이탈리아 지역을 통일한 인물로 자신이 점령한 지역을 사르데냐 왕국에 넘겨 이탈리아 왕국을 세워 통일하는 것에 크게 기여하였다.

선택지 바로 알기

④ 알렉산드르 2세가 농노 해방령을 내렸다.

크림 전쟁의 패배 이후 러시아의 개혁 과정에서 내정 개혁을 실시하였으며, 그 과정에서 지방 의회 구성, 군사 제도 개혁을 추진하였고, 농노 해방령을 발표하였다. 서유럽과 달리 동유럽에서는 농노 계급이 존재하고 있는 상황이었으며, 농노 해방령의 발표 이후 농노가 자유인이 되어 토지나 가옥 등을 소유할 수 있게 되었다.

5 제국주의

그림과 관련된 유럽의 정책 사례를 |보기|에서 고른 것은?

|보기|
ㄱ. 영국이 3C 정책을 추진하였다.
ㄴ. 프랑스가 횡단 정책을 실시하였다.
ㄷ. 관세 동맹을 통해 경제적 통일 기반을 마련하였다.
ㄹ. 노동자의 선거권 확대를 요구하는 차티스트 운동을 실시하였다.

① ㄱ, ㄴ   ② ㄱ, ㄷ   ③ ㄴ, ㄷ
④ ㄴ, ㄹ   ⑤ ㄷ, ㄹ

유럽 제국주의 열강의 아시아·아프리카의 침략 내용을 알고 있는지 파악한다.

문제 해결 Point 쏙쏙
· 종단 정책: 이집트의 카이로와 케이프 타운을 연결하는 영국의 제국주의 정책으로 3C 정책 중 아프리카 지역의 제국주의 정책
· 프랑스의 횡단 정책: 모로코와 마다가스카르를 연결하는 제국주의 팽창 정책

개념 그림은 세실 로즈의 제국주의 정책을 풍자하는 만화로, 이집트의 카이로와 케이프타운을 연결하는 종단 정책을 풍자한다. 영국의 3C 정책은 아시아에서 인도의 캘커타, 아프리카에서 카이로, 케이프타운을 연결하여 식민지를 확보하려는 영국의 제국주의 전략이다. 이 중 종단 정책은 영국의 아프리카 팽창 정책을 지칭한다.
영국의 종단 정책은 제국주의 정책의 사례로, 이와 유사한 사례로 프랑스의 횡단 정책도 포함된다.

---

6 산업 혁명

사진의 유물로 인해 나타난 변화를 |보기|에서 고른 것은?

|보기|
ㄱ. 가내 수공업이 발달하였다.
ㄴ. 인클로저 운동이 발생하였다.
ㄷ. 교통과 통신 혁명이 이루어졌다.
ㄹ. 자본주의 경제 체제가 발달하였다.

① ㄱ, ㄴ   ② ㄱ, ㄷ   ③ ㄴ, ㄷ
④ ㄴ, ㄹ   ⑤ ㄷ, ㄹ

기계의 발명과 증기 기관의 개량으로 인해 생산 양식의 변화가 나타났음을 파악할 수 있다.

문제 해결 Point 쏙쏙
· 산업 혁명: 가내 수공업, 공장제 수공업에서 공장제 기계 공업으로 생산 양식이 급격하게 변화한 현상
· 산업 혁명의 배경: 기계의 발명(방적기, 방직기), 증기 기관의 개량
· 산업 혁명의 영향: 교통 혁명과 통신 혁명

개념 산업 혁명의 영향으로 인하여 자본가와 노동자의 계급 분화가 발생하였고, 시장에 의해 공급과 수요가 결정되는 자본주의 경제 체제가 발달하였다.
개량된 증기 기관이 교통 수단에 적용됨으로써 증기선, 증기 기관차 등의 새로운 교통 수단이 등장하는 교통 혁명, 먼 거리의 사람들과 빠른 통신의 필요성이 증대되면서 발명된 전화, 유선 전신 등의 통신 수단의 등장하는 통신 혁명은 모두 산업 혁명의 영향에 해당한다.

7 오스만 제국의 근대화 운동

지도에 나타난 상황을 해결하기 위해 실시한 개혁을 ┌보기┐에서 고른 것은?

┌ 보기 ┐
ㄱ. 탄지마트라는 근대적 개혁을 실시하였다.
ㄴ. 수에즈 운하를 건설하여 경제적 자립을 시도하였다.
ㄷ. 미드하트 파샤를 중심으로 서양식 의회를 개설하였다.
ㄹ. 이슬람교 본래의 순수성을 되찾으려는 운동을 추진하였다.

① ㄱ, ㄴ   ② ㄱ, ㄷ   ③ ㄴ, ㄷ
④ ㄴ, ㄹ   ⑤ ㄷ, ㄹ

출제 의도 [파악하기]

오스만 제국의 근대화 운동이 실시되기 전 배경을 파악하고, 근대화 운동의 과정을 알고 있는지 파악한다.

📝 문제 해결 **Point 쏙쏙**
· 탄지마트의 배경: 오스만 제국의 영토 축소와 국력 약화 → 술탄의 권력 약화, 서구 열강의 압력
· 탄지마트: 서양식 제도 도입을 통한 중앙 집권 체제 확립
· 미드하트 파샤의 개혁: 탄지마트의 연장선상에서 의회 개설, 헌법 제정 등의 입헌 정치 추진

개념 + 탄지마트는 민족 간 차별을 폐지하고, 서양식 군대 제도를 도입하는 등 중앙 집권화를 위한 목적에서 실시된 근대적 개혁이다.

선택지 [바로 알기]

ㄴ. 수에즈 운하를 건설하여 경제적 자립을 시도하였다.
이집트에 대한 설명이다.

ㄹ. 이슬람교 본래의 순수성을 되찾으려는 운동을 추진하였다.
아라비아 지역에서 발생한 와하브 운동에 대한 설명이다.

8 인도의 민족 운동

제시된 탐구 활동 계획서에 들어갈 수 <u>없는</u> 주제는?

〈탐구 활동 계획서〉
• 탐구 주제: 인도의 국민 국가 수립 운동
• 탐구 활동
　– ① 1모둠: 플라시 전투에서 영국의 승리가 인도에 미친 영향을 알아본다.
　– ② 2모둠: 세포이의 항쟁이 일어나게 된 이유를 알아본다.
　– ③ 3모둠: 담배 불매 운동이 이루어지게 된 배경을 조사한다.
　– ④ 4모둠: 벵골 분할령의 발표 이후 반영 운동의 내용을 알아본다.
　– ⑤ 5모둠: 인도 국민 회의의 성격이 변화된 이유를 조사한다.

출제 의도 [파악하기]

인도의 민족 운동 전개 과정을 알고 있는지 파악한다.

📝 문제 해결 **Point 쏙쏙**
· 인도의 식민지화: 플라시 전투를 계기로 영국이 인도에서의 주도권 확보 → 세포이의 항쟁 → 무굴 제국 멸망 → 영국령 인도 제국 수립
· 인도 국민 회의의 반영 운동: 단체 수립 당시 영국에 협조적 태도 → 벵골 분할령 발표 계기 → 4대 강령의 발표 후 반영 운동 전개

개념 + 담배 불매 운동은 이란의 반제국주의 운동이다. 카자르 왕조가 영국에 넘긴 담배 독점 판매권을 되찾기 위해 종교 지도자들을 중심으로 반대 운동을 전개하였다.

9 동아시아의 근대화 운동

(가)에 들어갈 내용으로 가장 적절한 것은?

〈모둠 탐구 활동지〉

주제: 동아시아의 근대화 운동

탐구 주제

- 1모둠: 중국 – 천조전무 제도에서 태평천국이 실시하고자 한 개혁 내용을 분석해본다.
- 2모둠: 일본 – _____ (가) _____
- 3모둠: 한국 – 갑오개혁에 반영된 동학 농민 운동의 주장을 찾아본다.

① 양무운동과 태평천국 운동의 차이점을 비교한다.

② 신축 조약을 보고 의화단 운동의 결과를 정리한다.

③ 온건 개화파와 급진 개화파가 나뉜 배경을 조사한다.

④ 14개조 개혁 정강에서 갑신정변의 개혁 내용을 분석해본다.

⑤ 메이지 유신의 신분제 폐지, 징병제 실시 목적을 정리해본다.

10 쑨원의 혁명 활동

밑줄 친 '이 인물'로 옳은 것은?

[역사① 퀴즈 대회]

1단계: 중국 동맹회를 조직하였다.

2단계: 삼민주의를 강령으로 제시하였다.

3단계: 신해혁명에서 임시 대총통으로 추대되었다.

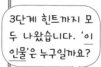

3단계 힌트까지 모두 나왔습니다. '이 인물'은 누구일까요?

① 쑨원　　　② 홍수전　　　③ 김옥균

④ 이홍장　　　⑤ 캉유웨이

11 중국의 근대화 운동

(가), (나) 사이에 일어난 사건으로 옳은 것은?

(가)	(나)
○○ 신문 19△△년 상제회의 홍수전은 천조전무 제도를 통해 남녀가 평등하고 집마다 토지를 균등하게 분배하는 개혁을 실시하겠다고 이야기했다.	△△ 신문 19△△년 청일전쟁의 패배로 드러난 양무운동의 한계점을 비판하면서, 캉유웨이와 량치차오 등은 메이지 유신을 모델로 의회를 개설하고 헌법을 제정하자는 주장을 하였다.

① 8개국 연합국에 의해 진압되었다.

② 쑨원이 중국 동맹회를 조직하였다.

③ 청이 멸망하고 중화민국이 수립되었다.

④ 베이징에 외국 군대가 주둔하게 되었다.

⑤ 중체서용을 바탕으로 서양 군사 기술을 받아들였다.

출제 의도 파악하기

중국의 근대화 운동의 내용과 전개 과정을 알고 있는지 파악한다.

문제 해결 Point 쏙쏙

· 태평천국 운동: 홍수전 주도, 천조전무 제도를 바탕으로 개혁 추진.

· 변법자강 운동: 캉유웨이, 량치차오 주도, 메이지 유신을 모델로 입헌 군주제 수립 추진 → 양무 운동의 중체서용론 비판

개념 양무운동은 증국번, 이홍장 등의 한인 신사층이 주도한 근대화 운동으로 서양의 군사 기술을 받아들이고자 한 운동이다. 증국번, 이홍장 등은 (가) 태평천국 운동을 진압하는 과정에서 서양 무기의 우수성을 알고 중체서용론을 바탕으로 양무운동을 추진하였다. (나) 변법자강 운동은 중국의 제도를 유지한 양무운동의 한계점을 비판하였다.

선택지 바로 알기

① 8개국 연합국에 의해 진압되었다.

의화단 운동에 대한 설명이다.

③ 청이 멸망하고 중화민국이 수립되었다.

신해혁명에 대한 설명이다.

④ 베이징에 외국 군대가 주둔하게 되었다.

의화단 운동의 결과 맺은 신축조약(베이징 의정서)의 내용이다.

12 영국 혁명

자료는 영국 혁명의 과정에서 나온 것이다. 자료를 보고 물음에 답하시오.

- 국왕은 의회의 동의 없이 법의 효력과 집행을 정지할 수 없다.
- 국왕은 의회의 승인 없이 과세할 수 없다.
- 국왕은 의회의 동의 없이 평상시에 군대를 징집·유지할 수 없다.
- 의회의 선거는 자유로워야 한다.

  － 『권리장전』 －

(1) 자료와 관련된 사건을 쓰시오.

답 자료와 관련된 사건은 명예혁명이다.

(2) 자료로 인해 만들어진 정치 체제의 명칭과 특징을 쓰시오.

답 권리장전으로 인해 만들어진 정치 체제는 입헌 군주제이며, 입헌 군주제는 국왕의 권력이 의회가 제정한 법으로 제한된다는 특징을 가진다.

출제 의도 파악하기

영국 혁명 중 명예혁명의 결과와 그로 인해 성립한 정치 체제의 특징을 설명할 수 있는지 파악한다.

문제 해결 Point 쏙쏙

· 명예혁명: 의회가 제임스 2세를 추방하고 메리와 윌리엄 공동왕을 추대한 혁명

· 권리장전: 명예혁명의 과정에서 의회가 메리와 윌리엄 공동왕에게 제출한 것으로, 입헌 군주제의 토대를 마련한 문서

개념＋ 명예혁명을 계기로 영국은 입헌 군주제의 전통을 마련한다. 입헌 군주제는 의회가 정한 법 안에서 국왕의 역할, 통치 권한이 제약되는 정치 체제이다.

13 일본의 제국주의화

다음 글을 읽고 물음에 답하시오.

> 시모노세키 조약의 결과 일본은 청으로부터 타이완과 랴오둥반도를 할양받았다. 그러나 만주 지역으로 영향력을 확보하고자 했던 ㉠ 러시아는 일본의 진출을 막기 위해 독일과 프랑스를 끌어들였다.
>
> 러시아가 만주와 한반도를 향해 영향력을 확대하는 것을 견제하던 일본은 러일전쟁을 일으켰으며, 일본이 러일전쟁에서 승리한 이후 러시아와 ㉡ 포츠머스 조약을 체결하였다.

(1) ㉠에 해당하는 사건을 쓰시오.

📋 ㉠은 삼국 간섭이다.

(2) ㉡의 내용을 한반도 상황과 관련 지어 서술하시오.

📋 포츠머스 조약은 일본이 한반도에 대한 지배권을 가짐을 러시아가 인정해준다는 내용을 담고 있다.

출제 의도 파악하기

일본의 제국주의화 과정과 결과를 설명할 수 있는지 파악한다.

문제 해결 Point 쏙쏙

· 삼국 간섭: 러시아, 독일, 프랑스가 일본이 차지한 랴오둥반도를 중국에 반환하도록 압력을 넣은 사건
· 포츠머스 조약: 러일 전쟁의 결과 러시아와 일본이 맺은 조약. 일본의 한반도에 대한 지배권을 러시아가 인정하는 것을 내용으로 함.

개념+ 삼국 간섭을 주도한 러시아의 목적은 만주와 한반도로의 세력 확장과 일본의 견제이다. 이후 일본은 영국과 동맹을 맺고 미국의 지원을 받음으로써 러일전쟁을 일으켰고, 만주와 한반도의 주도권을 러시아로부터 장악하였다.

14 나폴레옹 전쟁

제시된 지도의 전쟁이 유럽에 미친 영향 두 가지를 서술하시오.

📋 지도의 전쟁 결과 첫째, 프랑스 혁명의 자유주의 이념이 유럽에 확산되었다. 둘째, 유럽 각 나라에서 민족주의 이념이 성장하였다.

출제 의도 파악하기

나폴레옹 전쟁이 유럽에 미친 영향을 설명하고 작성할 수 있는지 파악한다.

문제 해결 Point 쏙쏙

· 프랑스 혁명의 이념: 자유, 평등, 우애
· 나폴레옹 전쟁의 영향: 프랑스 혁명의 이념이 전파되는 계기, 나폴레옹에 대항하는 과정에서 형성된 민족 의식에 따른 민족주의의 성장

개념+ 민족주의는 다른 국가로부터의 지배에서 벗어나 민족의 독립과 통일을 이루고자 하는 사상이다. 나폴레옹 전쟁 과정에서 프랑스의 지배에 저항하는 과정에서 민족의식이 성장하였고 민족주의가 성장하였다.

15 벵골 분할령

지도를 보고 물음에 답하시오.

(1) 지도의 내용을 담은 명령의 이름을 쓰시오.

답 지도의 명령은 벵골 분할령이다.

(2) 지도의 명령 이후 이루어진 운동의 내용을 서술하시오.

답 벵골 분할령이 발표된 이후 인도 국민 회의에서는 스와라지, 스와데시, 영국 상품 불매, 국민 교육 실시 등의 운동을 실시하였다.

출제 의도 파악하기

벵골 분할령의 내용과 의도를 말할 수 있고, 벵골 분할령이 인도의 민족 운동에 미친 영향을 설명할 수 있는지 파악한다.

문제 해결 Point 쏙쏙

· 벵골 분할령: 이슬람교도와 힌두교도의 거주 지역에 따라 동벵골과 서벵골을 분할하고자 영국이 내린 명령

· 벵골 분할령의 영향: 영국에 대한 인도 국민 회의의 입장이 협조적인 입장에서 저항하는 입장으로 바뀌었다.

개념 + 벵골 분할령은 이슬람교와 힌두교의 갈등을 통해 민족 운동을 약화시키고자 하는 의도를 가진 명령이었다. 이러한 의도를 알아차린 인도 국민 회의가 반영 운동을 주도하였다. 이때 반영 운동을 주도하면서 제시한 4대 강령은 스와라지(자치), 스와데시(국산품 애용), 영국 상품 불매, 국민 교육 실시이다.

적중 예상 전략 | 2회   80~83쪽

| 1 ④ | 2 ② | 3 ① | 4 ① | 5 ① | 6 ③ | 7 ① | 8 ⑤ | 9 ⑤ | 10 ② |
| 11 ① | 12 해설 참조 | | 13 해설 참조 | | 14 해설 참조 | | 15 해설 참조 | | |

1 제1차 세계 대전의 특징

제시문의 특징이 나타나게 된 전쟁으로 옳은 것은?

> "날 놓아줘. 날 내보내 줘. 밖으로 나갈거야."
> 신병은 아무 말도 듣지 않고 마구 발버둥을 친다. 그는 무슨 말인지 알 수 없는 뜻 모를 말을 마구 내뱉는다. 참호병이 도진 것이다. 여기서는 질식할 것 같은 느낌이라서 그는 밖으로 나가고 싶은 한 가지 충동밖에 알지 못한다.
> – 에리히 마리아 레마르크, 「서부 전선 이상 없다」 –

① 국공 내전
② 6·25 전쟁
③ 베트남 전쟁
④ 제1차 세계 대전
⑤ 제2차 세계 대전

출제 의도 파악하기

제1차 세계 대전 당시 새롭게 등장한 특징을 알고 있는지 파악한다.

문제 해결 Point 쏙쏙
· 참호: 탱크, 기관총 등의 공격을 피하기 위해 만든 방어 목적의 구덩이
· 제1차 세계 대전 당시 나타난 전쟁의 특징: 신무기의 등장, 참호전, 총력전

개념+ 제1차 세계 대전 당시 기관총, 탱크 등의 공격은 각 국가의 군대가 진격하는 것을 어렵게 만들었으며, 이를 피하기 위해 만든 참호로 인해 장기간 전쟁이 이루어지게 되면서 더욱 대규모의 병력이 동원되었다.

2 소련의 발전

(가) 인물에 대한 설명으로 옳은 것은?

포스터는 _____(가)_____ 시기에 추진된 산업화 포스터이다. _____(나)_____ 은/는 산업을 국유화하고 경제 개발 5개년 계획을 통해 소련의 공업화를 추진하였고 경제 성장을 이끌어냈다.

① 코민테른을 조직하였다.
② 집단 농장을 설치하였다.
③ 농노 해방령을 발표하였다.
④ 의회(두마) 설치를 약속하였다.
⑤ 독일과 강화 조약을 체결하였다.

출제 의도 파악하기

경제 개발 5개년 계획이 스탈린의 정책인지 알고 있는지와 다른 스탈린의 정책이 무엇인지 설명할 수 있는가를 파악한다.

문제 해결 Point 쏙쏙
· 경제 개발 5개년 계획: 소련의 공업화를 위해 국가 주도적으로 5년 단위로 세운 경제 개발 계획. 스탈린 시기에 실시되었음.
· 스탈린 시기의 정책: 사회주의 경제 정책의 전면적 실시(집단 농장 형성), 일당 독재 체제의 강화(반대 세력 숙청) 등

선택지 바로 알기
③ 농노 해방령을 발표하였다.
19세기 알렉산드르 2세의 개혁 내용이다.

④ 의회(두마) 설치를 약속하였다.
'피의 일요일' 사건 당시 황제인 니콜라이 2세가 발표한 개혁 약속 내용이다.

정답과 해설 BOOK 2

3 베르사유 체제

(가) 조약에 대한 설명으로 옳은 것은?

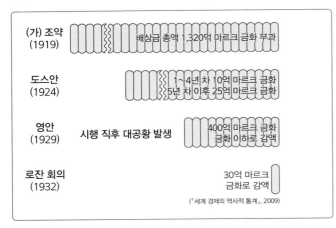

(가) 조약 (1919)	배상금 총액 1,320억 마르크 금화 부과
도스안 (1924)	1~4년 차 10억 마르크 금화 5년 차 이후 25억 마르크 금화
영안 (1929)	시행 직후 대공황 발생 ／ 400억 마르크 금화 금화 이하로 감액
로잔 회의 (1932)	30억 마르크 금화로 감액

「세계 경제의 역사적 통계」, 2009)

① 소련의 대일전 참전이 결정되었다.
② 한국의 독립 문제 논의가 이루어졌다.
③ 분쟁 해결 수단으로서 전쟁을 포기하였다.
④ 워싱턴에서 해군 주력함 비율을 조정하였다.
⑤ 독일의 식민지 상실과 무장 해제가 이루어졌다.

4 전체주의

㉠의 사상과 비슷한 사례를 보기에서 찾아 고른 것은?

이 장면은 로마를 점령하고 ㉠ 파시스트 정권을 세운 무솔리니와 검은 셔츠단의 모습입니다.

┌─ 보기 ─────────────────┐
│ ㄱ. 나치즘   ㄴ. 군국주의 │
│ ㄷ. 제국주의   ㄹ. 공산주의 │
└──────────────────────┘

① ㄱ, ㄴ   ② ㄱ, ㄷ   ③ ㄴ, ㄷ
④ ㄴ, ㄹ   ⑤ ㄷ, ㄹ

출제 의도 파악하기

제1차 세계 대전의 결과 맺어진 베르사유 조약의 내용과 전후 평화 체제 구축을 위한 노력을 아는지 파악한다.

문제 해결 **Point 쏙쏙**

· 베르사유 조약의 내용: 막대한 전쟁 배상금, 독일의 식민지 상실, 무장 해제
· 독일의 배상금 조정 노력: 도스안 → 영안 → 로잔 회의

개념+ 베르사유 조약은 제1차 세계 대전의 결과 승전국(연합국)과 독일이 맺은 조약이다. 막대한 배상금은 전쟁에 대한 보복적 성격이 강한 조항으로, 제1차 세계 대전 이후 프랑스와 독일 사이의 갈등 요소가 되기도 하였다. 갈등 요소를 줄이고 평화 분위기를 조성하기 위한 노력으로 배상금 조정 회의가 개최되었다.

선택지 바로 알기

① 소련의 대일전 참전이 결정되었다.
제2차 세계 대전 중 알타 회담에 대한 내용이다.

② 한국의 독립 문제 논의가 이루어졌다.
제2차 세계 대전 중 카이로 회담에 대한 내용이다.

③ 분쟁 해결 수단으로서 전쟁을 포기하였다.
부전 조약(켈로그 – 브리앙 조약)에 대한 설명이다.

④ 워싱턴에서 해군 주력함 비율을 조정하였다.
워싱턴 회의에 대한 설명이다.

출제 의도 파악하기

파시스트당을 통해 비슷한 전체주의 정권의 사례를 찾을 수 있는지 파악한다.

문제 해결 **Point 쏙쏙**

· 파시스트 정권: 무솔리니의 파시스트당을 중심으로 로마 진군 이후 권력을 장악하면서 성립한 전체주의 정권
· 전체주의의 사례: 독일의 나치즘, 일본의 군국주의

개념+ 무솔리니의 파시스트 정권은 전체주의를 바탕으로 성립하였다. 전체주의는 개인의 자유보다 국가를 중요하게 생각하는 사상이며, 국가를 위해 개인의 생활을 통제하는 정치 체제이다.

5 탈냉전의 사례

(가)에 들어갈 주제로 가장 적절한 것은?

사진으로 보는 역사

주제: _____(가)_____

▲ 서독의 동방 정책   ▲ 동·서독 유엔 동시 가입

① 탈냉전의 역사 속 장면

② 전쟁 범죄와 인권 유린

③ 전체주의 국가의 정권 장악 과정

④ 무너지는 사회주의권 국가의 장면들

⑤ 세계화 과정에 놓여 있는 이주민들의 삶

출제 의도 파악하기

탈냉전의 진행 과정 중에 벌어진 사례들을 알고 있는지 파악한다.

문제 해결 Point 쏙쏙

· 서독의 동방 정책: 서독 수상 빌리 브란트가 동독과 동유럽과의 관계 개선을 위해 실시한 정책

· 동서독 유엔 동시 가입: 서독이 동독을 하나의 국가로 인정하고 동시에 가입함으로써 동서독 간의 대립을 완화하였음.

개념+ 탈냉전은 자본주의 진영과 공산주의 진영의 대립이 완화되는 상황을 가리키는 말이다. 서독의 동방 정책과 동서독 유엔 동시 가입 과정에서 자본주의 국가인 서독과 공산주의 국가인 동독의 대립이 완화되었으며, 이는 탈냉전의 사례에 해당한다.

선택지 바로 알기

④ 무너지는 사회주의권 국가의 장면들

사회주의권 국가의 붕괴는 동유럽의 민주화, 독일의 통일 등의 사례가 제시되는 것이 적절하다.

---

6 냉전의 사례

지도의 전쟁이 일어난 공통적인 배경으로 가장 적절한 것은?

① 베를린 장벽이 붕괴되었다.

② 중국과 소련 사이에 국경 분쟁이 있었다.

③ 자본주의와 공산주의 진영이 대립하였다.

④ 고르바초프가 개혁·개방 정책을 추진하였다.

⑤ 프랑스가 북대서양 조약 기구를 탈퇴하였다.

출제 의도 파악하기

6·25 전쟁, 베트남 전쟁의 국제적인 배경에 냉전 체제가 있음을 알고 있는지 파악한다.

문제 해결 Point 쏙쏙

· 냉전 체제: 자본주의 진영과 공산주의 진영의 대립

· 베트남 전쟁, 6·25 전쟁: 각각 미국과 소련의 지원을 받았으며 국가 내부의 자본주의 세력과 공산주의 세력이 대립하여 벌어진 전쟁

개념+ 국공 내전은 중국 국민당(자본주의)과 중국 공산당(공산주의)이 중국의 지배권을 두고 다툰 전투이다.

7 제3 세계

지도에 표시된 국가들에 대한 옳은 설명을 |보기|에서 모두 고른 것은?

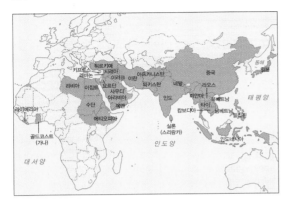

┌─ 보기 ┌
ㄱ. 평화 10원칙을 채택하였다.
ㄴ. 비동맹 중립 노선을 취하였다.
ㄷ. 정보 기구로 코민포름을 두었다.
ㄹ. 마셜 계획을 통해 경제적 지원을 받았다.
└

① ㄱ, ㄴ　　② ㄱ, ㄷ　　③ ㄴ, ㄷ
④ ㄴ, ㄹ　　⑤ ㄷ, ㄹ

출제 의도 파악하기

탈냉전의 배경 중 한 사례인 제3세계의 형성 과정을 알고 있는지 파악한다.

문제 해결 Point 쏙쏙
· 제3세계: 자본주의 진영과 공산주의 진영에 속하지 않는 비동맹주의 세력.
· 평화 10원칙: 반둥 회의(아시아·아프리카 회의)에서 채택한 제3세계의 원칙

개념＋ 평화 10원칙은 반둥 회의에서 채택한 원칙으로, 상호 연대, 상호 불가침 및 국제 분쟁의 평화적인 해결을 강조한 내용을 담고 있다.

선택지 바로 알기

ㄷ. 정보 기구로 코민포름을 두었다.
공산주의 진영의 정보 기구에 해당한다.

ㄹ. 마셜 계획을 통해 경제적 지원을 받았다.
마셜 계획은 자본주의 진영의 경제 지원 기구로 서유럽 등의 자본주의 진영의 마셜 계획에 따라 경제적 지원을 받았다.

8 탈냉전의 전개 과정

자료의 영향으로 나타난 사건으로 옳지 <u>않은</u> 것은?

┌
· 미국은 앞으로 베트남 전쟁과 같은 군사적 개입을 피한다.
· 미국은 '태평양 국가'로서 그 지역에서 중요한 역할을 계속 하지만 직접적·군사적·정치적 과잉 개입은 하지 않는다.
　　　　　　　　　　　　　　　　　　　– '닉슨 독트린'(1969) –
└

① 미국이 중국과 국교를 맺었다.
② 서독이 동방 정책을 추진하였다.
③ 동독과 서독이 유엔에 동시 가입하였다.
④ 미국과 소련이 전략 무기 제한 협정을 맺었다.
⑤ 미국과 소련이 쿠바 미사일 기지 건설로 대립하였다.

출제 의도 파악하기

닉슨 독트린의 발표 이후 냉전이 완화되는 과정을 알고 있는지 파악한다.

문제 해결 Point 쏙쏙
· 닉슨 독트린: 미국이 아시아에서의 직접적인 군사적 개입을 축소하겠다고 발표한 선언 → 냉전 완화의 계기
· 탈냉전의 사례: 미국과 중교의 국교 수립, 서독의 동방 정책, 동서독 유엔 동시 가입, 전략 무기 제한 협정 체결

개념＋ 쿠바 미사일 기지 사건은 소련이 핵무기 기지를 쿠바에 건설하고자 시도하면서 미국과 대립한 사건으로, 냉전 체제의 사례에 해당한다.

9 소련의 개혁·개방 정책

(가)에 들어갈 인물로 옳은 것은?

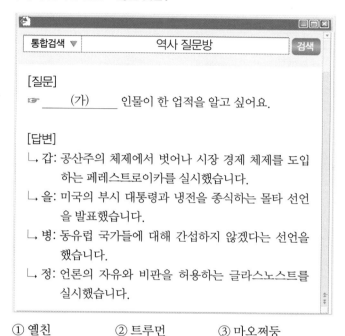

[질문]
☞ _____ (가) _____ 인물이 한 업적을 알고 싶어요.

[답변]
ㄴ 갑: 공산주의 체제에서 벗어나 시장 경제 체제를 도입하는 페레스트로이카를 실시했습니다.
ㄴ 을: 미국의 부시 대통령과 냉전을 종식하는 몰타 선언을 발표했습니다.
ㄴ 병: 동유럽 국가들에 대해 간섭하지 않겠다는 선언을 했습니다.
ㄴ 정: 언론의 자유와 비판을 허용하는 글라스노스트를 실시했습니다.

① 옐친   ② 트루먼   ③ 마오쩌둥
④ 덩샤오핑   ⑤ 고르바초프

10 민권 운동의 사례

(가)에 들어갈 내용으로 옳은 것을 | 보기 |에서 모두 고른 것은?

사회에서 이루어지는 흑인과 백인에 대한 인종 차별을 해결하기 위해 어떤 노력들을 했을까요?

(가)

┌ 보기 ┐
ㄱ. 마틴 루서 킹이 민권 운동을 주도했어요.
ㄴ. 낙태 금지법을 반대하고 가정 폭력을 공론화했어요.
ㄷ. 권위주의적 대학 교육에 반대하는 시위를 벌였어요.
ㄹ. 넬슨 만델라가 아파르트헤이트 반대 운동을 주도했어요.

① ㄱ, ㄷ   ② ㄱ, ㄹ   ③ ㄴ, ㄷ
④ ㄴ, ㄹ   ⑤ ㄷ, ㄹ

11 세계화

지도의 흐름이 나타나게 된 배경으로 가장 적절한 것은?

① 세계화가 진행되었다.
② 제3세계가 형성되었다.
③ 동독과 서독이 통일하였다.
④ 트루먼 독트린이 발표되었다.
⑤ 소련이 개혁·개방 정책을 추진하였다.

출제 의도 파악하기

세계화로 인해 노동력의 이동이 활발해졌음을 파악한다.

문제 해결 Point 쏙쏙

·세계화: 전 세계를 하나의 공간 단위로 삼아 자본·노동력 등의 이주가 활발하게 이루어지고 상호 의존성이 심화되는 현상
·노동자의 이주: 다국적 기업의 성장, 신자유주의의 발달, 세계화의 진행으로 인해 활발하게 진행됨.

12 제1차 세계 대전의 배경과 전후 처리

그림을 보고 물음에 답하시오.

(1) (가), (나)의 관계를 나타내는 말을 각각 쓰시오.
답 (가)는 범슬라브주의, (나)는 범게르만주의에 해당한다.

(2) 그림의 상황을 배경으로 일어난 전쟁의 명칭을 쓰고, 전쟁 이후 평화 분위기를 만들기 위한 노력을 쓰시오.
답 그림을 배경으로 일어난 전쟁은 제1차 세계 대전이다. 제1차 세계 대전 이후 평화 분위기를 만들기 위한 노력으로는 국제 연맹을 창설하였고, 워싱턴 회의를 통해 군비를 감축하려고 시도한 것 등이 있다.

출제 의도 파악하기

제1차 세계 대전의 배경과 전후 처리 과정을 파악한다.

문제 해결 Point 쏙쏙

·제1차 세계 대전의 배경: 범게르만주의와 범슬라브주의의 대립
·제1차 세계 대전 이후 평화 노력: 국제 연맹 창설, 워싱턴 회의, 부전 조약 등

개념+ 발칸 반도에서 세르비아와 러시아가 슬라브족으로서 하나의 세력을 형성한 범슬라브주의와 독일과 오스트리아·헝가리 제국이 게르만족으로 세력을 형성한 범게르만주의의 대립이 이루어졌으며, 이러한 대립은 사라예보 사건으로 인해 폭발하였고 제1차 세계 대전으로 이어지게 된다.

13 대공황의 대응 과정

사진을 보고 물음에 답하시오.

> 나는 세 종류의 일을 할 줄 알고, 세 개의 언어를 구사하고, 3년간 전쟁에 참여하였으며, 세 명의 자녀가 있다. 그리고 3개월 동안 실업 상태이다. 하지만 나는 오직 일자리 하나만을 원한다.

(1) 사진과 같이 실업자가 발생하게 된 배경 사건을 쓰시오.

답 실업자가 발생하게 된 배경은 대공황이다.

(2) 사진의 문제를 해결하기 위한 각 나라의 해결 노력을 서술하시오.

답 대공황을 해결하기 위하여 미국에서는 뉴딜 정책을 실시하였고, 영국과 프랑스 등에서는 블록 경제를 실시하였다.

출제 의도 파악하기

대공황의 의미와 각 국가의 해결 노력을 알아보도록 한다.

📝 문제 해결 Point 쏙쏙

· 대공황: 재고 누적과 실업자 증가, 구매력 감소 등의 일련의 과정이 악순환되면서 나타난 경제 불황 → 뉴욕 증권 거래소의 주가 대폭락으로 나타남.
· 대공황의 해결 노력: 뉴딜 정책(미국), 블록 경제(영국, 프랑스)

개념+ 사진처럼 실업자가 급증한 원인은 대공황이다. 대공황으로 인해 실업자 급증 문제와 구매력 감소, 기업 도산 등의 문제를 해결하기 위해 미국은 국가 주도의 대규모 공공 사업인 뉴딜 정책을 주도하였다.

14 냉전 체제

자료를 읽고 물음에 답하시오.

> 오늘날 전 세계의 거의 모든 나라는 두 가지 생활 방식 중 하나를 선택해야 합니다. …… 나는 모든 민족이 자유로운 상황에서 운명을 스스로 결정할 수 있도록 우리가 도와야 한다고 믿습니다. 그래서 무엇보다 재정적인 지원을 염두에 두고 있습니다.
>
> – 「트루먼 독트린」(1947) –

(1) 자료와 관련하여 형성된 국제 질서를 가리키는 말을 쓰시오.

답 자료의 발표 이후 형성된 국제 질서는 냉전 체제이다.

(2) (1)의 의미를 쓰고, 이와 관련된 역사적 사례(사건)를 한 가지 제시하시오.

답 냉전체제는 자본주의와 공산주의 진영이 직접적인 충돌 없이 정치, 경제, 군사적으로 경쟁하는 상황을 의미한다. 냉전 체제의 사례로는 베를린 봉쇄(쿠바 미사일 사건, 베트남 전쟁, 6·25 전쟁 등)가 있다.

출제 의도 파악하기

트루먼 독트린의 발표 이후 냉전 체제가 형성되었음을 파악한다.

📝 문제 해결 Point 쏙쏙

· 트루먼 독트린: 공산주의 세력의 확대 방지 목적 → 경제적 지원 약속 → 냉전 체제의 대립 본격화
· 냉전 체제의 사례: 베트남 전쟁, 6·25 전쟁, 쿠바 미사일 사건, 베를린 봉쇄

개념+ 트루먼 독트린의 발표로 유럽에서 자본주의 진영과 공산주의 진영의 대립이 본격화되었고, 전세계적으로 냉전 체제가 형성되는 계기가 된다.

15 신자유주의 경제 정책

㉠에 해당하는 개념을 쓰고, ㉠이 등장하게 된 배경을 서술하시오.

> 영국과 미국 등에서는 ㉠ 정부의 경제 활동 개입과 규제를 줄이고 민간과 시장에 자유를 보장하는 정책을 실시하였다. 복지 예산의 축소, 세금 감면, 기업의 자유로운 활동을 보장하는 정책 등이 이에 해당한다.

답 ㉠은 신자유주의에 해당한다. 신자유주의 정책의 등장 배경은 1970년대에 등장한 두 차례의 석유 파동과 그로 인한 경제 불황이다.

출제 의도 파악하기

신자유주의의 의미와 신자유주의 경제 정책이 실시된 배경을 알아본다.

문제 해결 **Point 쏙쏙**

·신자유주의: 정부의 개입 축소, 시장의 자율성 보장을 추구
·등장 배경: 1970년대 석유 파동과 경제 불황

개념＋ 신자유주의 경제 정책은 경제 불황의 원인을 정부의 과도한 복지 비용 지출 및 투자 등으로 진단하였다. 이를 위한 해결 방안으로 정부의 지출을 줄이고, 민간과 시장의 자율성을 보장함으로써 기업의 이익이 창출하고 이를 통해 경제 성장을 이루는 것을 목표로 삼았다.